高等教育应用型本科"十四五"系列教材

建设项目投资决策

●主编 商克俭

郑州大学出版社

图书在版编目(CIP)数据

建设项目投资决策 / 商克俭主编. — 郑州：郑州大学出版社，2023.8 (2024.1 重印)

ISBN 978-7-5645-9811-2

Ⅰ. ①建… Ⅱ. ①商… Ⅲ. ①基本建设投资-投资决策 Ⅳ. ①F282

中国国家版本馆 CIP 数据核字(2023)第 149618 号

建设项目投资决策

JIANSHE XIANGMU TOUZI JUECE

策划编辑	崔青峰　祁小冬	封面设计	苏永生
责任编辑	杨飞飞	版式设计	凌　青
责任校对	李　蕊	责任监制	李瑞卿

出版发行	郑州大学出版社	地　　址	郑州市大学路40号(450052)
出版人	孙保营	网　　址	http://www.zzup.cn
经　销	全国新华书店	发行电话	0371-66966070
印　刷	河南龙华印务有限公司		
开　本	787 mm×1 092 mm　1/16		
印　张	18	字　数	418 千字
版　次	2023 年 8 月第 1 版	印　次	2024 年 1 月第 2 次印刷
书　号	ISBN 978-7-5645-9811-2	定　价	45.00 元

本书如有印装质量问题，请与本社联系调换。

本书作者　Authors

主　编　商克俭

副主编　董晓峰　周彦兵

编　委　商克俭　董晓峰　周彦兵
　　　　杨　静　张坤浩　李艳艳
　　　　李旭辉

Foreword

前言（第一版）

  本教材依据国家最新的法律法规、标准、规范，主要内容融汇国家职业资格考试及项目可行性研究的相关内容，以建设项目投资决策的工作流程为主线，系统全面地介绍了建设项目投资决策各阶段分析与评价的方法。本教材知识结构合理，具有很强的实践性、时效性；结合典型例题，加深学生对所学内容的理解；习题覆盖知识要点，有助于学生深入理解投资决策的相关理论及其应用。

  本教材共10章，其中第1章第1.1、1.2节由河南金山工程造价咨询有限公司李旭辉编写，第1章第1.3、1.4节及第3章、第5章由河南城建学院商克俭编写，第2章第2.1、2.2节及第4章第4.2、4.3、4.4节由河南城建学院董晓峰编写，第2章第2.3节及第4章第4.1节由鲁山县规划设计室李艳艳编写，第6章、第10章由河南城建学院杨静编写，第7章、第8章由河南城建学院周彦兵编写，第9章由河南城建学院张坤浩编写。全书由商克俭统稿。

  本教材主审是辽宁工程技术大学的冯东梅教授，她为本书提出了许多中肯建议及修改意见，为她的付出表示衷心感谢。

  本教材主编自2007年开始进行一级注册建造师、注册监理工程师以及注册造价工程师的考前培训工作，先后讲述一级注册建造师工程经济及建筑工程管理与实务，注册监理工程师的投资控制、进度控制、质量控制，造价工程师的建设工程造价管理及建设工程计价等相关课程，在此期间一直打算融汇这些课程的重点难点编写一部实用性、综合性强的使用教材，但一直没能如愿。自2018年进入河南城建学院工作以来，在现实工作和教学过程中发现，

I

很多学生在毕业后的工作和学习中对必须用到的有关工程经济和工程财务方面的计算问题较为棘手,郑州大学出版社急学生所急,想学生所想,支持我们编写本书,在此编写组全体成员向郑州大学出版社表示诚挚感谢。

本书可作为高等院校工程造价、工程管理以及房地产经营与管理等相关专业的教材使用,也可作为社会及政府投资决策管理部门的培训教材以及相关执业资格考试的辅助教材使用。

本教材在编写过程中,参阅了国内外相关的多本教材和著作,在此向所有参考文献的作者表示感谢。由于编者水平有限,书中可能仍有不足和错误之处,诚挚希望各位读者批评指正,以便再版时修订改正。

编者
2023 年 7 月

目 录

第1章 概述 ... 1
1.1 投资的基本知识 ... 2
1.2 建设项目的基本知识 ... 3
1.3 建设项目投资决策 ... 6
1.4 工程项目建设程序 ... 13

第2章 建设项目可行性研究 ... 17
2.1 概述 ... 18
2.2 项目可行性研究的主要内容 ... 19
2.3 项目可行性研究的程序 ... 26

第3章 建设项目投资构成及估算 ... 31
3.1 建设项目投资构成 ... 32
3.2 建筑安装工程费的估算 ... 34
3.3 设备及工器具购置费的估算 ... 40
3.4 工程建设其他费用的估算 ... 44
3.5 预备费及资金筹措费的估算 ... 50

第4章 建设项目筹融资管理 ... 57
4.1 建设项目资本金及其筹措方式 ... 58
4.2 建设项目债务资金筹措方式 ... 63
4.3 建设项目融资 ... 68
4.4 建设项目资金成本 ... 78

第5章 资金时间价值的计算及其应用 ... 89
5.1 现金流量和资金的时间价值 ... 90
5.2 资金等值计算及应用 ... 95
5.3 等值计算的应用 ... 100
5.4 名义利率与有效利率 ... 101

第6章 建设项目经济评价及方案比选 ... 107
6.1 经济评价概述 ... 108
6.2 经济效益与费用的识别和估算 ... 112

6.3　经济评价参数 ·· 118
　　6.4　工程方案经济比选的原理 ·· 124
　　6.5　工程方案经济比选的方法 ·· 127
第7章　建设项目财务分析及评价 ·· 141
　　7.1　财务评价概述 ·· 142
　　7.2　财务分析内容和指标 ·· 145
　　7.3　财务效益与费用估算 ·· 148
　　7.4　财务盈利能力分析 ·· 157
　　7.5　财务偿债能力分析 ·· 163
　　7.6　财务生存能力分析 ·· 170
第8章　建设项目节能及环境影响评价 ·· 183
　　8.1　建设项目节能评价 ·· 184
　　8.2　建设项目环境影响评价 ·· 190
第9章　建设项目社会评价 ·· 205
　　9.1　社会评价的概念及特点 ·· 206
　　9.2　社会评价的目的和适用范围 ··· 207
　　9.3　社会评价的主要内容 ·· 208
　　9.4　社会评价的方法 ·· 213
　　9.5　社会评价的组织实施和报告编写 ·· 218
　　9.6　社会稳定风险分析 ·· 221
第10章　建设项目不确定性及风险分析 ··· 229
　　10.1　建设项目风险分析 ·· 230
　　10.2　不确定性分析 ·· 247
　　10.3　敏感性分析 ·· 248
　　10.4　盈亏平衡分析 ·· 254
附录　复利系数表 ·· 263
参考文献 ··· 276

第 1 章

概 述

1.1 投资的基本知识

1.1.1 投资的概念

任何一个社会、一个国家都负有维持并发展现有经济水平和增加物质财富,满足社会发展需要的责任。一般而言,一个社会、一个国家所生产的物质资料越丰富,则这个社会或国家就越兴旺。按照马克思的劳动三要素论,物质资料的生产过程是劳动者、劳动手段和劳动对象这三个要素相结合并共同作用的过程。可见,劳动手段是直接关系到生产效率高低和物质资料生产的,是进行生产的前提条件。由于机器、设备、厂房等劳动手段在使用过程中不可避免地会发生磨损和毁坏,因此,为保持并扩大生产规模,就必须添置更多的劳动手段。从本质上讲,这种添置劳动手段的过程其实就是投资活动。由此可以得出这样的结论:投资活动对保证社会简单再生产和扩大再生产的顺利进行有极其重要的作用,它是人类社会最重要的经济活动之一。

1.1.2 投资的分类

对投资活动进行分类不仅是基本的理论问题,又是关系到实际经济工作中的不同资本运作和管理、绩效考核方法等。从投资活动所形成的产出对象即资本的类型角度可分为实物资本投资、金融资本投资及无形资本投资三大类;从不同性质的投资主体角度可分为政府投资、企业投资、家庭或个人投资及社会事业性团体投资四大类。

1.1.3 投资的特点

(1)投资领域的广阔性和复杂性。投资活动是国民经济中最重要的经济活动,投资涉及面广,几乎涵盖了社会经济的方方面面。由于这种广阔性的存在,投资领域的复杂性也必然继而产生。

(2)投资周期的长期性。虽然每项投资的周期因项目的大小、复杂程度及技术水平等因素的不同有所差异,但总体来说,投资项目一般都由于其规模较大、地点不确定且投资建设的不可分割性而使得投资周期比较长。

(3)投资活动的连续性和波动性。一项投资活动,尤其是一些大型的固定资产投资活动,是一个包含着若干项相互连接、不可间断的工作阶段的经济活动过程。只有这些工作环节按照顺序不间断地进行,才能实现投资的目的。同时,由于在初期决策、中期施工建设及后期竣工评估等不同阶段上投资耗费的差异较大,因而出现比较明显的波动性。这种连续性和波动性都要求投资者在宏观、微观上努力协调好投资活动涉及的各个部门和环节,组织好资金和物资的供应,以免造成投资过程的间断。

(4)投资收益的风险性。由于主观、客观等多方面因素的影响,使投资实施的结果普遍存在风险性,即投入的资金可能不仅不能取得预期收益,甚至还可能发生亏损或血本无归的危险。这就要求投资者在进行投资活动时必须进行科学的预测和论证,并强化投资管理,尽可能减少、分散和避免投资风险。

1.1.4 投资的意义

投资对社会和经济的发展具有重要的作用。从根本上说,生产的发展、生活的改善、社会的进步,没有哪一项活动能离得开投资和经济增长。在市场经济条件下,投资在国民经济发展与国际交往中发挥着越来越重要的作用。另一方面,投资也是企业获得利润的前提;投资是企业生存和发展的必要手段;投资是企业降低风险的重要途径。从金融学角度来讲,投资相较于投机来说,投资的时间段更长一些,更趋向于为了在未来一定时间段内获得某种比较特殊稳定的现金流收益,是未来收益的累积。

1.1.4.1 从社会角度看,项目投资的积极意义

(1)项目投资是实现社会资本积累功能的主要途径,也是扩大社会再生产的重要手段,有助于促进社会经济的长期可持续发展。

(2)增加项目投资,能够为社会提供更多的就业机会,提高社会总供给量,不仅可以满足社会需求的不断增长,而且会最终拉动社会消费的增长。

1.1.4.2 从投资者角度看,项目投资的积极意义

(1)增强投资者技术经济实力。投资者通过项目投资,扩大其资本积累规模,提高其收益能力,增强其抵御风险的能力。

(2)提高投资者创新能力。投资者通过自主研发和购买知识产权,结合投资项目的实施,实现科技成果的商品化和产业化,不仅可以不断地获得技术创新和利润,而且能够为科技转化为生产力提供更好的业务操作平台。

(3)提升投资者市场竞争能力。市场竞争不仅是人才的竞争、产品的竞争,从根本上说是投资项目的竞争。一个不具备核心竞争能力的投资项目,是注定要失败的。因而,无论是投资实践成功的经验还是失败的教训,都有助于促进投资者自觉按市场规律办事,不断提升其市场竞争力。

1.2 建设项目的基本知识

1.2.1 项目的概念

项目是人们通过努力,运用各种方法,将人力、材料和财务等资源组织起来,根据商业模式的相关策划安排,进行一项独立一次性或长期无限期的工作任务。英国标准化协会发布的《项目管理指南》一书对项目的定义为:"项目是具有明确的开始和结束点,由某个人或某个组织所从事的具有一次性特征的一系列协调活动,以实现所要求的进度、费用以及各功能因素等特定目标。"项目对社会、对企业、对个人都有重要意义。不同的组

织从不同的角度和需要,提出了不同的项目定义。

(1)从投资的角度。如联合国工业发展组织主编的《工业项目评估手册》对项目的定义是:"一个项目是对一项投资的一个提案,用来创建、扩建或发展某些工厂企业,以便在一定周期时间内增加货物的生产或社会的服务。"世界银行则认为:"所谓项目,一般是指同一性质的投资,或同一部门内一系列有关或相同的投资,或不同部门内的一系列投资。"

(2)从建设角度。如我国建筑业对建设项目的定义:"在批准的总体设计范围内进行施工,经济上实行统一核算,行政上有独立组织形式,实行统一管理的建设单位。"

(3)从综合角度。《现代项目管理学》一书认为:"项目是在一定时间内为了达到特定目标而调集到一起的资源组合,是为了取得特定的成果开展的一系列相关活动",并归纳为"项目是特定目标下的一组任务或活动"。美国《项目管理概览》一书认为:"项目是为创立一种专门性的产品或服务而作出的一种短期努力";"项目是要在一定时间里,在预算范围内,需达到预定质量水平的一项一次性任务"。《现代项目管理导论》一书对项目的定义是:"项目是完成某些特定指标的一次性任务"。美国项目管理学会对项目的定义是:"项目是指组织中所有具有一次性、有头有尾而非持续性的工作,或项目是为了达到一个特定目的而将人力资源和其他资源结合成一个短期的组织。"根据这种理解,项目是一种生产或者工作的组织方式,企业中的生产活动和任何组织中的工作活动都可以按照项目或非项目方式来组织。

综上所述,项目广义的定义是:在一定的预算范围和一定的时间内,需达到预定质量要求的一项一次性任务。

1.2.2 项目的特点

项目是一个特殊的将被完成的有限任务,它是在一定时间内,满足一系列特定目标的多项相关工作的总称。德国国家标准DIN69901将项目定义为:"项目是指在总体上符合如下条件的具有唯一性的任务:具有预定的目标;具有时间、财务、人力和其他限制条件;具有专门的组织。"许多制造业的生产活动往往是连续不断和周而复始的活动,它被称为作业(Operation)。而项目是一种非常规性、非重复性和一次性的任务,通常有确定的目标和确定的约束条件(时间、费用和质量等)。项目是指一个过程,而不是指过程终结后所形成的成果,例如某个住宅小区的建设过程是一个项目,而建设完成后的住宅楼及其配套设施是这个项目完成后形成的产品。

在建设领域中,建造一栋大楼、一个工厂、一个大坝、一条铁路以及开发一个油田,都是项目。在工业生产中开发一种新产品,在科学研究中为解决某个科学技术问题进行的课题研究,在文化体育活动中举办一届运动会、组织一次综合文艺晚会等,也都是项目。从项目管理的角度而言,项目作为一个专门术语,具有如下几个基本特点:

(1)一个项目必须有明确的目标(如时间目标、费用目标和进度目标等)。

(2)任何项目都是在一定的限制条件下进行的,包括资源条件的约束(人力、财力和物力等)和人为的约束,其中质量(工作标准)、进度、费用目标是项目普遍存在的三个主要约束条件。

（3）项目是一次性的任务，由于目标、环境、条件、组织和过程等方面的特殊性，不存在两个完全相同的项目，即项目不可能重复。

（4）任何项目都有其明确的起点（开始）时间和终点（结束）时间，它是在一段有限的时间内存在的。

（5）多数项目在其进行过程中，往往有许多不确定的影响因素。

1.2.3 建设项目的概念

《工程造价术语标准》(GB/T 50875—2013)中建设项目(construction project)的定义为："建设项目是指按一个总体规划或设计进行建设的，由一个或若干个互有内在联系的单项工程组成的工程总和"。《建设工程分类标准》(GB/T 50841—2013)中建设项目定义为："建设项目是指有经过有关部门批准的立项文件和设计任务书，经济上实行独立核算，行政上实行统一管理的工程项目"。建设项目也可称为基本建设项目，其可以是一个单项工程，也可以由若干个互有内在联系的单项工程组成，建设项目的名称一般是以这个建设单位的名称来命名的，一个建设单位就是一个建设项目。如××汽车修配厂、××水泥厂、××学校、××医院等均为建设项目。一般而言，建设项目是指为了特定目标而进行的投资建设活动，其内涵如下：

（1）建设项目是一种既有投资行为又有建设行为的项目，其目标是形成固定资产。建设项目是将投资转化为固定资产的经济活动过程。

（2）"一次性事业"即一次性任务，表示项目的一次性特征。

（3）"经济上实行统一核算，行政上实行统一管理"，表示项目是在一定的组织机构内进行的，项目一般由一个组织或几个组织联合完成。

（4）对一个工程项目范围的认定标准，是具有一个总体设计或初步设计。凡属于一个总体设计或初步设计的项目，不论是主体工程还是相应的附属配套工程，不论是由一个还是由几个施工单位施工，不论是同期建设还是分期建设，都视为一个工程项目。工程项目除了具有一般项目的基本特点外，还有自身的特点。

建设项目作为一个系统，它与一般的系统相比具有以下明显的特点：

（1）具有明确的建设任务。如建设一个住宅小区或建设一座发电厂等。

（2）具有明确的进度、费用和质量目标。工程项目受到多方面条件的制约：时间约束，即有合理的工期时限；资源约束，即要在一定的人力、财力和物力投入条件下完成建设任务；质量约束，即要达到预期的使用功能、生产能力、技术水平、产品等级等的要求。这些约束条件形成了项目管理的主要目标，即进度目标、费用目标和质量目标。

（3）建设过程和建设成果固定在某一地点。建设施工和安装活动一般是在露天环境进行的，受当地资源、气象和地质条件的制约，以及受当地经济、社会和文化的影响。

（4）建设产品具有唯一性的特点。建设过程和建设成果的固定性，设计的单一性，施工的单件性，管理组织的一次性，使建设过程不同于一般商品的批量生产过程，其产品具有唯一性。即使采用同样型号标准图纸建设的两栋住宅，由于建设时间、建设地点、建设条件和施工队伍等的不同，两栋住宅也会存在差异。

（5）建设产品具有整体性的特点。一个工程项目往往是由多个相互关联的子项目构成的系统,其中一个子项目的失败有可能影响整个项目功能的实现。项目建设包括多个阶段,各阶段之间有着紧密的联系,各阶段的工作都对整个项目的完成产生影响。

(6)工程项目管理的复杂性。主要表现在:工程项目涉及的单位多,各单位之间关系协调的难度和工作量大;工程技术的复杂性不断提高,出现了许多新技术、新材料和新工艺;大中型项目的建设规模大;社会、政治和经济环境对工程项目的影响,特别是对一些跨地区、跨行业的大型工程项目的影响,越来越复杂。

1.3 建设项目投资决策

1.3.1 建设项目投资的基本知识

建设项目投资属于直接投资的范畴,且有广义和狭义之分。

广义的建设项目投资,系指项目法人(Project Company)受项目主办方(Project Sponsor)委托,通过形成综合生产或服务能力获取投资效益,而垫付资本或其他资源于某工程建设项目的活动。这里的项目法人通常是一个确定的法律实体,它是为了项目的建设和满足市场需求而建立的自主经营、自负盈亏的经营实体;项目主办方又称项目发起人,是项目公司的投资者,是股东,项目主办方投入的资本金形成项目公司的权益,现代社会项目发起人可大致分为四大类:企业、政府、非营利机构及个人;投资效益包括财务、经济、社会、环境等四个方面。

狭义的建设项目投资,一般是指进行某项工程建设花费的全部费用。建设项目投资包含四大要素:投资主体、投资项目、投资环境以及投资收益。

1.3.1.1 投资主体

投资主体是指垫付权益资本、承担投资风险和还贷风险、享受直接投资收益的项目法人和项目主办方(项目发起人或项目投资者)。项目法人包括新设项目法人和既有项目法人。新设项目法人是指为项目建设而新组建的项目法人,其建设项目资金来源于项目公司股东投入的资金和项目公司承担的债务资金。既有项目法人是指已经存在的项目法人,其建设项目资金来源于原有既有法人内部融资、新增资本和新增债务资金。

1.3.1.2 投资项目

投资项目是建设项目法人实现既定设想的载体。由于不同类型投资主体的目标存在着明显差异,因而其选择投资项目的类别也不同。如政府目标一般通过提供社会服务来改善环境,包括社会经济的可持续发展、就业水平的提高、法制的建立健全、社会安定、币值稳定、环境保护、经济结构的改善、收入分配公平等,因此政府投资项目主要是基础性项目和公益性项目。企业的目标以实现利润为主,包括利润最大化、市场占有率、应变能力和品牌效应等,因此企业投资项目主要是竞争性项目。

1.3.1.3 投资环境

投资环境是指影响投资的客观条件,它包括经济体制、政治体制、法律制度、诚信道德、传统文化、精神文明、国际一体化、金融服务、市场进入与退出条件以及劳动力市场弹性等社会政治经济条件组成的投资软环境;也包括自然地理条件、交通运输、邮电通信、供水供电等物质技术条件组成的投资硬环境。投资环境是可以改变的,设施不断完善、环境日益优美、社会和谐安定的投资环境,能有效提高投资效果,增加对投资的吸引力,是促进区域经济发展的先决条件。当然,建设项目投资在一定的时空中也受到自然、技术、经济等方面的制约,自然条件决定了投资的客观物质基础,技术、经济条件显示投资活动成果的价值。建设项目投资固然必须遵循自然环境中的各种规律,只有这样才能赋予物品或服务使用价值。但是,物品或服务的价值取决于它带给人们的效用,效用大小往往要用人们愿意为此付出的货币数量来衡量。无论技术系统的设计多么精良,如果生产出的物品或提供的服务不受市场上消费者的青睐,或者成本太高,这样的建设项目投资效益就会很低。

1.3.1.4 投资效益

投资效益是指投资活动所取得的成果与所占用或消耗的投资之间的对比关系。投资效益包括财务效益(微观经济效益)、国民经济效益(宏观经济效益)和社会效益。投资的财务效益是指投资项目的投入与产出相比较,能否获得预期的盈利,是从投资主体的角度衡量投资活动是否值得。投资的国民经济效益,是指投资项目对国民经济有效增长、结构优化的贡献。投资的社会效益是指投资项目的建设和运行对社会发展、资源、生态、环境、就业、分配等方面带来的影响。一项投资活动的财务效益、国民经济效益和社会效益有时会是冲突和对立的。例如,对一个经济欠发达地区进行开发和建设,如果只进行低水平的资源消耗类生产,就有可能在取得企业财务效益的同时,造成严重的环境污染和生态平衡的破坏。人类社会的一个基本任务,就是要根据对客观世界运动变化规律的认识,对自身的活动进行有效的规划、组织、协调和控制,最大限度地提高投资活动的收益水平,降低或消除负面影响,而这正是建设项目投资决策的主要任务。

1.3.2 建设项目投资决策的原则、程序及方法

建设项目投资决策是指决策单位或决策者按照客观的建设程序,根据投资方向、投资布局的战略构想,充分考虑国家有关的方针政策,在广泛收集信息资料的基础上,对拟建项目进行技术经济分析和多种角度的综合分析评价,决定项目是否建设、在什么地方建设,选择并确定项目建设的较优方案。

1.3.2.1 投资决策的概念

投资决策是指投资者为了实现其预定的投资目标,选择合适的科学理论、方法和手段,通过一定的程序,对若干个可行性的投资方案进行研究论证,从中选出最满意的投资方案的过程。按未来收益结果及出现的概率不同,投资决策可分为确定性投资、风险性投资和不确定性投资三类。所谓确定性投资是指未来收益分布结果是已知的,并且收益结果是确定的投资;风险性投资是指未来投资收益状况及其出现概率为已知,但最终结果不确定的投资;不确定性投资是指投资的未来收益分布状况及其出现概率均为未知的投资。

1.3.2.2 建设项目投资决策的意义

党的十八大以来,在以习近平同志为核心的党中央正确领导下,各地区各部门准确

建设项目投资决策

把握新发展阶段,深入贯彻新发展理念,加快构建新发展格局,推动高质量发展,扎实推进固定资产投资领域各项工作,加大有效投资力度,投资规模不断扩大,投资结构持续优化,投资建设成果丰硕。2013—2021年全社会固定资产投资总量由2012年的28.2万亿元增加到2021年的55.3万亿元;2021年全国施工项目建设规模达148.9万亿元,是2012年的3.5倍;新开工项目建设规模37.0万亿元,是2012年的2.3倍。这些建设项目的成功运行推动了国民经济的快速发展。

建设项目投资决策对于项目的成败具有决定性的作用。一个项目从投资意向到投资结束至项目运营的全过程,从项目周期的角度看,一般可以分为五个阶段,即决策阶段、实施前准备阶段、实施阶段、投产竣工阶段和生产运营阶段。其中决策阶段决定了项目的建设规模、产品方案、工艺技术、投资规模、融资方案等关键事项,由于投资的不可逆转性,即投资决策一旦做出,项目开始建设,已完成的投资形成的实物工程量就难以改变。其中任何一项的失误,都将可能导致项目的失败。据有关资料显示,建设项目的前期决策工作影响工程建设投资的可能性为35%~75%,而在工程实施阶段影响工程建设投资的可能性只有5%~25%。由此可见,建设项目的前期决策既是项目投资的首要环节,也是影响建设工程能否达到预期目标的重要方面。

建设项目投资的后果可分为两类:一类是对国民经济的迅速发展起积极的推动作用。另一类是效益不佳,亏损严重,使国民经济发展背上"包袱",甚至破产消亡。建设项目的成败与这些建设项目投资决策紧密相关。当今社会正处在世界一体化、经济全球化、信息网络化的时代,建设项目投资将处于更大的风险范围中,决策因素众多,相互关系复杂,环境变化多端,后果影响重大、深远,使得建设项目投资决策变得越来越困难,并且对决策的正确性提出了越来越高的要求。为了防止在大型工程项目决策上的片面性和盲目性,避免由于决策的失误而造成社会资源浪费,很有必要研究建设项目投资决策问题。为了保证建设项目决策的科学化和民主化,我国建设项目主管部门规定:各类投资主体都要根据自身的特点建立科学的投资决策程序,严格按程序进行投资决策。国有企业和集体所有制企业的重大投资决策,要听取职工意见。政府投资决策要经过咨询机构评估,重大项目要实行专家评议制度,特殊重大项目要经过人民代表大会进行审议。同时,要进一步强化和完善法人治理结构,并建立严格的责任约束机制,投资成败要与决策者的考核与奖惩挂钩。

1.3.2.3 建设项目投资决策的类型

(1)企业投资决策。企业投资决策是指企业根据总体发展战略,按照资源整合的需要,以获得经济效益、社会效益和提升持续发展能力为目标,做出是否投资建设项目的决定。

(2)政府投资决策。政府投资决策是指政府有关投资管理部门,根据经济和社会发展的需要,以实现经济调节、满足社会公共需求、促进经济社会可持续发展为目标,对政府投资的项目从社会公平、社会效益等方面进行分析,评价其是否符合政府投资的范围,能否实现政府投资的目标,从而做出政府是否投资建设项目的决定。

(3)金融机构贷款决策。按照银行"独立审贷、自主决策、自担风险"的原则,银行等金融机构对企业申请的项目贷款进行审查,分析企业的信用水平、经营管理能力、项目的盈利性和企业的还贷能力,从而决定是否贷款。

1.3.2.4　建设项目投资决策的基本原则

(1)市场和效益原则。无论是企业投资项目还是政府投资项目都必须从市场需要出发,注重投资效益,这是进行项目决策的前提条件,也是项目决策的最根本原则。企业投资项目是为了提高企业在市场中的竞争能力,获取经济效益,并创造社会效益;政府投资项目主要追求的是社会效益,满足社会需求,为公共利益服务,而不是单纯追求经济效益。

(2)科学决策原则

1)决策方法科学　必须用科学的精神、科学的方法和程序,采用先进的技术手段,运用多种专业知识,通过定性分析与定量分析相结合,最终得出科学合理的结论和意见,使分析结论准确可靠。

2)决策依据充分　决策要掌握大量的信息,依据国家有关政策,充分了解项目的建设条件、技术发展趋势和市场环境状况,使决策有科学的依据。

3)数据资料可靠　必须坚持实事求是的立场,一切从实际出发,尊重事实,在调查研究的基础上,注重数据分析,保证分析结论真实可靠。

(3)民主决策原则

1)独立咨询机构参与。决策者委托咨询机构对项目进行独立的调查、分析、研究和评价,提出咨询意见和建议,以帮助决策者正确决策。对于政府投资项目,一般都要经过符合资质要求的咨询机构的评估论证,"先评估,后决策",即政府在决策前先委托符合资质要求的咨询机构对项目进行论证,为政府决策提供咨询建议。对于企业投资项目,为了降低投资风险,通常也聘请外部咨询机构提供投资决策咨询服务。

2)专家论证。为了提高决策的质量,无论是企业还是政府的投资决策,都应该聘请项目相关领域的专家进行分析论证,以优化和完善建设方案。

3)公众参与。对于政府投资项目和企业投资的重大项目,特别是关系社会公共利益的建设项目,政府将采取多种公众参与形式,广泛征求各个方面的意见和建议,以使决策符合社会公众的利益。

(4)风险责任原则。按照投资体制改革的目标,"谁投资、谁决策、谁受益、谁承担风险",强调建设项目决策的责任制度。对采用直接投资和资本金注入方式的政府投资项目,由政府进行投资决策。政府从投资决策角度要审批项目建议书和可行性研究报告。

企业投资项目由企业进行投资决策。项目的建设方案、资金来源和技术方案等均由企业自主决策、自担风险。政府仅对企业投资的重大项目和限制类项目从维护社会公共利益角度进行核准。

1.3.2.5　建设项目投资决策的方法

决策中最古老的方法是凭习惯和个人经验做出决断,后来随着类似问题的不断出现,人们在重复或相似的判断过程中逐步探索研究出一些规律,形成经验决策,并制定出一些决策规章制度。在科学技术飞速进步和发展的今天,单凭经验已不能适应需要。

现代化的决策是在分析比较投资项目可行性,研究各种投资方案的优劣以后,做出决断和选择的过程,是依据大量的可行性研究资料,运用科学方法,定性和定量相结合地进行估算和确定,选出最优方案的过程。一个待决策的问题一般应包含以下四个内容:明确目标;将来面对的客观情况;具备两个或两个以上可供选择的方案;已经构建了在不同自然条件下不同方案的经济模型,其效益或损失都可以计算。依据前面所述,可以把决策分为以下几种类型:根据决策目标的数量,可分为单目标决策和多目标决策;根据决策问题重复情况,可分为常规型(或重复性、程序化)决策和非常规型(或称一次性、非程序化)决策;根据决策问题面临条件的不同,可分为确定型决策、风险型决策和不确定型决策。

(1)单目标决策与多目标决策。单目标决策的特点是决策目标单一,一般是效益(产量、产值、利润等)最大,或支出(费用、时间等)最小。多目标决策是以达到两个以上目标为准进行择优的活动。在实际评价建设方案时,通常涉及多目标决策问题,常常要考虑多个指标。如一项公共项目,不仅要考虑项目的公共利益,还要考虑项目的建设投资、建设工期和经营成本等目标,而这些目标之间往往相互矛盾,这就需要根据目标的重要程度进行权衡,综合决策。

(2)常规型决策和非常规型决策。常规型决策是解决生产、建设管理中经常出现的问题,由于问题反复出现,企业为提高决策效率,制定了相应的程序、模型、参数或标准等,可以有章遵循。非常规型决策是要解决过去完全没有或仅部分出现过的问题,往往缺乏类似问题处理经验。决策层次越高,非常规型决策问题就越多。这要求决策者具有较强的洞察能力、创新意识、科学分析能力。

(3)确定型决策、风险型决策和不确定型决策。确定型决策面对的只有一个确定的状态,即发生或不发生是确定的。风险型决策面对有两个或两个以上的状态,各个状态出现的可能性或概率是可以知道的。不确定型决策则完全不知道各个状态出现的概率。因此,确定型决策是容易做出的,一般人都会做出同样的选择。风险型决策大量存在于现实生活中,需要考虑决策者的风险偏好,决策结果因人而异。不确定型决策最为困难,需要因地制宜,因势而变,需要更大的胆识和更多的智慧。

1.3.2.6 建设项目投资决策的基本程序

建设项目投资决策是一个发现问题、分析问题和解决问题的过程。建设项目投资决策就是从根据国民经济发展需求确定投资决策目标开始,到工程建设方案的确定和实施控制为止的全过程。这一过程包括建设项目决策目标确定、方案创造、综合评价和过程控制四个阶段。

建设项目决策目标的确定,是指在一定外部环境和内部环境条件下,在市场调查和研究的基础上所预测达到的结果。决策目标是根据所要解决的问题来确定的,因此,必须把握住所要解决问题的要害。只有明确了决策目标,才能避免决策的失误。这一阶段的决策任务是要确定什么时间、什么地点、建设什么样的项目。要考虑国民经济现状和发展,国际局势的变化,国内外市场的变动,我国在国际经济中的地位、实力,还要考虑国民经济的发展战略和生产力布局等。

投资目标虽要考虑每个具体工程的可行性,但其重点仍在于考虑总体布局的合理性、协调性和经济性,对于某建设项目只能给出一个较粗略的结论。因此,具体的建设项目还需要在战略部署的指导下进行方案的创造。初步方案确定后,就可估算建设项目可能产生的后果和影响,然后根据定量和定性的结果,对建设方案进行客观、全面的综合评价,选择最满意的建设实施方案。

1.3.2.7 企业项目投资决策的程序

企业项目投资决策,特别是大型项目的投资决策,因为投资规模较大,关系到企业的长远发展。应按照公司法人治理结构的权责划分,经过经理层讨论后,报决策层进行审定,特别重大的投资决策还要报股东大会讨论通过。

有的企业投资项目,是由项目的发起人及其他投资人出资,组建具有独立法人资格的项目公司,由出资人或其授权机构对项目进行投资决策。企业投资决策是一个研究逐步深化的过程,从投资机会研究,到初步可行性研究,再到可行性研究和项目评估,分析逐步深入,建设项目的价值逐步明了,建设内容和方案逐步确定。见图1-1。

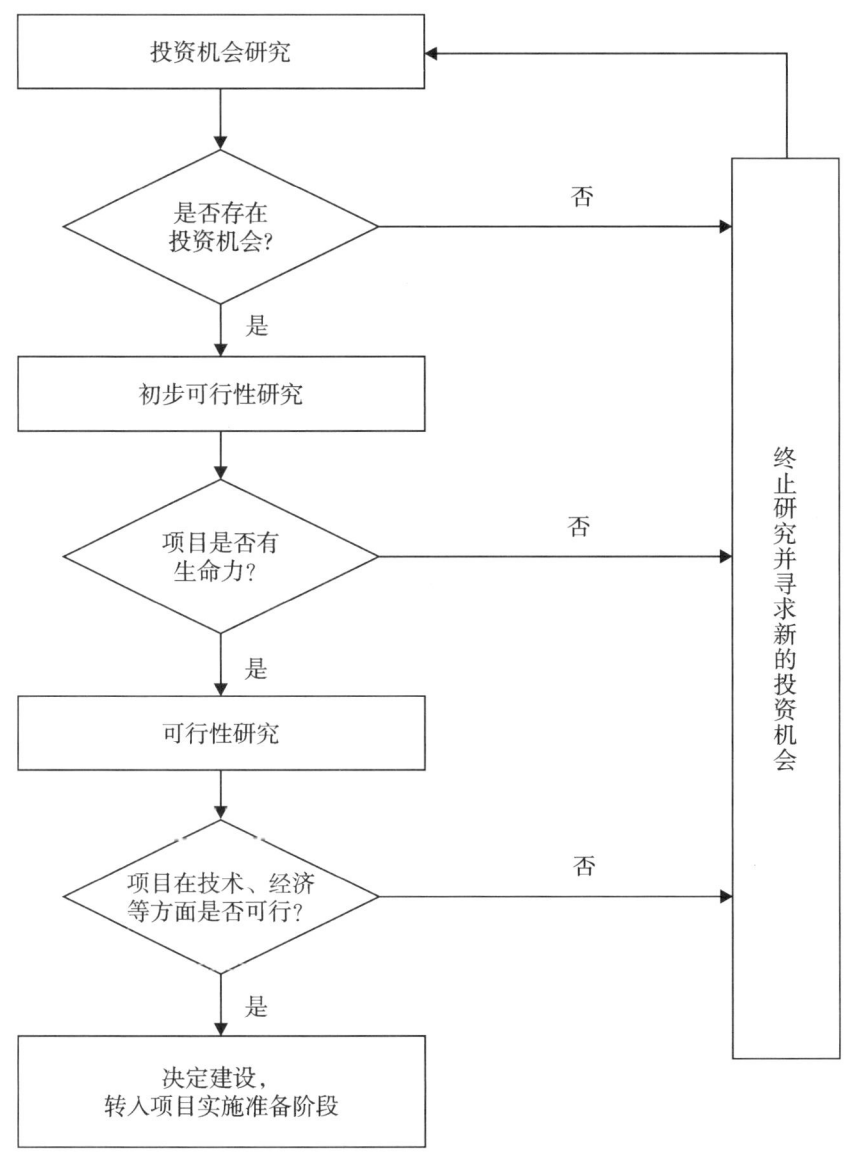

图1-1 企业项目投资决策的程序

1.3.2.8 政府项目投资决策的程序

对于政府投资项目,要按照严格的程序进行决策。建设项目必须先列入行业、部门或区域发展规划,政府再审批项目建议书,审查项目建设的必要性,决定项目是否立项;再经过对可行性研究的审查,从技术、经济、社会等方面分析项目的可行性,决定项目的建设方案。见图1-2。

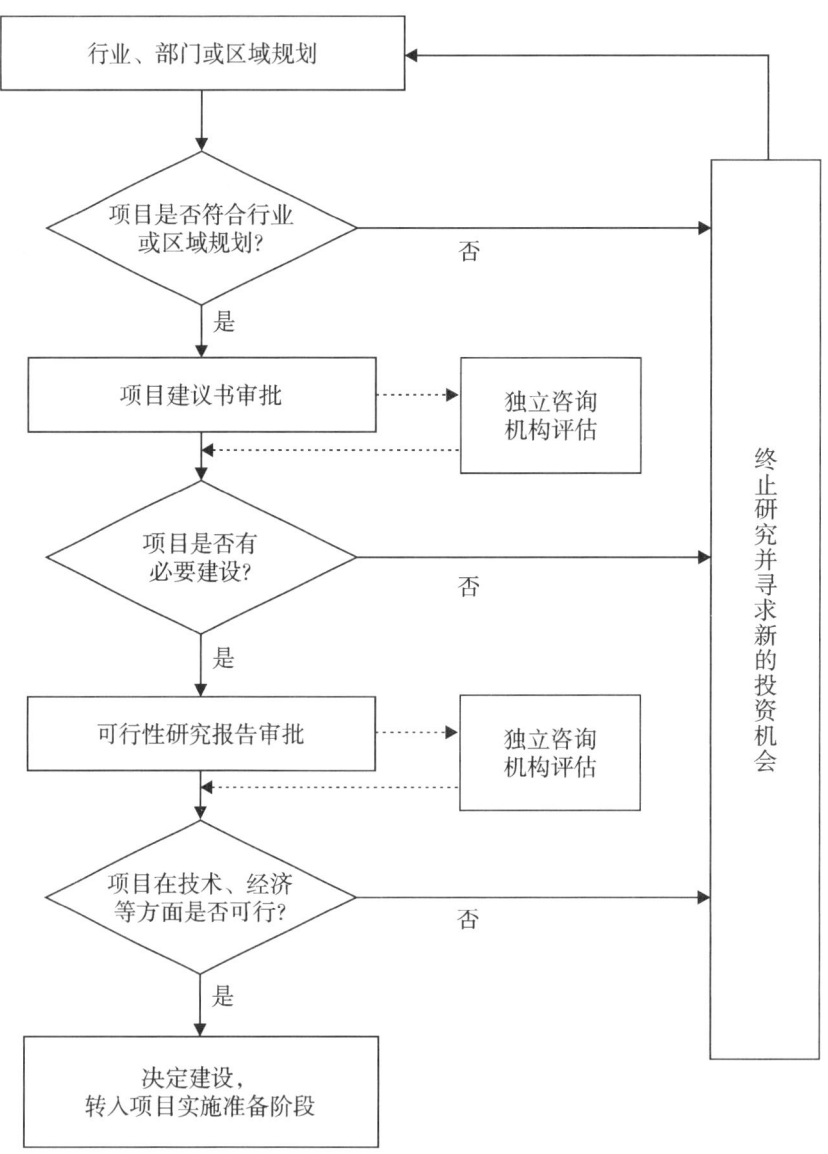

图1-2 政府项目投资决策的程序

1.4 工程项目建设程序

工程项目建设程序是指工程项目从策划、评估、决策、设计、施工到竣工验收、投入生产或交付使用的整个建设过程中,各项工作必须遵循的先后工作次序。工程项目建设程序是工程建设过程客观规律的反映,是建设工程项目科学决策和顺利进行的重要保证。工程项目建设程序是人们长期在工程项目建设实践中得出来的经验总结,不能任意颠倒,但可以合理交叉。

工程项目基本建设程序主要有以下几个阶段:项目建议书阶段、可行性研究阶段、初步设计阶段、施工图设计阶段、建设准备阶段、建设实施阶段、竣工验收阶段、后评价阶段。

1.4.1 项目建议书阶段

项目建议书是项目建设筹建单位,根据国民经济和社会发展的长远规划、行业规划、产业政策、生产力布局、市场、所在地的内外部条件等要求,经过调查、预测分析后,提出的某一具体项目的建议文件,是基本建设程序中最初阶段的工作,是对拟建项目的框架性设想,也是政府选择项目和可行性研究的依据。项目建议书的主要作用是为了推荐一个拟进行建设的项目的初步说明,论述它建设的必要性、重要性、条件的可行性和获得的可能性,供政府选择确定是否进行下一步工作。

1.4.2 可行性研究阶段

可行性研究是在项目建议书被批准后,对项目在技术上和经济上是否可行所进行的科学分析和论证。可行性研究,是指在调查的基础上,通过市场分析、技术分析、财务分析和国民经济分析,对各种投资项目的技术可行性与经济合理性进行的综合评价。可行性研究的基本任务,是对新建或改建项目的主要问题,从技术经济角度进行全面的分析研究,并对其投产后的经济效果进行预测,在既定的范围内进行方案论证的选择,以便最合理地利用资源,达到预定的社会效益和经济效益。

可行性研究必须从系统总体出发,对技术、经济、财务、商业以至环境保护、法律等多个方面进行分析和论证,以确定建设项目是否可行,为正确进行投资决策提供科学依据。项目的可行性研究是对多因素、多目标系统进行的不断的分析研究、评价和决策的过程。它需要有各方面知识的专业人才通力合作才能完成。可行性研究不仅应用于建设项目,还可应用于科学技术和工业发展的各个阶段和各个方面。中国从 1982 年开始,已将可行性研究列为基本建设中的一项重要程序。

1.4.3 初步设计阶段

初步设计是对拟建工程在技术上和经济上所进行的全方面详细安排,是建设项目实施的具体化,是把先进技术和科研结果引入建设渠道,是整个工程决定性步骤,是组织施工的依据。它直接关系着工程质量和未来使用效果。可行性研究报告经批准后,建设项目应委托或经过招标选定设计单位,根据批准的可行性研究报告内容和要求进行设计,编制设计文件。依据建设项目的情况,设计过程通常划分为两个阶段,即初步设计和施工图设计。重大项目和技术复杂项目可依据不同行业特点和需要,增加技术设计阶段。

1.4.4　施工图设计阶段

经过招标、比选等方法择优选择设计单位进行施工图设计。施工图设计关键内容是依据批准的初步设计,绘制出正确、完整和尽可能详尽的施工图纸。其设计深度应满足、设备材料安排、非标准设备制作、施工要求等。施工图设计文件完成后,应将施工图设计文件报有资质的施工图设计审查机构审查,并报行业主管部门备案。

1.4.5　施工阶段

施工阶段是基本建设的重要阶段,通常包含建设准备阶段和建设实施阶段。在施工中必须按照批准的设计文件和施工组织设计以及施工验收规范的要求,保证质量如期完工。与此同时,建设单位应进行其他有关基本建设工作及生产准备工作。国家计划确定的施工项目,经办的银行要积极地参与计划安排,对投资、施工力量、材料设备、设计资料、配套建设、资金来源不落实的问题,积极向上级银行和有关部门反映。

在建设过程中,经办的建设银行要协助建设单位、施工企业积极推行基本建设、拨款改为贷款或投资包干制度。严格按照设计概算控制拨款,经常分析设计概算执行情况,预测工程进度、投资完成、经济效益、归还贷款能力。每半年要对每个重点建设项目,进行一次基本建设经济活动分析,分别按照建筑工程、安装工程、设备投资、基本建设其他费用,逐项对照设计概算,对照年度计划进行检查,找出超支或节约以及工程进度缓慢的真正原因,分析哪些是主观因素,哪些是采取措施可以避免的,哪些是不能完全避免或无法避免的,按照党和国家的方针政策和有关规定,提出解决办法和改进意见。

1.4.6　竣工验收阶段

竣工验收阶段是指当工程项目全部完成,符合设计要求,并具备竣工图表、竣工决算、工程总结等必要文件资料时,项目主管部门或建设单位向负责验收的单位提出竣工验收申请报告并进行验收的阶段。依据国家现行要求,凡新建、扩建、改建基础建设项目和技术改造项目,应按批准的设计文件要求内容建成,符合验收标准,必须立即组织验收,办理固定资产移交手续。

竣工验收通常由项目批准单位或委托项目主管部门组织。竣工验收委员会或验收组由环境保护、劳动、消防及其他相关部门组成,建设单位、施工单位、勘察设计单位参与验收工作。验收委员会或验收组负责审查工程建设各个步骤,听取各相关单位工作汇报,审阅工程档案资料并实地查验建筑工程和设备安装情况,并对工程设计、施工和设备质量等方面作出全方面评价。竣工验收是投资成果转入生产或服务的标志,对促进工程项目及进行投产、发挥投资效益及总结建设经验都具有重要意义。其主要作用是对拟建项目进行初步说明,论述其建设的必要性、条件的可行性和获利的可能性,供基本建设管理部门选择并确定是否进行下一步工作。竣工验收合格后方可投入使用。

1.4.7 后评价阶段

工程项目后评价是指为了以后新建工程项目更好地进行管理和成本控制,采用合适的评价尺度,应用科学的评价理论和方法,对已建成并投入使用的建设项目的审批决策、建设实施和使用全过程进行总结评价,从而判断项目预期目标的实现程度所进行的评价活动。后评价目的是对已完成工程项目的目的、执行过程、效益、作用和影响进行系统和客观的分析,通过项目活动实践的检查总结,确定项目预期目标是否达到,项目是否合理有效,项目的主要效益指标是否实现,通过分析评价找出成功失败的原因,总结经验教训,通过及时有效的信息反馈,为未来新项目的决策和提高完善投资决策管理水平提出建议,同时也为后评价项目实施运营中出现的问题提供改进意见,以达到提高投资效益的目的和提高未来项目投资管理水平等作用。项目后评价通常在项目投运并进入正常生产阶段进行的。它的内容包括项目决策与建设过程评价、项目效益后评价、项目管理后评价、项目影响后评价。

习 题

一、单项选择题

1. 随着科学技术的发展,人类活动范围的扩大,经验决策逐渐被(　　)所取代。
   A. 科学决策　　　　B. 客观决策　　　　C. 技术决策　　　　D. 实践决策

2. (　　)最为困难,需要因地制宜,因势而变,需要更大的胆识和更多的智慧。
   A. 确定型决策　　　B. 不确定型决策　　C. 风险型决策　　　D. 重复性决策

3. (　　)是为达到某一目的,对若干可行方案进行分析、比较、判断,从中选择较优方案的过程,是在权衡各种矛盾、各种因素相互影响后做出的选择。
   A. 预测　　　　　　B. 抉择　　　　　　C. 预期　　　　　　D. 决策

4. 根据(　　),决策可分为确定型决策、风险型决策和不确定型决策。
   A. 决策目标的数量　　　　　　　　B. 决策方法的运用
   C. 决策问题重复情况　　　　　　　D. 决策问题面临条件的不同

5. (　　)的特点是决策目标单一,一般是效益(产量、产值、利润等)最大,或支出(费用、时间等)最小。
   A. 单目标决策　　　B. 多目标决策　　　C. 常规决策　　　　D. 非常规决策

6. 建设项目投资决策对于项目的成败具有(　　)的作用。
   A. 导向性　　　　　B. 决定性　　　　　C. 战略性　　　　　D. 纲领性

7. (　　)是解决生产、建设管理中经常出现的问题。
   A. 非常规型决策　　B. 风险型决策　　　C. 多目标决策　　　D. 常规型决策

8. 决策层次越高,(　　)问题就越多。
A. 非常规型决策　　B. 风险型决策　　C. 多目标决策　　D. 常规型决策
9. 建设项目决策的目的是(　　)。
A. 达到预定的投资目标　　　　　　B. 确定明确的建设方案
C. 确定融资方案　　　　　　　　　D. 设计合理的资金结构
10. (　　)是为了追求社会效益,满足社会需求,为公共利益服务,而不是单纯追求经济效益。
A. 企业投资项目　　　　　　　　　B. 金融机构投资项目
C. 政府投资项目　　　　　　　　　D. 资源开发投资项目

二、多项选择题

1. 根据决策问题面临条件的不同,可分为(　　)。
A. 常规型决策　　B. 非常规型决策　　C. 确定型决策
D. 风险型决策　　E. 不确定型决策
2. 建设项目决策的类型有(　　)。
A. 企业投资决策　　B. 政府投资决策　　C. 金融机构贷款决策
D. 资源开发投资决策　　　　　　E. 经济发展投资决策
3. 建设项目科学决策的原则主要体现为(　　)。
A. 市场调查及时　　B. 决策方法科学　　C. 决策依据充分
D. 所列案例客观公正　　　　　　E. 数据资料可靠
4. 建设项目民主决策的原则主要体现为(　　)。
A. 独立咨询机构参与　　B. 专家论证　　C. 数据资料可靠
D. 公众参与　　E. 决策依据充分
5. 企业投资项目决策的程序有(　　)。
A. 投资机会研究　　B. 初步可行性研究　　C. 可行性研究
D. 可行性研究报告审批　　　　　E. 决定建设,转入项目实施准备阶段

第 2 章

建设项目可行性研究

可行性研究是建设项目前期工作的重要内容,是建设项目投资决策的重要依据。可行性研究的成果是可行性研究报告。政府投资项目必须进行可行性研究,按照程序要求编制和报批可行性研究报告,其内容和深度参照国家发展改革委《投资项目可行性研究指南》(2002年)及其相关规定。其他投资项目应参照行业、地区、国家或国际组织有关规定或规范,根据项目性质及建设地点等具体情况编制。本章介绍可行性研究的概念、作用、编制内容和编制程序。

2.1 概述

2.1.1 可行性研究的概念和意义

可行性研究是指对拟投资项目的技术、经济、社会、环境等方面进行调查研究,对项目的拟建方案进行技术、经济分析论证,研究项目在技术上是否先进,经济上是否合理,财务上是否盈利,科学地预测和评价项目建成投产后的经济效益、社会效益、环境效益等,从而提出该项目是否应该投资建设及选定最佳投资建设方案等结论性意见,为项目投资决策提供科学的依据。

在建设项目投资决策之前,通过项目的可行性研究,使项目的投资决策工作建立在科学性、可靠性的基础之上,从而实现项目投资决策科学化,减少和避免投资决策的失误,提高项目投资的经济效益。

2.1.2 可行性研究的作用

2.1.2.1 建设项目投资决策的依据

可行性研究对项目产品的市场需求、市场竞争力、建设方案、项目需要投入的资金、可能获得的效益以及项目可能面临的风险等作出结论。对于政府投资项目,可行性研究的结论是政府投资主管部门审批决策的依据。对于企业投资项目,可行性研究的结论既是企业内部投资决策的依据,同时,对属于《政府核准的投资项目目录》内须经政府投资主管部门核准的投资项目,可行性研究又可以作为编制项目申请报告(书)的依据。对于使用政府投资补助、贷款贴息等方式的企业投资项目,可行性研究可以作为编制资金申请报告的依据。

2.1.2.2 筹集资金和申请贷款的依据

可行性研究报告是项目建设论证、审查、决策的重要依据,也是以后筹集资金或者申请资金的一个重要依据。银行等金融机构在接受项目贷款时,一般都要求项目业主提交可行性研究报告,通过对贷款项目进行评估,分析项目产品的市场竞争力、采用技术的可靠性、项目的财务效益和还款能力、项目的风险,然后决定是否对项目提供贷款。

2.1.2.3 编制初步设计文件的依据

按照项目建设程序,初步设计一般在可行性研究报告完成后才能进行。初步设计文件在项目可行性研究的基础上,根据审定的可行性研究报告进行编制。可行性研究编制的投资估算,通常作为初步设计概算限额设计的依据。

2.1.2.4 优化建设方案的作用

方案比选伴随可行性研究的全过程,围绕着投资的核心目标即投资的目的,如经济目标、健康目标、环境目标、安全目标、舒适目标、服务目标等,通过可行性研究展开系统研究和方案优化。通过可行性研究对市场、竞争力、技术、规模、产品(服务)方案、建设条件、厂址、总图布局、系统配套、环境保护、安全卫生、消防、项目管理、人力资源配置、投资估算、资金筹措、财务分析、经济分析、风险分析等诸多方面进行多方案比选,选择最佳、最适合、最优方案。

2.1.2.5 落实建设条件的作用

为实现投资目标、满足最优方案的需要,在可行性研究过程中,往往要求建设地区在自然条件、社会经济状况、政策环境等方面提供支撑,由可行性研究人员提出需要的条件,寻求包括政府、相关企业或部门各方协调解决与落实。在这个过程中,条件不断得到改善,方案不断得到优化。

2.1.2.6 其他作用

项目决策过程中,伴随着一些专项审批项,诸如环境评价、安全评价、能源技术评价、社会稳定性风险评价等,这些专项审批需要可行性研究报告作为基础资料,可行性研究中的产品方案、物料平衡、技术装备水平、项目选址、项目占地、总图布局、建设方案等都是开展环境评价、安全评价、能源技术评价、社会稳定性风险分析的重要基础资料和数据来源。

2.1.3 可行性研究的依据

(1)项目建议书(初步可行性研究报告),对于政府投资项目还需要项目建议书的批复文件。

(2)国家和地方的经济和社会发展规划、行业部门的发展规划,如江河流域开发治理规划、铁路公路路网规划、电力电网规划、森林开发规划,以及企业发展战略规划等。

(3)有关法律、法规和政策。

(4)有关机构发布的工程建设方面的标准、规范、定额。

(5)拟建厂(场)址的自然、经济、社会概况等基础资料。

(6)合资、合作项目各方签订的协议书或意向书。

(7)与拟建项目有关的各种市场信息资料或社会公众要求等。

(8)有关专题研究报告,如市场研究、竞争力分析、厂址比选、风险分析等。

2.2 项目可行性研究的主要内容

2.2.1 可行性研究的阶段划分

投资项目的可行性研究一般包括投资机会研究、初步可行性研究和详细可行性研究三个阶段。

2.2.1.1　投资机会研究

投资机会研究也称投资鉴定,即为寻求最佳投资机会而进行的准备性调查活动。投资机会研究的目的是发现有价值的投资机会。其主要任务是提出建设项目投资的方向,即在一个确定的地区和部门,根据对自然资源和对市场需求的调查、预测以及国内工业政策和国际贸易联系等情况,选择建设项目,寻求最有利的投资机会。

投资机会研究的依据是国家的中、长期计划和发展规划。其主要内容是地区情况、经济政策、资源条件、劳动力状况、社会条件、地理环境、国内外市场情况,以及建设项目建成后对社会的影响等。投资机会研究包括一般机会研究和特定项目机会研究。

一般机会研究可以分为地区机会研究、部门(或行业)机会研究、资源开发机会研究三类。地区机会研究,旨在通过研究某一地区自然地理状况及该地区在国民经济体系中的地位和自身的优势、劣势而寻求投资机会;部门(或行业)机会研究,旨在分析某一部门(或行业)由于技术进步、国内外市场变化而出现的新的发展和投资机会;资源开发机会研究,旨在分析由于自然资源开发和综合利用而出现的投资机会。

在进行一般机会研究时,可参考国内外同类项目、同类地区和同类投资环境的成功案例。发展中国家的一般机会研究通常由政府部门或专业机构进行,并可作为政府制定国民经济长远发展规划的依据。机会研究通常与规划研究同步进行,以机会研究结果为基础,可以设立备选项目库,进行项目储备,供今后制订投资计划和开展投资项目可行性研究之用。机会研究主要依靠经验进行粗略预测估计,不需进行详细的分析计算。在工程咨询市场发育比较完善的情况下,机会研究是咨询工程师为业主提供咨询服务的重要业务领域。

根据一般机会研究的结论,当某项目具有投资条件时,就可进行特定项目机会研究,即具体研究某一特定项目成立的可能性,将项目设想转变为投资建议。

投资机会研究的成果性文件是投资机会研究报告,该报告是开展初步可行性研究的依据。实践中,机会研究逐步被产业规划所替代,无论是区域、行业还是企业,随着规划的重要性及其内容的不断加深,产业规划逐步担当了机会研究甚至项目建议书的角色。

2.2.1.2　初步可行性研究

初步可行性研究是在机会研究的基础上,对项目可行与否所做的较为详细的分析论证,是根据国民经济和社会发展长期规划、行业规划和地区规划以及国家产业政策,经过调查研究、市场预测,从宏观上分析论证项目建设的必要性和可能性。

不是所有项目都必须进行初步可行性研究,小型项目或者简单的技术改造项目,在选定投资机会后,可以直接进行可行性研究。

初步可行性研究的成果性文件是初步可行性研究报告或项目建议书。对于企业投资项目,政府不再审批项目建议书,初步可行性研究仅作为企业内部决策层进行项目投资策划、决策的依据。而对于政府投资项目,仍需按照基本建设程序要求审批项目建议书,此类项目往往是在完成初步可行性研究报告的基础上形成或代替项目建议书。项目建议书批准后,方可进行可行性研究工作,但并不表明项目非上不可,批准的项目建议书不是项目的最终决策。

2.2.1.3 详细可行性研究

详细可行性研究阶段也称为最终可行性研究阶段,主要是进行全面、详细、深入的技术经济分析论证阶段,要评价选择拟建项目的最佳投资方案,对项目的可行性提出结论性意见。这一阶段的投资估算是进行详尽经济评价,决定项目可行性,选择最佳投资方案的主要依据,也是编制设计文件、控制初步设计及概算的主要依据。

可行性研究各阶段划分及要求见表2-1。

表2-1 可行性研究各阶段划分及要求

可行性研究阶段划分	成果形式	估算误差率	研究费用（占总投资的比例）	工作内容
投资机会研究阶段	投资机会研究报告	±30%以内	0.2%~1.0%	寻求投资机会,鉴别投资方向
初步可行性研究阶段	初步可行性研究报告或项目建议书	±20%以内	0.25%~1.25%	初步判断项目是否有生命力、宏观必要性、建设条件、能否盈利
详细可行性研究阶段	详细可行性研究报告	±10%以内	大项目:0.2%~1.0% 小项目:1.0%~3.0%	详细技术经济论证,在多方案比较的基础上选择出最优方案

2.2.2 可行性研究的主要内容

2.2.2.1 总论

总论通常可以作为可行性研究报告的缩略本,当项目巨大或复杂时,可以单独出版一个缩略本,便于投资决策者以及评估人员快速掌握项目总貌。总论作为可行性研究报告的首要部分,综合叙述研究报告中各部分的主要问题和研究结论,并对项目的可行与否提出最终建议,为可行性研究的审批提供方便。总论高度概括项目的基本情况和研究结论以及存在的问题等,研究结论和观点以及问题与建议应清晰明确。

(1) 概述

1) 项目名称;承办单位名称、性质及责任人;投资项目性质及类型;经营机制及管理体制。

中外合资、合作项目应注明投资各方单位全称、注册国家(地区)、法定地址、法人代表及国籍等。

境外投资项目应注明投资地区或国家,说明项目的性质及合作方等。

2) 主办单位基本情况,改建、扩建和技术改造项目要说明现有企业概况,包括企业各生产装置、生产能力、原料供应、产品销售、员工状况、资本结构、财务状况以及企业目前存在的主要经营发展问题等。

中外合资、合作项目应简要列出初步协议要点,包括出资方式、出资比例、合资合作年限、经营管理机制、利益分配等。

3) 主要投资者情况介绍。对于项目公司,应介绍出资人、股东方等有关情况。对于多股东的,应选择对投资和项目影响较大的几个主要股东介绍。

4) 项目提出的背景,投资的目的、意义和必要性。

简述项目提出的背景,包括宏观背景和微观背景分析,根据背景分析,提出投资的目的,说明投资项目建设的意义。

投资项目的必要性和理由,从规划、市场、战略、经济利益、社会贡献等多方面分析。根据必要性和理由,提出投资项目的目标,包括建设内容与规模、技术水平、产品(服务)性能与档次、竞争力水平、经济效益和社会效益、社会需求、战略目标等。

5) 可行性研究报告编制的依据、指导思想和原则。

6) 研究范围,指研究对象、建设项目的范围,列出整个项目的工程主项,当有多家单位共同研究或编制时,要说明各单位分工情况。

(2) 研究结论

1) 研究的简要综合结论。从项目建设的必要性、装置规模、产品(服务)方案、市场、原料、工艺技术、场(厂)址选择、公用工程、辅助设施、协作配套、节能节水、环境保护、投资及经济评价等方面给出简要明确的结论性意见。简要说明投资项目是否符合国家产业政策要求,是否符合行业准入条件,是否与所在地的发展规划或城镇规划等相适应。境外投资项目还要提出项目遇到的特殊情况及处理措施等。提出可行性研究报告推荐方案的主要理由。应根据不同类型和性质的项目,归纳列出项目的主要技术经济指标,包括主要工程和经济类指标等。

2) 存在的主要问题和建议。提出投资项目在工程、技术及经济等方面存在的主要问题和主要风险,提出解决主要问题和规避风险的建议。

2.2.2.2 市场预测分析

市场预测分析的编制内容包括产品(服务)市场分析、主要投入物市场预测和市场竞争力分析等。其中市场预测是项目可行性研究报告的重点内容,市场竞争力分析是可行性研究的核心内容之一。

(1) 产品(服务)市场分析。市场预测分析主要从产品用途、国外市场预测、国内市场预测、公共产品的社会需求预测等方面进行分析。

从产品(服务)的角度分析产品用途,结合国内外市场预测分析,得到相同或可替代产品目前已有的和在建的生产能力、产量情况,在此基础上,预测未来的发展和变化趋势。以项目的计算期为期限,预测设定产品的生产能力、产量,预测可能建设的新增能力、投产时间和开工率。根据市场供应、需求现状分析和预测,结合进出口情况,包括进口品种和来源,出口品种和目的地的统计,得出国内产品市场的供需平衡状况,分析产品发展空间以及地区间的供需差距及贸易流向。预测今后的供需变化趋势及发展前景。

对于市场波动较大、需求有明显周期性变化的产品进行周期性分析。根据调查历史数据(需要两个以上周期数据),绘制周期性变化图,分析造成供需波动的原因,预测今后的供需变化趋势及发展前景。

(2) 主要投入物市场预测。主要投入物市场预测从主要投入物供应现状和主要投入物供需平衡两方面进行预测。

对于重要的、影响较大的、供应有缺口或处于垄断的原材料、燃料、动力等主要投入物包括服务应进行供应分析,分析设定投入物的进出口情况。分析主要需求方及潜在需求方对市场供应的影响。以项目的计算期为期限,预测设定投入物国内需求总量、消费区域分布以及消费结构变化趋势。

根据市场供应、需求现状分析和预测,结合进出口情况,包括进口品种和来源,得出国内主要投入物市场的供需平衡状况,分析主要投入物供应能力以及地区间的供需差距及贸易流向。在项目计算期内预测今后的供需变化趋势及发展前景。

在我国,水资源短缺,在一些缺水地区,针对大量用水项目,还需要做水平衡分析。

(3) 市场竞争力分析。竞争力分析是项目可行性研究的核心内容之一,随着我国市场经济的不断深化和完善,全球经济一体化步伐加快,竞争会越来越激烈,项目的产品能否进入市场关键是是否具有竞争力。

竞争力分析是一项复杂的工作,不同类型项目的竞争格局不同,要求也不一样,主要从目标市场和产品竞争力的优劣势进行分析。

1) 目标市场分析。需要根据产品市场分析及预测,选定目标市场,分析目标市场的供应商数量及规模。对目标市场中顾客的需求及消费行为特征进行分析,确定产品主要用户。根据对目标市场当前实际销售量的分析,估算市场的潜力,包括市场饱和度、增长率、需求的稳定性等,并预测将来需求结构的变化情况、需求量的发展以及进入国际市场的可能性等。

对产品出口量大或受国际市场波动影响较大的产品,要分析产品在主要国家或地区的供需平衡关系,分析可能的贸易流向,预测对所选择的目标市场的影响。

2) 项目产品竞争力分析。一般按照下列顺序进行分析:能够进行产品成本对标分析的,至少有两个国内和国外竞争对手资料;当没有合适竞争对手时,应按照进口产品到岸价与项目产品出厂价考虑目标市场运输费用进行对比;当产品没有进口或数量较少不能说明问题时,可以按照该产品市场预测价格与该产品成本数据,进行盈利空间分析。有些投资项目,产品竞争力分析可以简化,对于确实需要进行产品竞争力分析的,应按照资料掌握程度和项目具体情况选择合适的方法。

需要进行竞争力优劣势分析时,首先,简述企业或投资者竞争力,包括企业所处的外部环境因素分析,企业内部技术、管理、财务、营销等因素分析。其次,主要从目标产品的生产成本、质量、运输费用和营销手段等方面与主要竞争对手进行对比,确定产品的竞争优势和劣势,估计可能的市场份额。进一步分析可替代产品和潜在的替代产品的竞争力,预测其发展趋势和对目标产品的影响。

(4) 营销策略分析。对规模较大、市场竞争比较激烈的项目产品,必要时应进行营销策略研究,主要研究目标产品进入市场和扩大销售份额在营销方面应采取的策略。一般投资项目可以不进行营销策略分析。

实施营销方案必需的设施和费用,应计入投资估算中。

(5)主要投入物与产出价格预测

1)产品价格现状及预测。分析产品在国际市场上价格历史演变过程和变化规律,预测在项目计算期内产品价格的变化趋势。

分析产品在国内市场上价格历史演变过程和变化规律;分析与国际市场价格的联动性;分析与主要原材料价格走势的关联性。预测在项目计算期内产品价格的变化趋势。

结合产品市场调查与分析,给出可行性研究报告中产品的销售价格范围。其产出物价格按出厂价格确定。

2)主要原辅材料、燃料、动力价格现状及预测。如果项目所需原辅材料、燃料、动力从市场采购,则按如下内容进行分析,若完全由企业自供,则可以略去本分析内容。

分析主要原辅材料、燃料在国际市场上价格历史演变过程和变化规律,预测在项目计算期内国际市场价格的变化趋势。

分析主要原辅材料、燃料、动力在国内市场或地区市场上价格历史演变过程和变化规律。分析与国际市场价格的联动性。分析与主要下游产品价格走势的关联性。预测在项目计算期内国内价格或地区价格的变化趋势。

结合主要原辅材料、燃料、动力的市场供需平衡分析,给出可行性研究报告中原辅材料、燃料、动力的采购价格范围。

可行性研究报告中采用到厂入库价格,说明主要原辅材料、燃料价格构成及供应方式,包括出厂价、运杂费、贸易费用等。进口原辅材料和燃料,要说明 FOB(free on board)价格、CIF(cost insurance and freight)价格构成、贸易从属费用、国内运杂费用等。

(6)市场风险分析。市场风险分析包括识别风险因素、估计风险程度、提出风险对策。

2.2.2.3 建设方案研究与比选

建设方案研究与比选是项目决策分析与评价的核心内容之一,是在市场分析的基础上,通过对建设项目各种可能的建设方案进行分析研究、比选和优化,构造出相对最佳建设方案的过程,通过估算项目投资,选择融资方案,从技术、经济、环境、社会各方面,对建设方案的科学性、可能性、可行性进行论证、排序、比选和优化。

在进行各种建设方案比选时,建设方案研究将与投资估算及项目财务、经济和社会评价发生有机联系,在不断地再完善过程中,比选产生优化的建设方案。项目建设方案研究的原理和方法等具体见本书第6章。

项目建设方案研究与比选主要包括以下10个方面的内容:①建设规模与产品方案;②生产工艺技术与装备方案;③建设条件与场(厂)址选择;④原材料与燃料及动力供应;⑤总图运输;⑥工程方案及配套工程方案;⑦环境保护;⑧安全职业卫生与消防;⑨节能、节水;⑩项目组织与管理。

2.2.2.4 投资估算与资金筹措

投资估算是可行性研究报告的核心内容之一。投资估算是在对项目的建设规模、产品方案、技术方案、设备方案、场(厂)址方案和工程建设方案及项目进度计划等进行研究并基本确定的基础上,对建设项目总投资及各分项投资数额进行估算。投资估算根据项目具体情况和资料掌握程度,可以采用不同的估算方法,具体估算方法见本书第3章。

确定了建设项目的投资估算,可行性研究阶段的重要工作是进行融资方案的研究。项目的建设方案,需要融资方案的配合实施,落实可靠的资金来源是项目成功的关键。项目资金由权益资金和债务资金构成,其来源有多种渠道,筹措方式应根据项目具体情况选择,其资金筹措渠道和融资方案研究方法见本书第4章。

在可行性研究阶段,建设单位或投资主体应与咨询单位一起,在建设方案研究的同时进行融资方案的研究。项目决策时,应有明确的资金来源渠道,权益资金要做到来源可靠,债务资金应有债权人的承诺。对于融资数额较大的建设项目,应专题做融资方案研究报告,作为可行性研究报告的附件。

2.2.2.5 财务分析

财务分析是可行性报告研究中重要的组成部分,是投融资决策的重要依据。不同行业在进行项目可行性研究的财务分析时,根据惯例,基本假设(如生产年限、资产折旧方法及采用的折现率等)各不相同,但原理却是相通的。

进行财务分析,首先要充分了解项目的整体规划,分析采购、生产、销售过程及各个环节的特点,明确企业所处的环境。财务分析,首先要了解项目的整体情况:资金来源、建设周期、生产周期、投资情况、原材料是外购还是内供、生产成本核算过程、销售方式、收款方式、资金运作等。进一步在现行会计规定、税收法规和价格体系下,通过财务效益与费用(收益与支出)的预测,编制财务报表,计算评价指标,考察和分析项目的财务盈利能力、偿债能力和财务生存能力,据以判断项目的财务可行性,明确项目对财务主体及投资者的价值贡献。财务分析的编制方法见本书第7章。

2.2.2.6 经济分析

经济分析是项目可行性研究的重要组成部分,贯穿于整个可行性研究的全过程。其根本任务是从国民经济角度,通过全面的成本效益分析,通过多方案的比较来确定建设项目是否接受和推荐最佳的投资方案,为决策者作出投资决策提供科学依据。

经济分析按照合理配置资源的原则,从项目对社会经济的贡献以及社会为项目所付出代价的角度,运用社会折现率、影子汇率、影子工资和货物影子价格等经济分析参数,分析计算项目对社会经济的净贡献,评价项目投资的经济效率,即经济合理性。

企业自主决策的项目一般不要求做经济分析,特大型项目或国家有关部门要求进行经济分析时,应按照国家发展和改革委员会、住房和城乡建设部发布的《建设项目经济评价方法与参数》第3版的要求及本书第6章的相关内容进行。

2.2.2.7 风险分析

风险分析作为可行性研究的一项重要内容,贯穿于项目分析的各个环节和全过程。即在项目可行性研究的主要环节,从市场、技术、环境、安全、消防、投资、融资、财务、经济及社会分析等方面预测影响项目可能产生变动的概率,采取定性和定量的分析方法,分析各风险因素发生的可能性及对项目可能产生的影响程度。不同内容项目存在不同的风险,应突出重点做好专项风险分析。风险分析首先应由各专业人员在可行性研究报告各章节内容中论述,并在本章予以归纳。当认为其风险程度大且情况复杂时,应在本章专题论述,必要时要通过项目负责人,对项目整体风险做分析。风险分析的方法具体见本书第10章。

2.2.2.8 研究结论

(1)综合评价。对可行性研究中涉及的主要内容,概括性地给予总结评价。

(2)研究报告的结论。对可行性研究中涉及的主要内容及研究结果,给出明确的结论性意见,提出项目是否可行。

(3)存在的问题。对项目可行性研究过程中存在的问题汇总,分析问题的严重性以及对项目方面的影响程度。

(4)建议及实施条件。明确提出下一步工作中需要协调、解决的主要问题和建议,提出项目达到预期效果需要满足的实施条件。

2.3 项目可行性研究的程序

(1)项目业主提出项目建议书和初步可行性研究报告。各部、省、自治区、直辖市或计划单列市和全国性工业公司以及现有的企事业单位,根据国家和地区经济发展的长远规划、经济建设的方针任务和技术经济政策,结合资源情况、建设布局等条件,在广泛调查研究、收集资料、踏勘建设地点、初步预测投资效果的基础上,提出需要进行可行性研究的项目建议书和初步可行性研究报告。跨地区、跨行业的建设项目以及对国计民生有重大影响的大型项目,应由相关部门和地区联合提出项目建议书和初步可行性研究报告。

(2)项目业主、承办单位委托有资格的工程咨询或设计单位进行可行性研究工作。各级计划部门汇总和平衡项目建议书。当项目建议书经国家或地区的计划部门贷款单位或有关部门授权的工程咨询单位评估同意,并经审定批准后,该项目即可立项,分别纳入各级的前期工作计划和贷款计划。项目业主或承办单位可自行或委托经过资格审定的工程咨询公司(或设计单位)着手编制拟建项目的可行性研究报告。

委托方式可由国家计划部门或主管部门直接给工程设计咨询公司下达计划任务,也可由各主管部门、国家专业投资公司、项目业主采用签订合同的方式委托有资格的设计咨询单位承担可行性研究工作。在主管部门下达的委托任务或双方签订的合同中,应规定研究工作的依据、研究的范围和内容、前提条件、研究工作的质量和进度安排、费用支付办法以及合同双方的责任、协作方式及关于违约处理的方法等。

(3)设计单位或有资质的咨询单位进行项目可行性研究工作。设计单位或有资质的咨询单位与委托单位签订合同承担项目可行性研究任务以后,即可开展工作。通常有以下五步程序。

1)组织班子与制订计划。承担项目可行性研究的单位在承接任务后,需获得项目建议书和有关项目的背景与指示文件,摸清委托者的目标和要求,明确研究内容,之后方可组成项目可行性研究工作小组或项目组,确定项目负责人和专业负责人。项目组根据书面任务书研究工作范围和工作要求,制订项目工作计划,安排具体实施进度。

2)调查研究与收集资料。项目组在摸清委托单位对项目建设的意图和要求后,首先应组织收集和查阅与项目有关的自然环境、经济与社会情况等基础资料和文件资料并拟定调研提纲,组织人员赴现场进行实地踏勘与调查,收集整理得到设计基础资料,必要时还需进行专题调查和研究。

3）方案设计和优化。根据项目建议书的要求，结合市场和资源调查，在收集一定的基础资料和数据的基础上，提出几种可供选择的技术方案和建设方案，结合实际条件进行多次反复的方案论证和比较，会同委托部门明确选择方案的重大原则问题和优化标准，从若干方案中选择或推荐最优及次优方案，研究论证项目在技术上的可行性，进一步确定产品方案、生产经济规模、工艺流程、设备选型、车间组成、组织机构和人员配备等总体建设方案，以备进行进一步的综合经济评价。在方案设计和优化过程中，对重大问题或有争论的问题，要会同委托单位共同讨论确定。

4）经济分析和评价。项目的调研与经济分析人员应根据调查资料和有关规定，选定与本项目有关的经济评价基础数据和定额指标参数，列表并注明数据来源。

在论证了项目建设的必要性和可能性以及技术方案的可行性之后，应对所选定的最佳建设总体方案进行详细的财务预测、财务效益分析、国民经济评价和社会效益评价，从测算项目建设投资、生产成本和销售利润入手，进行项目盈利性分析、费用效益分析和社会效益与影响分析，研究论证项目在经济上和社会上的盈利性和合理性，进一步提出资金筹集建议，制订项目实施总进度计划。

当项目的经济评价结论达不到国家或投资者规定的标准时，可对建设方案进行重新调整和设计。

5）编写项目可行性研究报告。在对建设项目进行了认真的技术经济分析论证，证明了项目建设上的必要性、技术上的可行性和经济上与社会上的合理性后，即可编制详尽的项目可行性研究报告，推荐一个以上项目建设可行性方案和实施计划，提出结论性意见和重大措施建议，为决策部门的最终决策提供科学依据。

经过技术经济分析论证，也可以在报告中提出项目不可行的结论意见或项目改进建议。

（4）项目可行性研究报告的审批。政府直接投资的项目或政府以资本金注入方式投资的项目（政府投资项目），项目单位应当编制项目可行性研究报告，按照政府投资管理权限和规定的程序，报投资主管部门或者其他有关部门审批。经投资主管部门或者其他有关部门核定的投资概算是控制政府投资项目总投资的依据。初步设计提出的投资概算超过经批准的可行性研究报告提出的投资估算10%的，项目单位应当向投资主管部门或者其他有关部门报告，投资主管部门或者其他有关部门可以要求项目单位重新报送可行性研究报告。

企业投资决策过程中，可行性研究的结论既是投资决策的重要依据，也是指导下一步工作的重要参考，为初步设计、环境评价、安全评价、能源技术评价、社会稳定性风险分析、融资等提供方案、参数与数据。

可行性研究不是可批性研究，政府投资项目要求项目单位应当加强政府投资项目的前期工作，保证前期工作的深度达到规定的要求，并对项目可行性报告以及依法应当附具的其他文件的真实性负责。企业投资项目亦理应如此，有关行业主管部门和一些大型企业集团对可行性研究报告的内容和深度以及可行性研究工作都有明确的要求和规定。

可行性研究报告不是可行性报告，是否可行是研究的主要目的，并应给出明确的结论,其包括可行、有条件可行、风险提示或不可行等清晰的结论。

习 题

一、单项选择题

1. 关于可行性研究,下列描述不正确的是(　　)。
   A. 可行性研究的成果是可行性研究报告
   B. 项目可行性研究的目的是实现项目投资决策科学化,减少和避免投资决策的失误
   C. 可行性研究主要是研究项目在技术上是否适用,经济上是否合理,财务上是否盈利
   D. 对于政府投资的项目,可行性研究的结论是政府投资主管部门审批决策的依据

2. 关于初步可行性研究,下列描述不正确的是(　　)。
   A. 为寻求最佳投资机会而进行的准备性调查活动,投资机会研究的目的是发现有价值的投资机会
   B. 投资机会研究包括一般机会研究和特定项目机会研究
   C. 根据一般机会研究的结论,当某项目具有投资条件时,就可进行特定项目机会研究
   D. 地区机会研究属于特定机会研究,旨在通过研究某一地区自然地理状况及该地区在国民经济体系中的地位和自身的优势、劣势而寻求投资机会

3. 关于可行性研究的各个阶段,下列描述不正确的是(　　)。
   A. 可行性研究包括投资机会研究、初步可行性研究和详细可行性研究三个阶段
   B. 投资机会研究是在项目建议书阶段,估算误差率在±30%以内
   C. 小型项目或者简单的技术改造项目,在选定投资机会后,可以直接进行可行性研究
   D. 详细可行性研究阶段要评价选择拟建项目的最佳投资方案,对项目的可行性提出结论性意见

4. 对于采用(　　)方式建设的政府投资项目,需要编制可行性研究报告。
   A. 转贷　　　　　　B. 贷款贴息　　　　　C. 投资补助　　　　　D. 资本金注入

5. 关于可行性研究的各个阶段,下列描述不正确的是(　　)。
   A. 可行性研究包括投资机会研究、初步可行性研究和详细可行性研究三个阶段
   B. 投资机会研究是在项目建议书阶段,估算误差率在±30%以内
   C. 小型项目或者简单的技术改造项目,在选定投资机会后,可以直接进行可行性研究
   D. 详细可行性研究阶段要评价选择拟建项目的最佳投资方案,对项目的可行性提出结论性意见

6. 关于可行性研究的审批,下列描述不正确的是(　　)。
   A. 初步设计提出的投资概算超过经批准的可行性研究报告提出的投资估算10%的,项目单位应当向投资主管部门或者其他有关部门报告重新报批

B. 政府投资项目和企业投资项目都必须编制可行性研究报告
C. 政府投资项目要求项目单位应当加强政府投资项目的前期工作,保证前期工作的深度达到规定的要求
D. 可行性研究报告中需要对是否可行给出明确的结论

7. 关于投资机会研究的说法错误的有(　　)。
A. 机会研究已被企业发展规划或产业发展规划所替代
B. 投资机会研究的成果是机会研究报告
C. 投资机会研究的研究重点是分析投资环境
D. 投资机会研究的内容包括市场调查、消费分析、投资政策、税收政策研究

8. 初步可行性研究是对拟建建设项目进行初步分析,论证项目投资建设的(　　)。
A. 合法性和盈利性　　B. 可靠性和经济性　　C. 必要性和可能性　　D. 实用性和高效性

9. 下列关于初步可行性研究的说法正确的是(　　)。
A. 初步可行性研究的内容和深度与可行性研究基本一致
B. 初步可行性研究的深度介于投资机会研究和可行性研究之间
C. 初步可行性研究的成果只能是初步可行性研究报告
D. 所有项目都必须进行初步可行性研究

10. 详细可行性研究估算项目总投资,其允许误差在(　　)左右。
A. 5%　　　　　　　　B. 10%　　　　　　　　C. 15%　　　　　　　　D. 20%

二、多项选择题

1. 下列关于可行性研究的作用,正确的是(　　)。
A. 建设项目投资决策的依据
B. 筹措资金和申请贷款的依据
C. 优化施工方案
D. 落实建设条件
E. 是开展环境评价、安全评价、能源技术评价、社会稳定性风险分析的重要基础资料和数据来源

2. 下列关于初步可行性研究的说法,错误的是(　　)。
A. 初步可行性研究报告是项目决策的依据
B. 政府投资项目,允许初步可行性研究报告代替项目建议书
C. 初步可行性研究的主要目的是论证项目建设的必要性和可行性
D. 初步可行性研究的深度介于投资机会研究和可行性研究之间
E. 政府投资项目,必须按照基本建设程序要求审批项目建议书

3. 下列机会研究中,属于一般投资机会的有(　　)。
A. 地区投资机会研究　　B. 部门投资机会研究　　C. 资源开发投资机会研究
D. 具体项目投资机会研究　　E. 企业内外部资源条件研究

4. 下列关于初步可行性研究与可行性研究关系的说法,正确的有(　　)。
A. 可行性研究是初步可行性研究的延伸和深化
B. 初步可行性研究报告是政府投资项目核准的依据
C. 初步可行性研究和可行性研究所研究的内容完全不同
D. 初步可行性研究报告的投资估算误差通常不应大于20%

E. 初步可行性研究主要采用项目类比法、估算指标法进行投资估算

5. 下列关于可行性研究基本要求的说法,正确的有( )。
A. 必须采集相同项目的实际数据,用于拟建项目研究
B. 必须在调查研究的基础上,按照客观情况进行论证和评价
C. 应确定项目的全部设备和设施,以保证项目的可靠性
D. 必须符合相关法律、法规和政策
E. 必须应用现代科学技术手段进行分析和论证

6. 产品市场分析主要分析的内容有( )。
A. 产品用途
B. 国内外市场预测
C. 主要投入物供应现状
D. 公共产品的社会需求预测
E. 主要投入物供需平衡

7. 可行性研究报告总论的内容通常应包括( )。
A. 项目提出的背景,投资的目的、意义和必要性
B. 项目可行性研究报告的编制依据和指导思想
C. 项目可行性研究报告各部分编制方法说明与汇总
D. 项目的主要技术经济指标汇总表
E. 存在的主要问题和风险,提出的建议

8. 项目建设方案研究与比选包括的内容有( )。
A. 生产工艺技术　　B. 原材料与燃料及动力供应
C. 环境保护　　　　D. 投资估算额
E. 项目融资方案

9. 市场预测分析的编制内容主要包括( )。
A. 产品(服务)市场分析　B. 主要投入物供应现状　C. 目标市场分析
D. 产品竞争力优劣势分析　E. 主要投入物供需平衡预测

10. 针对主要原辅材料、燃料进行价格预测时,需要做的工作有( )。
A. 企业自供,需要根据市场情况进行价格预测
B. 分析主要原辅材料、燃料在国际市场上价格历史演变过程和变化规律
C. 分析与国际市场价格的联动性
D. 分析主要原辅材料、燃料、动力在国内市场或地区市场上价格历史演变过程和变化规律
E. 分析与主要下游产品价格走势的关联性

第 3 章

建设项目投资构成及估算

3.1 建设项目投资构成

建设项目总投资是指为完成工程项目建设并达到使用要求或生产条件,在建设期(预计或实际)投入的全部费用总和。建设项目按用途可分为生产性建设项目和非生产性建设项目。

生产性建设项目总投资包括建设投资(含固定资产投资、无形资产投资、递延资产投资等)、资金筹措费和流动资金三部分。非生产性建设项目总投资包括建设投资和建设期借款利息两部分。其中建设投资和建设期借款利息之和对应于固定资产投资,固定资产投资与建设项目的工程造价在量上相等。工程造价包含工程费用、工程建设其他费、预备费及建设期借款利息等。总之,工程造价是指在建设期预计或实际支出的建设费用。

工程造价中的主要构成部分是建设投资,根据国家发展和改革委员会及住房和城乡建设部发布的《建设项目经济评价方法与参数》(第三版)(发改投资〔2006〕1325号)的规定,建设投资包括工程费用、工程建设其他费用和预备费三部分。工程费用是指建设期内直接用于工程建造、设备购置及其安装的建设投资,可以分为建筑安装工程费和设备及工器具购置费。工程建设其他费用是指建设期发生的为项目建设或运营必须发生的但不包括在工程费用中的费用。预备费是在建设期内因各种不可预见因素的变化而预留的可能增加的费用,包括基本预备费和价差预备费。建设项目总投资的具体构成内容如图3-1所示。流动资金是指为进行正常生产运营,用于购买原材料、燃料、支付工资及其他运营费用等所需的周转资金。

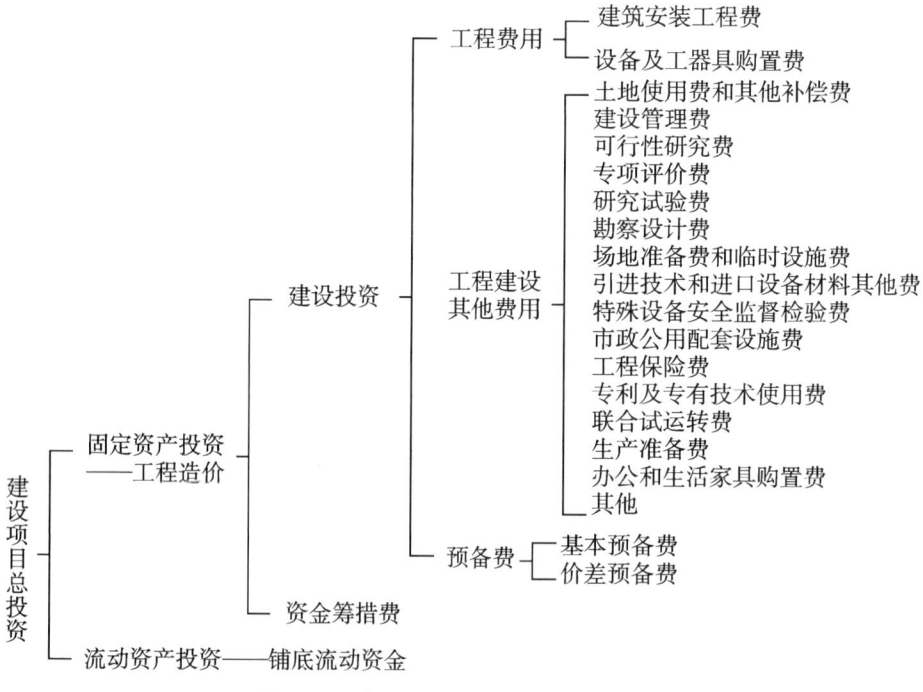

图3-1 我国现行建设项目总投资构成

建设投资可以分为静态投资部分和动态投资部分。静态投资部分由建筑安装工程费、设备及工器具购置费、工程建设其他费和基本预备费构成。动态投资部分，是指在建设期内，因建设期利息和国家新批准的税费、汇率、利率变动以及建设期价格变动引起的建设投资额增加，包括价差预备费和资金筹措费（建设期利息）等。

3.1.1 工程费用

工程费用是指建设期内直接用于工程建造、设备购置及其安装的建设投资，可以分为建筑安装工程费用及设备、工器具购置费用。

建筑安装工程费包括建筑工程费与安装工程费。建筑工程费是指建筑物、构筑物及与其配套的线路、管道等的建造、装饰费用。安装工程费是指设备、工艺设施及其附属物的组合、装配、调试等费用。

设备及工器具购置费是指购置或自制的达到固定资产标准的设备、工器具及生产家具等所需的费用。设备及工器具购置费由设备原价、工器具原价和运杂费（包括设备成套公司服务费）组成。

3.1.2 工程建设其他费

工程建设其他费用是指建设期发生的为项目建设或运营必须发生的但不包括在工程费用中的费用。具体可以分为三类：第一类是土地使用费，包括土地征用及拆迁补偿费和土地使用权出让金；第二类是与项目建设有关的费用，包括建设管理费、勘察设计费、研究试验费等；第三类是与未来企业生产经营有关的费用，包括联合试运转费、生产准备费、办公和生活家具购置费等。

3.1.3 资金筹措费

资金筹措费是指在建设期内应计的利息和在建设期内为筹集项目资金发生的费用。包括各类借款利息、债券利息、贷款评估费、国外借款手续费及承诺费、汇兑损益、债券发行费用及其他债务利息支出或融资费用。

3.1.4 预备费

预备费是指在建设期内因各种不可预见因素的变化而预留的可能增加的费用，包括基本预备费和价差预备费。

3.1.5 铺底流动资金

铺底流动资金是指生产性建设项目为保证生产和经营正常进行，按规定应列入建设项目总投资的铺底流动资金，一般按流动资金的30%计算。

3.2 建筑安装工程费的估算

建筑安装工程费包括建筑工程费用和安装工程费用两部分。建筑工程费用是指建设项目设计范围内的建设场地平整、土石方工程费;各类房屋建筑及附属于室内的供水、供热、电气、燃气、通风空调等设备及管线安装工程费;各类设备基础、地沟、水池、冷却塔、烟囱烟道、水塔、栈桥、管架、围墙、厂区道路、绿化等工程费;铁路专用线、厂外道路、码头等工程费。

安装工程费用是指主要生产、辅助生产、公用生产等单项工程中需要安装的工艺、电气、自动控制、运输、供热、制冷等设备及装置安装工程费;各种工艺、管道安装及衬里、防腐、保温等工程费;供电、通信、自控等管线电缆的安装工程费。

根据《住房城乡建设部、财政部关于印发〈建筑安装工程费用项目组成〉的通知》(建标〔2013〕44号)及《住房城乡建设部办公厅关于做好建筑业营改增建设工程计价依据调整准备工作的通知》(建办标〔2016〕4号),建筑安装工程费用项目按两种不同方式划分,即按费用构成要素划分和按造价形成划分。

3.2.1 按费用构成要素划分建筑安装工程费用项目组成

按照费用构成要素划分,建筑安装工程费用由人工费、材料费、施工机具使用费、企业管理费、利润、规费和增值税组成。其中人工费、材料费、施工机具使用费、企业管理费、利润包含在分部分项工程费、措施项目费、其他项目费中。

3.2.1.1 人工费

人工费是指按照工资总额构成的规定,支付给从事建筑安装工程施工的生产工人和附属生产单位工人的各项费用。

(1)计时工资或计件工资。计时工资或计件工资是指按计时工资标准和工作时间或对已做工作按计件单价支付给个人的劳动报酬。

(2)奖金。奖金是指对超额劳动和增收节支支付给个人的劳动报酬,如节约奖、劳动竞赛奖等。

(3)津贴补贴。津贴补贴是指为了补偿职工特殊或额外的劳动消耗和因其他特殊原因支付给个人的津贴,以及为了保证职工工资水平不受物价影响支付给个人的物价补贴,如流动施工津贴、特殊地区施工津贴、高温(寒)作业临时津贴、高空津贴等。

(4)加班加点工资。加班加点工资是指按规定支付的在法定节假日工作的加班工资和在法定日工作时间外延时工作的加点工资。

(5)特殊情况下支付的工资。特殊情况下支付的工资是指根据国家法律、法规和政策规定,因病、工伤、产假、计划生育假、婚丧假、事假、探亲假、定期休假、停工学习、执行国家或社会义务等原因按计时工资标准或计时工资标准的一定比例支付的工资。

3.2.1.2 **材料费**

材料费是指施工过程中耗费的构成工程实体的原材料、辅助材料、构配件、零件、半成品或成品、工程设备的费用。

(1) 材料原价。材料原价是指材料、工程设备的出厂价格或商家供应价格。

(2) 运杂费。运杂费是指材料及工程设备自来源地运至工地仓库或指定堆放地点所发生的全都费用。

(3) 运输损耗费。运输损耗费是指材料在运输、装卸过程中不可避免的损耗。

(4) 采购及保管费。采购及保管费是指为组织采购、供应和保管材料及工程设备过程中所需要的各项费用。包括采购费、仓储费、工地保管费、仓储损耗等。

工程设备是指构成或计划构成永久工程一部分的机电设备、金属结构设备、仪器装置及其他类似的设备和装置。

$$材料费 = \sum(材料消耗量 \times 材料费单价)$$

$$材料单价 = (材料原价 + 运杂费) \times (1 + 运输损耗率) \times (1 + 采购保管费率)$$

3.2.1.3 施工机具使用费

施工机具使用费是指施工机械作业所发生的施工机械使用费、仪器仪表使用费或其租赁费。

(1) 施工机械使用费。以施工机械台班耗用量乘以施工机械台班单价表示,施工机械台班单价应由下列七项费用组成。

1) 折旧费。折旧费是指施工机械在规定的使用年限内,陆续收回其原值的费用。

$$台班折旧费 = 机械设备预算价格 \times (1 - 残值率) / 耐用总台班$$

2) 大修理费。大修理费是指施工机械按规定的大修理间隔台班进行必要的大修理,以恢复其正常功能所需的费用。

3) 经常修理费。经常修理费是指施工机械除大修理以外的各级保养和临时故障排除所需的费用。包括为保障机械正常运转所需替换设备与随机配备工具附具的摊销和维护费用,机械运转中日常保养所需润滑与擦拭的材料费用及机械停滞期间的维护和保养费用等。

4) 安拆费及场外运费。安拆费指施工机械(大型机械除外)在现场进行安装与拆卸所需的人工、材料、机械和试运转费用以及机械辅助设施的折旧、搭设、拆除等费用。场外运费指施工机械整体或分体自停放地点运至施工现场或由一施工地点运至另一施工地点的运输、装卸、辅助材料及架线等费用。

5) 人工费。人工费是指机上司机(司炉)和其他操作人员的人工费。

6) 燃料动力费。燃料动力费是指施工机械在运转作业中所消耗的各种燃料及水、电等产生的费用。

7) 税费。税费是指施工机械按照国家规定应缴纳的车船使用税、保险费及年检费等。

(2) 施工仪器仪表使用费。施工仪器仪表使用费是指工程施工所发生的仪器仪表使用费或租赁费。施工仪器仪表使用费以施工仪器仪表台班耗用量与施工仪器仪表台班单价的乘积表示,施工仪器仪表台班单价由折旧费、维护费、校验费和动力费组成。

3.2.1.4 企业管理费

企业管理费是指建筑安装企业组织施工生产和经营管理所需的费用。内容包括:

(1)管理人员工资。管理人员工资是指按规定支付给管理人员的计时工资、奖金、津贴补贴、加班加点工资及特殊情况下支付的工资等。

(2)办公费。办公费是指企业管理办公用的文具、纸张、账表、印刷、邮电、书报、办公软件、现场监控、会议、水电和集体取暖降温(包括现场临时宿舍取暖降温)等费用。

(3)差旅交通费。差旅交通费是指职工因公出差调动工作的差旅费、住勤补助费,市内交通费和误餐补助费,职工探亲路费,劳动力招募费,职工离退休、退职一次性路费,工伤人员就医路费,工地转移费以及管理部门使用的交通工具的油料、燃料等费用。

(4)固定资产使用费。固定资产使用费是指管理和试验部门及附属生产单位使用的属于固定资产的房屋、设备、仪器等的折旧、大修、维修或租赁费。

(5)工具用具使用费。工具用具使用费是指企业施工生产和管理使用的不属于固定资产的工具、器具、家具、交通工具和检验、试验、测绘、消防用具等的购置、维修和摊销费。

(6)劳动保险和职工福利费。劳动保险和职工福利费是指由企业支付的职工退职金、按规定支付给离休干部的经费,集体福利费、夏季防暑降温费、冬季取暖补贴、上下班交通补贴等。

(7)劳动保护费。劳动保护费是指企业按规定发放的劳动保护用品的支出。如工作服、手套、防暑降温饮料以及在有碍身体健康的环境中施工的保健费用等。

(8)检验试验费。检验试验费是指施工企业按照有关标准规定,对建筑以及材料、构件和建筑安装物进行一般鉴定、检查所发生的费用,包括自设试验室进行试验所耗用的材料等费用。不包括新结构、新材料的试验费,对构件做破坏性试验及其他特殊要求检验试验的费用和建设单位委托检测机构进行检测的费用,对此类检测发生的费用,由发包人在工程建设其他费用中列支。但对施工企业提供的具有合格证明的材料进行检测其结果不合格的,该检测费用由施工企业支付。

(9)工会经费。工会经费是指企业按《中华人民共和国工会法》规定的全部职工工资总额比例计提的工会经费。

(10)职工教育经费。职工教育经费是指按职工工资总额的规定比例计提,企业为职工进行专业技术和职业技能培训,专业技术人员继续教育、职工职业技能鉴定、职业资格认定以及根据需要对职工进行各类文化教育所发生的费用。

(11)财产保险费。财产保险费是指施工管理用财产、车辆等的保险费用。

(12)财务费。财务费是指企业为施工生产筹集资金或提供预付款担保、履约担保、职工工资支付担保等所发生的各种费用。

(13)税金。税金是指企业按规定缴纳的房产税、车船使用税、土地使用税、印花税等。

(14)城市维护建设税。城市维护建设税是指为了加强城市的维护建设,扩大和稳定城市维护建设资金的来源,规定凡缴纳消费税、增值税、营业税的单位和个人,都应当依照规定缴纳城市维护建设税。城市维护建设税税率如下:①纳税人所在地在市区的,税率为7%;②纳税人所在地在县城、镇的,税率为5%;③纳税人所在地不在市区、县城或镇的,税率为1%。

(15)教育费附加。教育费附加是指对缴纳增值税、消费税、营业税的单位和个人征收的一种附加费。其作用是为了发展地方性教育事业,扩大地方教育经费的资金来源。以纳税人实际缴纳的增值税、消费税的税额为计费依据,教育费附加的征收率为3%。

(16)地方教育费附加。按照财政部《关于统一地方教育附加政策有关问题的通知》(财综〔2010〕98号)要求,各地统一征收地方教育费附加。地方教育费附加征收标准为单位和个人实际缴纳的增值税、营业税和消费税税额2%。

(17)其他。其他包括技术转让费、技术开发费、投标费、业务招待费、绿化费、广告费、公证费、法律顾问费、审计费、咨询费、保险费等。

3.2.1.5 利润

利润是指施工企业完成所承包工程获得的盈利,由施工企业根据企业自身需求并结合建筑市场实际自主确定。利润在税前建筑安装工程费用的比重可按不低于5%且不高于7%计算。

3.2.1.6 规费

规费是指按国家法律、法规规定,由省级政府和省级有关权力部门规定必须缴纳或计取,应计入建筑安装工程造价的费用。主要包括社会保险费、住房公积金及工程排污费。

(1)社会保险费包括养老保险费、失业保险费、医疗保险费、生育保险费、工伤保险费。

1)养老保险费是指企业按照规定标准为职工缴纳的基本养老保险费。

2)失业保险费是指企业按照规定标准为职工缴纳的失业保险费。

3)医疗保险费是指企业按照规定标准为职工缴纳的基本医疗保险费。

4)生育保险费是指企业按照规定标准为职工缴纳的生育保险费。

5)工伤保险费是指企业按照规定标准为职工缴纳的工伤保险费。

(2)住房公积金是指企业按照规定标准为职工缴纳的住房公积金。

(3)工程排污费是指按规定缴纳的施工现场工程排污费。

3.2.1.7 增值税

建筑安装工程费用中的税金就是增值税,按税前造价乘以增值税税率确定。

(1)采用一般计税方法时增值税的计算

当采用一般计税方法时,建筑业增值税税率为9%,其计算公式为

$$增值税 = 税前造价 \times 9\%$$

税前造价为人工费、材料费、施工机具使用费、企业管理费、利润和规费之和,各费用项目均以不包含增值税可抵加进项税额的价格计算。

(2)采用简易计税方法时增值税的计算

1)根据《营业税改征增值税试点实施办法》《营业税改征增值税试点有关事项的规定》以及《关于建筑服务等营改增试点政策的通知》的规定,简易计税方法主要适用于以下几种情况:

① 小规模纳税人发生应税行为适用简易计税方法计税。小规模纳税人通常是指纳税人提供建筑服务的年应征增值税销售额未超过500万元,并且会计核算不健全,不能

按规定报送有关税务资料的增值税纳税人。年应税销售额超过500万元但不经常发生应税行为的单位也可选择按照小规模纳税人计税。

② 一般纳税人以清包工方式提供的建筑服务,可以选择适用简易计税方法计税。以清包工方式提供建筑服务,是指施工方不采购建筑工程所需的材料或只采购辅助材料,并收取人工费、管理费或者其他费用的建筑服务。

③ 一般纳税人为甲供工程提供的建筑服务,可以选择适用简易计税方法计税。甲供工程是指全部或部分设备、材料、动力由工程发包方自行采购的建筑工程。其中建筑工程总承包单位为房屋建筑的地基与基础、主体结构提供工程服务,建设单位自行采购全部或部分钢材、混凝土、砌体材料、预制构件的,适用简易计税方法计税。

④ 一般纳税人为建筑工程老项目提供的建筑服务可以选择适用简易计税方法计税。建筑工程老项目:建筑工程施工许可证注明的合同开工日期在2016年4月30日前的建筑工程项目;未取得建筑工程施工许可证的,建筑工程承包合同注明的开工日期在2016年4月30日前的建筑工程项目。

2)简易计税的计算方法。当采用简易计税方法时,建筑业增值税税率为3%。其计算公式为

$$增值税 = 税前造价 \times 3\%$$

税前造价为人工费、材料费、施工机具使用费、企业管理费、利润和规费之和,各费用项目均以包含增值税进项税额的含税价格计算。

3.2.2 按造价形成划分建筑安装工程费用项目组成

建筑安装工程费按照工程造价形成由分部分项工程费、措施项目费、其他项目费、规费和增值税组成,分部分项工程费、措施项目费、其他项目费包含人工费、材料费、施工机具使用费、企业管理费和利润。

3.2.2.1 分部分项工程费

分部分项工程费是指各专业工程的分部分项工程应予列支的各项费用。分部分项工程费通常用分部分项工程量乘以综合单价进行计算。综合单价包括人工费、材料费、施工机具使用费、企业管理费和利润,以及一定范围的风险费用。

3.2.2.2 措施项目费

为完成工程项目施工,发生于该工程施工前和施工过程中的技术、生活、安全、环境保护等方面非工程实体项目的费用。

(1)安全文明施工费

1)环境保护费:施工现场为达到环保部门的要求所需要的各项费用。

2)文明施工费:施工现场文明施工所需要的各项费用。

3)安全施工费:施工现场安全施工所需要的各项费用。

4)临时设施费:施工企业为进行建筑工程施工所必须搭设的生活和生产用的临时建筑物、构筑物和其他临时设施的费用等。临时设施包括临时宿舍、文化福利及公用事业房屋与构筑物,仓库、办公室、加工厂,以及规定范围内的道路、水、电、管线等临时设施和小型临时设施。临时设施费用包括临时设施的搭设、维修、拆除费或摊销费。

5)建筑工人实名制管理费:是指实施建筑工人实名制管理所需费用。

(2)夜间施工增加费。夜间施工增加费是指因夜间施工所发生的夜班补助费、夜间施工降效、夜间施工照明设备摊销及照明用电等费用。

(3)冬雨季施工增加费。冬雨季施工增加费是指在冬季或雨季施工需增加的临时设施、防滑、排除雨雪,人工及施工机械效率降低等费用。

(4)二次搬运费。二次搬运费是指因施工场地狭小等特殊情况而发生的二次搬运费用。

(5)已完工程及设备保护费。已完工程及设备保护费是指竣工验收前,对已完工程及设备进行保护所需的费用。

(6)工程定位复测费。工程定位复测费是指工程施工过程中进行全部施工测量放线和复测工作的费用。

(7)特殊地区施工增加费。特殊地区施工增加费是指工程在沙漠或其边缘地区、高海拔、高寒、原始森林等特殊地区施工增加的费用。

(8)大型机械设备进出场及安拆费。大型机械设备进出场及安拆费是指机械整体或分体自停放场地运至施工现场或由一个施工地点运至另一个施工地点,所发生的机械进出场运输及转移费用,以及机械在施工现场进行安装、拆卸所需的人工费、材料费、机械费、试运转费和安装所需的辅助设施的费用。

(9)混凝土、钢筋混凝土模板及支架费。混凝土、钢筋混凝土模板及支架费是指混凝土施工过程中需要的各种钢模板、木模板、支架等的支、拆、运输费用及模板、支架的摊销(或租赁)费用。

(10)施工排水、降水费。施工排水、降水费是指为确保工程在正常条件下施工,采取各种排水、降水措施所发生的各种费用。

(11)脚手架费。脚手架费是指施工需要的各种脚手架搭、拆、运输费用及脚手架的摊销(或租赁)费用。

(12)垂直运输费。垂直运输费是指现场所用材料、机具从地面运至相应高度以及职工人员上下工作面等所发生的运输费用。

3.2.2.3 其他项目费

(1)暂列金额。暂列金额是指发包人在工程量清单中暂定并包括在合同价款中的一笔款项。用于施工合同签订时尚未确定或者不可预见的所需材料、设备、服务的采购,施工中可能发生的工程变更、合同约定调整因素出现时的工程价款调整以及发生的索赔、现场签证确认等的费用。

暂列金额由发包人根据工程特点,按有关计价规定估算,施工过程中由招标人掌握使用,扣除合同价款调整后如有余额,归招标人所有。

(2)暂估价。暂估价是指发包人在工程量清单中给定的用于支付必然发生但暂时不能确定价格的材料、设备以及专业工程的金额。

暂估价中的材料、工程设备暂估单价根据工程造价信息或参照市场价格估算,计入综合单价;专业工程暂估价分不同专业,按有关计价规定估算。暂估价在施工中按照合同约定再加以调整。

(3) 计日工。计日工是指在施工过程中，施工单位完成发包人提出的工程合同范围以外的零星项目或工作，按照合同中约定的单价计价形成的费用。

计日工由发包人和施工单位按施工过程中形成的有效签证来计价。

(4) 总承包服务费。总承包服务费是指总承包人为配合、协调发包人进行的专业工程发包，对发包人自行采购的材料、工程设备等进行保管以及施工现场管理、竣工资料汇总整理等服务所需的费用。

3.2.2.4 规费

规费的构成和计算与按费用构成要素划分建筑安装工程费用项目组成部分是相同的。

3.2.2.5 增值税

增值税的构成和计算与按费用构成要素划分建筑安装工程费用项目组成部分是相同的。

3.3 设备及工器具购置费的估算

设备及工器具购置费是指购置或自制的达到固定资产标准的设备、工器具及生产家具等所需的费用。设备及工器具购置费分为外购设备费和自制设备费。外购设备是指设备生产厂制造，符合规定标准的设备。自制设备是指按订货要求，并根据具体的设计图纸自行制造的设备。

所谓固定资产标准是指使用年限在一年以上，单位价值在国家或各主管部门规定的限额以上。新建项目和扩建项目的新建车间购置或自制的全部设备、工具、器具，不论是否达到固定资产标准，均计入设备及工器具购置费中。设备购置费由设备原价和设备运杂费组成。

设备购置费 = 设备原价（进口设备抵岸价）+ 设备运杂费

设备原价是指国产设备或进口设备的原价。国产设备原价一般指的是设备制造厂的交货价及出厂价或订货合同价，它一般根据生产厂家或供应商的询价、报价、合同价确定，或采用一定的方法计算确定。国产设备原价分为国产标准设备原价和国产非标准设备原价。

设备运杂费是指除设备原价之外的关于设备采购、运输、途中包装及仓库保管、供销部门手续费等方面支出费用的总和。

3.3.1 国产标准设备原价

国产标准设备是指按照主管部门颁布的标准图纸和技术要求，由设备生产厂批量生产的，符合国家质量检验标准的设备。国产标准设备原价一般指的是设备制造厂的交货价，即出厂价。如设备由设备成套公司供应，则以订货合同价为设备原价。有的设备有两种出厂价，即带有备件的出厂价和不带有备件的出厂价。在计算设备原价时，一般按带有备件的出厂价计算。

3.3.2 国产非标准设备原价

国产非标准设备是指国家尚无定型标准,各设备生产厂不可能在工艺过程中采用批量生产,只能按一次订货,并根据具体的设备图纸制造的设备。非标准设备原价有多种不同的计算方法,如成本计算估价法、系列设备插入估价法、分部组合估价法、定额估价法等。但无论哪种方法都应该使非标准设备计价的准确度接近实际出厂价,并且计算方法要简便。

下面以成本计算估价法为例介绍。

非标准设备原价={(材料费+加工费+辅助材料费)×(1+专用工具费率)×(1+废品损失费费率)+外购配套件费}×[(1+包装费费率)−外购配套件费]×(1+利润率)+销项税额+非标准设备设计费+外购配套件费

其中：

原价=成本+利润+税金+设计费+外购配套件费

材料费=材料净重×(1+加工损耗系数)×每吨材料综合价

加工费包括生产工人工资和工资附加费、燃料动力费、设备折旧费、车间经费等。

加工费=设备总质量×设备每吨加工费

辅助材料费=设备总质量×辅助材料费指标

专用工具费=(材料费+加工费+辅助材料费)×专用工具费费率

废品损失费=(材料费+加工费+辅助材料费+专用工具费)×废品损失费费率

外购配套件费,按设备设计图纸所列的外购配套件的名称、型号、规格、数量、质量,根据相应的价格加运杂费计算。

包装费=(材料费+加工费+辅助材料费+专用工具费+废品损失费+外购配套件费)×包装费费率利润=(材料费+加工费+辅助材料费+专用工具费+废品损失费+包装费)×利润率

税金主要指增值税。

增值税=当期销项税额−进项税额

当期销项税额=销售额×适用增值税税率

销售额=材料费+加工费+辅助材料费+专用工具费+废品损失费+包装费+利润+税金

非标准设备设计费,按国家规定的设计费收费标准确定。

3.3.3 进口设备原价

进口设备原价即进口设备抵岸价,指抵达买方边境港口或边境车站且交完关税以后的价格。进口设备抵岸价的构成与进口设备的交货方式有关。进口设备的交货方式可分为内陆交货类、目的地交货类和装运港交货类。

(1)内陆交货类,即卖方在出口国内陆的某个地点完成交货任务。在交货地点,卖方及时提交合同规定的货物和有关凭证,并承担交货前的一切费用和风险;买方按时接受货物,交付货款,承担接货后的一切费用和风险,并自行办理出口手续和装运出口。货物的所有权也在交货后由卖方转移给买方。

(2)目的地交货类,即卖方要在进口国的港口或内地交货,包括目的港船上交货价,目的港船边交货价(FOS)和目的港码头交货价(关税已付)及完税后交货价(进口国目的地的指定地点)。它们的特点是:买卖双方承担的责任、费用和风险是以目的地约定交货点为分界线,只有当卖方在交货点将货物置于买方控制下方算交货,方能向买方收取货款。这类交货价对卖方来说承担的风险较大,在国际贸易中卖方一般不愿意采用这类交货方式。

(3)装运港交货类,即卖方在出口国装运港完成交货任务。主要有装运港船上交货价(FOB),习惯称为离岸价;运费在内价(CFR);运费、保险费在内价(CIF),习惯称为到岸价。它们的特点主要是:卖方按照约定的时间在装运港交货,只要卖方把合同规定的货物装船后提供货运单据便完成交货任务,并可凭单据收回货款。

采用装运港船上交货价(FOB)时,卖方的责任:负责在合同规定的装运港口和规定的期限内,将货物装上买方指定的船只并及时通知买方;负责货物装船前的一切费用和风险;负责办理出口手续;提供出口国政府或有关方面签发的证件;负责提供有关装运单据。买方的责任:负责租船或订舱,支付运费,并将船期、船名通知卖方;承担货物装船后的一切费用和风险;负责办理保险及支付保险费,办理在目的港的进口和收货手续;接受卖方提供的有关装运单据,并按合同规定支付货款。

3.3.4 进口设备原价的确定

设备原价即抵岸价,构成如下:

进口设备原价=到岸价+进口从属费用

到岸价=离岸价+国际运费+运输保险费

进口从属费用=银行财务费+外贸手续费+关税+增值税+消费税+车辆购置附加费

(1)离岸价。离岸价分为原币价和人民币货价,原币货价按FOB计算,币种一律折算为美元。

人民币货价=原币货价×外汇汇价

(2)国际运费。国际运费是指从出口国装运港(站)到达进口国港(站)的运费。我国进口设备部分采用海洋运输,小部分采用铁路运输,个别采用航空运输。

国际运费(海、陆、空)=离岸价×运费费率

国际运费(海、陆、空)=运量×单位运价

其中,运费费率、单位运价参照国家有关部门或进出口公司的规定执行。

(3)运输保险费。对外贸易货物运输保险是由保险公司与被保险的出口人或进口人订立保险契约,在被保险人交付议定的保险费后,保险公司根据保险契约的规定对货物在运输过程中发生的承保责任范围内的损失给予经济上的补偿。

运输保险费=(FOB价+国外运费)×保险费费率/(1-保险费费率)

(4)银行财务费。银行财务费一般是指中国银行手续费。

银行财务费=离岸价×人民币外汇牌价×银行财务费费率

(5)外贸手续费。外贸手续费是指按对外经济贸易部门规定的外贸手续费费率计取的费用,外贸手续费费率一般取1.5%。

外贸手续费=(离岸价+国外运费+国外运输保险费)×人民币外汇牌价×外贸手续费费率

(6)关税。关税是指由海关对进出国境或关境的货物和物品征收的税。

关税=到岸价×人民币外汇牌价×进口关税税率

进口关税税率按我国海关总署发布的进口关税税率计算。

(7)消费税。我国目前仅对部分进口设备征收。

消费税额=(到岸价+关税)×人民币外汇牌价×消费税税率/(1−消费税税率)

其中,消费税税率按国家规定的税率计算。

(8)增值税。增值税是指国家对从事进口贸易的单位和个人在进口商品报关进口后征收的税种。

进口产品增值税额=组成计税价格×增值税税率

组成计税价格=到岸价×人民币外汇牌价+关税+消费税

其中,增值税税率根据国家规定的税率计算。

(9)车辆购置附加费。车辆购置附加费是指我国对进口车辆收取的车辆购置附加的费用。

进口车辆购置附加费=(到岸价+关税+消费税+增值税)×进口车辆购置附加费费率

【例3.1】 某进口设备到岸价为1 500万元,银行财务费、外贸手续费合计36万元,关税300万元,消费税和增值税税率分别为10%、17%,则该进口设备原价为多少?

解 消费税=(1 500+300)×10%/(1−10%)=200(万元)

增值税=(1 500+300+200)×17%=340(万元)

进口设备原价=1 500+36+300+200+340=2 376(万元)

【例3.2】 已知某进口工程设备FOB为50万美元,美元与人民币汇率为1∶7,银行财务费为0.2%,外贸手续费为1.5%,关税税率为10%,增值税税率为13%。若该进口设备抵岸价为人民币566.8万元,则该进口设备到岸价为多少?

解 设到岸价为X,则

$X+50\times7\times0.2\%+X\times1.5\%+X\times10\%+(X+X\times10\%)\times13\%=566.8$(万元)

$X=450.0$(万元)

3.3.5 设备运杂费

3.3.5.1 设备运杂费的构成

设备运杂费通常由下列各项构成:

(1)国产标准设备由设备制造厂交货地点起至工地仓库(或施工组织设计指定的需要安装设备的堆放地点)止所发生的运费和装卸费。

(2)进口设备则由我国到岸港口、边境车站起至工地仓库(或施工组织设计指定的需要安装设备的堆放地点)止所发生的运费和装卸费。

(3)在设备出厂价格中没有包含的设备包装和包装材料器具费。在设备出厂价格或进口设备价格中如已包括了此项费用,则不应重复计算。

(4)供销部门的手续费,按有关部门规定的统一费率计算。

(5)建设单位(或工程承包公司)的采购与仓库保管费。它是指采购、验收、保管和收发设备所发生的各种费用,包括设备采购、保管和管理人员工资、工资附加费、办公费、差旅交通费、设备供应部门办公和仓库所占固定资产使用费、工具用具使用费、劳动保护费、检验试验费等。这些费用可按主管部门规定的采购保管费率计算。

3.3.5.2 设备运杂费的计算

设备运杂费按设备原价乘以设备运杂费费率计算。其计算公式为

$$设备运杂费 = 设备原价 \times 设备运杂费费率$$

式中,设备运杂费费率按各部门及省、市等的规定计取。

一般来讲,沿海和交通便利的地区,各运杂费率相对低一些,内地和交通不便利的地区就要相对高一些,边远省份则要更高一些。对于非标准设备来讲,应尽量就近委托设备制造厂,以大幅度降低设备运杂费。进口设备由于原价较高,国内运距较短,因而运杂费比率应适当降低。

【**例3.3**】 某公司拟从国外进口一套机电设备,重量1 500 t,装运港船上交货价,即离岸价(FOB 价)为400 万美元。其他有关费用参数为:国际运费标准为360 美元/t,海上运输保险费费率为0.266%,中国银行手续费费率为0.5%,外贸手续费费率为1.5%,关税税率为8.8%,增值税税率为13%,美元的银行外汇牌价为1 美元=7.03 元人民币,设备的国内运杂费费率为2.5%,估算该设备购置费。

解 进口设备货价 = 400×7.03 = 2 812(万元)

国际运费 = 360×1 500 ×7.03 = 379.62(万元)

国外运输保险费 = [(2 812+379.62)/(1-0.266%)]×0.266% = 8.512(万元)

进口关税 = (2 812 + 379.62+8.512)×8.8% = 281.61(万元)

增值税 = (2 812+ 379.62+ 8.512+281.61)×13% = 452.63(万元)

银行财务费 = 2 812×0.5% = 14.06(万元)

外贸手续费 = (2 812 +379.62+8.512)×1.5% = 48(万元)

国内运杂费 = 2 812×2.5% = 70.30(万元)

设备购置费 = 2 812+379.62+8.512+281.61+452.63+14.06+48+70.30 = 4 066.73(万元)

3.3.6 工器具及生产家具购置费的构成及计算

工器具及生产家具购置费是指新建项目或扩建项目初步设计规定所必须购置的没有达到固定资产标准的设备、仪器、工卡模具、器具、生产家具和备品备件等的费用。其计算公式一般为

$$工器具及生产家具购置费 = 设备购置费 \times 定额费费率$$

3.4 工程建设其他费用的估算

工程建设其他费用是指从工程筹建起到工程竣工验收交付使用止的整个建设期间

除工程费用、预备费、增值税、建设期筹资费用、流动资金以外的费用。按其内容大体可分为三大类:土地使用费、与项目建设有关的其他费用及与未来企业生产和经营活动有关的费用。

3.4.1 土地使用费

任何一个建设项目都固定于一定地点与地面相连接,必须占用一定量的土地,也就必然要发生为获得建设用地而支付的费用,这就是土地使用费。包括建设用地费和临时土地使用费,以及由于使用土地发生的其他有关费用,如水土保持补偿费等。土地使用费是指为获得工程项目建设用地的使用权而在建设期内发生的费用。取得土地使用权的方式有出让、划拨和转让3种方式。临时土地使用费是指临时使用土地发生的相关费用,包括地上附着物和青苗补偿费、土地恢复费以及其他杂费等。其他补偿费是指项目涉及的对房屋、市政、铁路、公路、管道、通信、电力、河道、水利厂区、林区、保护区、矿区等不附属于建设用地的相关建(构)筑物或设施的补偿费用。

3.4.1.1 征地补偿费

(1)土地补偿费。土地补偿费是对农村集体经济组织因土地被征用而造成的经济损失的一种补偿。征用耕地的补偿费,为该耕地被征用前三年平均年产值的6~10倍。征用其他土地的补偿费标准,由省、自治区、直辖市参照征用耕地的土地补偿费标准制定,土地补偿费归农村集体经济组织所有。

(2)青苗补偿费和地上附着物补偿费。青苗补偿费是因征地时对其正在生长的农作物受到损害而做出的一种赔偿。在农村实行承包责任制后,农民自行承包土地的青苗补偿费应付给本人,属于集体种植的青苗补偿费可纳入当年集体收益。凡在协商征地方案后抢种的农作物、树木等,一律不予补偿。地上附着物是指房屋、水井、树木、涵洞、桥梁、公路、水利设施、林本等地面建筑物、构筑物、附着物等。视协商征地方案前地上附着物价值与折旧情况确定,应根据"拆什么,补什么;拆多少,补多少,不低于原来水平"的原则确定。如附着物产权属个人,则该项补助费付给个人。地上附着物的补偿标准由省、自治区、直辖市规定。

(3)安置补助费。安置补助费应支付给被征地单位和安置劳动力的单位,作为劳动力安置与培训的支出,以及作为不能就业人员的生活补助。征收耕地的安置补助费,按照需要安置的农业人口数计算。需要安置的农业人口数,按照被征收的耕地数量除以征地前被征收单位平均每人占有耕地的数量计算。每一个需要安置的农业人口的安置补助费标准,为该耕地被征收前三年平均年产值的4~6倍。但是,每公顷被征收耕地的安置补助费,最高不得超过被征收前三年平均年产值的15倍。土地补偿费和安置补助费,尚不能使需要安置的农民保持原有生活水平的,经省、自治区、直辖市人民政府批准,可以增加安置补助费。但是,土地补偿费和安置补助费的总和不得超过土地被征收前三年平均年产值的30倍。

(4)新菜地开发建设基金。新菜地开发建设基金指征用城市郊区商品菜地时支付的费用。这项费用交给地方财政,作为开发建设新菜地的投资。菜地是指城市郊区为供应城市居民蔬菜,连续3年以上常年种菜地或者养殖鱼、虾等的商品菜地和精养鱼塘。一年只种一茬或因调整茬口安排种植蔬菜的,均不作为需要收取开发基金的菜地。征用尚未开发的规划菜地,不缴纳新菜地开发建设基金。在蔬菜产销放开后,能够满足供应,不再需要开发新菜地的城市,不收取新菜地开发基金。

(5)耕地占用税。耕地占用税是对占用耕地建房或者从事其他非农业建设的单位和个人征收的一种税收,目的是合理利用土地资源、节约用地,保护农用耕地。耕地占用税征收范围不仅包括占用耕地,还包括占用鱼塘、园地、菜地及其农业用地建房或者从事其他非农业建设,均按实际占用的面积和规定的税额一次性征收。其中,耕地是指用于种植农作物的土地。占用前三年曾用于种植农作物的土地也视为耕地。

(6)土地管理费。土地管理费主要作为征地工作中发生的办公、会议、培训、宣传、差旅、借用人员工资等必要的费用。土地管理费的收取标准,一般是在土地补偿费、青苗补偿费、地上附着物补偿费、安置补助费四项费用之和的基础上提取2%~4%。

3.4.1.2 取得国有土地使用费

(1)通过出让方式获得国有土地使用权。取得国有土地使用费包括土地使用权出让金、城市建设配套费、房屋征收与补偿费等。

土地使用权出让金是指建设工程通过国有土地使用权出让方式,取得有限期的国有土地使用权,依照《中华人民共和国城镇国有土地使用权出让和转让暂行条例》规定,支付的费用。

国有土地使用权出让,是指国家将国有土地使用权在一定年限内出让给土地使用者,由土地使用者向国家支付土地使用权出让金的行为。土地使用权出让最高年限按下列用途确定:①居住用地70年;②工业用地50年;③教育、科技、文化、卫生、体育用地50年;④商业、旅游、娱乐用地40年;⑤综合或者其他用地50年。

通过出让方式获取土地使用权。一是通过招标、拍卖、挂牌等竞争出让方式获取国有土地使用权,二是通过协议出让方式获取国有土地使用权。

1)通过竞争出让方式获取国有土地使用权。按照国家相关规定,工业(包括仓储用地,但不包括采矿用地)、商业、旅游、娱乐和商品住宅等各类经营性用地,必须以招标、拍卖或者挂牌方式出让;上述规定以外用途的土地的供地计划公布后,同一宗地有两个以上意向用地者的,也应当采用招标、拍卖或者挂牌方式出让。

2)通过协议出让方式获取国有土地使用权。按照国家相关规定,出让国有土地使用权,除依照法律、法规和规章的规定应当采用招标、拍卖或者挂牌方式外,方可采取协议方式。以协议方式出让国有土地使用权的出让金不得低于按国家规定所确定的最低价。协议出让底价不得低于拟出让地块所在区域的协议出让最低价。

(2)通过划拨方式获取国有土地使用权。国有土地使用权划拨,是指县级以上人民政府依法批准,在土地使用者缴纳补偿、安置等费用后将该幅土地交付其使用,或者将土地使用权无偿交付给土地使用者使用的行为。

国家对划拨用地有着严格的规定,下列建设用地,经县级以上人民政府依法批准,可以以划拨方式取得:①国家机关用地和军事用地;②城市基础设施用地和公益事业用地;③国家重点扶持的能源、交通、水利等基础设施用地;④法律、行政法规规定的其他用地。

依法以划拨方式取得土地使用权的,除法律、行政法规另有规定外,没有使用期限的限制。因企业改制、土地使用权转让或者改变土地用途等不再符合目录要求的,应当实行有偿使用。

3.4.2 与项目建设有关的其他费用

3.4.2.1 建设管理费

建设管理费是指建设单位为组织完成工程项目建设在建设期内发生的各类管理性费用。

(1)建设单位管理费。建设单位管理费是指建设单位发生的管理性质的开支。包括工作人员工资、工资性补贴、施工现场津贴、职工福利费、住房公积金、基本养老保险费、基本医疗保险费、失业保险费、工伤保险费、办公费、差旅交通费、劳动保护费、工具用具使用费、固定资产使用费、必要的办公及生活用品购置费、必要的通信设备及交通工具购置费、零星固定资产购置费、招募生产工人费、技术图书资料费、业务招待费、合同契约公证费、法律顾问费、工程咨询费、完工清理费、竣工验收费、印花税和其他管理性质开支。

建设单位管理费以建设投资中的工程费用之和(包括建筑安装工程费用和设备工器具购置费用)为基数乘以建设单位管理费费率计算,即

$$建设单位管理费 = 工程费用 \times 建设单位管理费费率$$

(2)工程监理费。工程监理费是指建设单位委托工程监理单位实施工程监理的费用。

3.4.2.2 可行性研究费

可行性研究费是指在工程项目投资决策阶段,对有关建设方案、技术方案或生产经营方案进行技术经济论证,以及编制、评审可行性研究报告等所需的费用。

3.4.2.3 研究试验费

研究试验费是指为建设项目提供或验证设计数据、资料等进行必要的研究试验及按照相关规定在建设工程中必须进行试验、验证所需的费用。包括自行或委托其他部门研究试验所需人工费、材料费、试验设备及仪器使用费等。研究试验费不包括以下项目:

(1)应由科技三项费用(即新产品试制费、中间试验费和重要科学研究补助费)开支的项目。

(2)应在建筑安装费用中列支的施工企业对建筑材料、构件和建筑物进行一般鉴定、检查所发生的费用及技术革新的研究试验费。

(3)应由勘察设计费或工程费用中开支的项目。

3.4.2.4 专项评价及验收费

专项评价及验收费是指建设单位按照国家规定委托有资质的单位开展专项评价及有关验收工作发生的费用。主要包括环境影响评价费、地震安全性评价费、地质灾害危险性评级费、水土保持评价及验收费、压覆矿产资源评价费、节能评估及评审费、危险与可操作性分析及安全完整性评价费以及其他专项评价及验收费。

3.4.2.5 勘察设计费

(1)勘察费是指勘察人根据发包人的委托,收集已有资料、现场踏勘、制定勘察纲要,进行勘察作业,以及编制工程勘察文件和岩土工程设计文件等收取的费用。

(2)设计费是指设计人根据发包人的委托,提供编制建设项目初步设计文件、施工图设计文件、非标准设备设计文件、竣工图文件等服务所收取的费用。

3.4.2.6　场地准备及临时设施费

建设项目场地准备费是指为使工程项目的建设场地达到开工条件,由建设单位组织进行的场地平整等准备工作而发生的费用。

建设单位临时设施费是指建设单位为满足工程项目建设、生活、办公的需要而提供的未列入工程费用的临时水、电、路、通信、燃气等工程费用和临时仓库等建筑物的建设、维修、拆除、摊销费用或租赁费用,以及铁路、码头租赁等费用。此项费用不包括已列入建筑安装工程费用中的施工单位临时设施费。

场地准备及临时设施费的计算:

(1)场地准备及临时设施应尽量与永久性工程统一考虑。建设场地的大型土石方工程应进入工程费用中的总图运输费用中。

(2)新建项目的场地准备和临时设施费应根据实际工程量估算,或按工程费用的比例计算。改扩建项目一般只计拆除清理费。其计算公式为

$$场地准备和临时设施费 = 工程费用 \times 费率 + 拆除清理费$$

(3)发生拆除清理费时可按新建同类工程造价或主材费、设备费的比例计算。凡可回收材料的拆除工程采用以料抵工方式冲抵拆除清理费。

3.4.2.7　引进技术和引进设备其他费

引进技术和引进设备其他费是指引进技术和设备发生的但未计入设备购置费中的费用。

(1)出国人员费用。出国人员费用包括买方人员出国设计联络、出国考察、联合设计、监造、培训等所发生的差旅费、生活费等。依据合同或协议规定的出国人次、期限以及相应的费用标准计算。生活费按照财政部、外交部规定的现行标准计算,差旅费按中国民航公布的票价计算。

(2)国外来华人员费用。国外来华人员费用包括卖方来华工程技术人员的现场办公费用、往返现场交通费用、接待费用等,依据引进合同或协议有关条款及来华技术人员派遣计划进行计算。来华人员接待费用可按每人次费用指标计算。引进合同价款中已包括的费用内容不得重复计算。

(3)技术引进费。技术引进费是指为引进国外先进技术而支付的费用。包括专利费、专有技术费、国外设计及技术资料费、计算机软件费等。这项费用根据合同或协议的价格计算。

(4)银行担保及承诺费。引进项目由国内外金融机构出面承担风险和责任担保所发生的费用,以及支付贷款机构的承诺费用。应按担保或承诺协议计取,投资估算和概算编制时可以担保金额或承诺金额为基数乘以费率计算。

(5)进口设备检验费用。进口设备检验费用是指进口设备按规定付给商品检验部门的进口设备检验鉴定费。这项费用按进口设备货价的3‰~5‰计算。

3.4.2.8　工程保险费

工程保险费是指为转移工程项目建设的意外风险,在建设期内对建筑工程、安装工

程、机械设备和人身安全进行投保而发生的费用。包括建筑安装工程一切保险、工程质量保险、进口设备财产保险和人身意外伤害险等。

不同的建设项目可根据工程特点选择投保险种,根据投保合同计列保险费用。编制投资估算和概算时可按工程费用的比例估算。

3.4.2.9　市政公用配套设施费

市政公用配套设施费是指使用市政公用设施的工程项目,按照项目所在地省级人民政府有关规定建设或缴纳的市政公用设施配套费用以及绿化工程补偿费用。

3.4.2.10　特殊设备安全监督检验费

特殊设备安全监督检验费是指安全监察部门对在施工现场组装的锅炉及压力容器、压力管道、消防设备、燃气设备、电梯等特殊设备和设施实施安全检验收取的费用。此项费用按照建设项目所在省(市、自治区)安全监察部门的规定标准计算。无具体规定的,在编制投资估算和概算时可按受检设备现场安装费的比例估算。

3.4.2.11　专利及专有技术使用费

专利及专有技术使用费是指在建设期内取得专利、专有技术、商标、商誉和特许经营的所有权或使用权发生的费用。

3.4.3　与未来企业生产和经营活动有关的费用

3.4.3.1　联合试运转费

联合试运转费是指新建项目或新增加生产能力的项目,在交付生产前按照批准的设计文件所规定的工程质量标准和技术要求,进行整个生产线或装置的负荷联合试运转或局部联动试车所发生的费用净支出(试运转支出大于收入的差额部分费用)。不包括应由设备安装工程费用开支的调试及试车费用,以及在试运转中暴露出来的因施工原因或设备缺陷等发生的处理费用。不发生试运转或试运转收入大于(或等于)费用支出的工程,不列此项费用。

当联合试运转收入小于试运转支出时

$$联合试运转费=联合试运转费用支出-联合试运转收入$$

3.4.3.2　生产准备费

生产准备费是指新建项目或新增生产能力的项目,为保证竣工交付使用进行必要的生产准备所发生的费用。费用内容包括:

(1)生产职工培训费。自行培训、委托其他单位培训人员的工资、工资性补贴、职工福利费、差旅交通费、学习资料费、学费、劳动保护费。

(2)生产单位提前进厂参加施工、设备安装和调试等,以及熟悉工艺流程及设备性能等人员的工资、工资性补贴、职工福利费、差旅交通费、劳动保护费等。

3.4.3.3　办公和生活家具购置费

办公和生活家具购置费是指为保证新建、改建、扩建项目初期正常生产、使用和管理所必须购置的办公和生活家具、用具的费用。

3.5 预备费及资金筹措费的估算

3.5.1 基本预备费

基本预备费是指针对在项目实施过程中可能发生难以预料的支出,需要事先预留的费用,又称工程建设不可预见费。

基本预备费主要指设计变更及施工过程中可能增加工程量的费用。基本预备费一般由以下三部分构成。

(1)在批准的初步设计范围内,技术设计、施工图设计及施工过程中所增加的工程费用;设计变更、工程变更、材料代用、局部地基处理等增加的费用。

(2)一般自然灾害造成的损失和预防自然灾害所采取的措施费用。实行工程保险的工程项目,该费用应适当降低。

(3)竣工验收时为鉴定工程质量对隐蔽工程进行必要的挖掘和修复费用。

基本预备费是以工程费用和工程建设其他费用二者之和为计取基础,乘以基本预备费费率进行计算。

基本预备费=(工程费用+工程建设其他费用)×基本预备费费率

【例3.4】 某建设工程项目的设备及工器具购置费为1 000万元,建筑安装工程费为2 000万元,工程建设其他费为800万元,基本预备费率为10%,则该项目的基本预备费为多少?

解 基本预备费=(工程费用+工程建设其他费)×基本预备费费率=(设备及工器具购置费+建筑安装工程费+工程建设其他费)×基本预备费费率=(1 000+2 000+800)×10%=380(万元)

3.5.2 价差预备费

价差预备费是指为在建设期内利率、汇率或价格等因素的变化而预留的可能增加的费用,亦称为价格变动不可预见费。计算公式为

$$\text{PF} = \sum_{t=1}^{n} I_t \left[(1+f)^m (1+f)^{0.5} (1+f)^{t-1} - 1 \right] \tag{3-1}$$

式中:PF——价差预备费;

n——建设期年份数;

I_t——建设期第 t 年的静态投资额,包括工程费用、工程建设其他费用及基本预备费;

f——投资价格指数;

t——建设期第 t 年;

m——建设前期年限(从编制投资估算到开工建设,单位:年)。

【例3.5】 某建设项目工程费用5 000万元,工程建设其他费用1 000万元,基本预

备费率为8%,年均投资价格上涨率5%,建设期为2年,计划每年完成投资50%,则该项目建设期第二年价差预备费应为多少?

解 基本预备费=(5 000+1 000)×8%=480(万元)

静态投资=5 000+1 000+480=6 480(万元)

建设期第二年完成投资6 480×50%=3 240(万元)

第二年价差预备费=3 240×[(1+5%)$^{0.5}$(1+5%)^1−1]=246.01(万元)

3.5.3 资金筹措费

资金筹措费包括各类借款利息、债券利息、贷款评估费、国外借款手续及承诺费、汇兑损益、债券发行费用及其他债务利息支出或融资费用。

建设期利息主要是指在建设期内发生的为工程项目筹措资金的融资费用及债务资金利息。

建设期利息的计算,根据建设期资金用款计划,在总贷款分年均衡发放前提下,可按当年借款在年中支用考虑,即当年借款按半年计息,上年借款按全年计息。计算公式为

$$q_j = (P_{j-1} + A_j/2) \times i \tag{3-2}$$

式中:q_j——建设期第j年应计利息;

P_{j-1}——建设期第$(j-1)$年末累计贷款本金与利息之和;

A_j——建设期第j年贷款金额;

i——年利率。

【**例3.6**】 某新建项目,建设期为2年,分年均衡进行贷款,第一年贷款2 000万元,第二年贷款3 000万元。在建设期内贷款利息只计息不支付,年利率为10%的情况下,该项目建设期贷款利息为多少?

解 第一年利息=2 000/2×10%=100(万元)

第二年利息=(2 000+100+3 000/2)×10%=360(万元)

建设期贷款利息=100+360=460(万元)。

习 题

一、单项选择题

1. 下列建设项目总投资中,属于动态投资部分的是(   )。

A. 预备费和铺底流动资金

B. 工程建设其他费和铺底流动资金

C. 价差预备费和建设期利息

D. 建设期利息和铺底流动资金

2. 施工企业按规定标准发放的工作服、手套、防暑降温饮料等发生的费用,属于建筑安装工程费中的(   )。

A. 津贴补贴   B. 劳动保护费

C. 特殊情况下支付的工资　　　　　　D. 劳动保险费

3. 发包人为验证某结构构件的安全性,要求承包人对结构构件进行破坏性试验发生的费用属于( )。
A. 研究试验费　　　　　　　　　　　B. 固定资产使用费
C. 施工机具校验费　　　　　　　　　D. 检验试验费

4. 采用简易计税方法计算建筑业增值税应纳税额时,增值税征收率为( )。
A. 6%　　　　B. 9%　　　　C. 3%　　　　D. 13%

5. 建筑工人实名制管理费应计入( )。
A. 规费　　　　　　　　　　　　　　B. 措施项目费
C. 其他项目费　　　　　　　　　　　D. 分部分项工程费

6. 下列建筑安装工程费用项目中,属于施工企业管理费的是( )。
A. 生产工人津贴　　　　　　　　　　B. 短期借款利息支出
C. 劳动保护费　　　　　　　　　　　D. 已完工程保护费

7. 将塔式起重机自停放地点运至施工现场的运输、拆卸、安装的费用属于( )。
A. 施工机械使用费　　　　　　　　　B. 二次搬运费
C. 固定资产使用费　　　　　　　　　D. 大型机械进出场及安拆费

8. 根据《建设工程工程量清单计价规范》,施工企业为建筑安装施工人员支付的失业保险费属于建筑安装工程费中的( )。
A. 规费　　　　B. 人工费　　　　C. 措施费　　　　D. 企业管理费

9. 下列施工中发生的与材料有关的费用,属于建筑安装工程费中材料费的是( )。
A. 对原材料进行一般鉴定,检查所发生的费用
B. 原材料在运输装卸过程中不可避免的损耗费
C. 施工机械场外运输的辅助材料费
D. 机械设备日常保养所需的材料费用

10. 某新建项目,建设期为3年,共向银行借款1 300万元,其中第一年借款700万元,第二年借款600万元,借款在各年内均衡使用,年化率为6%,建设期每年计息,但不还本付息,则第3年应计的借款利息为( )万元。
A. 0　　　　B. 82.94　　　　C. 85.35　　　　D. 104.52

11. 从事建筑安装工程施工生产的工人,工伤期间的工资属于人工费中的( )。
A. 计时工资　　　　　　　　　　　　B. 津贴补贴
C. 加班加点工资　　　　　　　　　　D. 特殊情况下支付的工资

12. 根据《建设工程工程量清单计价规范》,关于暂列金额的说法,正确的是( )。
A. 暂列金额应根据招标工程量清单列出的内容和要求估算
B. 暂列金额包括在签约合同价内,属承包人所有
C. 用于必然发生暂时不能确定价格的材料、工程设备及专业工程的费用
D. 已签约合同价中的暂列金额由发包人掌握使用

13. 某工程项目的建设投资为1 800万元,建设期贷款利息为200万元,建筑安装工

程费用为100万元,设备和工器具购置费为500万元,流动资产投资为300万元。从业主角度,该项目的工程造价是(　　)万元。

A.1 500　　　　　　B.1 800　　　　　　C.2 000　　　　　　D.2 300

14. 生产非标准设备所用的材料,辅助材料和加工费合计为6万元,专用工具和废品损失费为0.5万元,外购配套件费为1.5万元。若利润率为10%,增值税税率为13%,设备原价按成本计算估价法确定,在不发生其他费用的情况下,该设备的增值税销项税额为(　　)万元。

A.0.930　　　　　　B.1.040　　　　　　C.1.125　　　　　　D.1.144

15. 下列费用中,属于施工企业管理费中财务费的是(　　)。

A.财务专用工具购置费　　　　　　B.预付款担保
C.审计费　　　　　　D.财产保险费

16. 下列建设项目实施过程中发生的技术服务费,属于专项评价费的是(　　)。

A.可行性研究费　　　　　　B.节能评估费
C.设计评审费　　　　　　D.技术经济标准使用费

17. 某建设工程的静态投资为8 000万元,其中基本预备费率为5%,工程的建设前期的年限为0.5年,建设期2年,计划每年完成投资的50%。若平均投资价格上涨率为5%,则该项目建设期价差预备费为(　　)万元。

A.610.00　　　　　　B.640.50　　　　　　C.822.63　　　　　　D.863.76

18. 某建设项目投资估算中的工程费用、设备及工器具购置费、工程建设其他费用分别为30 000万元、10 000万元、15 000万元。若基本预备费费率为10%,则该项目的基本预备费为(　　)万元。

A.1 500万元　　　　　　B.3 000万元　　　　　　C.4 500万元　　　　　　D.5 500万元

19. 下列费用中,属于基本预备费支出范围的是(　　)。

A.超规超限设备运输增加费

B.人工、材料、施工机具的价差费

C.建设期内利率调整增加费

D.未明确项目的准备金

二、多项选择题

1. 关于联合试运转费的说法,正确的有(　　)。

A.不发生试运转或试运转收入大于费用支出的工程,不列联合试运转费

B.当联合试运转收入小于试运转支出时,联合试运转费=联合试运转费用支出-联合试运转收入

C.联合试运转费包括在试运转中暴露出来的因施工原因发生的处理费用

D.联合试运转费包括单台设备的调试费用

E.联合试运转支出包括施工单位参加试运转的人工费、专家指导费

2. 关于国产设备原价的说法,正确的有(　　)。

A.国产标准设备的原价一般是指出厂价

B.由设备成套公司供应的国产标准设备,原价为订货合同价

C. 国产标准设备在计算原价时,一般按带有备件的出厂价计算

D. 非标准国产设备原价的计算方法应简便,并使估算价接近实际出厂价

E. 非标准国产设备原价中应包含运杂费

3. 关于进口设备原价的构成内容,正确的有( )。

A. 设备在出口国内发生的运费

B. 设备的国际运输费用

C. 设备供销部门手续费

D. 设备验收、保管和收发发生的费用

E. 未达到固定资产标准的设备购置费

4. 下列保险、担保费用中,属于建筑安装工程费中企业管理费的有( )。

A. 工伤保险费

B. 施工管理用车辆保险

C. 劳动保险

D. 履约担保费用

E. 国内运输保险费

5. 下列费用中,应在研究试验费中列出的是( )。

A. 对构件建筑物进行一般鉴定检查的费用

B. 设计规定在建设过程中必须进行试验验证费用

C. 科技三项费用

D. 新产品试验费

E. 为验证设计数据而进行必要的研究试验费用

6. 下列工程建设其他费用,属于技术服务费的有( )。

A. 勘察设计费

B. 职业病危害预评价费

C. 监理费

D. 技术经济标准使用费

E. 专有技术使用费

7. 下列费用项目,属于施工仪器仪表台班单价组成内容的有( )。

A. 折旧费　　　　B. 安拆费　　　　C. 检测软件相关费用

D. 校验费　　　　E. 燃料费

8. 下列费用中,应计入工程建设其他费用中用地与工程准备费的有( )。

A. 建设场地大型土石方工程费

B. 土地使用费和补偿费

C. 场地准备费

D. 建设单位临时设施费

E. 施工单位平整场地费

9. 下列费用中,属于建筑安装工程规费的有( )。

A. 劳动保护费

B. 住房公积金

C. 工伤保险费

D. 医疗保险费

E. 工人的意外伤害保险费

10. 根据现行《标准设计总承包招标文件》工程总承包项目合同中的暂列金额可用于支付签订合同时（　　）。

A. 不可预见的变更设计费用

B. 不可预见的变更施工费用

C. 已知必然发生，但暂时无法确定价格的专业工程费用

D. 已知必然发生，但暂时无法确定价格的工程设备购置费用

E. 以计日工方式的工程变更费用

三、计算题

1. 某工程项目的静态投资为 3 000 万元，按本项目实施进度规划，项目建设期为三年，三年的投资分年使用比例为第一年 20%、第二年 55%、第三年 25%，建设期内年平均价格变动率预测为 5%。求该项目建设期的涨价预备费。

2. 甲公司拟从国外进口一套施工设备，重量 1 000 t，离岸价（FOB 价）为 500 万美元，国际运费标准为 400 美元/t；海上运输保险费率为 0.3%；中国银行费率为 0.4%；外贸手续费率为 1.5%；关税税率为 20%；增值税的税率为 17%；美元的银行牌价为 7.5 元人民币，设备的国内运杂费率为 2.0%。该套设备到达甲公司仓库的估价为多少？

第 4 章

建设项目筹融资管理

建设项目筹融资是建设项目发起人及其他投资者通过各种途径、各种手段筹集资金与运用资金,以保证项目的投资建设对资金的需要所进行的活动。本章主要讲述建设项目资本金制度、建设项目资金筹措方式、建设项目融资以及建设项目的资金成本。

项目资金筹措的渠道和方式既有区别又有联系,同一渠道的资金可采用不同的筹资方式,而同一筹资方式下往往又可筹集到不同渠道的资金。因此,应认真分析研究各种筹资渠道和筹资方式的特点及适应性,将二者结合起来,以确定最佳的资金结构。

从总体上看,项目的资金来源可分为投入资金和借入资金,前者形成项目的资本金,后者形成项目的债务资金。

4.1 建设项目资本金及其筹措方式

4.1.1 建设项目资本金

4.1.1.1 建设项目资本金的概念

建设项目资本金是指在项目总投资中由投资者认缴的出资额。就项目而言,项目资本金属于非债务性资金,项目法人可以不承担这部分资金的任何利息和债务。投资者可按其出资的比例依法享有所有者权益,也可转让其出资及其相应权益,但不得以任何方式抽回。

项目资本金可以用货币出资,也可以用实物、工业产权、非专利技术、土地使用权、资源开采权等作价出资。作价出资的实物、工业产权、非专利技术、土地使用权和资源开采权,必须经过有资格的资产评估机构依照法律法规评估作价。其中以工业产权、非专利技术作价出资的比例不得超过资本金总额的20%,但经特别批准,部分高新技术企业可以达到35%。

根据1996年《国务院关于固定资产投资项目试行资本金制度的通知》的要求,项目资本金的来源包括:①中央和地方各级政府预算内资金;②国家批准的各项专项建设资金;③"拨改贷"和经营性基本建设基金回收的本息;④土地批租收入;⑤国有企业产权转让收入;⑥地方政府按国家有关规定收取的各种税费及其他预算外资金;⑦国家授权的投资机构及企业法人的所有者权益(包括资本金、资本公积金、盈余公积金、未分配利润、股票上市收益金等);⑧企业折旧基金以及投资者按照国家规定从资本市场上筹措的资金;⑨经批准,发行股票或可转换债券;⑩国家规定的其他可用作项目资本金的资金。

4.1.1.2 国内投资项目比例

1996年《国务院关于固定资产投资项目试行资本金制度的通知》中规定了各种经营性国内投资项目资本金占总投资的比例。《国务院关于调整固定资产投资项目资本金比例的通知》(国发〔2009〕27号)调整了固定资产投资项目的最低比例。2015年,为了扩大有效投资需求,促进投资结构调整,保持经济平稳健康发展,《国务院关于调整和完善固定资产投资项目资本金制度的通知》(国发〔2015〕51号)中再次调整了固定资产投资项目的最低资本金比例。对于城市地下综合管廊、城市停车场项目,以及经国务院批准的核电站等重大建设项目,可以在规定的最低资本金比例基础上适当降低。

2019年11月13日国务院常务会议决定健全固定资产投资,项目资本金管理,适当调整基础设施项目最低资本金比例,鼓励依法依规筹措重大投资项目资本金,促进有效投资加强风险防范。

根据《国务院关于加强固定资产投资项目资本金管理的通知》(国发〔2019〕26号),国内固定资产投资项目资本金占总投资最低比例见表4-1。作为计算资本金比例的总投资,是指项目的固定资产投资与铺底流动资金之和,具体核定时以经批准的动态概算为依据。

表4-1 国内固定资产投资项目资本金占总投资最低比例

序号	投资项目		项目资本金占总投资最低比例
1	城市和交通基础设施项目	城市轨道交通项目	维持在20%不变
		港口、沿海及内河航运	由25%调整为20%
		机场项目	维持在25%不变
		铁路、公路项目	由25%调整为20%
2	房地产开发项目	保障性住房和普通商品住房项目	维持在20%不变
		其他项目	由30%调整25%
3	产能过剩行业项目	钢铁、电解铝项目	维持在40%不变
		水泥项目	维持在35%不变
		煤炭、电石、铁合金、烧碱、焦炭、黄磷、多晶硅项目	维持在30%不变
4	其他工业项目	玉米深加工项目	由30%调整为20%
		化肥(钾肥除外)项目	维持在25%不变
		电力等其他项目	维持在20%不变

4.1.1.3 外商投资项目资本金比例

外商投资项目包括外商独资、中外合资、中外合作经营项目,按我国现行规定,其注册资本与投资总额的比例为:投资总额在300万美元以下(含300万美元)的,其注册资本的比例不得低于70%。投资总额在300万美元以上至1 000万美元(含1 000万美元)的,其注册资本的比例不得低于50%;投资总额在1 000万美元以上至3 000万美元(含3 000万美元)的,其注册资本的比例不得低于40%。投资总额在3 000万美元以上的,其注册资本的比例不得低于三分之一。

投资总额是指建设投资、建设期利息和流动资金之和。

4.1.2 建设项目资本金筹措方式

4.1.2.1 项目资本金筹措主体

融资主体是指进行融资活动,并承担融资责任和风险的法人单位。一般而言,融资主体可分为既有法人融资主体和新设法人融资主体两类。

(1)既有法人融资主体融资目的:①既有法人为解决企业生产经营过程中资金短缺问题而进行融资;②既有法人为扩大生产能力而兴建的扩建项目或原有生产线的技术改造项目;③既有法人为新增生产经营所需水、电、气等动力供应及环境保护设施而兴建的项目。

(2)既有法人融资条件:①拟融资的项目与既有法人的资产以及经营活动联系密切;②既有法人具有为项目进行融资和承担全部融资责任的经济实力。

(3)新设法人融资目的:①新设法人为解决企业生产经营过程中资金短缺问题而进行融资;②新设法人为解决新建项目建设资金来源而进行融资。

(4)新设法人融资条件:①项目发起人希望拟建项目的生产经营活动相对独立,且拟建项目与既有法人的经营活动联系不密切;②拟建项目的投资规模较大,既有法人财务状况较差,不具有为项目进行融资和承担全部融资责任的经济实力,需要新设法人募集股本金。

4.1.2.2 项目资本金筹措

根据项目资本金筹措的主体不同,可分为既有法人项目资本金筹措和新设法人项目资本金筹措。

(1)既有法人项目资本金筹措。既有法人作为项目法人进行项目资本金筹措,不组建新的独立法人,筹资方案应与既有法人公司(包括企业、事业单位等)的总体财务安排相协调。既有法人可用于项目资本金的资金来源分为内、外两个方面,见表4-2。

表4-2 既有法人项目资本金来源

序号	既有法人项目资本金来源	
1	内部资金来源	企业的现金
		未来生产经营中获得的可用于项目的资金
		企业资产变现
		企业产权转让
2	外部资金来源	企业增资扩股
		优先股
		国家预算资金

1)内部资金来源。主要包括以下几个方面:

① 企业的现金。企业库存现金和银行存款可由企业的资产负债表得以反映,其中可

能有一部分可以投入项目。即扣除保持必要的日常经营所需的货币资金额,多余的资金可用于项目投资。

② 未来生产经营中获得的可用于项目的资金。在未来的项目建设期间,企业可从生产经营中获得新的现金,扣除生产经营开支及其他必要开支之后,剩余部分可以用于项目投资。未来企业经营获得的净现金流量,需要通过对企业未来现金流量的预测来估算。实践中常采用经营净收益间接估算企业未来的经营净现金流量。其计算公式为

$$经营净现金流量 = 经营净收益 - 流动资金占用的增加 \qquad (4-1)$$
$$经营净收益 = 净利润 + 折旧 + 无形及其他资产摊销 + 财务费用 \qquad (4-2)$$
$$经营净现金流量 = 净利润 + 折旧 + 无形及其他资产摊销 + 财务费用 - 流动资金占用的增加 \qquad (4-3)$$

企业未来经营净现金流量中,财务费用及流动资金占用的增加部分将不能用于固定资产投资,折旧、无形及其他资产摊销通常认为可用于再投资或偿还债务,净利润中有一部分可能需要用于分红或用作盈余公积金和公益金留存,其余部分可用于再投资或偿还债务。因此,可用于再投资及偿还债务的企业经营净现金可按下式估算,即

$$可以用于再投资及偿还债务的企业经营净现金 = 净利润 + 折旧 + 无形及其他资产摊销 - 流动资金占用的增加 - 利润分红 - 利润中需要留作企业盈余公积金和公益金的部分 \qquad (4-4)$$

③ 企业资产变现。资产变现包括企业的固定资产、无形资产、流动资产等,通过出售、投资、转让、开发、利用闲置房地产、存货和预付款等方式实现。既有法人可将流动资产、长期投资或固定资产变现,取得现金用于新项目投资。企业资产变现通常包括短期投资、长期投资、固定资产、无形资产的变现。降低流动资产中的应收款项和存货,可以增加企业能使用的现金,这类流动资产的变现通常体现在企业外来净现金流量估算中。企业也可通过加强财务管理,提高流动资产周转率,减少存货、应收账款等流动资产占用而取得现金,或者出让有价证券取得现金。企业的长期投资包括长期股权投资和长期债权投资,一般都可以通过转让而变现。企业的固定资产中,有些由于产品方案改变而被闲置,有些由于技术更新而被替换,这些都可以出售变现。

④ 企业产权转让。企业可将原拥有的产权部分或全部转让给他人,换取资金用作新项目的资本金。

资产变现表现为一个企业资产总额构成的变化,即非现金货币资产减少,现金货币资产增加,而资产总额并没有发生变化。产权转让则是企业资产控制权或产权结构发生变化,对于原有的产权人,经转让后其控制的企业原有资产总量会减少。既有法人应通过分析其财务和经营状况,预测企业未来的现金流,判断现有企业是否具备足够的自有资金投资于拟建项目。如果不具备足够的资金能力,或者不愿意失掉原有的资产权益,或者不愿意使其自身的资金运用过于紧张,就应该设计外部资金来源的资本金筹集方案。

2)外部资金来源。包括既有法人通过在资本市场发行股票和企业增资扩股,以及一些准资本金手段,如发行优先股来获取外部投资人的权益资金投入,同时也包括接受国家预算内资金为来源的融资方式。

① 企业增资扩股。企业可以通过原有股东增资扩股以及吸收新股东增资扩股，包括国家股、企业法人股、个人股和外资股的增资扩股。

② 优先股。由于优先股股息率事先设定（上限），所以优先股的股息一般不会根据公司经营情况而增减，而且一般也不能参与公司的剩余利润的分红，也不享有除自身价格以外的所有者权益，如资不抵债的情况下，优先股会有一定的损失。

对公司来说，由于股息相对固定，所以不影响公司的利润分配。优先股股东不能要求退股，却可以依照优先股股票上所附的赎回条款，由股份有限公司予以赎回。大多数优先股股票都附有赎回条款。在公司解散，分配剩余财产时，即优先股的索偿权先于普通股，而次于债权人。

优先股与普通股相同的是没有还本期限，与债券特征相似的是股息固定。相对于其他借款融资，优先股的受偿顺序通常靠后，对于项目公司其他债权人来说，可视为项目资本金。优先股和普通股均不能退股，其中普通股只能在二级市场上变现退出。对于普通股股东来说，优先股通常要优先受偿，是一种负债。因此，优先股是一种介于股本资金与负债之间的融资方式。优先股股东不参与公司经营管理，没有公司控制权，不会分散普通股东的控股权。发行优先股通常不需要还本金，只需支付固定股息，可减少公司的偿债风险和压力。但优先股融资成本较高，且股利不能像债券利息一样在税前扣除。

③ 国家预算内投资。国家预算内投资是指以国家预算资金为来源并列入国家计划的固定资产投资。目前包括国家预算、地方财政、主管部门和国家专项投资拨给或委托银行贷给建设单位的基本建设拨款及中央基本建设基金，拨给企业单位的更新改造拨款，以及中央财政安排的专项拨款中用于基本建设的资金。

（2）新设法人项目资本金筹措。新设法人项目资本金的形成分为两种形式：一种是在新法人设立时由发起人和投资人按项目资本金额度要求提供足额资金；另一种是由新设法人在资本市场上进行融资来形成项目资本金。

新设项目法人项目资本金通常以注册资本的方式投入。有限责任公司及股份公司的注册资本由公司的股东按股权比例认缴，合作制公司的注册资本由合作投资方按预先约定金额投入。如果公司注册资本的额度要求低于项目资本金额度的要求，股东按项目资本金额度要求投入企业的资金超过注册资本的部分，通常以资本公积的形式记账。有些情况下，投资者还可以以准资本金方式投入资金，包括优先股、股东借款等。

由初期设立的项目法人进行的资本金筹措形式主要有：

1）在资本市场募集股本资金。在资本市场募集股本资金可以采取两种基本方式，即私募与公开募集。

① 私募。私募是指将股票直接出售给少数特定的投资者，不通过公开市场销售。私募程序可相对简化，但在信息披露方面仍必须满足投资者的要求。

② 公开募集。公开募集是在证券市场上公开向社会发行销售。在证券市场上公开发行股票，需要取得证券监管机关的批准，需要通过证券公司或投资银行向社会推销、需要提供详细的文件，保证公司的信息披露，保证公司的经营及财务透明度，筹资费用较高、筹资时向较长。

2）合资合作。通过在资本投资市场上寻求新的投资者，由初期设立的项目法人与新的投资者以合资合作等多种形式,重新组建新的法人,或者由设立初期项目法人的发起人和投资人与新的投资者进行资本整合,重新设立新的法人,使重新设立的新法人拥有的资本达到或满足项目资本金投资的额度要求。采用这一方式,新法人往往需要重新进行公司注册或变更登记。

4.2 建设项目债务资金筹措方式

债务资金是指项目投资中除项目资本金外,以负债方式取得的资金。债务资金是既有法人筹集建设项目所需资金的主要渠道。债务融资的优点是速度快、成本较低;缺点是融资风险较大,有还本付息的压力。

筹措债务资金应考虑债务期限、债务偿还、债务序列、债权保证、违约风险利率结构、货币结构与国家风险等主要因素。债务资金主要通过信贷、债券、租赁等方式进行筹措。债务资金筹措方式见图4-1。

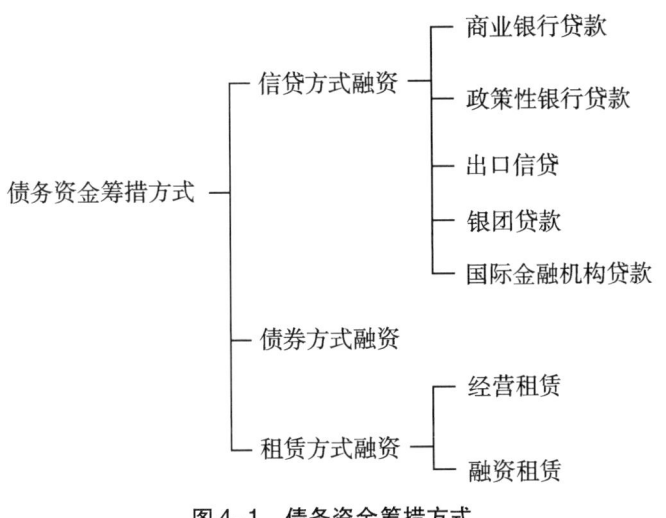

图4-1 债务资金筹措方式

4.2.1 信贷方式融资

信贷方式融资是项目负债融资的重要组成部分,是公司融资和项目融资中最基本、最简单,也是比重最大的债务融资形式。国内信贷资金主要有商业银行和政策性银行等提供的贷款。国外信贷资金主要有商业银行的贷款,以及世界银行、亚洲开发银行等国际金融机构贷款。此外,还有外国政府贷款、出口信贷以及信托投资公司等非银行金融机构提供的贷款。信贷融资方案应说明拟提供贷款的机构及其贷款条件,包括支付方式、贷款期限、贷款利率、还本付息方式及附加条件等。

4.2.1.1 商业银行贷款

按照所有制形式不同,我国的商业银行分为国有商业银行和股份制银行。按照经营区域不同,我国的商业银行分为全国性银行和地区性银行。境外的商业银行也是得到银行贷款的来源。加入 WTO 以来,我国逐步放宽外国银行进入我国开办商业银行业务,外国商业银行将在我国获得批准设立分行,或者设立合资或独资的子银行,我国境内的外资商业银行正在逐步开展外汇及人民币贷款业务。

按照贷款期限,商业银行的贷款分为短期贷款、中期贷款和长期贷款。贷款期限在 1 年以内的为短期贷款,1~3 年的为中期贷款,3 年以上期限的为长期贷款。

按照资金使用用途,商业银行贷款在银行内部管理中分为固定资产贷款、流动资金贷款、房地产开发贷款等。项目投资使用中长期银行贷款,银行要进行独立的项目评估,评估内容主要包括项目建设内容、必要性、产品市场需求、项目建设及生产条件、工艺技术及主要设备、投资估算与筹资方案、财务盈利性、偿债能力、贷款风险、保证措施等。

除了商业银行可以提供贷款外,一些城市或农村信用社、信托投资公司等非银行金融机构也提供商业贷款,条件与商业银行类似。

国外商业银行贷款利率有浮动利率与固定利率两种形式。浮动利率通常以某种国际金融市场的利率为基础,加上一个固定的加成率构成。固定利率则在贷款合同中约定。国外商业银行的贷款利率由市场决定,各国政府的中央银行对于本国的金融市场利率通过一定的手段进行调控。

中国人民银行已放开贷款利率管制,取消商业银行贷款利率 0.7 倍的下限,由商业银行根据商业原则自主确定贷款利率水平,对农村信用社贷款利率也不再设立上限。商业银行与客户协商定价的空间将进一步扩大。

4.2.1.2 政策性银行贷款

为了支持一些特殊的生产、贸易、基础设施建设项目,国家政策性银行可以提供政策性银行贷款。政策性银行贷款利率通常比商业银行贷款利率低。我国的政策性银行有中国进出口银行、中国农业发展银行。国家开发银行原来也属于政策性银行,但在 2008 年底改制后,成为开发性金融机构,为实现国家中长期发展战略提供投融资服务和开发性金融服务。

4.2.1.3 出口信贷

项目建设需要进口设备的,可以使用设备出口国的出口信贷。按照获得贷款资金的借款人,出口信贷分为买方信贷、卖方信贷和福费廷(FORFEITING)等。出口信贷通常不能对设备价款全额贷款,通常只能提供设备价款 85% 的贷款,设备出口商则给予设备的购买方以延期付款条件,出口信贷利率通常要低于国际上商业银行的贷款利率。欧洲经济合作与发展组织(OECD)国家出口信贷利率一般要遵循商业参考利率(CIRR),出口信贷通常需要支付一定的附加费用,如管理费、承诺费、信贷保险费等。

(1) 买方信贷。买方信贷是出口商所在地银行为促进本国商品的出口,对国外进口商(或其银行)所发放的一种贷款。买方信贷可以通过进口国的商业银行转贷款,也可以不通过本国商业银行转贷。通过本国商业银行转贷时,设备出口国的贷款银行将贷款贷给进口国的一家转贷银行,再由进口国转贷银行将贷款贷给设备进口商。从国际上看,买方信贷使用更为广泛些,特别是把贷款发放给进口商所在地银行再转贷给进口商的买方信贷使用得更为广泛。

(2) 卖方信贷。卖方信贷是出口商所在地有关银行，为便于该国出口商以延期付款形式出口商品而给予本国出口商的一种贷款。出口商向银行借取卖方信贷后，其资金得以通融，便可允许进口商延期付款，具体为：进出口商签订合同后，进口商先支付10%~15%的定金；在分批交货验收和保证期满时，进口商再分期支付10%~15%的货款，其余70%~80%的货款在全部交货后若干年内分期偿还，并支付延期付款期间的利息。

(3) 福费廷。福费廷是专门的代理融资技术。一些大型资本货物的采购，如大型水轮机组和发电机组等设备的采购，由于从设备的制造、安装到投产需要多年时间，进口商往往要求延期付款，按项目的建设周期分期偿还。为了鼓励设备出口，几家出口商所在地银行专门开设了针对大型设备出口的特殊融资：出口商把经进口商承兑的、期限在半年以上至5~6年以上的远期汇票，无追索权地出售给出口商所在地的银行，出口商提前取得现金。为了保证在进口商不能履行义务的情况下出口商也能获得贷款，出口商要求进口商承兑的远期汇票附有银行担保。

4.2.1.4 银团贷款

随着建设项目的规模扩大，所需的建设资金也越来越多，出于风险控制或银行资金实力方面的考虑，一家商业银行的贷款往往无法满足项目债务资金的需求，于是出现了银团贷款，也称辛迪加贷款，是指由一家银行牵头。贷款银团中还需要有一家或数家代理银行，负责监管借款人的账户，监控借款人的资金，划收或划转贷款本息。

使用银团贷款，除了贷款利率之外，借款人还要支付一些附加费用，包括管理费、安排费、代理费、承诺费、杂费等。

银团贷款的具体操作方式有两种：直接参与和间接参与。直接参与是指银团内各个成员银行直接与项目借款人签订借贷协议，按贷款协议所规定的统一条件贷款给项目借款人，贷款的具体发放工作由借贷协议中指定代理行统一管理。间接参与是指由一家牵头银行向项目借款人贷款，然后由该银行将参加贷款权分别转让给其他参与行，参与行按照各自承担的贷款数额贷款给项目借款人，贷款工作由牵头银行负责管理。

4.2.1.5 国际金融机构贷款

国际金融组织贷款是指国际金融组织按照章程向其成员国提供的各种贷款。提供项目贷款的主要国际金融机构有世界银行、国际金融公司、欧洲复兴与开发银行、亚洲开发银行、美洲开发银行等全球性或地区性金融机构。目前与我国关系最为密切的国际金融组织是国际货币基金组织、世界银行和亚洲开发银行。国际金融机构的贷款通常带有一定的优惠性，贷款利率低于商业银行贷款利率，贷款期限可以安排得很长，但也有可能需要支付某些附加费用，例如承诺费。国际金融机构贷款通常要求设备采购进行国际招标。

不同的国际金融组织的贷款政策各不相同，只有那些得到认可的项目才能获得贷款。使用国际金融组织的贷款项目，需要按照规定程序和方法来实施。以与我国联系密切的三个金融机构为例：

(1) 国际货币基金组织(International Monetary Fund, IMF)。IMF的贷款只限于成员国的财政和金融当局，IMF不与任何企业发生业务，贷款用途限于弥补国际收支逆差或用于经常项目的国际支付，期限为1~5年。

(2)世界银行(The World Bank)。世界银行主要提供用于确定建设项目的贷款,以鼓励较不发达国家生产与资源的开发。世界银行贷款仅限于会员国,凡参加世界银行的国家必须首先是国际货币基金组织的成员国,若贷款对象为非会员国的政府时,则该贷款须由会员国政府、中央银行和世界银行认可的机构进行担保。贷款的发放和管理按照项目周期进行,必须专款专用,并接受世界银行的监督。贷款期限一般较长,最长可达30年。

(3)亚洲开发银行(Asian Development Bank,ADB),ADB是类似于世界银行但只面向亚太地区的区域性政府间金融开发机构。ADB根据1990年人均国民生产总值的不同,将发展中国家成员分为A、B、C三类,对不同种类的国家或地区采用不同的贷款或捐赠条件。

4.2.2 债券方式融资

债券是债务人为筹集债务资金而发行的、约定在一定期限内还本付息的一种有价证券。企业债券融资是一种直接融资。发行债券融资可从资金市场直接获得资金,资金成本(利率)一般应低于银行借款。由于有较为严格的证券监管,只有实力很强并且有很好资信的企业才有能力发行企业债券。发行债券融资,大多需要有第三方担保,获得债券信用增级,以使债券成功发行,并可降低债券发行成本。在国内发行企业债券需要通过国家证券监管机构及金融监管机构的审批。在国外市场上也可发行债券,主要的国外发债市场有美国、日本、欧洲。发行债券通常要取得债券资信等级评级。国内债券由国内评级机构评级,国外发债通常需要由一些知名度较高的评级机构评级。债券评级较高的,可以较低的利率发行。而较低评级的债券,则利率较高。债券发行与股票发行相似,可在资本市场上公开发行,也可以私募方式发行。

除一般债券融资外,还有可转换债券融资。可转换债券是企业发行的一种特殊形式债券。在预先约定的期限内,可转换债的债券持有人有权选择按照预先规定的条件将债权转换为发行人公司的股权。在公司经营业绩变好时,股票价值上升,可转换债券的持有人倾向于将债权转为股权;而当公司业绩下降或者没有达到预期效益时,股票价值下降,则倾向于兑付本息。现有公司发行可转换债券,通常并不设定后于其他债权受偿,对于其他向公司提供贷款的债权人来说,可转换债不能视为公司的资本金融资。可转换债券的发行条件与一般企业债券类似,但由于附加有可转换为股权的权利,通常可转换债券的利率更低。

4.2.2.1 债券筹资的优点

(1)筹资成本较低。发行债券筹资的成本要比股票筹资的成本低。这是因为债券发行费用较低,其利息允许在所得税前支付,可以享受扣减所得税的优惠。因此,企业实际上负担的债券成本一般低于股票成本。

(2)保障股东控制权。债券持有人无权干涉管理事务,因此,发行企业债券不会像增发股票那样可能会分散股东对企业的控制权。

(3)发挥财务杠杆作用。不论企业盈利水平如何,债券持有人只收取固定的利息,更多的收益可用于分配给股东,或留归企业以扩大经营。

(4)便于调整资本结构。企业通过发行可转换债券,或在发行低券时规定可提前赎回债券,有利于企业主动地、合理地调整资本结构,确定负债与资本的合理比率。

4.2.2.2 债券筹资的缺点

(1)可能产生财务杠杆负效应。债券必须还本付息,是企业固定的支付费用。随着这种固定支出的增加,企业的财务负担和破产可能性增大。一旦企业资产收益率下降到债券利息率之下,会产生财务杠杆的负效应。

(2)可能使企业总资金成本增大。企业财务风险和破产风险会因其债务的增加而上升,这些风险的上升又导致企业债券成本、权益资金成本上升,从而增大了企业总资金成本。

(3)经营灵活性降低。在债券合同中,各种保护性条款使企业在股息策略融资方式和资金调度等多方面受到制约,经营灵活性降低。

4.2.3 租赁方式融资

租赁方式融资是指当企业需要筹措资金、添置必要的设备时,可以通过租赁公司代其购入所选择的设备,并以租赁的方式将设备租给企业使用。在大多数情况下,出租人在租赁期内向承租人分期回收设备的全部成本、利息和利润。租赁期满后,将租赁设备的所有权转移给承租人,通常为长期租赁。根据租赁所体现的经济实质不同,租赁分为经营租赁与融资租赁两类。

4.2.3.1 经营租赁

经营租赁是出租方以自己经营的设备租给承租方使用,出租方收取租金。承租方则通过租入设备的方式,节省了项目设备购置投资,或等同于筹集到一笔设备购置资金,承租方只需为此支付一定的租金。当预计项目中使用设备的租赁期短于租入设备的经济寿命时,经营租赁可以节约项目运行期间的成本开支,并避免设备经济寿命在项目上的空耗。

4.2.3.2 融资租赁

融资租赁又称为金融租赁或财务租赁。采取这种租赁方式,通常由承租人选定需要的设备,由出租人购置后给承租人使用,承租人向出租人支付租金,承租人租赁取得的设备按照固定资产计提折旧,租赁期满,设备一般要由承租人所有,由承租人以事先约定的很低的价格向出租人收购的形式取得设备的所有权。

(1)融资租赁的优点。融资租赁作为一种融资方式,其优点主要有:①融资租赁是一种融资与融物相结合的融资方式,能够迅速获得所需资产的长期使用权;②融资租赁可以避免长期借款筹资所附加的各种限制性条款,具有较强的灵活性;③融资租赁的融资与进口设备都由有经验和对市场熟悉的租赁公司承担,可以减少设备进口费,从而降低设备取得成本。

(2)融资租赁的租金。融资租赁的租金包括三大部分:①租赁资产的成本,大体由资产的购买价、运杂费、运输途中的保险费等项目构成;②租赁资产的利息,即由承租人所实际承担的购买租赁设备的贷款利息;③租赁手续费,包括出租人承办租赁业务的费用以及出租人向承租人提供租赁服务所赚取的利润。

4.3 建设项目融资

4.3.1 项目融资概述

4.3.1.1 项目融资的概念

项目融资有广义和狭义两种理解。广义上讲,项目融资是指为项目而融资,包括新建项目、收购现有项目或对现有项目进行债务重组等。狭义的项目融资则是指一种有限追索(极端情况下为无追索)的融资活动,是以项目的资产、预期收益、预期现金流量等作为偿还贷款的资金来源。

4.3.1.2 项目融资的特点

与传统的贷款方式相比,项目融资有其自身的特点,在融资出发点、资金使用的关注点等方面均有所不同。项目融资主要具有项目导向、有限追索、风险分担、非公司负债型融资、信用结构多样化、融资成本高、可利用税务优势的特点。

(1)项目导向。与其他融资过程相比,项目融资主要以项目的资产、预期收益、预期现金流等来安排融资,而不是以项目的投资者或发起人的资信为依据。债权人在项目融资过程中主要关注的是项目在贷款期间能够新产生多少现金流量用于还款,能够获得的贷款数量、融资成本的高低以及融资结构的设计等都是与项目的预期现金流量和资产价值紧密联系在一起的。

由于以项目为导向,有些对于投资者很难借到的资金可利用项目来安排,有些投资者很难得到的担保条件可通过组织项目融资来实现。因此,采用项目融资与传统融资方式相比较,一般可以获得较高的贷款比例。某些项目甚至可以做到100%的融资。由于项目导向,项目融资的贷款期限可以根据项目的具体需要和项目的经济生命期来安排设计,可以比一般商业贷款期限长,有的项目贷款期限可长达20年。

(2)有限追索。追索是指在借款人未按期偿还债务时,贷款人有要求借款人以除抵押资产之外的其他资产偿还债务的权利。在某种意义上,贷款人对项目借款人的追索形式和程度是区分融资属于项目融资还是属于传统形式融资的重要标志。对于后者,贷款人为项目借款人提供的是完全追索形式的贷款,即贷款人更主要依赖的是借款人自身的资信情况,而不是项目的预期收益;而前者,作为有限追索的项目融资,贷款人可以在贷款的某个特定阶段(例如项目的建设期和试生产期)对项目借款人实行追索,或者在一个规定的范围内(这种范围包括金额和形式的限制)对项目借款人实行追索,除此之外,无论项目出现任何问题,贷款人均不能追索到项目借款人除该项目资产、现金流量以及所承担的义务之外的任何形式的财产。

有限追索的极端是"无追索",即融资百分之百地依赖项目的预期收益,在融资的任何阶段,贷款人均不能追索到项目借款人除项目之外的资产。然而,在实际工作中是很难获得这样的融资结构的。

(3)风险分担。项目融资在风频分担方面具有投资风险大、风险种类多的特点,此外,由于建设项目的参与方较多,可以通过严格的法律合同实现风险的分担。为了实现项目融资的有限追索,对于与项目有关的各种风险要素,需要以某种形式在项目投资者(借款人)、与项目开发有直接或间接利益关系的其他参与者和贷款人之间进行分担。一个成功的项目融资结构应该是在项目中没有任何一方单独承担起全部项目债务的风险责任。在组织项目融资的过程中,项目借款人应该学会如何识别和分析项目的各种风险因素,确定自己、贷款人以及其他参与者所能承受风险的最大能力及可能性,充分利用与项目有关的一切可以利用的优势,最后设计出对投资者具有最低追索的融资结构。一旦融资结构建立之后,任何一方都要准备承担任何未能预料到的风险。

(4)非公司负债型融资。项目融资通过对其投资结构和融资结构的设计,可以帮助投资者(借款人)将贷款安排成为一种非公司负债型的融资。

公司的资产负债表是反映一个公司在特定日期财务状况的会计报表,所提供的主要财务信息包括公司所掌握的资源、所承担的债务、偿债能力、股东在公司里所持有的权益以及公司未来的财务状况变化趋向。非公司负债型融资亦称为资产负债表之外的融资,是指项目的债务不表现在项目投资者(即实际借款人)的公司资产负债表中负债栏的一种融资形式。这种债务最多只以某种说明的形式反映在公司资产负债表的注释中。

根据项目融资风险分担原则,贷款人对于项目的债务追索权主要被限制在项目公司的资产和现金流量中,项目投资者(借款人)所承担的是有限责任,因而有条件使融资被安排成为一种不需要进入项目投资者(借款人)资产负债表的贷款形式。

非公司负债型融资对于项目投资者的价值在于使得这些公司有可能以有限的财力从事更多的投资,同时将投资的风险分散和限制在更多的项目之中。一个公司在从事超过自身资产规模的项目投资,或者同时进行几个较大的项目开发时,这种融资方式的价值就会充分体现出来。大型的建设项目,一般建设周期和投资回收周期都比较长,对于项目的投资者而言,如果这种项目的贷款安排全部反映在公司的资产负债表上,很有可能造成公司的资产负债比例失衡,超出银行通常所能接受的安全警戒线,并且这种状况在很长的一段时间内可能无法获得改善,公司将因此而无法筹措新的资金,影响未来的发展能力。采用非公司负债型的项目融资则可以避免这一问题。项目融资这一特点的重要性,过去并没有被我国企业所完全理解和接受。但是,随着国内市场逐渐与国际市场接轨,国内公司,特别是以在国际资金市场融资作为主要资金来源的公司,这一特点将会变得越来越重要和有价值。具有较好的资产负债比的企业,在筹集资金和企业资信等级评定方面会有更强的竞争力。

(5)信用结构多样化。在项目融资中,用于支持贷款的信用结构的安排是灵活和多样化的,一个成功的项目融资,可以将贷款的信用支持分配到与项目有关的各个关键方面。典型的做法包括以下几个方面:

1)在市场方面,可以要求对项目产品感兴趣的购买者提供一种长期购买作为融资的信用支持(这种信用支持所能起到的作用取决于合同的形式和购买者的资信)。资源性项目的开发受国际市场的需求、价格变动的影响很大,能否获得一个稳定的、合乎贷款银行要求的项目产品长期销售合同往往成为能否成功组织项目融资的关键。

2)在工程建设方面,为了减少风险,可以要求工程承包公司提供固定价格、固定工期的合同,或"交钥匙"工程合同,可以要求项目设计者提供工程技术保证等。

3)在原材料和能源供应方面,可以要求供应方在保证供应的同时,在定价上根据项目产品的价格变化设计一定的浮动价格公式,保证项目的最低收益。

上述这些做法,都可以成为项目融资强有力的信用支持,提高项目的债务承受能力,减少融资对投资者(借款人)资信和其他资产的依赖程度。

(6)融资成本较高。与传统的融资方式比较,项目融资的一个主要问题是相对筹资成本较高、组织融资所需要的时间较长。项目融资涉及面广,结构复杂,需要做好大量的有关风险分担、税收结构、资产抵押等一系列技术性的工作,筹资文件比一般公司融资往往要多出几倍,需要几十个甚至上百个法律文件才能解决问题。这必然造成以下的后果:

1)组织项目融资花费的时间要长一些,通常从开始准备到完成整个融资计划需要3~6个月的时间(贷款金额大小和融资结构复杂程度是决定安排融资时间长短的重要因素),有些大型项目融资甚至可以拖上几年的时间。这就要求所有参加这一工作的各个方面都要有足够的耐心和合作精神。

2)项目融资的大量前期工作和有限追索性质,导致融资的成本要比传统融资方式高。融资成本包括融资的前期费用和利息成本两个主要组成部分。

融资的前期费用与项目的规模有直接关系,一般占贷款金额的 0.5%~2%,项目规模越小,前期费用所占融资总额的比例就越大;项目融资的利息成本一般要高出同等条件公司贷款的 0.3%~1.5%,其增加幅度与贷款银行在融资结构中承担的风险有关。合理的融资结构和较强的合作伙伴在管理、技术和市场等方面的优势可以提高项目的经济强度,从而降低较弱合作伙伴的相对融资成本。

项目融资的这一特点限制了其使用范围。在实际操作中,除了需要分析项目融资的优势之外,也必须考虑项目融资的规模经济效益问题。

(7)可以利用税务优势。追求充分利用税务优势降低融资成本,提高项目的综合收益率和偿债能力,是项目融资的一个重要特点。这一问题贯穿于项目融资的各个阶段、各个组成部分的设计之中。

所谓充分利用税务优势,是指在项目所在国法律允许的范围内,通过精心设计的投资结构、融资模式,将所在国政府对投资的税务鼓励政策在项目参与各方中最大限度地加以分配和利用,以此降低筹资成本,提高项目的偿债能力。这些税务政策随国家不同、地区不同而变化,通常包括加速折旧、利息成本、投资优惠以及其他费用的抵税法规等。

4.3.2 建设项目融资方式

建设项目融资方式有公司融资、杠杆租赁融资、设施使用协议融资、产品支付融资等。随着项目融资理论研究与实践的发展,一系列新型项目融资方式不断出现,如 BOT、PPP、ABS、TOT、PFI 等,这里主要介绍新型融资方式。

4.3.2.1 BOT 方式

BOT(Build-Operate-Transfer,建设—运营—移交)是 20 世纪 80 年代中后期发展起来的一种项目融资方式,主要适用于竞争性不强的行业或有稳定收入的项目,包括公路、桥梁、自来水厂、发电厂等在内的公共基础设施、市政设施等。其基本思路是,由项目所在国政府或其所属机构为项目的建设和经营提供一种特许权协议(concession agreement)作为项目融资的基础,由本国公司或者外国公司作为项目的投资者和经营者安排融资,承担风险,开发建设项目并在特许权协议期间经营项目,获取商业利润。特许期满后,根据协议将该项目转让给相应的政府机构。

实际上 BOT 是一类项目融资方式的总称,通常所说的 BOT 主要包括典型 BOT、BOOT 及 BOO 三种基本形式。

(1)典型 BOT 方式。BOT 融资方式在我国称为"特许权融资方式",其涵义是指国家或者地方政府部门通过特许权协议,授予签约方的外商投资企业(包括中外合资、中外合作、外商独资)承担公共性基础设施(基础产业)项目的融资、建造、经营和维护;在协议规定的特许期限内,项目公司拥有投资建造设施的经营权,允许向设施使用者收取适当的费用,由此回收项目投资、经营和维护成本并获得合理的回报;特许期满后,项目公司将设施无偿地移交给签约方的政府部门。这是经典的 BOT 形式,项目公司没有项目的所有权,只有建设和经营权。

(2)BOOT 方式。BOOT(Build-Own-Operate-Transfer,建设—拥有—运营—移交)方式与典型 BOT 方式的主要不同之处是,项目公司既有经营权又有所有权,政府允许项目公司在一定范围和一定时期内,将项目资产以融资目的抵押给银行,以获得更优惠的贷款条件,从而使项目的产品、服务价格降低,但特许期一般比典型 BOT 方式稍长。

(3)BOO 方式。BOO(Build-Own-Operate,建设—拥有—运营)方式与前两种形式的主要不同之处在于,项目公司不必将项目移交给政府(即为永久私有化),目的主要是鼓励项目公司从项目全寿命期的角度合理建设和经营设施,提高项目产品或服务的质量,追求全寿命期的总成本降低和效率的提高,使项目的产品或服务价格更低。

除上述三种基本形式外,BOT 还有十余种演变形式,如 BT(Build-Transfer,建设—移交)、BTO(Build-Transfer-Operate,建设—移交—运营)等。BT 融资是指政府在项目建成后从民营机构(或任何国营、民营、外商法人机构)中购回项目(可一次性支付,也可分期支付);与政府投资建造项目不同的是,政府用于购回项目的资金往往是事后支付(可通过财政拨款,但更多的是通过运营项目来支付);民营机构是投资者或项目法人,必须出一定的资本金,用于建设项目的其他资金可以由民营机构自己出,但更多的是以期望的政府支付款(如可兑信用证)来获取银行的有限追索权贷款。BT 项目中,投资者仅获得项目的建设权,而项目的经营权则属于政府,BT 融资形式适用于各类基础设施项目,特别是出于安全考虑的必须由政府直接运营的项目。对银行和承包商而言,BT 项目的风险可能比基本的 BOT 项目大。

如果承包商不是投资者,其建设资金不是从银行借的有限追索权贷款,或政府用于购回项目的资金完全没有基于项目的运营收入,此种情况实际上应称作"承包商垫资承包"或"政府延期付款",属于异化 BT,已经超出狭义项目融资的原有含义范畴,在我国已被禁止。因为它主要只是解决了政府当时缺资金建设基础设施的燃眉之急,并没有实现狭义项目融资所强调的有限追索、提高效率(降低价格)、公平分担风险等。

4.3.2.2 TOT 方式

TOT(Transfer-Operate-Transfer,移交—运营—移交),是从 BOT 方式演变而来的一

种新型方式,是国际上较为流行的一种项目融资方式,通常是指政府部门或国有企业将建设好的项目的一定期限的产权或经营权,有偿转让给投资人,由其进行运营管理;投资人在约定的期限内通过经营收回全部投资并得到合理的回报,双方合约期满之后,投资人再将该项目交还政府部门或原企业的一种融资方式。

(1) TOT 的运作程序

TOT 的运作程序相对比较简单,一般包括以下步骤:

1) 制定 TOT 方案并报批。转让方须先根据国家有关规定编制 TOT 项目建议书,征求行业主管部门同意后,按现行规定报有关部门批准。国有企业或国有基础设施管理人只有获得国有资产管理部门批准或授权才能实施 TOT 方式。

2) TOT 项目招标。按照国家规定,需要进行招标的项目,须采用招标方式选择 TOT 项目的受让方,其程序与 BOT 方式大体相同,包括招标准备、资格预审、准备招标文件、评标等。

3) SPV(Special Purpose Vehicle,特设机构)与投资者洽谈以达成转让投产运行项目在未来一定期限内全部或部分经营权的协议,并取得资金。

4) 转让方利用获得资金,大多数情况下,取得的资金将用以建设新项目。

5) 项目期满后,收回转让的项目。转让期满,资产应在无债务、未设定担保、设施状况完好的情况下移交给原转让方。

(2) TOT 方式与 BOT 方式的比较。从东道国政府来看,通过 TOT 吸引社会资本购买现有的资产,将从两个方面进一步缓解中央和地方政府财政支出的压力:通过经营权的转让,得到一部分社会资本,可用于偿还因为基础设施建设而承担的债务,也可作为当前迫切需要建设而又难以吸引社会资本的项目;转让经营权后,可大量减少基础设施运营的财政补贴支出。TOT 方式与 BOT 方式的比较见表 4-3。

表 4-3 TOT 方式与 BOT 方式的比较

融资方式	项目融资	投资者
BOT	为筹建中的项目进行融资	投资者先要投入资金建设,并要设计合理的信用保证结构,花费时间很长,承担风险大
TOT	通过转让已建成项目的产权和经营权来融资	既可以回避建设中的超支、停建或者建成后不能正常运营、现金流量不足以偿还债务等风险,又能尽快取得收益,不需要太复杂的信用保证结构

4.3.2.3 ABS 方式

ABS(Asset-Backed-Securitization,即资产支持型资产证券化,简称资产证券化),是指将缺乏流动性,但能够产生可预见的、稳定的现金流量的资产归集起来,通过一定的结构安排,对资产中风险与收益要素进行分离与重组,进而转换为在金融市场上可以出售和流通的证券的过程。

ABS 起源于 20 世纪 80 年代,由于具有创新的融资结构和高效的载体,满足了各类资产和项目发起人的需要,从而成为当今国际资本市场中发展最快、最具活力的金融产品。

(1) ABS融资方式的分类。具体而言,ABS融资有两种方式。

1) 通过项目收益资产证券化来为项目融资,即以项目所拥有的资产为基础,以项目资产可以带来的预期收益为保证,通过在资本市场发行债券来募集资金的一种证券化融资方式。具体来讲是项目发起人将项目资产出售给特设机构(SPV),SPV凭借项目未来可预见的稳定的现金流,并通过寻求担保等信用增级手段,将不可流动的项目收益资产转变为流动性较高、具有投资价值的高等级债券,通过在国际资本市场上发行,一次性地为项目建设融得资金,并依靠项目未来收益还本付息。

2) 通过与项目有关的信贷资产证券化来为项目融资,即项目的贷款银行将项目贷款资产作为基础资产,或是与其他具有共同特征的、流动性较差但能产生可预见的稳定现金流的贷款资产组合成资产池,通过信用增级等手段使其转变为具有投资价值的高等级证券,通过在国际市场发行债券来进行融资,降低银行的不良贷款比率,从而提高银行为项目提供贷款的积极性,间接地为项目融资服务。

ABS项目融资方式适用于房地产、水、电、道路、桥梁、铁路等收入安全、持续、稳定的项目。一些出于某些原因不宜采用BOT方式的、重要的、关系国计民生的重大项目也可以考虑采用ABS方式进行融资。

(2) ABS融资方式的运作过程

1) 组建特设机构SPV。该机构可以是一个信托机构,如信托投资公司、信用担保公司、投资保险公司或其他独立法人,该机构应能够获得国际权威资信评估机构较高级别的信用等级(AAA或AA级),由于SPV是进行ABS融资的载体,成功组建SPV是ABS能够成功运作的基本条件和关键因素。

2) SPV与项目结合。即SPV寻找可以进行资产证券化融资的对象。一般来说,投资项目所依附的资产只要在未来一定时期内能带来现金收入,就可以进行ABS融资。拥有这种未来现金流量所有权的企业(项目公司)成为原始权益人。这些未来现金流量所代表的资产,是ABS融资方式的物质基础。在进行ABS融资时,一般应选择未来现金流量稳定、可靠,风险较小的项目资产。而SPV与这些项目的结合,就是以合同、协议等方式将原始权益人所拥有的项目资产的未来现金收入的权利转让给SPV,转让的目的在于将原始权益人本身的风险割断。这样SPV进行ABS方式融资时,其融资风险仅与项目资产未来现金收入有关,而与建设项目的原始权益人本身的风险无关。

3) 进行信用增级。利用信用增级手段使该项目资产获得预期的信用等级。为此,就要调整项目资产现有的财务结构,使项目融资债券达到投资级水平,达到SPV关于承包ABS债券的条件要求。SPV通过提供专业化的信用担保进行信用升级,之后委托资信评估机构进行信用评级,确定ABS债券的资信等级。

4) SPV发行债券。SPV直接在资本市场上发行债券募集资金,或者经过SPV通过信用担保,由其他机构组织债券发行,并将通过发行债券筹集的资金用于项目建设。

5) SPV偿债。由于项目原始收益人已将项目资产的未来现金收入权利让渡给SPV,因此,SPV就能利用项目资产的现金流入量,清偿其在国际高等级投资证券市场上所发行债券的本息。

(3) ABS 方式与 BOT 方式的比较。ABS 与 BOT 融资方式在项目所有权、运营权归属、适用范围、对项目所在国的影响、融资方式、风险分散度、融资成本等方面都有不同之处。ABS 方式与 BOT 方式的比较见表 4-4。

表 4-4 ABS 方式与 BOT 方式的比较

融资方式	BOT 方式	ABS 方式
项目所有权、运营权归属	项目的所有权与经营权在特许经营期内是属于项目公司的,在特许期经营结束之后,所有权及经营权将会移交给政府	项目的所有权在债券存续期内由原始权益人转至 SPV,而经营权与决策权仍属于原始权益人,债券到期后,利用项目所产生的收益还本付息并支付各类费用之后,项目的所有权重新回到原始权益人手中
适用范围	BOT 融资方式不适用于关系国家经济命脉或包括国防项目在内的敏感项目	虽然在债券存续期内资产的所有权归 SPV 所有,但是资产的运营与决策权仍然归属原始权益人,SPV 不参与运营,不必担心外商或私营机构控制,因此应用更加广泛
资金来源	主要都是民间资本,可以是国内资金,也可以是外资,如项目发起人自有资金、银行贷款等	主要是通过证券市场发行债券这一方式筹集资金
风险分担	主要由政府、投资者/经营者、贷款机构承担	由众多的投资者承担,而且债券可以在二级市场上转让,变现能力强
融资成本	过程复杂、牵涉面广,融资成本因中间环节多而增加	ABS 只涉及原始权益人、SPV、证券承销商和投资者,无须政府的许可、授权、担保等,过程简单,可以降低融资成本

4.3.2.4　PFI 方式

PFI(Private Finance Initiative,私人主动融资)是指政府部门根据社会对基础设施的需求,提出需要建设的项目,通过招投标,由获得特许权的私营部门进行公共基础设施项目的建设与运营,并在特许期(通常为 30 年左右)结束时将所经营的项目完好地、无债务地归还政府,而私营部门则从政府部门或从接受服务方来收取费用以回收成本的项目融资方式。

PFI 是一种强调私营企业在融资中主动性与主导性的融资方式。在这种方式下,政府不是采取传统的由其自身负责提供公共项目产出的方式,而是采取促进私营企业有机会参与基础设施和公共物品的生产和提供公共服务的一种全新的公共项目产出方式。通过 PFI 方式,政府与私营企业进行合作,由私营企业承担部分政府公共物品的生产或提供公共服务,政府购买私营企业提供的产品或服务,或给予私营企业以收费特许权,或政府与私营企业以合伙方式共同营运等方式,来实现政府公共物品产出中的资源配置最优化、效率和产出的最大化。

(1)PFI 的典型模式

PFI 模式最早出现在英国,在英国的实践中,通常有三种典型模式,即在经济上自立的项目、向公共部门出售服务的项目与合资经营项目。

1)在经济上自立的项目。以这种方式实施的 PFI 项目,私营企业提供服务时,政府不向其提供财政的支持,即私营企业进行设施的设计、建设、资金筹措和运营,向设施使用者收取费用,以回收成本,在合同期满后,将设施完好地、无债务地转交给公共部门。这种方式与 BOT 的运作模式基本相同。

2)向公共部门出售服务的项目。这种项目的特点在于,私营企业提供项目服务所产生的成本,完全或主要通过私营企业服务,即私营部门结成企业联合体,进行项目的设计、建设、资金筹措和运营,而政府部门则在私营部门对基础设施的运营期间,根据基础设施的使用情况或影子价格向私营部门支付费用。

3)合资经营项目。对于特殊基础设施项目的开发,由政府进行部分投资,数量因项目性质和规模不同而不同,资金回收方式以及其他有关事项双方在合同中规定,这类项目有时也称为"官民协同项目"。作为 PFI 项目,项目的控制权必须是由私营企业来掌握,公共部门只是一个合伙人的角色。

(2)PFI 的优点。PFI 与私有化不同,公共部门要么作为服务的主要购买者,要么充当实施项目的基本的法定授权控制者,这是政府部门必须坚持的基本原则。同时,与买断经营也有所不同,买断经营方式中的私营企业受政府的制约较小,是比较完全的市场行为,私营企业既是资本财产的所有者又是服务的提供者。PFI 方式的核心旨在增加包括私营企业参与的公共服务或者是公共服务的产出大众化。

PFI 在本质上是一个设计、建设、融资和运营模式,政府与私营企业是一种合作关系,对 PFI 项目服务的购买是由有采购特权的政府与私营企业签订的。

PFI 模式的主要优点表现在:

1)PFI 有非常广泛的适用范围,不仅包括基础设施项目,在学校、医院、监狱等公共项目上也有广泛的应用。

2)推行 PFI 方式,能够广泛吸引经济领域的私营企业或非官方投资者,参与公共物品的产出,这不仅大大地缓解了政府公共项目建设的资金压力,同时也提高了政府公共物品的产出水平。

3)吸引私营企业的知识、技术和管理方法,提高公共项目的效率和降低产出成本,使社会资源配置更加合理化,同时也使政府摆脱了受到长期困扰的政府项目低效率的压力,使政府有更多的精力和财力用于社会发展更加急需的项目建设。

4)PFI 方式是政府公共项目投融资和建设管理方式重要的制度创新,这也是 PFI 方式最大的优势。在英国的实践中,被认为是政府获得高质量、高效率的公共设施的重要工具,已经有很多成功的案例。

(3)PFI 方式与 BOT 方式的比较。PFI 与 BOT 方式在本质上没有太大区别,但在一些细节上仍存在不同,主要表现在适用领域、合同类型、承担风险、合同期满处理方式等方面。PFI 方式与 BOT 方式的比较见表 4-5。

表 4-5　PFI 方式与 BOT 方式的比较

融资方式	PFI 方式	BOT 方式
适用领域	除基础设施、市政设施项目外,还适用于一些非营利性的、公共服务设施项目(如学校、医院、监狱等)	主要用于基础设施或市政设施,如机场、港口、电厂、公路、自来水厂等,以及自然资源开发项目
合同类型	PFI 项目中签署的是服务合同,PFI 项目的合同中一般会对设施的管理、维护提出特殊要求	BOT 项目的合同类型是特许经营合同
合同期满处理方式	PFI 项目的服务合同中往往规定,如果私营企业通过正常经营未达到合同规定的收益,可以继续保持运营权	在合同中一般会规定特许经营期满后,项目必须无偿交给政府管理及运营

4.3.2.5　PPP 方式

PPP(Public-Private Partnership,政府和社会资本合作模式),广义上泛指公共部门与私营部门为提供公共产品或服务而建立的长期合作关系;狭义上则强调政府通过商业而非行政的方法,如在项目公司中占股份来加强对项目的控制,以及与企业合作过程中的优势互补、风险共担和利益共享。

PPP 模式可归纳为政府和社会资本在风险分担、利益共享的基础上建立并维持长期的合作伙伴关系,通过发挥各自的优势及特长,最终为公众提供质量更高、效果更好的公共产品及服务的一种项目投融资方式。

PPP 模式主要适用于政府负有提供责任又适宜市场化运作的基础设施和公共服务类项目,涉及的行业可分为能源、交通运输、水利建设、生态建设和环境保护、市政工程、片区开发、农业、林业、科技、保障性安居工程、旅游、医疗卫生、养老、教育、文化、体育、社会保障、政府基础设施、其他等 19 个一级行业。PPP 模式不但可以用于新建项目,而且也可以在存量、在建项目中使用。

(1) PPP 模式的内涵

1) PPP 是一种新型的项目融资模式。项目 PPP 融资是以项目为主体的融资活动,是项目融资的一种实现形式,主要根据项目的预期收益、资产以及政府扶持措施的力度而不是项目投资人或发起人的资信来安排融资。项目经营的直接收益和通过政府扶持所转化的效益是偿还贷款的资金来源,项目公司的资产和政府给予的有限承诺是贷款的安全保障。

2) PPP 融资模式可以使民营资本更多地参与到项目中,以提高效率,降低风险。这也正是现行项目融资模式所欠缺的。政府的公共部门与民营企业以特许权协议为基础进行全程的合作,双方共同对项目运行的整个周期负责。PPP 方式的操作规则使民营企业参与到城市轨道交通项目的确认、设计和可行性研究等前期工作中来,这不仅降低了民营企业的投资风险,而且能将民营企业在投资建设中更有效率的管理方法与技术引入项目中来,还能有效地实现对项目建设与运行的控制,从而有利于降低项目建设投资的风险,较好地保障国家与民营企业各方的利益。这对缩短项目建设周期,降低项目运作成本甚至资产负债率都有值得肯定的现实意义。

3) PPP模式可以在一定程度上保证民营资本"有利可图"。私营部门的投资目标是寻求既能够还贷又有投资回报的项目，无利可图的基础设施项目是吸引不到民营资本的投入的。而采取PPP模式，政府可以给予私人投资者相应的政策扶持作为补偿，从而很好地解决了这个问题，如税收优惠、贷款担保、给予民营企业沿线土地优先开发权等。通过实施这些政策，可提高民营资本投资城市轨道交通项目的积极性。

4) PPP模式在减轻政府初期建设投资负担和风险的前提下，提高城市轨道交通服务质量。在PPP模式下，公共部门和民营企业共同参与城市轨道交通的建设和运营，由民营企业负责项目融资，有可能增加项目的资本金数量，进而降低较高的资产负债率，而且不但能节省政府的投资，还可以将项目的一部分风险转移给民营企业，从而减轻政府的风险。同时双方可以形成互利的长期目标，更好地为社会和公众提供服务。

(2) PPP模式的优点。PPP模式使政府部门和民营企业能够充分利用各自的优势，即把政府部门的社会责任、远景规划、协调能力与民营企业的创业精神、民间资金和管理效率结合到一起。PPP模式的优点如下：

1) 消除费用的超支。在初始阶段，私人企业与政府共同参与项目的识别、可行性研究、设施和融资等项目建设过程，保证了项目在技术和经济上的可行性，缩短前期工作周期，使项目费用降低。PPP模式只有当项目已经完成并得到政府批准使用后，私营部门才能开始获得收益，因此PPP模式有利于提高效率和降低工程造价，能够消除项目完工风险和资金风险。研究表明，与传统的融资模式相比，PPP模式平均为政府部门节约17%的费用，并且建设工期都能按时完成。

2) 有利于转换政府职能，减轻财政负担。政府可以从繁重的事务中脱身出来，从过去的基础设施公共服务的提供者变成一个监管的角色，从而保证质量，也可以在财政预算方面减轻政府压力。

3) 促进投资主体的多元化。利用私营部门来提供资产和服务，能为政府部门提供更多的资金和技能，促进投融资体制改革。同时，私营部门参与项目还能推动项目设计、施工、设施管理过程等方面的革新，提高办事效率，传播最佳管理理念和经验。

4) 政府部门和民间部门可以取长补短，发挥政府公共机构和民营机构各自的优势，弥补对方身上的不足。双方可以形成互利的长期目标，可以以最有效的成本为公众提供高质量的服务。

5) 使项目参与各方整合组成战略联盟，对协调各方不同的利益目标起关键作用。

6) 风险分配合理。与BOT等模式不同，PPP在项目初期就可以实现风险分配，同时由于政府分担一部分风险，使风险分配更合理，减少了承建商与投资商风险，从而降低了融资难度，提高了项目融资成功的可能性。政府在分担风险的同时也拥有一定的控制权。

7) 应用范围广泛。该模式突破了引入私人企业参与公共基础设施项目组织机构的多种限制，可适用于城市供热等各类市政公用事业及道路、铁路、机场、医院、学校等。

(3) PPP模式运作的必要条件

1) 政府部门的有力支持。在PPP模式中公共民营合作双方的角色和责任会随项目的不同而有所差异,但政府的总体角色和责任是始终不变的,即为大众提供最优质的公共设施和服务。PPP模式是提供公共设施或服务的一种比较有效的方式,但并不是对政府有效治理和决策的替代。在任何情况下,政府均应从保护和促进公共利益的立场出发,负责项目的总体策划,组织招标,理顺各参与机构之间的权限和关系,降低项目总体风险等。

2)健全的法律法规制度。PPP项目的运作需要在法律层面上,对政府部门与企业部门在项目中需要承担的责任、义务和风险进行明确界定,保护双方利益。在PPP模式下,项目设计、融资、运营、管理和维护等各个阶段都可以采纳公共民营合作,通过完善的法律法规对参与双方进行有效约束,是最大限度发挥优势和弥补不足的有力保证。

3)专业化机构和人才的支持。PPP模式的运作广泛采用项目特许经营权的方式,进行结构融资,这需要比较复杂的法律、金融和财务等方面的知识。一方面要求政策制定参与方制定规范化、标准化的PPP交易流程,对项目的运作提供技术指导和相关政策支持;另一方面需要专业化的中介机构提供具体专业化的服务。

4.4 建设项目资金成本

4.4.1 资金成本的概念

资金是一种资源,筹集和使用任何资金都要付出代价,资金成本就是投资者在项目实施中,为筹集和使用长期资金(包括自有资金和借入长期资金)而付出的代价。资金成本由两部分组成,即资金筹集成本和资金使用成本。

(1)资金筹集成本是指投资者在资金筹措过程中支付的各项费用。主要包括向银行借款的手续费;发行股票、债券而支付的各项代理发行费用,如印刷费、手续费、公证费、担保费和广告费等。资金筹集成本一般属于一次性费用,筹集次数越多,资金筹集成本也就越大。

(2)资金使用成本又称资金占用费,它主要包括支付给股东的各种股利、向债权人支付的贷款利息以及支付给其他债权人的各种利息费用等。资金使用成本一般与所筹资金的多少以及所筹资金使用时间的长短有关,具有经常性、定期支付的特点,是资金成本的主要内容。

4.4.2 资金成本的作用

(1)资金成本是选择资金来源和筹资方式的重要依据。企业筹集资金的方式多种多样,如发行股票、债券、银行借款等,不同的筹资方式,其资金成本不尽相同。资金成本的高低可以作为比较各种筹资方式优缺点的一项依据。

(2)资金成本是投资者进行资金结构决策的基本依据。如上所述,一个项目的资金结构一般是由借入资金与自有资金组合而成的,这种组合有多种方案,如何寻求两者间的最佳组合,一般可通过计算综合资金成本作为项目筹资决策的依据。

(3) 资金成本是评价各种项目是否可行的一个重要尺度。国际上通常将资金成本视为项目的"最低收益率"和是否接受项目的"取舍率",在评价投资方案是否可行的标准上,一般要以项目本身的投资收益率与其资金成本进行比较。如果项目的预期投资收益率小于其资金成本,则项目不可行。

(4) 边际资金成本是追加筹资决策的重要依据。项目公司为了扩大项目规模,增加所需资产或投资,往往需要追加筹集资金。这种情况下,边际资金成本就成为比较选择各个追加筹资方案的重要依据。

4.4.3 资金成本的性质

资金成本是在商品经济社会中由于资金所有权与资金使用权相分离而产生的。

(1) 资金成本是资金使用者向资金所有者和中介机构支付的占用费和筹资费。企业筹集资金以后,暂时地取得了这些资金的使用价值,就要为资金所有者暂时地丧失其使用价值而付出代价,即承担资金成本。

(2) 资金成本与资金的时间价值既有联系,又有区别。资金的时间价值与资金成本都基于同一个前提,即资金或资本参与任何交易活动都有代价。具体地说,资金的时间价值是资本所有者在一定时期内从资本使用者那里获得的报酬,资金成本则是资金的使用者由于使用他人的资金而付出的代价。它们都以利息、股利等作为表现形式。两者的区别主要表现在两个方面:第一,资金的时间价值表现为资金所有者的利息收入,而资金成本是资金使用人的筹资费用和利息费用;第二,资金的时间价值一般表现为时间的函数,而资金成本则表现为资金占用额的函数。

(3) 资金成本具有一般产品成本的基本属性。资金成本是企业的耗费,企业要为占用资金而付出代价、支付费用,而且这些代价或费用最终也要作为收益的扣除额来得到补偿。但是资金成本只有一部分具有产品成本的性质,即这一部分耗费计入产品成本,而另一部分则作为利润的分配,不能列入产品成本。

4.4.4 资金成本的计算

4.4.4.1 债务资金成本

资金成本可用绝对数表示,也可用相对数表示。为便于分析比较,资金成本一般用相对数表示,称之为资金成本率。其一般计算公式为

$$K = \frac{D}{P - F} \tag{4-5}$$

或

$$K = \frac{D}{P(1 - f)} \tag{4-6}$$

式中:K——资金成本率(一般通称为资金成本);

P——筹集资金总额;

D——资金占用费;

F——筹资费;

f——筹资费费率(即筹资费占筹集资金总额的比率)。

(1)长期银行借款的资金成本。长期借款成本一般由借款利息和借款手续费两部分组成。按照国际惯例和各国税法的规定,借款利息可以计入税前成本费用,起到抵税的作用,因而使企业的实际支出相应减少。

对每年年末支付利息、贷款期末一次全部还本的借款,其借款成本率为

$$K_g = \frac{I_t(1-T)}{G-F} = I_g \cdot \frac{1-T}{1-f} \qquad (4-7)$$

式中:K_g——银行借款的资金成本率;

G——贷款总额;

T——所得税税率;

I_t——贷款年利息;

I_g——贷款年利率;

F——贷款费用;

f——筹资费费率。

【例4.1】 某企业为某建设项目申请银行长期贷款6 000万元,年利率为8%,每年付息一次,到期一次还本,贷款管理费及手续费费率为0.5%。企业所得税税率为25%,试计算该项目长期借款的资金成本率。

解 根据式(4-7),该项目长期借款的资金成本率为

$$K_g = I_g \cdot \frac{1-T}{1-f} = 8\% \times \frac{1-25\%}{1-0.5\%} = 6.03\%$$

(2)债券资金成本。发行债券的成本主要是指债券利息和筹资费用。债券利息的处理与长期借款利息的处理相同,应以税后的债务成本为计算依据。债券的筹资费用一般比较高,不可在计算融资成本时省略。债券资金成本率的计算公式为

$$K_b = \frac{I_t(1-T)}{B(1-f_b)} \text{ 或 } K_b = i_b \frac{(1-T)}{(1-f_b)} \qquad (4-8)$$

式中:K_b——债券资金成本率;

B——债券筹资额;

T——所得税税率;

f_b——债券筹资费费率;

I_t——债券年利息;

i_b——债券利率。

若债券溢价或折价发行,为了更精确地计算资金成本,应以其实际发行价格作为债券筹资额。

【例4.2】 假定某公司发行面值为100万元的10年期债券,票面利率8%,发行费率5%,发行价格125万元,公司所得税税率为25%,试计算该公司债券的资金成本。如果公司以80万元发行面额为100万元的债券,则资金成本率为多少?

解 根据式(4-8),以120万元价格发行时的资金成本率为

$$K_b = \frac{I_t(1-T)}{B(1-f)} = \frac{100 \times 8\% \times (1-25\%)}{125 \times (1-5\%)} = 5.05\%$$

以 80 万元价格发行时的资金成本率为

$$K_\mathrm{b} = \frac{I_t(1-T)}{B(1-f_\mathrm{b})} = \frac{100 \times 8\% \times (1-25\%)}{80 \times (1-5\%)} = 7.89\%$$

(3) 融资租赁资金成本。企业租入某项资产,获得其使用权,要定期支付租金,并且租金列入企业成本,可以减少应付所得税。因此,其租金成本率为

$$K_\mathrm{L} = \frac{E}{P_\mathrm{L}} \times (1-T) \qquad (4-9)$$

式中:K_L——融资租赁资金成本;

E——年租金额;

P_L——租赁资产价值。

(4) 考虑时间价值的资金成本。上述负债融资成本计算公式设各期所支付的利息是相同的,并且没有考虑不同时期所支付利息的时间价值,同时也没有考虑还本付息的方式。计算所得税后债务资金成本时,还应注意在项目建设期和项目运营期内的免征所得税年份,利息支付并不具有抵税作用。因此,含筹资费的所得税后债务资金成本可按下式计算,考虑时间价值的负债融资成本计算。如综合考虑这些因素,负债融资成本的表达式为

$$P_0(1-F) = \sum_{i=1}^n \frac{P_i + I_i \times (1-T)}{(1+K_\mathrm{d})^i} \qquad (4-10)$$

式中:P_0——债券发行额或长期借款金额,即债务的现值;

F——债务资金筹资费费率;

P_i——约定的第 i 期末偿还的债务本金;

I_i——约定的第 i 期末支付的债务利息;

T——所得税税率;

K_d——含筹资费用的税后债务资金成本;

n——债务期限,通常以年表示。

式中,等式左边是债务人的实际现金流入,等式右边是债务引起的未来现金流出的现值总额。该公式忽略债款兑付手续费。

使用该公式计算所得税后债务资金成本时,还应注意在项目建设期和项目运营期内的免征所得税年份,利息支付并不具有抵税作用。应根据项目具体情况确定债务期限内的各年利息是否乘以 $(1-T)$。在项目的建设期内不应乘以 $(1-T)$,在项目运营期内的免征所得税年份也不应乘以 $(1-T)$。

【例 4.3】 某废旧资源利用项目,建设期 1 年,投产当年即可盈利,按有关规定可免征所得税 1 年,投产第 2 年起,所得税税率为 25%。该项目在建设期期初向银行借款 1 000 万元,筹资费费率 0.5%,年利率 5%,按年付息,期限 3 年,到期一次还清借款,计算该借款的所得税后资金成本。

解 根据公式计算

$$1\,000 \times (1-0.5\%) = \frac{1\,000 \times 5\%}{(1+K_\mathrm{d})} + \frac{1\,000 \times 5\%}{(1+K_\mathrm{d})^2} + \frac{1\,000 + 1\,000 \times 5\% \times (1-25\%)}{(1+K_\mathrm{d})}$$

按 5% 折现率计算 1 年期、2 年期、3 年期现值系数分别为 0.952 4、0.907 0、0.863 8,

分别代入上式得

1 000×5%×0.952 4+1 000×5%×0.907 0+1 037.5×0.863 8−1 000×(1−0.5%)
= 5.84 万元

5.83 万元>0，需降低折现率再试。

按4%折现率计算1年期、2年期、3年期现值系数分别为0.961 5、0.924 6、0.889 0，分别代入上式得

1 000×5%×0.961 5+1 000×5%×0.924 6+1 037.5×0.889 0−1 000×(1−0.5%)
= 21.64 万元

采用内插法计算得到

$$4\% + \frac{21.64}{21.64+5.83} \times (5\% - 4\%) = 4.79\%$$

该借款的所得税后资金成本为4.79%。

(5)扣除通货膨胀影响的资金成本。借贷资金利息等通常包括通货膨胀因素的影响，这种影响即来自近期实际通货膨胀，也来自未来预期通货膨胀。扣除通货膨胀影响的资金成本可按下式计算：

$$扣除通货膨胀影响的资金成本 = \frac{1+未扣除通货膨胀影响的资金成本}{1+通货膨胀率} - 1 \quad (4-11)$$

【例4.4】 利用例4.3的数据计算，如果通货膨胀率为−1.5%，试计算扣除通货膨胀后的资金成本。

解 (1+4.79%)/(1−1.5%)−1=6.39%

注意：计算扣除通货膨胀影响的资金成本时，应当先扣除所得税的影响，再扣除通货膨胀的影响，次序不能颠倒，因为所得税也会受到通货膨胀的影响。

4.4.4.2 权益资金成本

(1)优先股资金成本。优先股资金成本包括支付给优先股股东的股息及发行费用。优先股通常有固定的股息，优先股股息用税后净利润支付，这一点与贷款、债款利息等的支付不同。此外，股票一般是不还本的，故可将它视为永续年金。优先股资金成本的计算公式为

$$K_p = \frac{D_p}{P_0(1-f)} = \frac{i}{1-f} \quad (4-12)$$

式中：K_p——优先股的资金成本率；

D_p——公司每年支付的优先股股利；

P_0——优先股的面值；

i——股息率；

f——筹资费费率。

【例4.5】 某公司为某项目发行优先股股票，票面额按正常市价计算为180万元，发行价格为165万元整，筹资费费率为4%，股息年利率为15%，试求其资金成本。

解 根据式(4-12)得

$$K_p = \frac{D_p}{P_0(1-f)} = \frac{180 \times 15\%}{180 \times (1-4\%)} = 15.63\%$$

(2)普通股资金成本。普通股资金成本可以按照股东要求的投资收益率确定。如果股东要求项目评价人员提出建议,普通股资金成本可采用资本资产定价模型法、税前债务成本加风险溢价法和股利增长模型法等方法进行估算,也可参照既有法人的净资产收益率。

1) 股利增长模型法。股利增长模型法是依照股票投资的收益率不断提高的思路来计算普通股资金成本的方法。一般假定收益以固定的增长率递增,其普通股资金成本的计算公式为

$$K_s = \frac{D_c}{P_c(1-f)} + g = \frac{i_c}{1-f} + g \tag{4-13}$$

式中:K_s——普通股资金成本;
D_c——普通股预计年股利额;
i_c——普通股预计年股利率;
f——筹资费费率;
P_c——普通股面值;
g——普通股利期望增长率。

【例4.6】 某公司发行普通股正常市价为18元,预计年末每股发放股利0.9元,以后每年增长4%,筹资费费率为股票市价的10%,试求其资金成本率。

解 根据式(4-13)有

$$K_s = \frac{D_c}{P_c(1-f)} + g = \frac{0.9}{18(1-10\%)} + 4\% = 9.6\%$$

2) 资本资产定价模型法

$$K_s = R_f + \beta(R_m - R_f) \tag{4-14}$$

式中:K_s——普通股资金成本;
R_f——社会无风险报酬率;
R_m——市场投资组合逾期收益率;
β——股票的风险校正系数。

用资本资产定价模型估算的资金成本包含了对项目整体风险的考虑。我国的国债利率相对固定,所以一般把国债利率作为无风险投资收益率。β是一个反映本项目投资收益率相对行业平均投资收益率变化响应能力参数,β的取值范围:$\beta<1$,表示项目风险小于平均风险;$\beta=1$,表示项目风险等于平均风险;$\beta>1$,表示项目风险大于平均风险。

【例4.7】 某一期间证券市场无风险报酬率为10%,市场投资组合逾期收益率为12%,某一股份公司普通股投资风险系数为1.15,试计算该普通股的资金成本。

解 根据式(4-14)有

$$K_s = R_f + \beta(R_m - R_f) = 10\% + 1.15 \times (12\% - 10\%) = 12.3\%$$

3) 税前债务成本加风险溢价法。根据投资风险越大、要求的报酬率越高的原理,投资者的投资风险大于提供债务融资的债权人,因而会在债权人要求的收益率上要求一定的风险溢价。普通股资金成本的计算公式为

$$K_s = K_b + RP_c \tag{4-15}$$

式中：K_s——普通股资金成本；

K_b——税前债务资金成本；

RP_c——投资者比债权人承担更大风险所要求的风险溢价。

风险溢价是凭借经验估计的。一般认为，某企业普通股风险溢价对其自己发行的债券来讲，在3%~5%；当市场利率达到历史性高点时，风险溢价较低，在3%左右；当市场利率处于历史性低点时，风险溢价较高，在5%左右；通常情况下，一般采用4%的平均风险溢价（特殊情况除外）。

(3) 保留盈余成本。保留盈余称为留存收益，是企业缴纳所得税后形成的，其所有权属于股东。股东将这一部分未分派的税后利润留在企业，实质上是对其追加投资。对此股东同样要求这部分投资有一定的报酬，所以，保留盈余也有资金成本。它的资金成本是股东失去向外投资的机会成本，故与普通股成本的计算基本相同，只是不考虑筹资费用。其计算公式为

$$K_R = \frac{D_c}{P_c} + g = i + g \tag{4-16}$$

式中：K_R——留存盈余成本；

D_c——预期年股利额；

P_c——普通股市价；

g——普通股利年增长率。

4.4.4.3 加权平均资金成本

项目的资金筹集一般采用多种融资方式，不同来源的资金，其成本各不相同。由于条件制约，项目不可能只从某种低成本的来源筹集资金，而是各种筹资方案的有机组合。因此，为了对整个项目的融资方案进行筹资决策，在计算各种融资方式个别资金成本的基础上，还要计算整个融资方案的加权平均融资成本，以反映项目的整个融资方案的融资成本状况。其计算公式为

$$I = \sum_{t=1}^{n} i_t \times f_t \tag{4-17}$$

式中：I——加权平均资金成本；

i_t——第 t 种融资渠道的资金成本；

f_t——第 t 种融资渠道筹集的资金占融资方案总融资金额的比重（权数），$\sum f_t = 1$；

n——各种融资类型的数目。

4.4.5 融资风险

融资方案的实施经常会受到各种风险因素的影响。融资风险分析就是对可能影响融资方案的风险因素进行识别和预测。通常可能的融资风险因素有下列几种：

(1) 投资缺口风险。项目在建设过程中由于技术设计、施工图设计及施工过程中增加工程量，由于价格上涨引起工程造价变化等，都会引起投资额的增加，导致原估算投资额出现缺口。

(2) 资金供应风险。资金供应风险是指融资方案在实施过程中，可能出现资金不落

实,导致建设工期拖长,工程造价升高,原定投资效益目标难以实现的风险。主要风险有:①原定筹资额全部或部分落空,例如已承诺出资的投资者中途变卦,不能兑现承诺;②原定发行股票、债券计划不能实现;③既有项目法人融资项目由于企业经营状况恶化,无力按原定计划出资;④其他资金不能按建设进度足额及时到位。

(3)利率风险。利率水平随着金融市场行情而变动,如果融资方案中采用浮动利率计息,则应分析贷款利率变动的可能性及其对项目造成的风险和损失。

(4)汇率风险。汇率风险是指国际金融市场外汇交易结算产生的风险,包括人民币对各种外币币值的变动风险和各外币之间比价变动的风险。利用外资数额较大的投资项目应对外汇汇率的趋势进行分析,估测汇率发生较大变动时,对项目造成的风险和损失。

习 题

一、单项选择题

1. 以工业产权、非专利技术作价出资的比例不得超过资本金总额的(   )。
   A. 30% B. 20% C. 10% D. 25%
2. 关于既有法人项目资本金筹措,描述不正确的是(   )。
   A. 企业库存现金和银行存款可由企业的资产负债表得以反映,其中一部分可以投入项目
   B. 可以通过将流动资产、长期投资或固定资产变现,取得项目资本金
   C. 企业未来生产经营中获得的资金可全部用于资本金
   D. 企业可将原拥有的产权部分或全部转让给他人,获得项目资本金
3. 企业法人的资本金在有些情况下投资者还可以以(   )方式投入资金,包括优先股、可转换债、股东借款等。
   A. 准资本金 B. 注册资金 C. 债务资金 D. 股本资金
4. 新设法人项目资本金筹措的形式不包括(   )。
   A. 私募 B. 公开募集 C. 发行股票 D. 合资合作
5. (   )是公司融资和项目融资中最基本、最简单,也是比重最大的债务融资形式。
   A. 信贷 B. 债券 C. 经营租赁 D. 融资租赁
6. 关于可转换债券,下列描述正确的是(   )。
   A. 在公司经营业绩变好时,股票价值上升,可转换债券的持有人倾向于将债权兑付本息
   B. 在预先约定的期限内,可转换债的债券持有人有权选择按照预先规定的条件将债权转换为发行人公司的股权
   C. 公司业绩下降或者没有达到预期效益时,股票价值下降,则倾向于转换为股权
   D. 转换债券的发行条件与一般企业债券类似,但由于附加有可转换为股权的权利,通常可转换债券的利率会偏高

7. 对比传统融资方式,不属于项目融资特点的是( )。
   A. 项目导向　　　　　　　　　　B. 贷款比例较高
   C. 完全追索　　　　　　　　　　D. 投资风险大,风险种类多

8. 采用资本资产定价模型估算某项目的资金成本,某一期间证券市场无风险报酬率为8%,市场投资组合预期年化收益率为10%,该项目的投资风险系数估计为1.2,则该项目的资金成本为( )。
   A. 12.4%　　　　B. 13.6%　　　　C. 15.0%　　　　D. 18.6%

9. 关于政府和社会资本合作(PPP)模式适用情况的说法,下列正确的是( )。
   A. PPP模式主要适用于政府有责任提供又不适宜市场化运作的项目
   B. PPP模式主要适用于基础设施和公共服务类的新建项目或存量项目
   C. PPP模式主要适用于政府和社会资本短期合作的项目
   D. PPP模式主要适用于社会资本收益较高、政府付费较低的经营性项目

10. 城市轨道交通项目,项目资本金占总投资最低比例为( )。
    A. 20%　　　　B. 25%　　　　C. 30%　　　　D. 15%

二、多项选择题

1. 项目资本金的形式可以是( )。
   A. 货币　　　　B. 工业产权　　　　C. 非专利技术
   D. 专利技术　　E. 土地所有权

2. 项目资本金的来源包括( )。
   A. 中央和地方各级政府预算内资金　　　B. 国家批准的各项专项建设资金
   C. 股票上市收益金　　D. 发行债券　　E. 盈余公积金

3. 外商投资项目资本金比例,下列描述正确的是( )。
   A. 投资总额在300万美元以下(含300万美元)的,注册资本的比例不得低于60%
   B. 投资总额在300万美元以上至1 000万美元的,注册资本的比例不得低于50%
   C. 投资总额在1 000万美元以上至3 000万美元的,其注册资本的比例不得低于40%
   D. 投资总额在3 000万美元以上的,其注册资本的比例不得低于三分之一
   E. 投资总额在3 000万美元以上的,其注册资本的比例不得低于二分之一

4. 关于既有法人融资主体融资目的,下列描述正确的有( )。
   A. 为解决企业生产经营过程中资金短缺问题而进行融资
   B. 为扩大生产能力扩建项目
   C. 原有生产线的技术改造项目
   D. 为解决新建项目建设资金来源而进行融资
   E. 为新增生产经营所需水、电、气等动力供应及环境保护设施而兴建的项目

5. 信贷方式融资主要通过( )获得。
   A. 商业银行贷款　　B. 政策性银行贷款　　C. 国际金融机构贷款
   D. 出口信贷　　E. 银团贷款

6. 债券筹资的特点包括( )。

A. 发行债券筹资的成本要比股票筹资的成本低

B. 债券持有人可以干涉管理事务,保障股东控制权

C. 债券持有人只收取固定的利息,更多的收益可用于分配给股东,或留归企业以扩大经营

D. 企业通过发行可转换债券,有利于企业主动地、合理地调整资本结构

E. 在债券合同中,各种保护性条款使企业在股息策略融资方式和资企调度等多方面受到制约,降低经营灵活性

7. 既有法人作为项目法人筹措项目资本金时,下列属于既有法人外部资金来源的有( )。

A. 企业增资扩股　　B. 企业资产变现　　C. 企业产权转让

D. 企业发行债券　　E. 企业发行优先股股票

8. 由初期设立的项目法人筹集资本金的形式主要有( )。

A. 合资合作　　B. 公开募集　　C. 融资租赁

D. 私募　　E. 商业银行贷款

9. 关于优先股和普通股的区别,下列说法正确的是( )。

A. 优先股股息分配率基本固定

B. 优先股通常是没有参与公司管理决策的权利的,也没有发言权和投票表决权,而普通股则是有参与公司管理决策的权利的

C. 优先股清偿顺序在普通股之前

D. 优先股可以随时退股

E. 普通股不能退股,并且只能在二级市场上变现退出

10. 采用PFI和BOT方式融资的不同在于( )。

A. PFI融资也适用于医院一类的项目,而BOT主要适用于基础设施或市政设施

B. PFI和BOT融资签订的都属于特许经营合同

C. PFI融资签订的属于服务合同,BOT融资签订的属于特许经营合同

D. PFI和BOT融资经营期满后,都必须无偿交给政府

E. PFI项目的服务合同中往往规定,如果私营企业通过正常经营未达到合同规定的收益,可以继续保持运营权

第 5 章

资金时间价值的计算及其应用

资金的时间价值又称为资金时间价值、货币时间价值,指货币随着时间的推移而发生的增值,是资金周转使用后的增值额;当前所持有的一定量货币比未来获得的等量货币具有更高的价值。资金的时间价值体现在两方面:一方面,将资金用作某项投资,由于资金运动可得到一定的收益或利润,即资金发生了增值。资金在这段时间内所产生的增值,就是资金的时间价值。另一方面,如果放弃了资金的使用权利,就相当于失去了收益的机会,也就相当于付出了一定的代价。在一定时间内的这种代价,也是资金的时间价值。显然,要评价一个建设项目的投资效果,就必须研究资金的时间价值。

5.1 现金流量和资金的时间价值

5.1.1 现金流量的概念

现金流量是投资项目在其整个寿命期内所发生的现金流出和现金流入的全部资金收付数量,是评价投资方案经济效益的必备资料。具体内容包括现金流出(CO_t)、现金流入(CI_t)。在一般情况下,投资决策中的现金流量通常指现金净流量(NCF)。现金净流量是现金流量表中的一个指标,是指一定时期内,现金及现金等价物的流入(收入)减去流出(支出)的余额(净收入或净支出),反映了企业本期内净增加或净减少的现金及现金等价物数额。按照企业生产经营活动的不同类型,现金净流量可以分为经营活动现金净流量、投资活动现金净流量、筹资活动现金净流量。

现金流入和现金流出是从研究对象的角度划分的。例如,企业从银行借入一笔资金,从企业角度考察是现金流入,从银行角度考察是现金流出。

5.1.2 现金流量图

现金流量图是在时间坐标轴上,用带箭头的短线条表示一个建设项目或一个企业的资金活动规律的图形。其中流入为正(即收入),在现金流量时间标尺上画向上的箭头;流出为负(即支出),在标尺下方画向下的箭头。各个箭头都要画在每个计息周期的开始,也就是上个计息周期的终点。运用现金流量图可以形象、直观地表示现金流量的三要素:大小(资金数额)、方向(资金流入或流出)和作用点(资金流入或流出的时间点,即时点),如图5-1所示。

图 5-1 现金流量图

现金流量图绘制规则如下：

(1)横轴为时间轴,0表示时间序列的起点,n表示时间序列的终点。轴上每一间隔表示一个时间单位(计息周期),一般可取年、半年、季或月等。整个横轴表示系统的寿命周期。

(2)相对于时间坐标的垂直箭线代表不同时点的现金流量情况,在时间轴上方的箭线表示现金流入;在时间轴下方的箭线表示现金流出。现金流量的性质(流入或流出)是对特定的人而言的。对投资人而言,在横轴上方的箭线表示现金流入(或现金净流入),即表示收益;在横轴下方的箭线表示现金流出(或现金净流出),即表示费用。

(3)垂直箭线的长度要能适当体现各时点现金流量的大小,并在各箭线上方或下方注明现金流量的数值。

(4)垂直箭线与时间轴的交点为现金流量发生的时点(作用点)。时点既表示与之相连的前一时间单位的终点,又表示后一时间单位的起点。

5.1.3 资金的时间价值

将一笔资金存入银行会获得利息,进行投资可获得收益(也可能会发生亏损)。而向银行借款,则需要支付利息。这表明资金在运动中,其数量会随着时间的推移而变动,变动的这部分资金就是原有资金的时间价值。

任何建设项目的实施,在时间上都有一个延续过程,由于资金时间价值的存在,在投资方案经济分析中,若将不同时点发生的现金流量直接进行比较就不尽合理。只有通过一系列换算(时间价值计算),站在同一时点上进行对比,才能使比较结果符合客观实际情况。这种考虑资金时间价值的经济分析方法,能使投资方案评价和选择的结论更加客观和可靠。

影响资金时间价值的因素很多,其中主要有以下几点：

(1)资金的使用时间。在资金利率一定的情况下,资金使用时间越长,则资金的时间价值越大;使用时间越短,则资金的时间价值越小。

(2)资金数量的多少。在其他条件不变的情况下,资金数量越多,资金的时间价值就越多;反之,资金的时间价值则越少。

(3)资金投入和回收的特点。在总资金一定的情况下,前期投入的资金越多,资金的时间价值越小;反之,后期投入的资金越多,资金的时间价值越大。而在资金回收额一定的情况下,前期回收的资金越多,资金的时间价值就越大;反之,后期回收的资金越多,资金的时间价值就越少。

(4)资金周转的速度。资金周转得越快,资金的时间价值越大;反之,资金周转得越慢,资金的时间价值越小。

5.1.4 利息和利率

5.1.4.1 利息

利息是资金时间价值的一种重要表现形式,而且通常用利率作为衡量资金时间价值的相对尺度,用利息额的多少作为衡量资金时间价值的绝对尺度。在资金借贷过程中,债务人偿付给债权人的资金总额中超过原借款本金的部分就是利息,即

$$I = F - P \tag{5-1}$$

式中：I——利息；

F——还本付息总额；

P——本金。

在工程经济分析中,利息还被理解为资金的一种机会成本。这是因为,如果债权人放弃资金的现时使用权利,也就放弃了现期消费的权利。从投资者角度看,利息体现为对放弃现期消费的损失所做的必要补偿。为此,债务人就要为占用债权人的资金付出一定代价。在工程经济分析中,利息是指占用资金所付的代价或者是放弃现期消费所得的补偿。

5.1.4.2 利率

利率是指一定时期内利息额与借贷资金额（本金）的比率。利率是决定企业资金成本高低的主要因素,同时也是企业筹资、投资的决定性因素。通常用百分数表示,即

$$I = I_t / P \times 100\% \tag{5-2}$$

式中：I——利率；

I_t——一个时间单位内的利息；

P——本金。

【例5.1】 某公司年初借本金100万元,一年后付息9万元,试求该笔借款的年利率。

解 依据利率的计算公式 $I = (I_t / P) \times 100\%$ 得

该笔借款的年利率为

$$I = (9/100) \times 100\% = 9\%$$

利率是各国发展国民经济的重要杠杆之一,利率的高低主要由以下因素决定：

（1）社会平均利润率。通常情况下,利率的高低首先取决于社会平均利润率的高低,并随之变动。平均利润率是利率的最高界限,因为如果利率高于利润率,借款人投资后无利可图,也就不会借款了。

（2）借贷资本供求情况。利息是使用资金的代价（价格）,受供求关系的影响,在平均利润率不变的情况下,借贷资本供过于求,利率下降；反之,利率上升。

（3）借贷风险。借出资本要承担一定风险,风险越大,利率也就越高。

（4）通货膨胀。通货膨胀对利率的波动有直接影响,资金贬值往往会使利息无形中成为负值。

（5）借贷期限。借款期限长,不可预见因素多,风险大,利率也就高；反之,利率就低。

5.1.4.3 利息和利率在工程经济活动中的作用

（1）利息和利率是以信用方式动员和筹集资金的动力。以信用方式筹集资金有一个特点就是自愿性,而自愿性的动力在于利息和利率。比如一个投资者,他首先要考虑的是投资某一项目所得到的利息是否比把这笔资金投入其他项目所得的利息多。如果多,他就可以在这个项目投资；如果所得的利息达不到其他项目的利息水平,他就可能不在

这个项目投资。

(2) 利息促进投资者加强经济核算,节约使用资金。投资者借款需付利息,增加支出负担,这就促使投资者必须精打细算,把借入资金用到关键项目,减少借入资金的占用,以少付利息。同时可以使投资者自觉减少多环节占压资金。

(3) 利息和利率是宏观经济管理的重要杠杆。国家在不同的时期制定不同的利息政策,对不同地区、不同行业规定不同的利率标准,就会对整个国民经济产生影响。例如,对于限制发展的行业,利率规定得高一些;对于提倡发展的行业,利率规定得低一些,从而引导行业和企业的生产经营服从国民经济发展的总方向。

(4) 利息与利率是金融企业经营发展的重要条件。金融机构作为企业,必须获取利润。由于金融机构的存放款利率不同,其差额成为金融机构的业务收入。此业务收入扣除业务费后就是金融机构的利润,所以利息和利率能刺激金融企业的经营发展。

5.1.5 利息的计算方法

利息计算有单利和复利之分。当计息周期数在一个以上时,就需要考虑单利与复利的问题。

5.1.5.1 单利计算

单利是指在计算每个周期的利息时,仅根据最初的本金和周期利率计算本期利息,而先前计息周期中所累积增加的利息不作为本期利息计算基础,即通常所说的"利不生利"的计息方法。其计算式为

$$I_t = P \times i_d \tag{5-3}$$

式中:I_t——第 t 个计息周期的利息额;

P——本金;

i_d——计息周期单利利率。

而 n 期末单利本利和 F 等于本金加上总利息,即

$$F = P + I_n = P \times (1 + n \times i_d) \tag{5-4}$$

式中:I_n 代表 n 个计息周期所付或所收的单利总利息,即

$$I_n = \sum_{i=1}^{n} I_t = \sum_{i=1}^{n} P \cdot i_d = P \cdot i_d \cdot n \tag{5-5}$$

由公式(5-4)可知,在以单利计息的情况下,总利息与本金、利率以及计息周期数成正比。而 n 期末单利本利和 F 等于本金加上利息,即

$$F = P + I_n = P \times (1 + n \times i_d) \tag{5-6}$$

在以单利计息的情况下,总利息与本金、利率以及计息周期数呈正比关系。

在利用公式(5-5)计算本利和 F 时,要注意式中 n 和 i_d 反映的周期要匹配。如 i 为年利率,则 n 应为计息的年数;若 i_d 为月利率,n 即应为计息的月数。

【例 5.2】 假如某公司以单利方式在第 1 年初借入 100 万元,年利率 9%,第 5 年末偿还,试计算各年利息与年末本利和。

解 计算过程及结果如表 5-1 所示。

表 5-1　各年单利利息与本利和计算表　　　　　　　　　　（单位：万元）

使用期	年初款额	年末利息	年末本利和	年末偿还
1	100	100×9%=9	109	0
2	109	9	118	0
3	118	9	127	0
4	127	9	136	0
5	136	9	145	145

由例题 5.2 可见，单利的年利息额仅由本金所产生，其新生利息，不再加入本金产生利息，此即"利不生利"。由于没有反映资金随时都在"增值"的规律，即没有完全反映资金的时间价值，因此，在工程经济分析中较少使用单利，通常只适用于短期投资或短期贷款。

5.1.5.2　复利计算

复利是指在计算每个周期的利息时，先前计息周期所累积增加的利息结转为本金一并计算本期利息，即通常所说的"利生利""利滚利"的计息方法。其计算式为

$$I_t = i \times F_{t-1} \tag{5-7}$$

式中：I_t——第 t 个计息周期利息额；

　　i——计息周期复利利率；

　　F_{t-1}——第 $t-1$ 个计息周期末复利本利和。

第 t 年末复利本利和的表达式为

$$F_t = F_{t-1}(1+i) \tag{5-8}$$

【例 5.3】　数据同例题 5.2，按复利计算，则各年利息和本利和如表 5-2 所示。

表 5-2　各年复利利息与本利和计算表　　　　　　　　　　（单位：万元）

使用期	年初款额	年末利息	年末本利和	年末偿还
1	100	100×9%=9	109	0
2	109	109×9%=9.81	118.81	0
3	118.81	118.81×9%=10.69	129.50	0
4	129.50	129.50×9%=11.66	141.16	0
5	141.16	141.16×9%=12.70	153.86	153.86

比较表 5-1 和表 5-2 可以看出，同一笔借款，在利率和计息期数均相同的情况下，用复利计算出的利息金额比用单利计算出的利息金额大。如果本金越大，利率越高，计息期数越多时，两者差距就越大。复利计息比较符合资金在社会再生产过程中运动的实际状况。因此，在工程经济分析中，一般采用复利计算。

复利计算有间断复利和连续复利之分。按期（年、半年、季、月、周、日）计算复利的方法称为间断复利（即普通复利），按瞬时计算复利的方法称为连续复利。在实际应用中，

一般采用间断复利。

5.2 资金等值计算及应用

5.2.1 影响资金等值的因素

在工程经济分析中,等值是一个十分重要的概念,它为评价人员提供了一个计算某一经济活动有效性或者进行技术方案比较、优选的可能性。因为在考虑资金时间价值的情况下,其不同时间发生的收入或支出是不能直接相加减的。而利用等值的概念,则可以把在不同时点发生的资金换算成同一时点的等值资金,然后再进行比较。影响资金等值的因素有三个:资金数额、资金发生时间、利率(或折现率)。其中,利率是一个关键因素,在等值计算中,一般以同一利率为依据。在工程经济分析中,等值的概念为确定某一经济活动的有效性或者进行方案比选提供了可能。

5.2.2 等值计算方法

常用的等值计算方法主要包括两大类,即一次支付和等额支付系列。

5.2.2.1 一次支付情形

一次支付又称整存整付,是指所分析系统的现金流量,无论是流入或是流出,分别在各时点上只发生一次,如图 5-2 所示。一次支付情形的复利计算式是复利计算的基本公式。

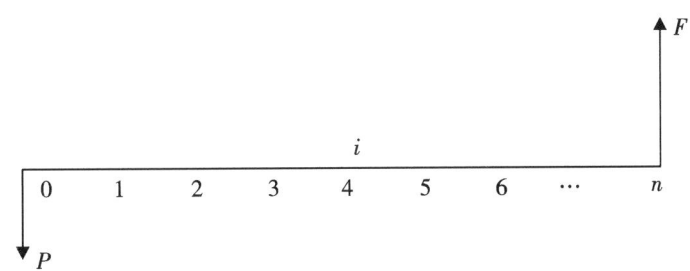

图 5-2 一次支付现金流量示意图

(1)终值计算(已知 P、i、n,求 F)。现有一笔资金 P,计息周期利率为 i,按复利计算,则 n 期末的本利和 F 为多少? 即已知 P、i、n,求 F。其现金流量如图 5-2 所示。根据复利含义,n 期末复本利和 F 的计算过程见表 5-3。

表5-3　n期末复本利和F的计算过程

	期初金额(1)	本期利息额(2)	期末复本利和 $F_t=(1)+(2)$
第一期	P	$P \cdot i$	$F_1 = P + P \cdot i = P(1+i)$
第二期	$P(1+i)$	$P(1+i) \cdot i$	$F_2 = P(1+i) + P(1+i) \cdot i = P(1+i)^2$
第三期	$P(1+i)^2$	$P(1+i)^2 \cdot i$	$F_3 = P(1+i)^2 + P(1+i)^2 \cdot i = P(1+i)^3$
…	…	…	…
第n期	$P(1+i)^{n-2}$	$P(1+i)^{n-1} \cdot i$	$F = F_n = P(1+i)^{n-1} + P(1+i)^{n-1} \cdot i = P(1+i)^n$

由表5-3可知，一次支付期末终值(即本利和)F的计算公式为

$$F = P(1+i)^n \tag{5-9}$$

式中：$(1+i)^n$ 称之为一次支付终值系数，用$(F/P,i,n)$表示，因此，公式 $F=P(1+i)^n$ 又可以写成

$$F = P(F/P,i,n) \tag{5-10}$$

式中：i——计息周期复利率；

n——计息周期数；

P——现值(即现在的资金价值或本金)，指资金发生在(或折算为)某一特定时间序列起点时的价值；

F——终值(即未来的资金价值或本利和)，指资金发生在(或折算为)某一特定时间序列终点时的价值。

在$(F/P,i,n)$这类符号中，括号内斜线左侧的符号表示所求的未知数，斜线右侧的符号表示已知数。$(F/P,i,n)$则表示在已知P、i和n的情况下求解F值的复利终值系数。为了计算方便，通常按照不同的利率和计息周期数n计算出$(1+i)^n$的值，并列表(见附录复利系数表)。在计算F时，只要从复利系数表中查出相应的复利系数再乘以本金即可。

【例5.4】　某公司从银行借款2 000万元，年复利率$i=8\%$，试问3年后一次需支付本利和多少？

解　按公式(5-9)计算得

$$F = P(1+i)^n = 2\,000 \times (1+8\%)3 = 2\,520(万元)$$

也可以用公式(5-10)来计算

$$F = P(F/P,i,n) = 2\,000 \times (F/P,8\%,3)$$

从复利系数表可以查出$(F/P,8\%,3)$为1.260，代入上式得

$$F = 2\,000 \times 1.260 = 2\,520(万元)$$

(2)现值计算(已知F、i、n，求P)。

由式 $F=P(1+i)^n$ 的逆运算即可得出现值P的计算式为

$$P = \frac{F}{(1+i)^n} = F(1+i)^{-n} \tag{5-11}$$

式中，$(1+i)^{-n}$称为一次支付现值系数，用符号$(P/F,i,n)$表示。计算现值P的过程叫"折

现"或"贴现",其所使用的利率常称为折现率或贴现率。故$(1+i)$或$(P/F,i,n)$也称为折现系数或贴现系数。

【例5.5】 某企业希望3年后得到1 000万元资金,年复利率$i=10\%$,试问现在需一次投入多少钱?

解 由公式(5-11)得
$$P=1\ 000(1+10\%)^{-3}=1\ 000\times 0.751\ 3=751.3(万元)$$

从上面的分析可知,现值与终值的概念和计算方法正好相反,因为现值系数与终值系数互为倒数。在P一定,n相同时,i越高,F越大;在i相同时,n越长,F越大,如表5-4所示。在F一定,n相同时,i越高,P越小;在i相同时,n越长,P越小,如表5-5所示。

表5-4 一元终值与现值的关系(P一定)

利率	F/P			
	1年	5年	10年	20年
1.00%	1.010 0	1.051 0	1.104 6	1.220 2
5.00%	1.050 0	1.276 3	1.628 9	2.653 3
8.00%	1.080 0	1.469 3	2.158 9	4.661 0
10.00%	1.100 0	1.610 5	2.593 7	6.727 5
12.00%	1.120 0	1.762 3	3.105 8	9.646 3
15.00%	1.150 0	2.011 4	4.045 6	16.366 5

表5-5 一元现值与终值的关系(F一定)

利率	P/F			
	1年	5年	10年	20年
1.00%	0.990 10	0.951 47	0.905 29	0.819 54
5.00%	0.952 38	0.783 53	0.613 91	0.376 89
8.00%	0.925 93	0.680 58	0.463 19	0.214 55
10.00%	0.909 09	0.620 92	0.385 54	0.148 64
12.00%	0.892 86	0.567 43	0.321 97	0.103 67
15.00%	0.869 57	0.497 18	0.247 18	0.061 10

从表5-4、表5-5可以看出,按10%的利率,时间10年,终值是现值的2.59倍,时间20年,终值是现值的6.73倍。也就是说,用现值计算会更加接近投资的实际情况。因此,在工程经济分析中,现值比终值使用更为广泛。

在工程经济评价中,由于现值评价常常是把技术方案预计的不同时期的现金流量折算成现值,并按现值之代数和大小作出决策。因此,在工程经济分析时应当注意以下两点:一是正确选取折现率。折现率是决定现值大小的一个重要因素,必须根据实际情况灵活选用。二是要注意现金流量的分布情况。从收益方面来看,应使技术方案早日完成,早获收益,才能达到最佳经济效益。从投资方面看,在投资额固定的情况下,在不影响技术方案正常实施的前提下,尽量减少建设初期投资额,加大建设后期投资比重。

5.2.2.2 等额支付情形

(1)等额支付系列现金流量。等额支付系列现金流量是指各期的现金流量序列是连续的,且数额相等,如图 5-3 所示。

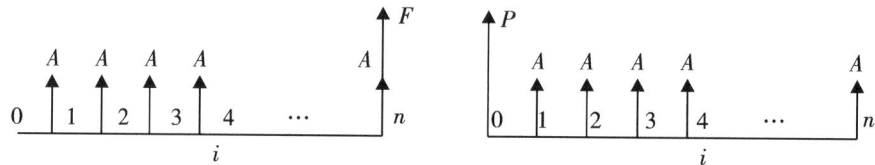

图 5-3 等额支付系列现金流量示意图

图 5-3 中 A 称为年金,是发生在(或折算为)某一特定时间序列各计息期末(不包括零期)的等额资金序列的价值。

如果用 A 表示第 t 期末发生的现金流量(可正可负),用一次支付现值计算方法,可将多次支付现金流量换算成现值并求其代数和,即

$$P = A_1(1+i)^{-1} + A_2(1+i)^{-2} + \cdots + A_n(1+i)^{-n} = \sum_{t=1}^{n} A_t(1+i)^{-t} \quad (5-12)$$

或

$$P = \sum_{t=1}^{n} A_t(P/F, i, t) \quad (5-13)$$

相同的道理,也可将多次现金流量换算成终值,即

$$F = \sum_{t=1}^{n} A_t(1+i)^{n-t} \quad (5-14)$$

或

$$F = \sum_{t=1}^{n} A_t(F/P, i, n-t) \quad (5-15)$$

在上述公式中,如果 n 较大,A_t 较多时,计算起来是相当麻烦的。如果多次支付现金流量 A_t 是连续序列流量且数额相等,则可用下面的公式简化计算。

(2)终值计算(即已知 A、i、n,求 F)。由式(5-14)展开得

$$F = \sum_{t=1}^{n} A_t(1+i)^{n-t} = A[(1+i)^{n-1} + (1+i)^{n-2} + \cdots + (1+i) + 1] = A\frac{(1+i)^n - 1}{i}$$

(5-16)

式中,$\dfrac{(1+i)^n - 1}{i}$ 称为等额系列终值系数或年金终值系数,用符号 $(F/A, i, n)$ 表示。

式(5-16)又可写成

$$F = A(F/A, i, n) \quad (5-17)$$

等额系列终值系数 $(F/A, i, n)$ 可从复利系数表中查得。

【例 5.6】 若在 10 年内,每年末存入银行 5 万元,年利率 5%,按复利计算,则第 10

年末本利和为多少?

解 由公式得
$$F = A\frac{(1+i)^n - 1}{i} = 5\times[(1+5\%)^{10}-1]\div 5\% = 5\times 12.578 = 62.89(万元)$$

(3)现值计算(已知 A、i、n,求 P)。

由式(5-11)和式(5-14)可得
$$P = F(1+i)^{-n} = A\frac{(1+i)^n - 1}{i(1+i)^n} \tag{5-18}$$

式中,$\frac{(1+i)^n - 1}{i(1+i)^n}$ 称为等额系列现值系数或年金现值系数,用符号 $(P/A,i,n)$ 表示。则式(5-18)又可写成
$$P = A(P/A,i,n) \tag{5-19}$$

【例 5.7】 若想在 5 年内每年末收回 50 万元,当年复利率为 5% 时,试问开始需一次投资多少?

解 由公式 $P = A\frac{(1+i)^n - 1}{i(1+i)^n}$ 得
$$P = 50\times(1.276-1)/0.05\times 1.276 = 216.30(万元)$$

(4)资金回收计算(已知 P、i、n,求 A)。等额资金回收计算是等额现值计算的逆运算,故由式(5-18)可得
$$A = P\frac{i(1+i)^n}{(1+i)^n - 1} \tag{5-20}$$

【例 5.8】 若投资 1 000 万元,年复利率为 10%,在 5 年内收回全部本利,则每年末应收回多少?

解 由公式 $A = P\frac{i(1+i)^n}{(1+i)^n - 1}$ 得
$$A = 1\,000\times(10\%\times 1.611)/1.611-1 = 263.67(万元)$$

(5)偿债基金计算(已知 F、i、n,求 A)。偿债基金计算是等额支付系列终值计算的逆运算,故由公式(5-16)得
$$A = F\frac{i}{(1+i)^n - 1} \tag{5-21}$$

【例 5.9】 若想在第 5 年末获得 1 000 万元,每年投入金额相等,年复利率为 5%,则每年末需投入多少?

解 由公式 $A = F\frac{i}{(1+i)^n - 1}$ 得
$$A = 1\,000\times 5\%/(1.276-1) = 181.16(万元)$$

上述资金等值计算公式的用途及其相互之间的关系如图 5-4 所示。

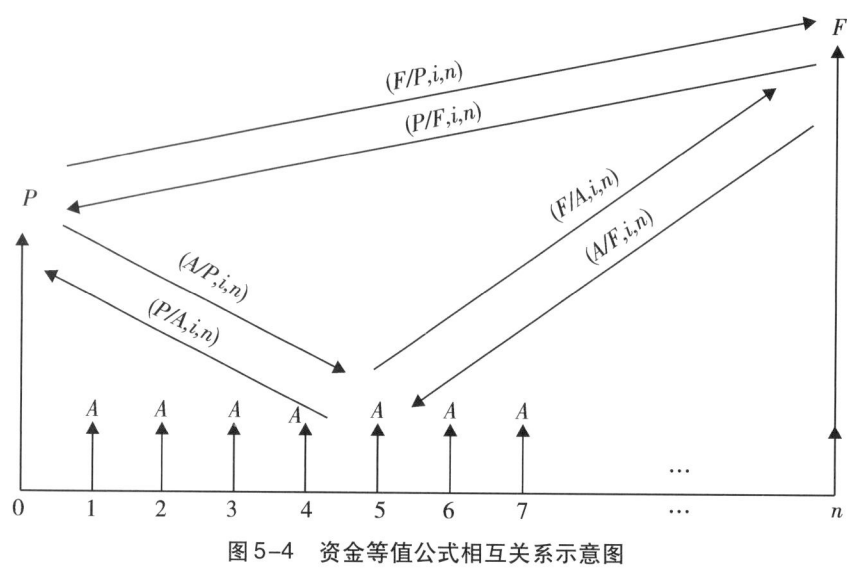

图5-4 资金等值公式相互关系示意图

从复利系数的结构和等值计算原理可知,等值计算受到折现率、资金流量及发生的时间点的影响,因此,在工程经济分析中要重视以下两点:一是正确选取折现率;二是注意现金流量的分布情况。从收益角度来看,收益越早,收益量越大,其现值就越大。因此,应使建设项目早投产、早收益,从而达到最佳经济效益。从投资角度看,投资越晚,数额越小,其现值就越小。因此,应合理分配各年度投资数额,在不影响项目投产的情况下,加大建设项目后期投资数额。

5.3 等值计算的应用

资金等值是指发生在不同时点上的两笔或一系列绝对数额不等的资金额,按资金的时间价值尺度,所计算出的价值保持相等。资金的等值计算是工程经济学的基础和进行方案技术经济分析评价的基本工具。

【例5.10】 假设年利率为5%,现在的500万元等于5年末的多少元?

解 根据式(5-9)可计算出5年末的本利和F为

$$F = P(1+i)^n = 500 \times (1+5\%)^5 = 500 \times 1.2763 = 638.15(万元)$$

在工程经济分析中,等值是一个十分重要的概念,它为评价人员提供了一个计算某一经济活动有效性或者进行技术方案比较、优选的依据。因为在考虑资金时间价值的情况下,不同时间发生的收入或支出是不能直接相加减的。而利用等值的概念,则可以把在不同时点发生的资金换算成同一时点的等值资金,然后再进行比较。这一换算过程,称为资金等值换算,银行贷款时还本付息计算就是资金等值换算的典型。所以,在工程经济分析中,技术方案比较都是采用等值的概念来进行分析、评价和选定。

某项目投资5 000万元,由甲乙双方共同投资。其中:甲方出资50%,乙方出资50%。由于双方未重视各方的出资时间,其出资情况如表5-6所示。

表 5-6　甲乙双方出资情况　　　　　　　　　　　　　（单位：万元）

	第1年	第2年	第3年	合计	所占比例
甲方出资额	1 500	500	500	2 500	50%
乙方出资额	500	500	1 500	2 500	50%
合计	2 000	1 000	2 000	5 000	100%

表 5-6 所示的这种资金安排没有考虑资金的时间价值，从绝对额看是符合各方出资比例的。但在考虑资金时间价值后，情况就不同了。设该项目的收益率为 $i=10\%$，运用等值的概念计算甲乙双方投资的现值如表 5-7。

表 5-7　甲乙双方出资现值

	第1年	第2年	第3年	合计	所占比例
折现系数	0.909 1	0.826 4	0.751 3	—	—
甲方出资额/万元	1 363.65	413.20	375.65	2 152.50	51.90%
乙方出资额/万元	454.55	413.20	1 126.95	1 994.70	48.10%
合计/万元	3 181.85	826.40	1 502.60	4 147.20	100%

由表 5-7 可知，这种出资安排有损甲方的利益，必须重新作出安排。一般情况下，应坚持按比例同时出资；特殊情况下，不能按比例同时出资的，应进行资金等值换算。

等值计算公式使用注意事项：①计息期数为时点或时标，本期末即等于下期初。0 点就是第一期初，也叫零期；第一期末即等于第二期初；以此类推。②P 是在第一计息期开始时（0 期）发生。③F 发生在考察期期末，即 n 期末。④各期的等额支付 A，发生在各期期末。⑤当问题包括 P 与 A 时，系列的第一个 A 与 P 隔一期。即 P 发生在系列 A 的前一期期末。

当问题包括 A 与 F 时，系列的最后一个 A 是与 F 同时发生的。不能把 A 定在每期期初，因为公式的建立与它是不相符的。

5.4　名义利率与有效利率

在复利计算中，利率周期通常以年为时间单位，它可以与计息周期相同，也可以不同。当利率周期与计息周期不一致时，就出现了名义利率和有效利率的概念。

5.4.1　名义利率

名义利率 r 是指计息周期利率 i 乘以一个利率周期内的计息周期数 m 所得的利率，即

$$r = i \times m \tag{5-22}$$

若月利率为1%,则年名义利率为12%。很显然,计算名义利率时忽略了前面各期利息再生利息的因素,这与单利的计算相同。反过来,若年利率为12%,按月计息,则月利率为1%(计息周期利率),而年利率为12%(利率周期利率)同样是名义利率。通常所说的年利率都是名义利率。

5.4.2 有效利率

有效利率是指资金在计息中所发生的实际利率,包括计息周期有效利率和年有效利率两种情况。

计息周期有效利率,即计息周期利率 i,其计算由式(5-22)可得

$$i = r/m \tag{5-23}$$

5.4.3 年有效利率的计算

若用计息周期利率来计算年有效利率,并将年内的利息再生因素考虑进去,这时所得的年利率称为年有效利率(又称年实际利率)。根据利率的概念即可推导出年有效利率的计算式。

已知某年初有资金 P,名义利率为 r,一年内计息 m 次(如图5-5所示),则计息周期利率为 $i = r/m$。根据一次支付终值公式可得该年的本利和 F,即

$$F = P\left(1 + \frac{r}{m}\right)^m \tag{5-24}$$

根据利息的定义可得该年的利息 I 为

$$I = F - P = P\left(1 + \frac{r}{m}\right)^m - P = P\left[\left(1 + \frac{r}{m}\right)^m - 1\right] \tag{5-25}$$

再根据利率的定义可得该年的实际利率,即年有效利率 i_{eff}

$$i_{\text{eff}} = \frac{I}{P} = \left(1 + \frac{r}{m}\right)^m - 1 \tag{5-26}$$

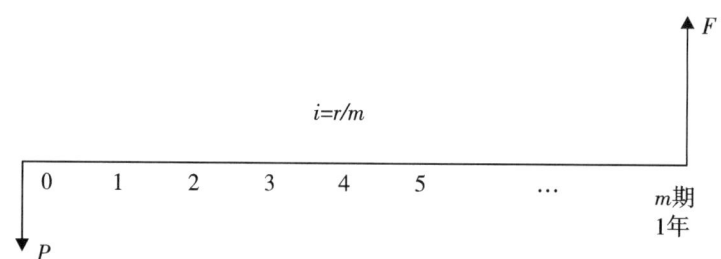

图5-5 年有效利率计算现金流量

由此可以看出,年有效利率和名义利率的关系与复利和单利的关系是一样的。

假设年名义利率 $r = 10\%$,则按年、半年、季、月、日的年有效利率见表5-8。

表5-8　年有效利率计算结果

年名义利率 r	计息周期	年计息次数 m	计息周期利率 $i=r/m$	年有效利率 i_{eff}
10%	年	1	10%	10%
	半年	2	5%	10.25%
	季	4	2.5%	10.38%
	月	12	0.833%	10.46%
	日	365	0.027 4%	10.51%

从表5-8可以看出,每年计息周期 m 越多,有效利率与名义利率相差越大;另一方面,名义利率为10%,按季度计息时,按季度利率2.5%计息与按年利率10.38%计息,二者是等价的。所以,在工程经济分析中,如果各技术方案的计息期不同,就不能简单地使用名义利率来评价,而必须换算成有效利率进行评价,否则会得出不正确的结论。

当计息周期小于(或等于)资金收付周期时,等值的计算方法有以下两种:①按收付周期实际利率计算;②按计息周期利率计算,即

$$F=P(F/P,r/m,mn) \tag{5-27}$$
$$P=F(P/F,r/m,mn) \tag{5-28}$$

【例5.11】 现在存款1 000万元,年利率4%,一季度复利一次。问3年末存款金额为多少?

解 按年实际利率计算,即

$i_{eff}=(1+4\%/4)^4-1=4.06\%$

$F=1\,000\times(1+4.06\%)^3=1\,000\times1.126\,81=1\,126.81(万元)$

按计息周期利率计算,即

$F=1\,000\times[F/P,4\%/4,4\times3]$
$=1\,000\times[F/P,1\%,12]$
$=1\,126.81(万元)$

有时上述两法计算结果有很小差异,这是由一次支付终值系数略去尾数误差造成的,此差异是允许的。

但应注意,对等额支付系列流量,只有计息周期与收付周期一致时才能按计息期利率计算。否则,只能用收付周期实际利率来计算。

【例5.12】 每半年内存款1 000万元,年利率12%,每季复利一次。问三年末存款金额为多少?

解 由于本题计息周期小于收付周期,不直接采用计息期利率计算,故只能用实际利率来计算。

计息期利率为　$i=r/m=12\%/4=3\%$

半年期有效利率为　$i_{eff}=(1+3\%)^2-1=6.09\%$

$F=1\,000\times(F/A,6.09\%,2\times3)=1\,000\times6.991\,15=6\,991.15(万元)$

习 题

一、单项选择题

1. 某施工企业拟从银行借款500万元,期限为5年,年利率8%,下列还款方式中,施工企业支付本利和最多的还款方式是( )。
   A. 每年年末偿还当期利息,第5年年末一次还清本金
   B. 第5年年末一次还本付息
   C. 每年年末等额本金还款,另付当期利息
   D. 每年年末等额本息还款

2. 某企业第1年年初和第1年年末分别向银行借款30万元,年利率均为10%,复利计息,第3～5年年末等额本息偿还全部借款。则每年年末应偿还金额为( )万元。
   A. 20.94   B. 23.03   C. 27.87   D. 31.57

3. 某施工企业欲借款500万元,借款期限2年,到期一次还本。现有甲、乙、丙、丁四家银行愿意提供贷款,年名义利率均为7%。其中,甲要求按月计息并支付利息,乙要求按季度计息并支付利息,丙要求按半年计息并支付利息,丁要求按年计息并支付利息。若其他条件相同,则该企业应选择的银行是( )。
   A. 丁   B. 丙   C. 乙   D. 甲

4. 某施工企业每年年末存入银行100万元,用于3年后的技术改造,已知银行存款年利率为5%,按年复利计息,则到第3年末可用于技术改造的资金总额为( )万元。
   A. 331.01   B. 330.75   C. 315.25   D. 315.00

5. 某企业前3年每年初借款1 000万元,按年复利计息,年利率为8%,第5年末还款3 000万元,剩余本息在8年末全面还清,则第8年末需还本付息( )万元。
   A. 981.49   B. 990.89   C. 1 270.83   D. 1 372.49

6. 某公司希望3年后回收1 000万元资金,年复利率$i=10\%$,试问现在需一次投入( )万元。
   A. 651.51   B. 751.31   C. 826.44   D. 1 000

7. 某公司年初借款1 000万元,年利率为5%,按复利计息。若在10年内等额偿还本息,则每年末应偿还( )万元。
   A. 129.50   B. 140.69   C. 150.00   D. 162.89

8. 假设年名义利率为5%,计息周期为季度,则年有效利率为( )。
   A. 5.00%   B. 5.06%   C. 5.09%   D. 5.12%

9. 某企业向银行借款1 000万,借款期限四年,年利率6%,复利计息,年末结息。第四年末需要支付( )万元。
   A. 1 030   B. 1 060   C. 1 240   D. 1 262

10. 某企业年初借款2 000万元,按年复利计息,年利率为8%。第3年末还款1 200万元,剩余本息在第5年末全部还清,则第5年末需还本付息( )万元。
    A. 1 388.80   B. 1 484.80   C. 1 538.98   D. 1 738.66

11. 企业年初借入一笔资金,年名义利率为6%,按季度复利计息,年末本利和为3 184.09万元,则年初借款金额是( )万元。

A. 3 003.86 B. 3 000.00 C. 3 018.03 D. 3 185.03

12. 某企业拟存款200万元。下列存款利率和计算方式中在5年末存款本息和最多的是( )。

A. 年利率6%,按单利计算

B. 年利率5.5%,每年复利一次

C. 年利率4%,每季度复利一次

D. 年利率5%,每半年复利一次

13. 某人每半年内存款1 000元,年利率8%,每季度复利一次。下列说法中错误的是( )。

A. 季度利率为2%

B. 半年期实际利率为4.04%

C. 4年末存款金额为1 000×(F/A,2%,4×4)

D. 5年末存款金额为12 029元

14. 某企业从金融机构借款100万元,月利率1%,按月复利计息,每季度付息一次,则该企业一年需向金融机构支付利息( )万元。

A. 12.00 B. 12.12 C. 12.55 D. 12.68

15. 某公司向银行贷款1 000万元,年名义利率12%,按季度复利计息,1年后贷款本利和为( )万元。

A. 1 120 B. 1 124.86 C. 1 125.51 D. 1 126.83

16. 关于利率及其影响因素的说法,正确的是( )。

A. 借出资本承担的风险越大,利率就越高

B. 社会借贷资本供过于求时,利率就上升

C. 社会平均利润率是利率的最低界限

D. 借出资本的借款期限越长,利率就越低

二、多项选择题

1. 下列关于利率高低影响因素的说法,正确的有( )。

A. 利率的高低首先取决于社会平均利润率的高低,并随之变动

B. 借出资本所承担的风险越大,利率越低

C. 资本借出期间的不可预见因素越多,利率越高

D. 社会平均利润率不变的情况下,借贷资本供过于求会导致利率上升

E. 借出资本期限越长,利率越高

2. 下列关于资金时间价值的说法,正确的有( )。

A. 单位时间资金增值率一定的条件下,资金的时间价值与使用时间成正比

B. 资金随时间的推移而贬值的部分就是原有资金的时间价值

C. 投入资金总额一定的情况下,前期投入的资金越多,资金的正效益越大

D. 其他条件不变的情况下,资金的时间价值与资金数量成正比

E. 一定时间内等量资金的周转次数越多,资金的时间价值越多

3. 下列关于现金流量图绘图规则的说法,正确的有( )。

A. 箭线长短要能适当体现各时点现金流量数值大小的差异

B. 箭线与时间轴的交点表示现金流量发生的时点

C. 横轴是时间轴,向右延伸表示时间的延续

D. 横轴上方的箭线表示现金流入

E. 时间轴上的点通常表示该时间单位的起始时点

4. 某合资项目,项目合作4年,4年中年折现率均为10%,甲4年每年年末的出资额分别为100万元、200万元、300万元、400万元;乙4年每年年末的出资额分别为400万元、300万元、200万元、100万元。下列说法中正确的有( )。

A. 甲的出资比例为50%

B. 乙的出资比例为50%

C. 甲的出资比例为52.38%

D. 乙的出资比例为52.38%

E. 乙应该是大股东

5. 某人向银行申请住房按揭贷款50万元,期限10年,年利率为4.8%,还款方式为按月等额本息还款,复利计息。下列关于该项贷款的说法,正确的有( )。

A. 宜采用偿债基金系数直接计算每月还款额

B. 借款年名义利率为4.8%

C. 借款的还款期数为120期

D. 借款期累计支付利息比按月等额本金还款少

E. 该项借款的月利率为0.4%

第 6 章

建设项目经济评价及方案比选

在市场经济条件下,大部分建设项目财务评价结论可以满足投资决策需要。但对于财务现金流量不能全面、真实地反映其经济价值的,还需要进行建设项目的经济评价。

本章主要介绍经济评价的作用、基本方法、适用范围、经济效益与费用识别、经济评价参数、工程方案经济比选的原理和方法等。

6.1 经济评价概述

6.1.1 经济评价的含义及作用

6.1.1.1 经济评价的含义

经济评价,是以国家利益或社会利益为出发点,从宏观经济角度对投资项目进行决策分析与评价,判定其经济合理性的一项重要工作。经济评价是按合理配置资源的原则,采用影子价格、影子汇率、影子工资和社会折现率等经济评价参数,从项目对社会经济所做贡献以及社会经济为项目付出代价的角度,识别项目的效益和费用,分析项目对社会经济(社会福利)的净贡献,评价项目投资的经济效率,也即经济合理性。

从经济学角度看,经济活动的目的是通过配置稀缺经济资源用于生产产品和提供服务,满足社会需要。当经济体系功能发挥正常,社会消费的价值达到最大时(社会福利最大),就认为是取得了"经济效率"。

经济评价是市场经济体制下政府对建设项目的外部经济性和外部不经济性进行分析评价的重要方法,是政府部门履行对拟建项目的外部性管理职能的重要依据;经济评价强调从资源配置经济效率的角度分析,包括项目外部效果在内的各种经济影响效果,通过费用效益分析及费用效果分析等方法判断建设项目的经济合理性,是政府审批或核准项目的重要依据。

6.1.1.2 经济评价的主要作用

(1)正确反映项目对社会福利的净贡献,评价项目的经济合理性。

财务评价主要是从企业(财务主体)和投资者的角度考察项目的财务效益。由于分析视角不同和其他因素,项目的财务合理性难以全面准确地反映项目的经济合理性。

1)为了支持某些行业或特殊地区的发展,国家给予项目以不同的补贴。

2)因行业或区域差异,企业向国家缴纳不同的税项,有些特殊区域或行业在不同时期可能是零税率。

3)由于价格管制等原因,某些货物或服务市场价格可能存在一定程度的市场扭曲,难以真实地反映资源的供求关系和实际价值。

4)一些项目存在显著的外部效果,包括间接效益和间接费用,难以在财务评价中反映出来。

因而需要从宏观角度进行项目经济评价,以合理衡量项目对增加社会资源的贡献和耗费社会资源的代价,以正确反映项目对社会福利的净贡献。

(2)合理反映社会资源的配置效率,为政府审批或核准项目提供重要依据合理配置有限的资源(包括劳动力、土地、各种自然资源、资金等)是人类经济发展所面临的共同问题。在完全的市场经济状态下,通过市场机制调节资源的流向,实现资源的优化配置。在中国特色社会主义市场经济中,市场机制仍然对资源配置起着决定性作用,同时政府在资源配置中发挥着适当的调节作用。

项目经济评价,可为政府的资源配置决策提供依据,提高资源配置的有效性。主要体现在以下两方面:

1)对财务效益虽好但经济效益差的项目,政府通过项目审批或核准制度,实行适当的限制,减少社会资源的低效占用。

2)对财务效益虽差而经济效益好的项目,如基础设施、文化教育、科技卫生等项目,政府可以采取投资补助、资本金注入等支持措施,鼓励项目的建设,促进社会资源的有效利用。在现行投资管理体制下,国家对项目的审批和核准重点放在项目的外部性、公共性方面,而经济评价强调对项目的外部效果进行分析,可以作为政府审批或核准项目的重要依据。

3)合理比选和优化方案,为财务效益较差的基础性公益性项目提供制定财务方案的依据。项目决策分析与评价强调方案比选,为提高资源配置的有效性,方案比选应根据能反映资源真实经济价值的相关数据进行,因此经济评价在方案比选和优化中可发挥重要作用。同时,对部分或完全市场化运作的基础设施等项目,可通过经济评价来论证项目的经济价值,为制定财务方案提供依据。

6.1.2 经济评价的原则及适用范围

6.1.2.1 经济评价应遵循的基本原则

(1)"有无对比"的原则。"有无对比"是指"有项目"相对于"无项目"的对比分析。"无项目"状态是指不对该项目进行投资时,在计算期内,与项目有关的资产、费用与收益的预计发展情况;"有项目"状态是指对该项目进行投资后,在计算期内,资产、费用与收益的预计情况。"有无对比"求出项目的增量效益,排除了项目实施以前各种条件的影响,突出项目活动的效果。"有项目"与"无项目"两种情况下,效益和费用的计算范围、计算期应保持一致,具有可比性。

(2)效益与费用计算口径对应一致的原则。将效益与费用限定在同一个范围内,才有可能进行比较,计算的净效益才是项目投入的真实回报。

(3)收益与风险权衡的原则。投资人关心的是效益指标,但是,对于可能给项目带来风险的因素考虑得不全面,对风险可能造成的损失估计不足,结果往往有可能使项目失败。收益与风险权衡的原则提示投资者,在进行投资决策时,不仅要看到效益,也要关注风险,权衡得失利弊后再进行决策。

(4)定量分析与定性分析相结合,以定量分析为主的原则。经济评价的本质就是要对拟建项目在整个计算期的经济活动,通过效益与费用的计算,对项目经济效益进行分析和比较。一般来说,项目经济评价要求尽量采用定量指标,但对一些不能量化的经济因素,不能直接进行数量分析,为此,需要进行定性分析,并与定量分析结合起来进行评价。

(5) 动态分析与静态分析相结合,以动态分析为主的原则。动态分析是指考虑资金的时间价值对现金流量进行分析。静态分析是指不考虑资金的时间价值对现金流量进行分析。项目经济评价的核心是动态分析,静态指标与一般的财务和经济指标内涵基本相同,比较直观,但只能作为辅助指标。

6.1.2.2 经济评价的适用范围

(1) 确定适用范围的原则

1) 市场自行调节领域的项目一般不必进行经济评价。在完全的市场经济条件下,市场调节的领域,项目投资通常由投资者自行决策。除特别要求外,这类项目一般不必进行经济评价,而是由市场竞争决定其生存。

2) 市场配置资源失灵领域的项目需要进行经济评价。在现实经济中,少数领域由于市场机制失灵或是政府管制的要求,资源价格难以反映项目效益和费用的真实经济价值,需要通过经济评价来正确反映,判断项目的经济合理性,为投资决策提供依据。

市场配置资源的失灵主要体现在以下几类项目:①具有自然垄断特征的项目,如城市道路、供水、燃气、供暖等公共基础设施;②产出具有公共产品特征的项目,即项目提供的产品或服务在同一时间内可以被共同消费,具有"消费的非排他性"(未花钱购买公共产品的人不能被排除在此产品或服务的消费之外)和"消费的非竞争性"(一人消费一种公共产品并不以牺牲其他人的消费为代价)特征;③外部效果显著的项目,例如对环境、公共利益等影响较大的项目;④国家控制的战略性资源开发和关系国家经济安全的项目,这类项目往往具有公共性、外部效果等综合特征,不能完全依靠市场配置资源;⑤其他政府管制项目。

(2) 需要进行经济评价的项目类别。从投资管理角度,现阶段需要进行经济评价的项目可以分为以下几类:①政府预算内投资关系国家安全、国土开发和市场不能有效配置资源的公益性项目和公共基础设施项目、保护和改善生态环境项目、重大战略性资源开发项目;②政府各类专项建设基金投资的交通运输、农林水利等基础设施、基础产业建设项目;③利用国际金融组织和外国政府贷款,需要政府主权信用担保的建设项目;④企业投资建设的涉及国家经济安全,影响生态环境、不可再生资源和公众利益,可能出现垄断,涉及整体布局等公共性问题,需要政府核准的建设项目,主要是产出品不具备实物形态且明显涉及公众利益的无形产品项目,如水利水电、交通运输、市政建设、医疗卫生等公共基础设施项目,以及具有明显外部性影响的有形产品项目,如污染严重的工业项目等;⑤法律、法规规定的其他建设项目。

6.1.2.3 经济评价的步骤

经济评价可以在财务评价的基础上进行,也可以直接进行。

(1) 直接进行经济评价的程序

1) 识别和计算项目的直接效益、间接效益、直接费用、间接费用,以影子价格计算项目效益和费用。

2) 编制经济评价基本报表。

3) 依据基本报表进行经济评价指标计算。

4) 依据经济评价的基准参数和计算指标进行经济评价。

(2)在财务评价的基础上进行国民经济评价的程序

1)经济价值调整。剔除在财务评价中已计算为效益或费用的转移支付,增加财务评价中未反映的外部效果,用影子价格计算项目的效益和费用。

2)编制经济评价基本报表。

3)依据基本报表进行经济评价指标计算。

4)依据经济的基准参数和计算指标进行经济评价。

以上两种方法,区别在于效益和费用的计算程序不同。

6.1.3 经济评价与财务评价的区别与联系

建设项目财务评价和经济评价的结论是项目决策的主要依据。财务评价注重的是项目的盈利能力和财务生存能力,而经济评价注重的则是国家经济资源的合理配置以及项目对整个国民经济的影响。财务评价是经济评价的基础,经济评价则是财务评价的深化。两者相辅相成,互为参考和补充,既有联系又有区别。

6.1.3.1 经济评价与财务评价的主要区别

(1)分析角度和出发点不同。财务评价是站在企业的立场,从项目的微观角度按照现行的财税制度去分析项目的财务效益和财务可持续性,分析投资各方的收益或损失,评价投资或贷款的风险及收益;经济评价则是从社会综合平衡的宏观角度去分析项目对国民经济发展、国家资源配置等方面的影响,分析评价项目对社会经济的净贡献。

(2)效益和费用的含义及范围划分不同。财务评价根据项目的实际收支来计算项目的效益与费用,称为现金流入和现金流出,凡是项目的收入均计为效益,凡是项目的支出均计为费用,如工资、税金、利息都作为项目的费用,财政补贴则作为项目的效益。经济评价则从全社会的角度,根据项目实际耗费的有用资源以及项目向社会贡献的有用产品或服务来计算项目的效益与费用,不仅要考虑直接的效益和费用,还要考虑间接的效益和费用,称为效益流量和费用流量。同时,从全社会的角度考虑,项目的有些财务收入或支出不能作为效益或费用,例如,在财务评价中作为费用或效益的税金、国内借款利息、财政补贴等,在经济评价中被视为国民经济内部转移支付,不作为项目的费用或效益。而在财务评价中不计为费用或效益的环境污染、降低劳动强度等,在国民经济评价中则需计为费用或效益。

(3)采用的价格体系不同。在分析项目的费用与效益时,财务评价使用的是以现行市场价格体系为基础的预测价格,可以考虑通货膨胀因素;而考虑到国内市场价格体系的失真,经济评价使用的是对现行市场价格进行调整后所得到的影子价格体系,不考虑通货膨胀因素,影子价格能够更确切地反映资源的真实经济价值。

(4)分析内容不同。财务评价包括盈利能力分析、偿债能力分析和财务生存能力分析;而经济评价包括经济效益费用分析、经济效果费用分析。

(5)基准参数不同。财务评价采用的汇率是官方汇率,基准参数采用的是因行业而异的财务基准收益率;经济评价采用的汇率是影子汇率,基准参数采用的是国家统一测定的社会折现率。

(6)计算期可能不同。根据项目实际情况,经济评价计算期可长于财务评价计算期。

6.1.3.2 经济评价与财务评价的相同与联系

(1) 相同之处

1) 评价的目的相同。经济评价与财务评价都以寻求经济效益最好的项目为目的,都要寻求以最小的投入获得最大的产出。

2) 评价基础相同。经济评价与财务评价都要在完成项目的市场预测、方案构思、投资估算和资金筹措的基础上进行,评价的结论也都取决于项目本身的客观条件。

3) 评价分析方法和评价指标类似。经济评价与财务评价都采用效益与费用比较的方法,遵循效益和费用识别的"有无对比"原则,依据资金时间价值原理进行动态分析,都采用现金流量法通过基本报表来计算净现值、内部收益率等经济指标,经济指标的含义也基本相同。两者也都是从项目的成本与收益着手,来评价项目的经济合理性以及项目建设的可行性。

(2) 相互联系。经济评价与财务评价关系密切。在很多情况下,经济评价是以财务评价为基础,对财务评价估算的财务数据进行一定的调整计算,得到经济效益和费用数据。少数情况下,经济评价也可以独立进行,即在项目的财务评价之前就进行经济评价。

6.1.3.3 经济评价结论与财务评价结论的关系

很多情况下,建设项目财务评价和经济评价的结论是一致的,但由于财务评价和经济评价有所区别,也有不少时候两种评价的结论是不同的。可能出现的四种情况及相应的决策原则如下所述:

(1) 财务评价和经济评价均可行的项目,应予以通过。

(2) 财务评价和经济评价均不可行的项目,应予以否定。

(3) 财务评价不可行、经济评价可行的项目应予以通过,但国家和主管部门应采取相应的优惠政策,如减免税、财政补贴等,使项目在财务上具有生存能力。

(4) 财务评价可行、经济评价不可行的项目,应予以否定或者重新考虑方案,进行"再设计"。

6.2 经济效益与费用的识别和估算

进行经济评价首要的工作是对经济效益与费用识别和估算。

效益与费用分析的核心是通过比较各种备选方案的全部预期效益和全部预计费用的现值来评价这些备选方案,并以此作为决策的参考依据。项目的效益是对项目的正贡献,而费用则是对项目的反贡献,或者是项目的损失。必须指出的是,项目的效益和费用是两个相对的概念,都是针对特定的目标而言的。例如,由于某生产化工原料的大型项目投产,使得该化工原料的价格下降,从而导致同行业利润的下降,对该行业来说,这是费用;但使用这种原料的生产企业的成本则会下降,对这些生产企业来说,则是效益。因此,无论是什么样的项目,在分析、评价的过程中,都有一个费用与效益识别的问题。在项目的经济评价中,费用与效益识别通常是比较困难的。正确地识别费用与效益,是保证经济评价正确的前提。

6.2.1 效益与费用识别的基本要求和原则

6.2.1.1 效益与费用识别的基本要求

(1) 全面识别。凡项目对社会经济所做的贡献,均计为项目的经济效益,包括项目的直接效益和间接效益。凡社会经济为项目所付出的代价(即社会资源的耗费,或称社会成本)均计为项目的经济费用,包括直接费用和间接费用。因此,经济评价应考虑关联效果,对项目涉及的所有社会成员的有关效益和费用进行全面识别。

(2) "有无对比"。识别项目的经济效益和费用,要从"有无对比"的角度进行分析,将"有项目"(项目实施)与"无项目"(项目不实施)的情况加以对比,以确定某项效益或费用的存在。

(3) 口径一致。效益与费用识别和计算口径对应一致是正确估算项目净效益的基础,特别是经济评价。因为经济评价中既包括直接效益和直接费用,也包括间接效益和间接费用,识别时要予以充分关注。

(4) 跨度合理。经济效益与费用识别的时间跨度应足以包含项目所产生的全部重要效益和费用,不完全受财务评价计算期的限制。不仅要分析项目的近期影响,还可能需要分析项目将带来的中期、远期影响。

(5) 有效识别。即有效识别并正确处理"转移支付",这是经济效益与费用识别的关键。对社会成员之间发生的财务收入与支出,应从是否新增加社会资源和是否增加社会资源消耗的角度出发加以识别。将不增加社会资源财富的财务收入(例如政府给企业的补贴)和不增加社会资源消耗的财务支出(例如企业向政府缴纳的所得税)视作社会成员之间的"转移支付",不作为经济分析的效益和费用。

(6) 边界合理。经济效益与费用的识别应以本国社会成员作为分析对象。对于跨越国界,对本国之外的其他社会成员也产生影响的项目,应重点分析项目给本国社会成员带来的效益和费用,项目对国外社会成员所产生的影响可单独陈述。

6.2.1.2 效益与费用识别的原则

(1) 识别效益与费用的基本原则。经济评价的目标是实现社会资源的最优配置,从而使社会收益最大化。凡国民经济为项目付出的代价,均为项目的费用;凡项目对国民经济所做的贡献,均计为项目的效益。

(2) 边界原则。财务评价从项目自身的利益出发,其系统分析的边界是项目。凡是流入项目的资金,就是财务效益,如销售收入;凡是流出项目的资金,就是财务费用,如投资支出、经营成本和税金。经济评价则从社会的整体利益出发,其系统分析的边界是整个国家。经济评价不仅要识别项目自身的内部效果,而且需要识别项目对国民经济其他部门和单位产生的外部效果。

(3) 资源变动原则。在计算财务收益和费用时,依据的是货币的变动。凡是流入项目的货币是直接效益;凡是流出项目的货币是直接费用。经济资源的稀缺性意味着一个项目的资源投入会减少这些资源在国民经济其他方面的可用量,从而减少其他方面的国民收入。从这种意义上说,该项目对资源的使用产生了国民经济费用。凡是减少社会资源的项目投入都产生国民经济费用;凡是增加社会资源的项目产出都产生国民经济收益。

6.2.2 效益与费用的识别

从国家和社会的宏观利益出发,通过对项目的经济费用和经济效益进行系统、全面的识别和分析,求得项目的经济净收益,并以此来评价项目的经济可行性,此谓费用效益分析。这是发达国家广泛采用地对项目进行经济评价的方法,也是联合国向发展中国家推荐的评价方法。

项目的经济效益是指项目对国民经济所做的贡献,可分为直接效益和间接效益;项目的经济费用是指国民经济为项目付出的代价,可分为直接费用和间接费用。

6.2.2.1 直接效益

项目直接效益是指由项目产出(包括产品和服务)带来并在项目范围内计算,体现为生产者和消费者受益的经济效益,一般表现为项目为社会生产提供的物质产品、科技文化成果和各种各样的服务所产生的效益。例如,工业项目生产的产品、矿产开采项目开采的矿产品、邮电通信项目提供的邮电通信服务等满足社会需求的效益;运输项目提供运输服务满足人流物流需要、节约时间的效益;医院提供医疗服务满足人们增进健康减少死亡的需求;学校提供就学机会满足人们对文化素质、劳动技能提高的要求;生产者获得的成本节约;等等。

项目直接效益有多种表现:

(1)项目产出用于满足国内新增加的需求时,项目直接效益表现为国内新增需求的支付意愿。

(2)当项目的产出用于替代其他厂商的产品或服务时,使被替代厂商减产或停产,从而使其他厂商耗用的社会资源得到节省,项目直接效益表现为这些资源的节省。

(3)当项目的产出直接出口或者可替代进口商品,从而导致进口减少,项目直接效益还表现为国家外汇收入的增加或支出的减少。

以上所述的项目直接效益大多在财务分析中能够得以反映,尽管有时这些反映会有一定程度的价值失真。

对提供社会服务的项目,其经济效益与项目营业收入不一定直接相关。例如,交通运输项目产生的经济效益体现为时间节约、运输成本降低等,教育项目、医疗卫生和卫生保健项目等产生的经济效益体现为人力资本增值、生命延续或疾病预防等。

6.2.2.2 直接费用

项目直接费用是指项目使用社会资源所产生并在项目范围内计算的经济费用,一般表现为投入项目的各种物料、人工、资金、技术以及自然资源而带来的社会资源的消耗。

项目直接费用也有多种表现:

(1)当社会扩大生产规模满足项目对投入的需求时,项目直接费用表现为社会扩大生产规模所增加耗用的社会资源价值。

(2)当社会不能增加供给时,导致其他人被迫放弃使用这些资源来满足项目的需要,项目直接费用表现为社会因其他人被迫放弃使用这些资源而损失的效益。

(3)当项目的投入导致进口增加或出口减少时,项目直接费用还表现为国家外汇支出的增加或外汇收入的减少。

直接费用一般在项目的财务评价中已经得到反映,尽管有时这些反映会有一定程度的价值失真。

在经济评价中,建设项目的直接效益和费用的识别与度量通常在财务评价的基础上进行。一般来说,需要对财务费用和效益进行调整。如果某些投入物和产出物的市场价格与影子价格存在偏差,则必须对其按影子价格重新进行估计;在财务评价中被排除的某些费用和效益可能需要补充进来,而另一些在财务评价中已经考虑的费用和效益则可能根据其对经济的整体影响重新进行归类或调整。

间接效益与间接费用是指项目对国民经济做出的贡献或国民经济为项目付出的代价,在直接效益与直接费用中未得到反映的那部分效益和费用。

6.2.2.3 间接效益

间接效益是指由项目引起的,在直接效益中没有得到反映的效益。主要包括劳动力培训效果、技术扩散效果、环境改善的效益、上下游企业相邻效果和乘数效果。

6.2.2.4 间接费用

间接费用是指由项目引起的,在直接费用中没有得到反映的费用。通常,项目对生态环境的不利影响是主要的间接费用。例如,矿山开采、重化工项目通常会对大气、水土造成一定污染,甚至造成严重的生态破坏。这种间接费用虽然较难计算,但必须予以重视。有时可按环境补偿费用和恢复环境质量所需的费用估计。

通常,把与项目相关的间接效益(外部效益)和间接费用(外部费用),统称为外部效果。对外部效果的计算应考虑环境及生态影响效果、技术扩散效果和产业关联效果。对显著的外部效果能定量的,要做定量分析;计入项目的效益和费用,不能定量的,应作定性描述。在计算中,为防止间接效益的扩大化,项目外部效果一般只计算一次相关效果,不应连续扩展。一般情况下,可以考虑以下内容。

(1)环境及生态影响效果。环境及生态影响效果主要是指工业项目排放"三废"造成的环境污染和生态平衡被破坏,是一种间接费用。从项目本身讲,环境的污染和生态平衡被破坏所造成的损失并不计入成本;而从全社会的角度讲,这种破坏是全社会福利的损失,是实施该项目的成本。因此,做经济评价时,必须把这些在做项目财务评价时不会考虑到的成本计算在内。

(2)技术扩散效果。技术扩散效果通常包括技术培训和技术推广等,这是一种比较明显的技术外部效果,是一种间接效益。投资兴建一个技术先进的项目,会培养和造就大量的工程技术人员、管理人员或技术性较强的操作工人。由于人员的流动和技术外流,最终会给整个社会经济的发展带来好处。由于这种效果通常是隐蔽、滞后的,因而对其难以识别和计量,实际中大多只作定性的描述。

(3)产业关联效果。产业关联效果包括对上游企业和下游企业的关联效果。对上游企业的关联效果是指一个项目的建设会刺激为该项目提供原材料或半成品的经济部门的发展,增加新的生产能力或是使原有生产能力得到更充分的利用。例如,兴建汽车厂,会刺激汽车厂零部件企业,进而刺激钢铁企业。对下游企业的关联效果主要是指项目的产出也会对下游企业的经济效益产生影响,使其闲置的生产能力得到充分利用,或使其节约生产成本。例如,兴建大型乙烯联合企业,可满足对石化原料日益增长的需求,刺激乙烯下游加工行业的发展。

6.2.2.5 转移支付

在识别经济费用与经济效益范围的过程中,项目的某些财务收益和支出,如税金、国内借款利息和补贴等,这些都是财务评价中的实际收入或支出,但从国民经济角度看,企业向国家缴纳税金、向国内银行支付利息,或企业从国家得到某种形式的补贴,都未造成资源的实际耗费或增加,并没有造成资源的实际增加或者减少,因此不能计算这些费用或效益,它们只是国民经济内部各部门之间的转移支付。

转移支付的主要内容包括:

(1)税金。税金包括增值税、消费税、资源税、关税等,对企业来说,这些税金都是财务支出。但是,对国民经济整体而言,企业纳税并未减少国民收入,只不过是将企业的这笔货币转移到政府手中而已,是收入的再分配,这是企业与国家之间的一项资金转移。考察项目的经济评价系统,是从资源增减的角度区别收益和费用的,税金既然是国民收入的再分配,并不伴随资源的变动。因此,在经济评价中既不能把税金列为收益,也不能把税金列为费用。

(2)补贴。补贴包括出口补贴、价格补贴等,是一种货币流动方向与税金相反的转移支付。政府如果对某些产品实行价格补贴,可能会降低项目投入的支付费用,或者会增加项目的收入,从而增加项目的净收益。补贴虽然增加了拟建投资项目的财务收益,但是这部分收入,企业并没有为社会提供等值的资源,而是国家从国民收入中抽出一部分资金转给了企业,这是国民收入从政府向企业的一种转移。它使资源的支配权发生变动,但是既未增加社会资源,也未减少社会资源,因而补贴不被视为经济评价中的费用和收益。

(3)利息。利息是利润的转化形式,是企业与银行之间的一种资金转移,并不涉及资源的增减变化,所以,利息也不能作为经济费用。

1)国内贷款的还本付息。项目的国内贷款还本付息也是一种转移支付,在项目投资人的财务评价中被视作财务支出。但从国民经济角度看,情况则不同,还本付息并没有减少国民收入,这种货币流动过程仅仅代表资源支配权力的转移,社会实际资源并未增加或减少,因而在经济评价中,不被视为费用。

2)国外贷款的还本付息。国外贷款还本付息的处理分为以下三种情况。

① 评价国内投资经济效益的处理办法。项目的经济评价是以项目所在国的经济利益为根本出发点,所以必须考察国外贷款还本付息对项目举办国的真实影响。如果国外贷款利率很高,高于全部投资的内部收益率,那么一个全投资效益好的项目,也可能由于偿还国外债务造成大部分"肥水外流"的局面,致使本国投资得不偿失。为了能够解释这种情况,如实判断本国投入资金的盈利水平,必须进行国内投入的经济效益分析。在分析时,由于还本付息意味着国内资源流入国外,因而应当视为费用(现金流出)。

② 国外贷款不指定用途时的处理办法。对项目进行经济分析的目的是使有限的资源得到最佳配置。因此,应当对项目所用全部资源的利用效果做出分析评价,这种评价就是包括国外贷款在内的全投资经济评价。不过,对使用国外贷款的项目进行全投资经

济评价应是有条件的,这个条件就是国外贷款不是针对某一项目专款专用,该贷款还允许用于其他项目。这种情况下,与贷款对应的实际资源虽然来自国外,但受贷国在如何有效利用这些资源的问题上,面临着与国内资源同样的优化配置任务,因而应当对包括国外贷款在内的全部资源的利用效果做出评价。在这种评价中,国外贷款还本付息不视为收益,也不视作费用,不出现在经济评价所用的项目经济效益费用流量表中。

③国外贷款指定用途时的处理办法。如果不上拟建项目,就不能得到国外贷款,这时便无须进行全部投资的经济效益评价,可只进行国内投入资金的经济评价。这是因为全部投资经济效益评价的目的在于对包括国外贷款在内的全部资源多种用途进行比较选优,既然国外贷款的用途已经唯一限定,别无其他选择,也就没有必要对其利用效果做出评价了。

(4)土地费用。土地费用是项目建设征购土地的实际支付,是项目转移给地方政府、村镇集体、其他企业或农民的货币资金。从社会经济全局看,土地费用的支付并没有造成资源的增加或减少,因此,在经济效益评价中不能列为费用。但土地作为一项资源有它的机会成本,即被项目占用后就不能作为其他用途,社会为此付出了一定的代价,因此,应将土地的机会成本列为经济费用。

在经济评价时,应复核在可行性研究报告的经济评价中,是否已从项目原效益和费用中剔除了这些转移支付,以影子费用形式作为项目的计算是否正确。

6.2.3 效益和费用的估算

6.2.3.1 效益和费用的估算方法

经济费用效益分析应采用反映资源真实经济价值的计算价格,来估算项目费用和效益,用以纠正投入物与产出物因市场失灵和政策干预失当所造成的财务现金流量计算的偏差。

(1)具有市场价格的投入物或产出物。对于具有市场价格的投入物或产出物,其费用或效益的计算应该遵循下列原则:

1)该货物或服务处于竞争性市场环境中,市场价格能够反映支付意愿或机会成本,应采用市场价格作为计算项目投入物或产出物经济价值的依据。

2)如果项目的投入物或产出物的规模很大,项目的实施将足以影响其市场价格,导致"有项目"和"无项目"两种情况下市场价格不一致,理论上应考虑拟建项目对该物品均衡市场价格的影响。在项目评价实践中,可以取两者的平均值作为测算该物品经济价值的依据。

3)对于外贸货物,其投入物或产出物价格应基于国际市场价格进行推算,其价格取值应反映国际市场竞争的实际情况。

(2)不具有市场价格或市场价格难以真实反映其经济价值的产出物。对于不具有市场价格或市场价格难以真实反映其经济价值的产出物,应采用下列方法对项目的产品或服务的经济价值进行测算:

1)按照消费者支付意愿的原则,通过其他相关市场价格信号,按照"揭示偏好"的方法,寻找揭示这些影响的隐含价值,对其效果进行间接估算。

2) 采用意愿调查评估的方法,按照"表达偏好"的原则进行间接估算。

6.2.3.2 效益和费用估算注意事项

项目投资所引发的经济效益或费用的计算应在利益相关者分析的基础上,研究在特定的社会经济背景条件下相关利益主体获得的收益及付出的代价,计算项目相关的费用和效益。计算时,应遵循支付意愿、受偿意愿、机会成本和实价计算的原则。

(1)避免重复计算。在考虑外部效果时,要避免发生重复计算和虚假扩大项目间接效益的问题。如果项目投入物和产出物均采用计算价格,项目的效益和费用已经将外部效果或社会成本包含在内,就不应再重复计算间接效益和费用。

(2)调整项目范围。由于项目外部效果计算上的困难,有时可以采用调整项目范围的办法,将具有关联性的几个项目合成一个"项目群"进行经济分析,从而将这些项目之间的相互支付转化为项目内部支出,从而相互抵消。例如,可将相互联系的煤矿、铁路运输和火力发电项目,合成一个大的煤电一体化项目来评价,从而减少这些子项目之间的效益费用识别工作。

(3)超大项目处理。对于超大型的建设项目,如西气东输、南水北调、青藏铁路等,项目外部效果往往体现在对区域经济和宏观经济的影响上,需要专门进行经济影响分析,可适当简化外部效果分析。

6.3 经济评价参数

经济参数是进行经济评价的重要工具。经济评价的参数主要包括社会折现率、影子价格、影子汇率、影子工资等,这些参数由专门机构组织测算和发布。

6.3.1 社会折现率

社会折现率是社会对资金时间价值的估算,是从整个社会角度所要求的资金投资收益率标准,代表占用社会资金所应获得的最低收益率。资金的机会成本,又称为资金的影子价格,单位资金的影子价格就叫影子利率。因此经济评价中所用的社会折现率就是资金的影子利率。在投资项目的经济评价中,社会折现率主要用来作为计算净现值时的折现率,或者用作评价项目经济内部收益率高低的基准(即用作基准内部收益率)。

6.3.1.1 社会折现率的作用

作为项目费用效益不同时间性价值之间的折现率,社会折现率反映了对社会费用效益价值的时间偏好。这种偏好在一定程度上受到社会经济增长的影响,但并非完全由经济增长所决定。

作为项目费用效益要求的最低经济收益率,社会折现率代表社会投资所要求的最低收益水平,理论上认为应该由社会投资机会成本决定,也就是由社会投资的边际收益率决定。由社会资本投资的机会成本所决定的社会折现率,并不一定会等于由社会时间偏好所决定的社会折现率。一般认为,社会时间偏好率应低于社会投资机会成本。

社会折现率的高低直接影响项目的经济可行性判断,影响方案比选的结果。

6.3.1.2 社会折现率的确定和取值

社会折现率的确定有两种思路：一种是基于资本的社会机会成本的方法；另一种是基于社会时间偏好的方法。按照资本机会成本原则确定的社会折现率总是高于按照费用时间偏好率原则确定的数值。

社会折现率作为一个基本经济参数，是国家评价和调控投资活动的重要杠杆之一。社会折现率可用于间接调控投资规模。其取值的高低直接影响项目经济合理性判断的结果。社会折现率根据社会经济发展多种因素综合测定，由专门机构统一测算发布。根据社会经济运行的实际情况、投资收益水平、资金供求状况以及国家宏观调控目标取向等因素的综合分析，《建设项目经济评价方法与参数》（第三版）推荐的社会折现率为8%。

对于一些特殊项目，如水利工程、环境改良工程、某些稀缺资源的开发利用项目，采取较低的社会折现率。交通运输项目的社会折现率要比水利项目高；对于远期收益大的项目，允许对远期收益计算采取较低的折现率；对于永久性工程或者受益期超长的项目，例如水利工程等大型基础设施和具有长远环境保护效益的建设项目，社会折现率可适当降低，对于超长期项目，社会折现率可用按时间分段递减的取值方法。社会折现率的取值不可低于6%。

社会折现率提高，会使一些本来可以通过的投资项目因达不到判别标准而被舍弃，从而使可以通过的项目总数减少，使投资总规模下降，间接地起到调控国家投资规模的作用。因此，社会折现率可以作为国家建设投资总规模的间接调控参数，需要缩小投资规模时，就提高社会折现率；需要扩大投资规模时，可降低社会折现率。

6.3.2 影子价格

在费用和收益的衡量阶段，作为衡量尺度的价格成为问题的关键。财务评价采用的是市场预测价格，如果在较完全的市场机制下，这样的价格能够真实反映各种资源的经济价值。然而，由于市场缺陷的存在，市场价格往往不能真实反映项目实际收益，不能作为资源配置的正确信号和计量依据。因此，项目的经济评价应采用计算经济效益与费用时的专用价格——影子价格。

6.3.2.1 影子价格的概念

影子价格是根据国家经济增长的目标和资源的可获性来确定的，能够反映投入物和产出物真实经济价值，反映市场供求状况，反映资源稀缺程度，使资源得到合理配置。进行经济评价时，项目的主要投入物和产出物价格，原则上都应采用影子价格。为了简化计算，在不影响评价结论的前提下，可只对其价值在效益或费用中占比重较大，或者国内价格明显不合理的产出物或投入物采用影子价格。如果某种资源数量稀缺，同时，有许多用途完全依靠它，那么它的影子价格就高；如果某种资源的供应量增多，那么它的影子价格就会下降。

影子价格反映在项目的投入上是资源不投入该项目，而投在其他经济活动中所能带来的效益。也就是项目的投入是以放弃了本来可以得到的效益为代价的，西方经济学家称作机会成本，根据支付意愿或机会成本的原则确定经济价格以后，就可以测算出拟建项目要求经济整体支付的代价和为经济整体提供的效益,从而得出拟建项目的投资真正能给社会带来多少国民收入增加额或纯收入增加额。

6.3.2.2 价格失真的原因

(1)因关税和非关税保护,使国内价格高于国际市场价格,随着进出口的进一步开放,项目的财务评价结论可能会不符合项目实施后的情况,因此,有必要对这些投入品和产出品用以国际市场价格为基础的影子价格代替财务评价中所用的价格。

(2)劳动力投入的机会成本往往低于实际的工资和福利支出,必要时可用影子工资代替财务工资和福利支出。

(3)外汇与人民币在没有完全实现自由兑换之前,外汇的真正价值一般高于实际的汇率,必要时可用影子汇率代替实际汇率。

(4)基准收益率或资本价格在财务评价中使用的是行业或投资者期望的收益率,在费用——效益分析中应从国家资源配置的角度用统一的社会折现率来反映真正的资源耗用或有用物品(或服务)产出的时间价值。

以上调整后的价格或参考数可以统称为影子价格。总而言之,影子价格是从国家角度更能反映资源(物品、服务、自然资源、外汇、劳动力和资本占用)价值的合理价格。

6.3.2.3 影子价格的确定

确定影子价格时,对投入物和产出物,首先要区分市场定价货物、政府调控价格货物和特殊投入物三大类别,然后根据投入物和产出物对社会的影响分别处理。

货物或服务根据价格机制的不同,分为市场定价货物和非市场定价货物。随着我国社会主义市场经济体制的不断完善,大部分货物或服务已经主要由市场定价、市场价格自发形成,基本反映支付意愿或机会成本。项目经济评价应采用市场价格作为市场定价货物的影子价格的基础,加上或者减去相应的物流费用作为项目投入或产出的"厂门口"(进厂或出厂)影子价格。土地、劳动力和自然资源有其特殊性,被归类为特殊投入。

(1)由市场机制定价的货物的影子价格。随着我国市场经济的发展和贸易范围的扩大,大部分货物由市场定价,受供求影响,其价格可以近似反映其真实价值,进行经济评价时,可将这些货物的市场价格加减国内运杂费等作为影子价格。只是在确定其影子价格前,应先将货物区分为外贸货物和非外贸货物。

1)外贸货物的影子价格。所谓外贸货物,是指其使用或产生将对国家进出口产生直接或间接影响的货物,主要包括产出物直接出口、间接出口或替代进口的货物以及投入物中直接进口、间接进口或减少出口(原可用于出口)的货物。

外贸货物影子价格的确定,以口岸价为基础,乘以影子汇率,加或减国内运杂费费用。其计算公式为

投入物影子价格(项目投入物的到厂价格)= 到岸价(CIF)×影子汇率+国内运杂费+贸易费

项目范围内主要为本项目服务的商业、教育、文化、卫生、住宅等生活福利设施的投资,应计为项目的费用。这些生活设施所产生的效益可视为已经体现在项目的产出效益中,一般不必单独核算。

产出物影子价格(项目产出物的出厂价格)= 离岸价(FOB)×影子汇率+国内运杂费

一贸易费

贸易费用是指外贸部门为进口货物所耗用,用影子价格算就的流通费用,包括货物的储运、包装、运输、装卸、保险等环节的费用的支出及资金占用的机会成本,但不包括长途运输费用。货物外贸费用一般用货物的口岸价乘以贸易费率计算。

2)非贸易货物的影子价格。非贸易货物是指其生产或使用不影响国家进出口的货物。其中包括"天然"不能进行贸易的货物和服务,如建筑物、国内运输等;还包括由于地理位置所限,运输费用过高或受国内外贸易政策的限制而不能进行外贸的货物。非贸易货物的影子价格以市场价格加减国内运费作为影子价格。其计算公式为

投入物影子价格(投入物的到厂价格)= 市场价格+国内运杂费
产出物影子价格(产出物的出厂价格)= 市场价格-国内运杂费

(2)政府调控价格货物(或服务)的经济价格确定。我国尚有少部分产品或服务,如电、水、铁路运输等,并不完全由市场机制决定价格,而是由政府调控价格。政府调控价格包括政府定价、指导价、最高限价等。这些产品或者服务的价格不能完全反映其真实的经济价值。

经济价格确定方法。在经济分析中,往往需要采取特殊的方法测定这些产品或服务的影子价格,包括成本分解法、支付意愿法和机会成本法。

1)成本分解法。分解成本是指某种货物的生产所需要耗费的全部社会资源的价值,包括各种物料、人工、土地等的投入,以及按资金时间价值原理计算的资金回收费用。通过对某种货物的边际成本进行分解并用影子价格进行调整换算,可得到该货物的分解成本。

2)支付意愿法。在完全的市场机制下,市场价格可以正确地反映消费者的支付意愿。应注意在非完全的市场机制下,由于存在政府的价格管制,市场价格可能出现一定程度的扭曲,难以正确地反映消费者支付意愿。

3)机会成本法。在经济评价中,机会成本法也是测定影子价格的重要方法之一。在完全的市场机制下,资源会被出价最高的使用者得到,所以该资源的机会成本应该表现为它的市场价格。

(3)管制产品(服务)影子价格

1)电价。作为项目的投入时,电力的影子价格可以按成本分解法测定。一般情况下应当按当地的电力供应完全成本口径的分解成本定价。有些地区,若存在阶段性的电力过剩,可以按电力生产的可变成本分解定价。作为项目的产出时,电力的影子价格应体现消费者支付意愿,最好按照电力对于当地经济的边际贡献测定。无法测定时,可参照火电的分解成本,按高于或等于火电的分解成本定价。目前水电项目经济评价中的发电效益习惯采用最优等效替代项目的费用估算,即按照发电量相同的火电项目的年费用作为水电项目的发电经济效益估算的基础。

2)水价。作为项目投入时,按后备水源的成本分解定价,或者按照恢复水功能的成本定价。作为项目产出时,水的影子价格按消费者支付意愿或者按消费者承受能力加政府补贴测定。

3)交通运输服务价格。交通运输作为项目投入时,一般情况下按完全成本分解定

价。交通运输作为产出品时,经济效益的计算不考虑服务收费收入,而是采取专门的方法,按替代运输量(或转移运输量)和正常运输量的时间节约效益、运输成本节约效益、交通事故减少效益以及诱增运输量的效益等测算。

(4)特殊投入和产出经济价格确定。项目的特殊投入主要包括劳动力、土地和自然资源等,项目的特殊产出主要包括人力资本、生命价值、时间节约和环境价值等,其影子价格需要采取特定的方法确定。

1)劳动力的影子价格。劳动力作为一种资源被项目使用时,经济评价采用"影子工资"计算其费用。影子工资是社会为项目使用劳动力所付出的真实代价,由劳动力机会成本和劳动力就业或转移而引起的新增资源耗费两部分构成。

①劳动力机会成本,是指项目的劳动力如果不用于拟建项目使用而用于其他生产经营活动所能创造的最大效益。它与劳动力的技术熟练程度、过剩或稀缺程度有关,技术熟练程度和稀缺程度越高,其机会成本越高;反之越低。

②劳动力就业或转移而引起的新增资源耗费,是指因项目使用劳动力而引起的培训费用、劳动力搬迁费用、城市管理费用、城市交通等基础设施投资费用等。

在经济评价中,影子工资作为经济费用计入经营费用。其计算公式为

$$影子工资 = (财务工资 + 职工福利基金) \times 影子工资换算系数$$

2)土地影子价格。土地是一种不可再生资源,土地影子价格反映土地用于拟建项目而使社会为此放弃的国民经济效益,以及国民经济为此增加的资源消耗。

①土地影子价格的构成。土地影子价格通常由土地机会成本和因土地占用而新增加的社会资源消耗两部分构成。

土地的机会成本,按照土地因项目占用而放弃的"最好可替代用途"的净收益测算,原则上根据具体项目情况,由项目评价人员自行测算。在难以测算的情况下,可参考有关土地分类、土地净收益和经济区域划分的规定执行。因土地占用而新增加的社会资源消耗,如拆迁费、劳动力安置费、养老保险费等。

②土地影子价格确定方法。农用土地的影子价格,是指项目占用农用土地使国家为此损失的收益,由土地的机会成本和占用土地而引起的新增资源消耗两部分构成。土地机会成本按项目占用土地而使国家为此损失的该土地最佳替代用途的净效益计算。土地影子价格中新增资源消耗,一般包括拆迁费用和劳动力安置费用。土地影子价格可以直接从机会成本和新增资源消耗两方面求得,也可在财务评价土地费用的基础上调整计算得出。项目实际征地费用包括三部分:一是机会成本性质的费用,如土地补偿费、青苗补偿费等,应按机会成本的计算方法调整计算;二是新增资源消耗,如拆迁费用、剩余劳动力安置费用、养老保险费用等,应按影子价格调整计算;三是转移支付,如粮食开发基金、耕地占用税等,应予以剔除。

城镇土地影子价格计算,通常按市场价格计算,主要包括土地出让金、征地费、拆迁安置补偿费等。

3)自然资源影子价格。各种有限的自然资源也是一种特殊的投入物。一个项目使用了矿产资源、水资源、森林资源等,是对国家资源的占用和消耗。

矿产等不可再生自然资源的影子价格按资源的机会成本计算,可再生自然资源的影

子价格按资源再生费用计算。

6.3.3 影子汇率

外汇短缺的问题是一般发展中国家普遍存在的问题,因此,政府多在不同程度上实行外汇管制和外贸管制,外汇不允许自由兑换。在此情形下,官方汇率往往不能真实地反映外汇的价值。因此,在建设项目的经济评价中,为了消除用官方汇率度量外汇价值所导致的误差,有必要采用一种更合理的汇率,也就是影子汇率,来使外贸品和非外贸品之间建立一种合理的价格转换关系,使两者具有统一的度量标准。

汇率是指两个国家不同货币之间的比价或交换比率。影子汇率,即外汇的影子价格,是指项目在经济评价中,将外汇换算为本国货币的系数。它不同于官方汇率或国家外汇牌价,能够正确反映外汇对于国家的真实价值。影子汇率实际上也就是外汇的机会成本,即项目投入或产出所导致的外汇减少或增加,给国民经济带来的损失或收益。

影子汇率是一个重要的国家经济参数,它体现了从国民经济角度对外汇价值的估量,在建设项目的经济评价中,除用于外汇与本国货币之间的换算外,还是经济换汇和经济结汇成本的判据。国家可以利用影子汇率作为经济杠杆,来影响项目方案的选择和项目的取舍。

影子汇率主要依据一个国家或地区一段时期内进出口的结构和水平、外汇的机会成本及发展趋势、外汇供需状况等因素确定。一旦上述因素发生较大变化,影子汇率值需作相应的调整。

影子汇率的发布形式有直接发布和间接给出两种。在经济评价中,影子汇率通过影子汇率换算系数计算,计算公式为

$$影子汇率 = 影子汇率换算系数 \times 国家外汇牌价(官方汇率)$$

影子汇率换算系数是国家相关部门根据国家现阶段的外汇供求情况、进出口结构换汇成本等综合因素统一测算和发布的,目前我国的影子汇率换算系数取值为 1.08。

影子汇率的取值对于项目决策也有着重要的影响。影子汇率换算系数越高,外汇的影子价格越高,出口产品的项目效益较高,评价结论会有利于出口方案;另一方面,项目引进进口产品的方案费用较高,评价结论会不利于进口方案。例如,某项目的投入物可以使用进口设备,也可以使用国产设备,当影子汇率较高时,就有利于后一种方案;再例如,对于主要产出物为外贸货物的建设项目,当影子汇率较高时,将有利于项目获得批准实施。

6.3.4 影子工资

在大多数国家中,由于社会、经济或传统的原因,劳动者的货币工资常常偏离竞争性劳动市场所决定的工资水平,不能真实地反映单位劳动的边际产品价值,从而产生了劳动市场供求失衡问题。在此情形下,对建设项目进行经济评价,就不能简单地把项目中的货币工资支付直接视为该项目的劳动成本,而要通过"影子工资"对此劳动成本进行必要的调整。

影子工资,即劳动力的影子价格,是指由于建设项目使用劳动力而使国民经济所付出的真实代价,是由劳动力的机会成本和劳动力转移而引起的新增资源耗费两部分组成的。劳动力机会成本是指劳动力如果不就业于该项目而从事其他生产经营活动所创造的最大效益,也就是因劳动力为该项目工作而使别处被迫放弃的原有净收益。它与劳动力的技术熟练程度和供求状况有关,技术越熟练,社会需求程度越高,其机会成本越高;反之,越低。劳动力的机会成本是影子工资的主要组成部分。

新增资源耗费是指项目使用劳动力后,由于劳动者就业或迁移而增加的交通运输费用、城市管理费用、培训费用等,这些资源的耗用并未提高劳动者的收入水平。

在经济评价中,影子工资作为费用计入经营成本。

影子工资的计算可采用换算系数法,即将财务评价时所用的工资与福利费之和(合称名义工资)乘以影子工资换算系数求得,其计算公式为

$$影子工资 = (财务工资 + 福利费) \times 影子工资换算系数$$

影子工资换算系数是影子工资与财务评价中劳动力的工资和福利费的比值。影子工资换算系数是建设项目经济评价的通用参数,是由国家相关部门根据国家劳动力的状况、结构以及就业水平等综合因素统一测定和发布的。根据目前我国劳动力市场状况,技术性工种劳动力的影子工资换算系数取值为1,即影子工资可等同于财务评价中使用的工资;非技术性工种劳动力的影子工资换算系数取值在0.25~0.8,非熟练劳动力影子工资换算系数可选0.5。在建设期内使用大量民工的项目,如水利、公路项目,其民工的影子工资换算系数为0.5。在项目评价中,评价人员可根据项目所在地区劳动力的充裕程度以及所用劳动力的技术熟练程度,适当提高或降低影子工资换算系数。例如,对于在就业压力很大的地区、占用大量非熟练劳动力的建设项目,影子工资换算系数可小于1;对于占用大量短缺的专业技术人员的建设项目,影子工资换算系数可大于1;对于中外合资合营的建设项目,由于其中方工作人员的技术熟练程度一般较高,国家和社会为此付出的代价较大,因此,中方工作人员的影子工资换算系数通常都大于1。

6.4 工程方案经济比选的原理

6.4.1 工程方案经济比选的目的和原则

6.4.1.1 工程方案经济比选的目的

工程方案的经济比选是寻求合理的建设和技术方案的必要手段,是项目评价的重要内容和组成部分。在建设项目可行性研究中所进行的各项主要经济和技术决策,如工厂生产规模、产品结构、工艺流程和主要设备选择,原材料、燃料和动力供应方式的确定,厂区和厂址的选择、工场布置及资金筹措等,均应根据实际情况提出各种可能的备选方案进行筛选,并对筛选出的若干方案进行经济对比分析计算,并结合其他因素进行详细论证,最终选择出能最有效地分配和使用有限的资源与资金,以获得能够取得最佳投资效益的建设方案。因此,工程方案经济比选是项目评价的前提和核心内容。

6.4.1.2 工程方案经济比选的原则

工程方案经济比选的原则包括如下几种:

重大基础设施和公益性项目的方案比较,原则上应通过经济评价和综合评价来确定。

方案比选应遵循效益与费用计算口径对应一致的原则。

方案必须具有共同的既定目标,目标不同的方案或不能满足最低效果要求的方案不可进行比较。

方案比选应注意各个方案之间的可比性:

(1)服务年限即计算期应相同。如有不同应设法在相同期间内进行对比,或采用年值法计算。

(2)计算的基础资料可比,包括设备价格、材料价格及工资单价等价格指标要相同。各种消耗指标应采用同一资料,投资估算应采用统一估算依据。

(3)设计深度相同,即各设计方案的详细程度相同,效益与费用的计算范围一致。经济计算方法相同。

6.4.2 工程方案之间的关系

运用经济评价指标对投资方案进行评价,主要有两个用途:一是对某一方案进行分析,判断该方案在经济上是否可行。对于这种情况,需要选用适当指标并计算指标值,根据判断准则评价其经济性即可。二是对于多方案进行经济上的比选,此时,如果仅计算各种方案的评价指标并作出结论,其结论可能是不可靠的。

投资主体所面临的方案选择往往不是单独一个项目,而是一个项目群,其追求的不是单一方案的局部最优,而是项目群的整体最优。系统理论认为,单独每一个项目的经济性往往不能反映整个项目群的经济性。因此,投资主体在进行项目群选择时,除考虑每个方案的经济性之外,还必须分析各方案之间的相互关系。

对于任何一项投资项目,往往都有许多备选方案。投资决策就是要进行多方案的比较和选优。为了正确进行方案的比较和评选,首先要明确各方案之间的相互关系,然后再采用适宜的指标和方法进行比较选优。

按方案之间的经济关系,可分为独立型方案、互斥型方案、互补型方案、资金约束条件下的相关方案和混合方案等。

6.4.2.1 独立型方案

独立型方案是指方案间互不干扰,方案的采纳与否只受自身条件的制约,方案之间具有相容性,不具有排斥性。也就是说,在独立型方案中,一个方案的选择不影响另一个方案的选择,它们在经济上互不相关,接受或放弃某个方案,并不影响其他方案的取舍,在选择方案时可以任意组合,直到资源得到充分运用为止。这些项目可以共存,而且投资、经营成本与收益具有可加性。例如,国家为实行西部大开发,要修建若干个飞机场项目、高速公路项目、铁路项目,在满足建设资金的前提下,这些项目可以视为若干个独立型方案。

独立投资方案的比较选优问题,与单一投资项目的经济评价本质相同,方案的采用与否,只取决于方案自身的绝对经济性。因此,只需要评价该方案运营是否能满足项目投资人或行业或国家的基本经济要求,即 NPV>0 或 IRR>i,可采用 NPV 法与 IRR 法中的任一方法进行独立方案的经济性评价。

6.4.2.2 互斥型方案

互斥型方案指方案之间具有互不相容性即相互排斥性,选择其中一个方案,则其他方案就必然被排斥的一组方案。在互不相容的方案中,能够任选一个并且只能选择一个,一旦选中任意一个方案,其他方案就必须放弃。例如,在某确定的建设场地新建住宅项目和商场项目两个方案,如果选择其中一个方案,则另一个方案就无法实施。因此这两个方案之间的关系则为互斥型方案。互斥型方案还可按以下因素进行分类。

(1) 按服务寿命长短不同,投资方案可分为以下几种:

1) 相同服务寿命的方案,即参与对比或评价的方案的服务寿命均相同。

2) 不同服务寿命的方案,即参与对比或评价的方案的服务寿命均不相同。

3) 无限长寿命的方案,即参与对比或评价的方案可视为无限长寿命的工程,如大型水坝、运河工程等。

(2) 按规模不同,投资方案可分为以下几种:

1) 相同规模的方案,即参与对比或评价的方案具有相同的产出量或容量,在满足相同功能数量方面的要求具有一致性和可比性。

2) 不同规模的方案,即参与对比或评价的方案具有不同的产出量或容量,在满足相同功能数量方面的要求不具有一致性和可比性。

对于相互排斥投资方案的经济评价,不仅要研究各个备选方案的经济合理性,更为重要的是需要对可行方案进行排序以解决优选问题。如前面相关内容分析,净现值与内部收益率作为常用的反映项目盈利能力的两大基本指标,各有其特点。在衡量方案的获利能力时,净现值采用的是绝对量,能够直接衡量出各种方案对项目价值的影响,即以净现值最大化的选择法则选择投资方案与实现股东财富最大化的投资政策目标是一致的,因而,不但可以用净现值指标进行方案经济可行性的判断,而且可以直接用净现值指标对方案进行优劣排序优选。而内部收益率是采用相对量反映方案盈利能力的,其优势在于能够精确地反映出实际投资的投资报酬率。而由于内部收益率无法体现投资方案的价值,内部收益率的最大化并不全部意味着股东财富的最大化,即以内部收益率最大化的选择法则选择投资方案与实现股东财富最大化的投资政策目标可能不一致。所以,在互斥方案的优劣排序和对方案进行优选时,不能直接采用内部收益率法。

6.4.2.3 互补型方案

在众多方案中,出现技术经济互补的方案为互补型方案。互补型方案之间的关系可以分为两种:一种是对称型;一种是非对称型。以对称型举例:建设一个机场,必须建设与机场相配套的机场与城市之间的道路,它们之间无论在建设时间、建设规模,还是建设等级上都一定要彼此适应,才能充分发挥各自的功能,达到最终的目的。

6.4.2.4 资金约束条件下的相关方案

资金约束条件下的相关方案是独立方案的一种特别情形。如果没有了资金量的约束,那么方案之间是独立的。而由于项目融资条件的限制和可融通的资金量的约束,使得这些本来独立不相关的方案具有了相关性。在资金的约束下,接受一些方案就意味着要舍弃其他方案,这就是资金约束条件下的相关方案。

对于资金约束条件下相关方案的经济性比选,除要考查备选方案的经济合理性外,还要在资金约束条件的框架内进行可行方案的优选。

6.4.2.5 混合方案

在方案众多情况下,方案之间的关系可能包括两种或两种以上不同类型,称之为混合方案。混合方案的经济性比较和优选方法因其方案的不同关系类型而不同。

在实际工作中,工程技术人员遇到的多为互斥型方案的选择,高层计划部门遇到的多为独立型方案或混合型方案的选择。

6.5 工程方案经济比选的方法

工程方案的经济比选是寻求合理的经济和技术方案的必要手段,也是项目经济评价的重要内容。工程经济评价的核心问题是方案的经济评价和可行方案的优选。评价和选择的基础就是多方案的比较。从多个可行方案中,通过比较优选出一个技术先进、经济效益好并能满足其他方面要求的最佳方案或满意方案。方案优选应建立在对资源状况和方案相互认识和正确评价的基础上。

在工程经济分析实践中,由于方案之间关系的复杂性及资源状况等客观条件的限制,通常不能直接用前述的指标来进行方案的比较和选择。无论项目群中的项目是何种关系,项目经济评价的原则只有一个:最有效地分配有限的资金,以获得最好的经济效益,即有限投资总额的总体净现值最大。这就需要根据不同的项目关系和类型选择和使用正确简单的评价方法。

6.5.1 独立型方案比选

对独立型方案的评价选择,其实质就是在"做"和"不做"之间进行选择。一般独立方案的选择分为以下两种情况:一种情况是没有资源限制,如果独立型方案之间共享的资源(通常为资金)足够多,则任何一个方案只要是经济上可行的,都可以采纳并实施;另一种情况是有资源限制,如果独立型方案之间共享的资源是有限的,不能满足所有方案的需要,则在不超出资源限制的条件下,在可行方案中选择其中的某一些方案作为最终实施的方案,那么,这些被选中的方案组合应该是能够产生最佳经济效果的方案组合。

因此独立方案的采用与否,取决于方案自身的经济性,即方案的经济指标是否达到或超过预定的经济评价标准。这样,只需通过计算方案的经济指标,按照指标的判别准则加以检验就可以对方案进行选择了。这种对方案自身的经济性的检验称为绝对经济效果检验,若方案通过了绝对经济效果检验,就认为方案在经济上是可行的,可以接受。否则,就应予以拒绝。绝对经济效果检验的指标通常有净现值、净年值和内部收益率等绝对效益评价指标。

6.5.1.1 不受资金约束的独立型方案的比选

如果没有资金约束,独立型方案又称完全独立型方案。完全独立型方案的现金流相互独立,不具有相关性,任一完全独立型方案的采用与否都不影响其他方案的决策。如果决策的对象是单一方案,则可以认为是独立型方案的特例。

不受资金约束的独立型方案投资决策时比较容易,只需进行绝对效果检验,独立型方案经济评价常用的评价指标有净现值、净年值、内部收益率等。分别计算各方案的净现值、净年值或内部收益率中的任一指标,只要指标达到评价标准,通过绝对效果检验的方案,就认为它在经济效果上是可以接受的,否则就应予以拒绝。

【例6.1】 两个独立方案 A 和 B,其现金流量见表6-1,不具有相关性,资金不受约束。试判断其经济可行性($i=15\%$)。

表6-1 独立方案 A 和 B 的净现金流量

方案	初始投资/万元	1～10年年净收益/万元
A	2 000	400
B	2 000	350

解 $NPV(A) = -2\,000 + 400 \times (P/A, 15\%, 10) = 7.52(万元)$

$NPV(B) = -2\,000 + 350 \times (P/A, 15\%, 10) = -243.42(万元)$

$NPV(A) > 0$,A 方案可接受;$NPV(B) < 0$,B 方案应予拒绝。

6.5.1.2 有资金约束的独立型方案的比选

一般情况下,由于项目的经济条件有限,能够采用的方案数目多少会受到项目财力、物力和人力的限制,这样就使独立方案的比选成为有约束条件的选择。在资金总额约束的条件下,项目方案比选的实质是排列各方案的优先次序,使净收益大的方案优先采纳,在不超过有限资金总额的条件下,选取能够带来总收益最多的一组方案。常用的资金有限独立方案的比选为独立型方案互斥化法。

独立型方案互斥化的原理是将独立型方案的所有组合列出来,使每个组合形成一个组合方案(其现金流量为被组合方案现金流量的叠加),因这些组合方案之间是互斥关系,故被称为组合互斥方案。由于是所有可能的组合,则最终的选择只可能是其中一种方案组合,因此,所有可能的组合方案形成了互斥关系,可按互斥方案的比选方法确定最优的方案组合。最优的方案组合即是独立型方案的最佳方案选择。

用净现值指标评价的基本步骤如下:

(1)分别对各独立型方案进行绝对效果检验,即剔除 NPV<0,或 IRR<i_c 的方案。

(2)对通过绝对效果检验的独立型方案,列出所有可能的方案组合,将所有的组合按初始投资额从小到大的顺序排列。

(3)排除初始投资额超过投资资金限制的方案组合。

(4)对所剩的方案组合按互斥方案的比选方法确定最优的方案组合,可用净现值法判定,即分别计算各方案组合的净现值,以净现值最大者为最佳组合,也可用增量内部收益率法选择最佳方案组合,不过其结论和净现值法是一致的。

【例6.2】 某企业经过调研发现有三个独立的投资方案 A、B、C,各方案的期初投资及年净收益见表6-2,假定基准收益率为15%,寿命期均为10年,现企业可用于投资的资金为400万元,应如何选取方案?

表6-2 投资方案A、B、C的期初投资及年净收益

方案	期初投资/万元	年净收益/万元
A	120	25
B	150	40
C	200	45

解 先计算各方案的净现值,即

NPV(A) = -120+25×(P/A,15%,10) = 5.47(万元)

NPV(B) = -150+40×(P/A,15%,10) = 50.752(万元)

NPV(C) = -200+45×(P/A,15%,10) = 25.846(万元)

三个独立方案可组合出 2^3 即8个互斥的方案组合,将组合列于表6-3。

表6-3 组合方案期初投资、年净收益及净现值

组合方案号	组合方式	期初投资/万元	年净收益/万元	净现值/万元
1	0	0	0	0
2	A	120	25	5.47
3	B	150	40	50.752
4	C	200	45	25.846
5	AB	270	65	56.222
6	AC	320	70	31.316
7	BC	350	85	76.598
8	ABC	470	110	82.068

由于方案组合ABC的投资额为470万元>400万元,故可不计算此组合。观察对比表6-3中各组合的净现值,BC的净现值最大且大于0,所以,BC为最优方案组合,B方案和C方案是最优的选择。

6.5.2 互斥型方案的比选

在建设项目的工程技术方案经济评析中,较多为互斥方案的比较和选择问题。由于技术的进步,为实现某种目标可能形成众多的工程技术方案。这些方案或采用不同的技术工艺和设备,或是不同的规模和坐落位置,或利用不同的原料和半成品等。当这些方案在技术上均可行,经济上也合理时,项目经济评价的任务就是从中选择最优方案。

方案的互斥关系决定了人们只能在若干方案中选择一个方案作为最佳方案实施。由于每一个方案都具有相同的被选择的可能性,为了使资金发挥最大的效益,这就需要进行比选,以确定一个最优方案。该类型方案的经济效果评价包括以下两点:

(1)绝对效果检验。考察备选方案中各方案自身的经济效果是否满足评价准则的要求。

(2)相对效果检验。考察备选方案中哪个方案相对最优。

6.5.2.1 互斥型方案比较的原则

进行互斥型方案的比较时,需明确以下原则:

(1)时间可比性原则。比选互斥投资方案时,各方案的寿命应该相等,否则必须利用某些方法,如最小公倍数法、研究期法等,进行方案寿命的变换,以保证各方案具有相同的比较时间。

(2)增量(差额)分析原则。对现金流量的差额进行评价,考察增量投资的经济效果。如增量收益超过增量费用,则增加投资的方案是值得的。例如,有两个方案 A 和 B,方案 A 比方案 B 投资金额大,方案 A 是否优于方案 B,要看增加(差额)投资的经济效果。

(3)选择正确评价指标。采用增量分析法,可以选择净现值、内部收益率等评价指标对方案进行分析评价,如果这些指标的计算结果大于基准值,我们就认为投资大的方案优于投资小的方案。如果不采用增量分析法,则需要选择适合的评价指标。

6.5.2.2 互斥型方案的比较条件和计算步骤

(1)比较条件。需要注意的是,在进行相对经济效果检验时,不论使用哪种指标,都必须满足方案的可比性条件。在对多个互斥方案进行比较时,必须具备以下基本条件:①对比方案的费用及效益计算方式一致;②对比方案现金流量在时间上具有可比性。

如果以上条件不能满足,各方案之间不能进行直接比较,必须经过一定转化后方能进行比较。

(2)计算步骤。对于互斥型方案的选择,一般先用绝对经济效果方法筛选方案,然后以相对经济效果方法优选方案,基本步骤如下:①按项目方案投资额大小将方案排序;②以投资额最低的方案为临时最优方案,计算此方案的绝对经济效果指标,并与判别标准比较,直至成立;③依次计算各方案的相对经济效益,并与判别标准如基准收益率比较,优胜劣汰,选出最优方案。

6.5.2.3 互斥型方案的比选方法

互斥型方案的比选分为计算期相同和计算期不同两种情况。

(1)计算期相同的互斥型方案比选。对于寿命期相同的互斥方案,通常以其寿命期作为计算期,以满足在时间上的可比性。互斥方案的评价与选择的指标通常采用净现值、年度等值和内部收益率比较法。

投资额不等的互斥方案比选的实质是判断增量投资的经济合理性,即投资大的方案相对于投资小的方案多投入的资金能否带来更高的增量收益。如果增量投资能够带来更高的增量收益,则投资额大的方案优于投资额小的方案;反之,则投资额小的方案优于投资额大的方案。

增量分析法也称差额投资分析法,是用投资大的方案减去投资小的方案,得到差额投资现金流量,然后通过计算差额投资现金流量的经济评价指标,评价差额投资现金流量的可行性,判断差额投资是否值得,从而进行方案比选。增量分析法的具体步骤如下:

第一步,将项目方案按投资额大小,从小到大依次排序。

第二步,以投资额最小的方案作为临时最优方案,计算此方案的绝对经济效果指标,并与判别标准比较,直至找到一个可行方案。

第三步,计算方案 B 与方案 A(方案 A 是临时最优方案且经济可行;方案 B 是与方案 A 排序最近的经济可行方案)的差额投资现金流量,并绘制现金流量图。

第四步,计算差额投资现金流量的经济评价指标。如差额投资内部收益率(ΔIRR)、差额投资净现值(ΔNPV)或差额投资回收期(ΔP_t)等。

第五步,方案比选,通过求得的差额投资现金流量的经济评价指标,评价差额投资现金流量的可行性,进行方案比选。如求得 $\Delta IRR > i_c$(基准收益率),说明投资较大的方案 B 较优;否则说明投资较小的方案 A 较优。

第六步,依次对下一方案与上一步中所选较优方案进行比选,直至比选完所有备案方案,将最后确定的最优方案入选。

净现值、净年值、投资回收期和内部收益率等评价指标都可用于增量分析。

1)差额投资内部收益率(ΔIRR)法。差额投资内部收益率又称增量投资内部收益率,也叫追加投资内部收益率,是指两个互斥型方案各年净现值流量差额的现值之和等于零时的折现率。

所谓差额内部收益率,是指相比较的两个方案各年净现金流量差额的现值之和等于零时的贴现率。

因此,差额内部收益率也可表述为两互斥型方案净现值(或净年值)相等时的贴现率。用差额内部收益率比选方案的判别准则是:若 $\Delta IRR > i_c$,则投资大的方案为优;若 $\Delta IRR < i_c$,则投资小的方案为优。

与差额净现值法类似,差额内部收益率只能说明增加投资部分的经济性,并不能说明全部投资的绝对效果。因此,采用差额内部收益率法进行方案评选时,首先必须判断被比选方案的绝对效果,某一方案只有在绝对效果好的情况下,才能用来作为比较对象。

在对互斥型方案进行比较选择时,净现值最大准则更准确,而内部收益率最大准则只在基准贴现率大于被比较的两方案的差额内部收益率的前提下成立。也就是说,如果将投资大的方案相对于投资小的方案的增量投资用于其他投资,会获得高于差额内部收益率的盈利率,这时用内部收益率最大准则进行方案比选的结论才是正确的。但是,如果基准贴现率小于差额内部收益率,用内部收益率最大准则选择方案就会导致错误的决策。因为基准贴现率是独立确定的,不依赖于具体的比选方案的差额内部收益率,故用内部收益率最大准则选方案是不可靠的。

基于以上理由,当净现值法比选结果与内部收益率法的比选结果相互冲突时,通常以净现值法的比选结果为准,即判定准则为:当 NPV 法与 IRR 法比选结果不同时,NPV 值大者为最优方案。

财务评价时,其表达式为

$$\sum_{t=0}^{n} [(CI-CO)_2 - (CI-CO)_1]_t (1+\Delta FIRR)^{-t} = 0 \qquad (6-1)$$

式中：ΔFIRR——差额投资财务内部收益率；

(CI-CO)$_2$——投资多的方案的年净现金流量；

(CI-CO)$_1$——投资少的方案的年净现金流量。

经济评价时，其表达式为

$$\sum_{t=0}^{n}[(B-C)_2-(B-C)_1]_t(1+\Delta EIRR)^{-t}=0 \qquad (6-2)$$

式中：ΔEIRR——差额投资经济内部收益率；

(B-C)$_2$——投资大的方案的年净效益流量；

(B-C)$_1$——投资少的方案的年净效益流量。

进行方案比选时，当 ΔFIRR≥i_c（财务基准收益率或要求达到的收益率）或 ΔEIRR≥i_s（社会折现率）时，投资大的方案为优；当 ΔFIRR<i_c 或 ΔEIRR<i_s 时，投资小的方案为优。

多个方案进行比较时，要先按投资额由小到大排序，然后将相邻方案两两比较，从中选出最优方案。

2) 差额净现值（NPV）法。对于多个互斥方案，利用两方案的差额净现金流现值来分析，称为差额净现值法。设 A、B 为投资额不等的互斥方案，方案 A 比方案 B 投资大，两方案的差额净现值可按下式求得

$$\Delta NPV=\sum_{i=0}^{n}[(CI_A-CO_A)_t-(CI_B-CO_B)_t](1+i_n)^{-t} \qquad (6-3)$$

具体解题过程：先计算两个方案的净现金流量之差，然后计算差额净现值是否大于零。若 ΔNPV>0，即 NPV(A)>NPV(B)，表明增加的投资在经济上是合理的，投资大的方案优于投资小的方案；反之，则说明投资小的方案是更经济的。

当有多个互斥方案进行比较时，为了选出最优方案，需要对各个方案进行两两比较。当方案很多时，先将各个方案按投资额的大小顺序排列，然后从小到大进行比较。每比较一次就淘汰一个方案，直到得出最终结论。

由于差额净现值只能用来检验差额投资的效果，即差额投资的相对效果，那么，差额净现值大于零只是表明增加的投资是合理的，并不表示全部投资是合理的。因此，在采用差额净现值法对方案进行比较时，首先必须确定作为比较基准的方案的绝对效果是好的。

实际工作中应根据具体情况选择比选方法。当有多个互斥方案时，直接用净现值最大准则选择最优方案比两两比较的增量分析更为简便。分别计算各备选方案的净现值，根据净现值最大准则选择最优方案，可以将方案的绝对经济效果检验和相对经济效果检验结合起来，判别准则可表述为净现值最大且非负的方案为最优方案。

【例6.3】 某市政府拟建一座污水处理厂，以提高该市的污水处理能力。该市政府委托某咨询机构负责项目的可行性研究工作，该咨询机构提出 A、B 两个方案，并测算了两个方案的财务净现金流量，如表6-4所示。

表6-4 A、B两方案的财务净现金流量　　　　　　　　　　（单位：万元）

	1年	2年	3年	4~10年
A方案年净现金流量	-3 500	400	500	650
B方案年净现金流量	-2 500	300	500	550

如采用净现值法，咨询工程师应推荐哪个方案？（财务基准收益率取6%）

解 A方案净现值：

NPV(A) = -3 500×(P/F,6%,1) + 400×(P/F,6%,2) + 500×(P/F,6%,3) + 650×(P/A,6%,7)×(P/F,6%,3) = 142.619（万元）

B方案净现值：

NPV(B) = -2 500×(P/F,6%,1) + 300×(P/F,6%,2) + 500×(P/F,6%,3) + 550×(P/A,6%,7)×(P/F,6%,3) = 906.141（万元）

则A方案NPV>0，B方案NPV>0，即A、B方案在经济效果上均是可行的，且B方案净现值大于A方案净现值，所以应推荐B方案。

3）费用现值（PC）法。在对多个方案进行比选时，如果各个方案效益相同或效益基本相同，又难以具体估算效益，或各个方案能提供相同服务或能满足相同需要，则可通过对各方案的费用比较进行选择，即采用费用现值法比选。判别的准则就是：费用现值最小的为相对最优方案。

在实际工作中，我们经常会遇到这样一类问题：在水力发电和火力发电之间、在铁路运输和公路运输之间进行方案选择。无论选择哪一种方案，其效益或效果是相同的。这时只需考虑比较方案的费用大小，费用最小的方案就是最好的方案。

【例6.4】 项目生产需购进某类型设备，三种具有同样功能的设备，使用寿命均为10年。初始投资、年经营费用及期末回收余值见表6-5，假定折现率为10%，试比较哪种设备更经济。

表6-5 设备投资及费用　　　　　　　　　　（单位：万元）

设备	初始投资	年经营费用	期末回收余值
A	250	25	8
B	280	20	9
C	300	15	10

解 三种设备功能相同、寿命相等，所以可以采用费用现值法选优。

PC(A) = 250 + 25×(P/A,10%,10) - 8×(P/F,10%,10) = 400.531（万元）

PC(B) = 280 + 20×(P/A,10%,10) - 9×(P/F,10%,10) = 399.422 5（万元）

PC(C) = 300 + 15×(P/A,10%,10) - 10×(P/F,10%,10) = 388.314（万元）

由计算可知C设备费用现值最小，所以选C设备最经济。

（2）计算期不同的互斥型方案比选。计算期不同的方案，由于时间的不可比性，不能直接进行比较,必须采用一定的方法,使其比较的时间相一致,通常可以采用计算期统一法或净年值法进行方案的比选。

对于寿命期不同的互斥型方案,通常将方案的寿命期通过转化计算确定为相等计算期,这样方案在时间上就具有可比性。

为了满足方案的可比性要求,需要解决两个方面的问题:一是设定一个合理的相等计算期;二是对于寿命期不等于计算期的方案,选择合理的方案持续期或者残值回收期。

1)计算期统一法。计算期统一法就是为计算期不等的比选方案选定一个共同的计算期进行分析,在此基础上再对方案进行比选。通常采用最小公倍法和最短计算期法两种方法。

①最小公倍数法,也称方案重复法。以各个备选方案计算期的最小公倍数作为共同的计算期,将各方案计算期各年净现金流量进行重复,直到与最小公倍数计算期相等,然后计算净现值、差额投资内部收益率、费用现值等指标,进行方案比选。

用净年值法进行寿命期不同的互斥型方案比选,实际上隐含着一个假定:各个备选方案在其寿命结束时均可按原方案重复实施,多次重复并最终达到各方案的寿命期相等的状态,从而使寿命不等的互斥方案间具有可比性。因为一个方案无论重复实施多少次,其年值是不变的,所以净年值法实际上假定了各方案可以无限多次重复实施。依据这一思想,也就可以推导出计算期的最小公倍数法。

当互斥型方案寿命期不同时,由于各方案的现金流量在各自寿命期内的现值不具有可比性,如果要使用现值指标进行方案比选,就必须设定一个共同的计算期。这个共同的计算期通常设定为各个方案寿命期的最小公倍数。

最小公倍数法以各个方案使用寿命期的最小公倍数作为计算周期,在此期间各方案以同样规模重复投资多次,据此算出各方案的净现值,然后进行比较选优。

判定准则为净现值最大且非负的方案为最优的可行方案。

②最短计算期法,也称研究期法。与延长计算期以达到时间可比性要求的最小公倍数法相反,最短计算期法通过缩短较长计算期来满足时间可比性的要求,一般是选择方案中最短的计算期作为各方案的共同计算期。以净现值为例,总结公式为

$$NPV_1' = NPV_1 \tag{6-4}$$

$$NPV_2' = NPV_2 \times (A/P, i, n_2) \times (P/A, i, n_1) \tag{6-5}$$

式中:n_1——较短计算期方案的计算期;

n_2——较长计算期方案的计算期。

【例 6.5】 某总承包企业拟开拓某城市工程承包市场,经调查该市目前有 A、B 两个 BOT 建设项目要招标,试分别采用最小公倍数法和最短计算期法为该企业选择投标的项目。假定财务基准收益率是 6%,A、B 两个项目投资与收益数据见表 6-6。

表6-6 A、B两个项目投资与收益数据   (单位:万元)

项目名称	初始投资	运营期每年收益		
		1~5年	6~10年	11~15年
A项目	1 000	200	250	—
B项目	700	120	150	200

解 (1)最小公倍数法。计算期的最小公倍数为30年,采用净现值比较。

NPV(A) = −1 000+200×(P/A,6%,5)+250×(P/A,6%,5)×(P/F,6%,5)−1 000×(P/F,6%,10)+200×(P/A,6%,5)×(P/F,6%,10)+250×(P/A,6%,5)×(P/F,6%,15)−1 000×(P/F,6%,20)+200×(P/A,6%,5)×(P/F,6%,20)+250×(P/A,6%,5)×(P/F,6%,25) = 11 772.52(万元)

NPV(B) = −700+120×(P/A,6%,5)+150×(P/A,6%,5)×(P/F,6%,5)+200×(P/A,6%,5)×(P/F,6%,10)−700×(P/F,6%,15)+120×(P/A,6%,5)×(P/F,6%,15)+150×(P/A,6%,5)×(P/F,6%,20)+200×(P/A,6%,5)×(P/F,6%,25) = 10 603.49(万元)

A、B两个项目净现值均大于0,且A项目优于B项目。

(2)最短计算期法,计算期应取10年。

NPV(A) = −1 000+200×(P/A,6%,5)+250×(P/A,6%,5)×(P/F,6%,5) = 6 295.29(万元)

NPV(B) = [−700+120×(P/A,6%,5)+150×(P/A,6%,5)×(P/F,6%,5)+200×(P/A,6%,5)×(P/F,6%,10)]×(A/P,6%,15)×(P/A,6%,10) = 5 669.42(万元)

计算结果表明,A项目更优一些。

2)净年值法。净年值法是将投资方案在计算期的收入及支出按一定的贴现率换算为净年值,再来加以评价或选择的方法。在对寿命期不等的互斥型方案进行评选时,特别是参加比选的方案数目众多时,净年值法是最为简便的方法,即把每个比选方案的净现值求出后转化成年值,公式为

$$NAV = NPV \times (A/P, i, n) \tag{6-6}$$

6.5.3 混合型方案比选

当方案组合中既包含互斥型方案又包含独立型方案时,就构成了混合型方案。独立型方案或互斥型方案的选择,属于单项决策。但在实际情况下,需要考虑各个决策之间的相互关系。混合型方案的特点,就是在分别决策基础上,研究系统内各个方案的相互关系,从中选择最优秀的方案组合。

混合型方案选择的程序如下:

(1)按组际间方案互相独立、组合内方案互相排斥的原则,形成各种可能的方案组合。

(2)以互斥型方案比选的原则筛选组合内的方案。

(3)在总的投资限额下,以独立型方案比选原则选择最优秀的方案组合。

建设项目投资决策

【例6.6】 某企业拟投资两个相互独立的项目,A项目要改扩建原有生产线,B项目要引进一条新产品生产线。各项目内又由项目管理部提出了多个互斥的建设方案。假定各方案的寿命期均为10年,基准收益率为12%,当企业投资总额在500万元以内时,对企业最有利的投资组合是哪种选择? A、B项目的各建设方案的具体数据见表6-7。

表6-7 A、B项目的各建设方案

项目	投资方案	期初投资/万元	年净收益/万元
A	A1	100	30
A	A2	150	45
A	A3	200	50
B	B1	250	40
B	B2	300	80
B	B3	400	105

解 计算每个项目内各方案的净现值并据此进行排序。

$NPV(A1) = -100+30\times(P/A,12\%,10) = 69.51(万元)$

$NPV(A2) = -150+45\times(P/A,12\%,10) = 104.26(万元)$

$NPV(A3) = -200+50\times(P/A,12\%,10) = 82.51(万元)$

则据净现值排序:$NPV(A2)>NPV(A3)>NPV(A1)$。

$NPV(B1) = -250+40\times(P/A,12\%,10) = -23.99(万元)$

$NPV(B2) = -300+80\times(P/A,12\%,10) = 152.02(万元)$

$NPV(B3) = -400+105\times(P/A,12\%,10) = 193.27(万元)$

B1方案 NPV<0,不可行,故排除,$NPV(B3)>NPV(B2)$。则 A、B 方案组合方式有 A1B2、A2B2、A3B2、A1B3、A2B3、A3B3。根据投资总额500万元的约束条件,A2B3、A3B3 组合均超过500万元,应予以剔除。

在剩下的四个方案组合中:

$NPV(A1B2) = 69.51+152.02 = 221.53(万元)$

$NPV(A2B2) = 104.26+152.02 = 256.28(万元)$

$NPV(A3B2) = 82.51+152.02 = 234.53(万元)$

$NPV(A1B3) = 69.51+193.27 = 262.78(万元)$

根据计算结果,应选A1B3组合,即A项目的A1方案和B项目的B3方案。

习 题

一、单项选择题

1. 项目的( )是企业评价其应该承担的社会成本的重要依据。
A. 经济价值   B. 投资收益   C. 项目估算   D. 现金流量

2. 项目的( )是企业处理各种利益关系的重要依据。
A. 投资估算　　B. 现金流量　　C. 市场分析　　D. 经济分析

3. 在传统的观念中,经济分析强调采用( )的方法,追求尽可能准确地计算建设项目的经济内部收益率和经济净现值等评价指标。
A. 经济费用效益分析
B. 经济费用效果分析
C. 风险效益分析
D. 经济费用效益分析法和经济费用效果分析法相结合分析

4. 项目的投资建设有可能对上下游产业链及价值链的构成产生影响,并对区域产业结构及价值链空间布局产生影响。这体现了( )。
A. 价格传递效果　　　　　　B. 上下游产业链影响
C. 乘数效应　　　　　　　　D. 瓶颈缓解效应

5. 项目产出物的正面效果的计算应遵循( )原则,分析社会成员为项目产出的效益所愿意支付的价值。
A. 支付意愿　　B. 补偿意愿　　C. 机会成本　　D. 影子汇率

6. 作为项目经济分析的重要通用参数,( )的取值对于项目决策有着重要的影响。
A. 社会折现率　　B. 影子工资　　C. 国民经济增长率　　D. 影子汇率

7. ( )是建设项目经济分析的核心方法,一般通过编制经济效益费用流量表,计算经济内部收益率和经济净现值等指标,分析项目的经济盈利能力。
A. 费用效益分析　　　　　　B. 经济费用效果分析
C. 风险效益分析　　　　　　D. A 和 B

8. 如果( )等于或者大于社会折现率,表明建设项目资源配置的经济效率达到了可以被接受的水平。
A. 费用效益率　　B. 经济净现值　　C. 经济内部效益率　　D. 效益费用比

9. 医院提供的医疗服务属于( )。
A. 项目的直接费用　　　　　B. 项目的直接效益
C. 项目的间接费用　　　　　D. 项目的间接效益

10. 影子工资包括下列中的( )。
A. 劳动力的机会成本
B. 劳动力转移引起的新增资源消耗
C. 劳动力的机会成本和劳动力转移而引起的新增资源消耗
D. 以上都不对

二、多项选择题

1. 经济分析包括( )等。
A. 经济费用效益分析　　　　B. 费用效果分析
C. 宏观和区域经济影响分析　　D. 风险效益分析
E. 机会成本分析

2. 近年来,对建设项目经济分析在方法、层次、目标、内容、准则等方面都出现了不同程度的变化。主要表现为(   )。
   A. 强调规划和政策层次的经济分析
   B. 强调进行多目标分析
   C. 企业投资的有形产品项目一般只进行财务分析
   D. 强调进行利益相关者分析
   E. 实行定性与定量分析相结合

3. 对于具有市场价格的货物或服务,其费用或效益的计算应该遵循的原则有(   )。
   A. 若该货物或服务处于竞争性市场环境中,市场价格能够反映支付意愿或机会成本,应采用市场价格作为计算项目投入物或产出物经济价值的依据
   B. 如果项目的投入物或产出物的规模很大,项目的实施将足以影响其市场价格,导致"有项目"和"无项目"两种情况下市场价格不一致,理论上应考虑拟建项目对该物品均衡市场价格的影响
   C. 以本国居民作为分析的对象
   D. 按照消费者支付意愿的原则
   E. 对于外贸货物,其投入物或产出物价格应基于国际市场价格进行推算,其价格取值应反映国际市场竞争的实际情况

4. 费用效果分析的应用条件包括(   )。
   A. 待分析的方案数目不得少于两个,并且是互斥方案
   B. 待分析的方案有着共同的目标和目的
   C. 各方案的费用采用货币单位计量,效果采用非货币的同一单位计量
   D. 在计算效果费用比时必须确保各互斥方案的寿命期相同
   E. 如果寿命期相同,应采用评价的技术处理方法使之具有可比基础

5. 项目的间接费用与间接效益包括(   )。
   A. 对上下游企业的影响
   B. 技术在社会上推广,使社会受益
   C. 该项目产品大量出口,导致我国同类产品出口价格下降,减少国家总体的创汇收益
   D. 项目实施使原本闲置的资源得到利用,从而产生一系列连锁反应
   E. 邮电通信项目提供的邮政通信服务

6. 国民经济评价的主要工作包括(   )。
   A. 识别国民经济的费用和效益   B. 资金结构分析
   C. 测算、选取影子价格   D. 编制国民经济评价报表
   E. 计算国民经济评价指标进行方案比选

7. 影子工资包括(   )。
   A. 劳动力的机会   B. 劳动力转移而引起的新增资源消耗
   C. 材料设备的损耗   D. 劳动力的工资收入

E. 设备损耗造成的折旧

8. 项目的实际征地费用中( )不属于转移支付的费用。
A. 粮食开发基金　　B. 耕地占用税　　C. 拆迁费
D. 养老保险费　　　E. 政府给予的补贴

9. 社会折现率取值的高低将影响( )。
A. 经济可行性判断的结果　　　B. 项目的选优
C. 方案的比选　　D. 投资规模　　E. 以上都不对

10. 费用效果分析的特点有( )。
A. 将费用与效果分开考虑
B. 以货币度量费用
C. 用非货币指标度量效用
D. 该方法适用于项目的效益易于以货币度量的项目
E. 适用于单一方案的项目

三、计算题

现有 A、B 两个互斥型方案,现金流量如下表所示,方案寿命期均为 8 年,若基准收益率为 15%,确定应选择哪个方案。

方案名称	初期投资/万元	各年净现金流量/万元
A	150	60
B	200	80

第 7 章

建设项目财务分析及评价

7.1 财务评价概述

建设项目财务评价是工程经济分析的重要组成部分。它是在国家现行会计制度、税收法规和市场价格体系下，鉴定和分析建设项目的投资、成本、收入、税金和利润等，从项目角度，考察项目建成投产后的盈利能力、清偿能力和财务生存能力，据此评价和判断项目财务可行性的一种经济评价方法。明确建设项目对财务主体的价值以及对投资者的贡献，建设项目财务评价也为投资决策、融资决策，以及银行审贷提供依据。

7.1.1 财务评价的作用、意义及基本原则

财务评价（又称企业经济评价），是在国家现行财税制度和价格体系的前提下，从项目的角度出发，计算项目范围内的财务效益和费用，分析项目的盈利能力和清偿能力，评价项目在财务上的可行性。

7.1.1.1 财务评价的作用

财务评价对企业投资决策、金融机构提供贷款及有关部门审批项目都具有十分重要的意义。

（1）财务评价是建设项目决策分析与评价的重要组成部分。对建设项目的评价应从多角度、多方面进行，对建设项目的前评价、中间评价和后评价，财务评价都是必不可少的重要内容。在对建设项目的前评价——决策分析与评价的各个阶段中，无论是机会研究、项目建议书、初步可行性研究报告，还是可行性研究报告，财务评价都是其中的重要组成部分。

（2）财务评价是建设项目投资决策的重要依据。在项目决策涉及的范围中，财务评价虽然不是唯一的决策依据，但却是重要的决策依据。在市场经济条件下，绝大部分项目的有关各方根据财务评价结果做出相应的决策：项目发起人决策是否发起或进一步推进该项目；投资人决策是否投资于该项目；债权人决策是否贷款给该项目；各级项目审批部门在做出是否批准该项目的决策时，财务评价结论也是重要的决策依据之一。具体说来，财务评价中的盈利能力分析结论是投资决策的基本依据，其中项目资本金盈利能力分析结论同时也是融资决策的依据；偿债能力分析结论不仅是债权人决策贷款与否的依据，也是投资人确定融资方案的重要依据。

（3）财务评价在项目或方案比选中起着重要作用。建设项目决策分析与评价的关键是方案比选。无论是在规模、技术、工程等方面都必须通过方案比选予以优化，使项目整体更趋于合理，此时项目财务数据和指标往往是重要的比选依据。在投资机会不止一个的情况下，如何从多个备选项目中择优，往往是项目发起人、投资者，甚至政府有关部门关心的事情，财务评价的结果在项目或方案比选中所起的重要作用是不言而喻的。

（4）财务评价是项目投资各方谈判签约与平等合作的重要依据。目前，投资主体多元化已成为项目融资的主流，存在着多种形式的合作方式，主要有国内合资或合作的项目、中外合资或合作的项目、多个外商参与的合资或合作的项目等。而项目投资各方合

同条款的拟定、谈判和合同正式签约的重要依据就是建设项目的财务评价结果。因此，财务评价结果起着促使投资各方平等合作的重要作用。

7.1.1.2 财务评价的意义

(1) 衡量经营性项目的盈利能力。我国实行企业(项目)法人责任制后，企业法人要对建设项目的筹划、筹资、建设直至生产经营、归还贷款或债券本息以及资产的保值、增值实行全过程负责，承担投资风险。除需要国家安排资金和外部条件需要统筹安排的，应按规定报批外，凡符合国家产业政策，由企业投资的经营性项目，其可行性研究报告和初步设计，均由企业法人自主决策。因决策失误或管理不善造成企业法人无力偿还债务的，银行有权依据合同取得抵押资产或由担保人负责偿还债务。因此，企业所有者和经营者对项目盈利水平如何，能否达到行业的基准收益率或企业目标收益率，项目清偿能力如何，是否低于行业基准回收期，能否按银行要求的期限偿还贷款等十分重视。同时，国家和地方各级决策部门、财务部门和贷款部门(如银行)对此也非常重视。为了使项目在财务上能站得住脚，就要进行项目财务分析。

(2) 衡量非经营性项目的财务生存能力。对于非经营项目，如公益性项目和基础性项目，在经过有关部门批准的情况下，可以实行还本付息价格或微利价格，在这类项目决策中，为了权衡项目在多大程度上要由国家或地方财政给以必要的支持，例如进行政策性的补贴或实行减免税等经济优惠措施，同样需要进行财务计算和评价。由于基础性项目大部分属于政策性投融资范围，主要由政府通过经济实体进行投资，并吸引地方、企业参与投资，有的也可吸引外商直接投资，因而这类项目的投融资既要注重社会效益，也要遵循市场规律，讲求经济效益。

(3) 合营项目谈判签约的重要依据。合同条款是中外合资项目和合作项目双方合作的首要前提，而合同的正式签订又离不开经济效益分析，实际上合同条款的谈判过程就是财务评价的测算过程。

(4) 项目资金规划的重要依据。建设项目的投资规模、资金的可能来源、用款计划的安排和筹资方案的选择都是财务评价要解决的问题。为了保证项目所需资金按时提供(资金到位)，投资者(国家、地方、企业和其他投资者)、项目经营者和贷款部门也都要知道拟建项目的投资金额，并据此安排资金计划和国家预算。

7.1.1.3 财务评价的基本原则

(1) 定量分析与定性分析相结合的原则。建设项目财务评价的本质要求是对项目建设中的诸多经济因素，通过费用、效益计算，给出明确的数量概念，从而进行经济分析与评价。因此，定量分析能正确反映项目建设与生产经营的两个方面。但是，一个复杂的大型建设项目，总会存在一些难以量化的经济因素，因而无法直接量化，需要通过定性分析和定量分析结合在一起进行评价。

(2) 静态分析与动态分析相结合的原则。静态分析对时间因素往往不做价值形态的定量分析，所采用的指标和测算办法很难反映未来时期的发展变化情况，致使由此做出的投资决策失误较多。而动态分析考虑资金的时间价值对投资效益的影响，反映建设项目寿命期的发展变化情况，使投资者和决策者牢固树立资金周转观念、利息观念、投入产出观念，使投资者决策科学化、合理化、规范化，对合理利用有限的建设资金、提高投资经济效益具有十分重要的意义。因此,在建设项目财务评价中,必须以动态分析为主要方法。

(3)阶段性经济效益分析与全过程经济效益分析相结合的原则。以往项目财务分析过分偏重建设阶段的投资、工期和造价,而对项目生产运营阶段流动资金的投资、生产经营成本、经济效益不够重视,致使项目建设投产或交付使用后不能充分发挥设计能力,甚至亏损。鉴于此,当前财务分析应遵循全过程经济效益分析的原则,强调应把项目评价的出发点和归宿点放在投资全过程的经济分析上,采用能够反映项目整个寿命期内经济效益的动态分析方法及其评价指标,据此判断项目的可行性。

7.1.2 财务评价的程序

财务评价工作大致可按以下四个步骤展开。

7.1.2.1 财务评价前的准备工作

该部分又可以具体分为依序进行的四项工作。

(1)熟悉拟建项目的基本情况。包括项目建设的目的、意义、要求、建设条件和投资环境、市场预测及主要技术实现方案等。

(2)收集、整理经济评价基础数据和资料。包括收集各类项目投入物和产出物的数量、质量、价格及项目实施进度安排、资金筹措方案等。

(3)编制辅助报表。通过编制辅助报表,为财务评价基本报表编制提供原始和明细数据。例如,编制用于投资估算、折旧和摊销费估算,总成本费用估算,产品销售收入和销售税金及附加估算等数据的辅助报表。

(4)编制计算期内项目的各类基本财务报表。

7.1.2.2 进行财务分析

通过基本财务报表,计算各项财务评价指标及财务比率,进行包括融资前和融资后的财务盈利能力分析、清偿能力分析、生存能力分析工作。值得注意的是,对财务评价获得的定量结果要进行定性分析。

7.1.2.3 进行不确定性分析

为了分析不确定因素对财务评价的影响,需对上述财务评价进行不确定性分析,以预测项目可能承担的风险和项目承受风险的能力,反映项目财务评价的可靠性。不确定性分析又包括盈亏平衡分析、敏感性分析和概率分析等。

7.1.2.4 提出财务评价总体结论

具体财务评价的程序如图 7-1 所示。

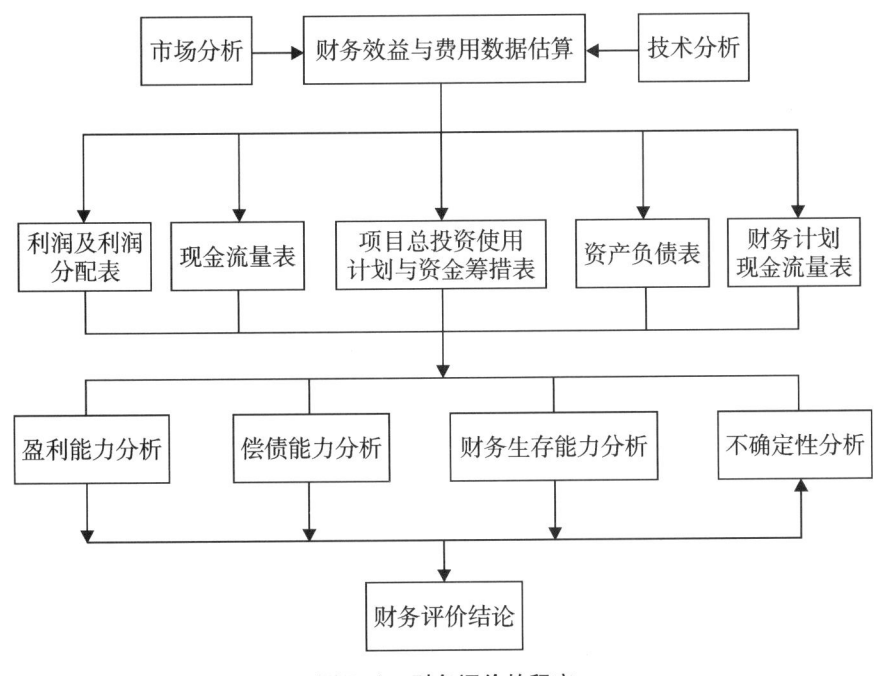

图 7-1 财务评价的程序

7.2 财务分析内容和指标

7.2.1 财务分析的内容

财务分析应在项目财务效益与费用估算的基础上进行。对于经营性项目,财务分析应通过编制财务分析报表,计算财务指标,分析项目的盈利能力、偿债能力和财务生存能力,判断项目的财务可接受性,明确项目对财务主体及投资者的价值贡献,为项目决策提供依据。对于非经营性项目,财务分析应主要分析项目的财务生存能力。

7.2.1.1 经营性项目财务分析

财务分析可分为融资前分析和融资后分析,一般宜先进行融资前分析,在融资前分析结论满足要求的情况下,初步设定融资方案,再进行融资后分析。在项目建议书阶段,可只进行融资前分析。融资前分析应以动态分析(考虑资金的时间价值)为主,静态分析(不考虑资金的时间价值)为辅。

(1)融资前分析。融资前动态分析应以营业收入、建设投资、经营成本和流动资金的估算为基础,考察整个计算期内现金流入和现金流出,编制项目投资现金流量表,利用资金时间价值的原理进行折现,计算项目投资内部收益率和净现值等指标。融资前分析排除了融资方案变化的影响,从项目投资总获利能力的角度,考察项目方案设计的合理性。融资前分析计算的相关指标,应作为初步投资决策与融资方案研究的依据和基础。

根据分析角度的不同,融资前分析可选择计算所得税前指标和(或)所得税后指标。融资前分析也可计算静态投资回收期(P_0)指标,用以反映收回项目投资所需要的时间。

(2)融资后分析。融资后分析应以融资前分析和初步的融资方案为基础,考察项目在拟定融资条件下的盈利能力、偿债能力和财务生存能力,判断项目方案在融资条件下的可行性。融资后分析用于比选融资方案,帮助投资者作出融资决策。融资后的盈利能力分析应包括动态分析和静态分析。

1)动态分析。动态分析包括两个层次:

①项目资本金现金流量分析,应在拟定的融资方案下,从项目资本金出资者整体的角度,确定其现金流入和现金流出,编制项目资本金现金流量表,利用资金时间价值的原理进行折现,计算项目资本金财务内部收益率指标,考察项目资本金可获得的收益水平。

②投资各方现金流量分析,应从投资各方实际收入和支出的角度,确定其现金流入和现金流出,分别编制投资各方现金流量表,计算投资各方的财务内部收益率指标,考察投资各方可能获得的收益水平。当投资各方不按股本比例进行分配或有其他不对等的收益时,可选择进行投资各方现金流量分析。

2)静态分析。静态分析系指不采取折现方式处理数据,依据利润与利润分配表计算项目资本金净利润率(ROE)和总投资收益率(ROI)指标。静态盈利能力分析可根据项目的具体情况选择。

盈利能力分析的主要指标包括项目投资财务内部收益率和财务净现值、项目资本金财务内部收益率、投资回收期、总投资收益率、项目资本金净利润率等,可根据项目的特点及财务分析的目的、要求等选用。

财务生存能力分析,应在财务分析辅助表和利润与利润分配表的基础上编制财务计划现金流量表,通过考察项目计算期内的投资、融资和经营活动所产生的各项现金流入和流出,计算净现金流量和累计盈余资金,分析项目是否有足够的净现金流量维持正常运营,以实现财务可持续性。财务可持续性应首先体现在有足够大的经营活动净现金流量,其次,各年累计盈余资金不应出现负值。若出现负值,应进行短期借款,同时分析该短期借款的年份长短和数额大小,进一步判断项目的财务生存能力。短期借款应体现在财务计划现金流量表中,其利息应计入财务费用。为维持项目正常运营,还应分析短期借款的可靠性。

7.2.1.2 非经营性项目财务分析

对于非经营性项目,财务分析可按下列要求进行:

(1)对没有营业收入的项目,不进行盈利能力分析,主要考察项目财务生存能力。此类项目通常需要政府长期补贴才能维持运营,应合理估算项目运营期各年所需的政府补贴数额,并分析政府补贴的可能性与支付能力。对有债务资金的项目,还应结合借款偿还要求进行财务生存能力分析。

(2)对有营业收入的项目,财务分析应根据收入抵补支出的程度,区别对待。收入补偿费用的顺序应为补偿人工和材料等生产经营耗费、缴纳流转税、偿还借款利息、计提折旧和偿还借款本金。有营业收入的非经营性项目可分为下列两类。

1)营业收入在补偿生产经营耗费、缴纳流转税、偿还借款利息、计提折旧和偿还借款本金后尚有盈余,表明项目在财务上有盈利能力和生存能力,其财务分析方法与一般项目基本相同。

2)对一定时期内收入不足以补偿全部成本费用,但通过在运行期内逐步提高价格(收费)水平,可实现其设定的补偿生产经营耗费、缴纳流转税、偿还借款利息、计提折旧、偿还借款本金的目标,并预期在中长期产生盈余的项目,可只进行偿债能力分析和财务生存能力分析。由于项目运营前期需要政府在一定时期内给予补贴,以维持运营,因此,应估算各年所需的政府补贴数额,并分析政府在一定时期内可能提供财政补贴的能力。

7.2.2 财务评价的主要内容

建设项目财务评价主要通过项目盈利能力、偿债能力和生存能力的评价与分析,全面判断项目的财务可行性,明确项目整体价值及对投资者的贡献,为各类关系人决策提供依据。财务评价指标体系见图7-2。

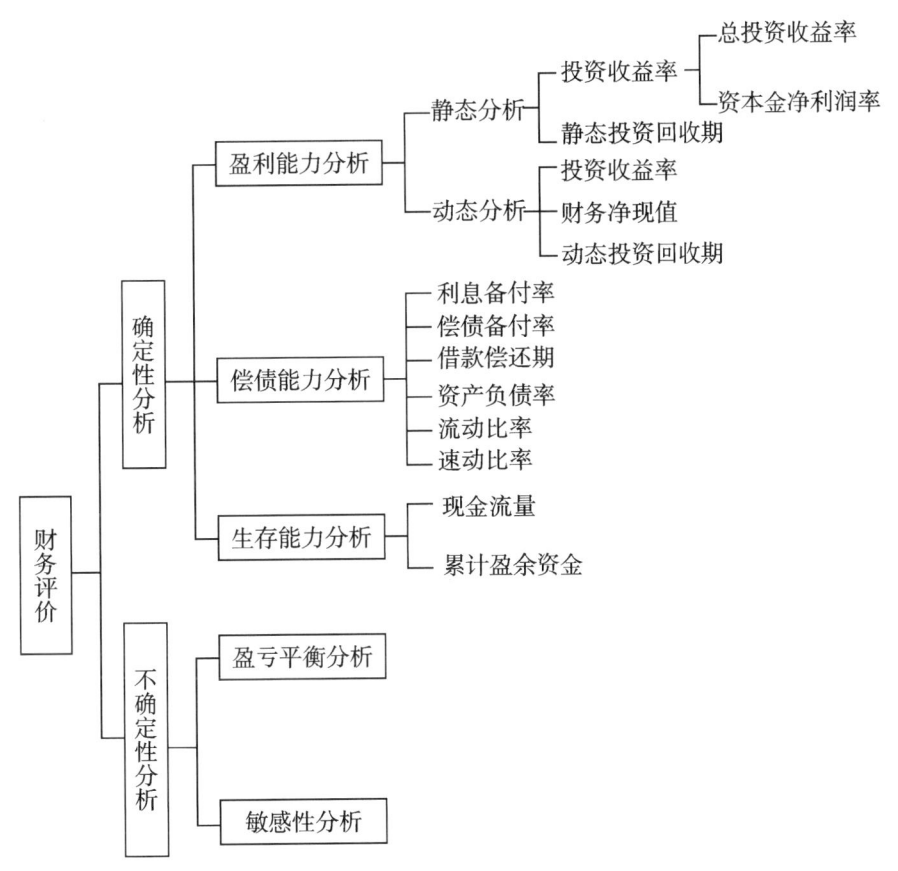

图7-2 财务评价指标体系

(1)盈利能力分析。项目盈利能力不仅是开展项目的目的之一,也关系到投产后项目的生存与发展,还关系到项目对债务的偿还,因此,盈利能力分析成为财务评价的核心内容。盈利能力分析主要通过计算项目的投资回收期、总投资利润(税)率、资本金利润

(税)率、财务净现值、内部收益率等静态和动态财务指标,多角度考察项目的投资盈利水平,反映项目在财务上的可行性,为各类关系人的投资或参与决策提供依据。

(2)偿债能力分析。偿债能力分析主要通过计算资产负债率、借款偿还期、流动比率、速动比率等指标,考察项目的财务状况和按期偿还债务的能力,为投资决策提供依据。

(3)生存能力分析。生存能力分析就是在计算由投资、融资和经营活动所产生现金流量的基础上,计算各期累计净现金流量和盈余资金,全面考察项目是否有足够的净现金流量维持正常运营,实现项目在财务上的可持续性。

7.3 财务效益与费用估算

7.3.1 财务效益与费用的识别

财务效益与费用的识别是项目财务评价的前提。识别费用、收益的基本准则是针对目标进行的,凡性质上属于削弱目标的就是"费用",对目标有贡献的就是"收益",同时,目标又是和评价角度相联系的,对于财务评价而言,项目的主要目标就是赢得利润。

正确识别财务效益与费用还要考虑具体情况和财务评价所处的角度。如对于所得税而言,企业所交的所得税看起来应当作费用,但:①如果允许税前还贷,在还清贷款前本应交的所得税,就不是项目费用,而是相当于收益了,还清贷款后上缴的所得税则又恢复其费用的性质;②如果必须交所得税,剩余利润才能用于还贷,那么所得税就是项目的费用;③如果分析项目自有资金的盈利能力时,那么不管税前还是税后还贷,所得税都是费用。

再比如,对于折旧与摊销来说,一般认为折旧与摊销是成本的组成部分,但:

在项目盈利能力、清偿能力分析时,折旧和摊销却是收益的一部分,因为企业在经营过程中消耗的是固定资产、无形资产、递延资产,而不是折旧和摊销费,而固定资产、无形资产、递延资产的投资已在建设期中以投资的形式计算过了,折旧与摊销费提取后,企业可自由支配,可用于还贷,也可用于其他目的,显然它们的性质是收益而不是费用。

当企业用折旧和摊销费进行再投资或设备更新时,那么再投资和更新投资,则是项目的费用。

7.3.2 财务效益与费用的估算

财务效益与费用是财务分析的重要基础,其估算的准确性与可靠程度对项目财务分析影响极大。由于项目还没有实施,所有这些基本经济要素的取得大多不是通过核算或统计,而是通过估算或预测才能获得,而估算的准确性与可靠程度将会直接影响到工程财务评价的结论。

7.3.2.1 总成本费用的估算

总成本费用是指在一定时期内(一般为一年)为生产产品或提供劳务所发生的全部

费用。总成本费用的估算通常采用分项估算汇总法。将总成本费用分为外购原材料、外购燃料动力、工资福利、修理费、折旧费、摊销费、利息费和其他费用来估算，总成本费用就等于这些费用的汇总。

$$总成本费用 = 外购原材料、燃料及动力费 + 工资及福利费 + 修理费 + 折旧费$$
$$+ 摊销费 + 财务费用(利息支出) + 其他费用 \quad (7-1)$$

（1）原材料、燃料、动力成本、工资及福利的估算

具体估算公式为

$$外购原材料成本 = 全年产量 \times 单位产品原材料成本 \quad (7-2)$$

$$燃料动力成本 = 全年产量 \times 单位产品燃料和动力成本 \quad (7-3)$$

工资及福利估算有两种方法：

一是按全厂职工定员数和人均年工资总额。计算公式为

$$年工资及福利成本 = 全部职工定员数 \times 人均年工资及福利费 \quad (7-4)$$

二是按照不同的工资级别对职工进行划分，分别估算同一级别的工资，然后加以汇总。计算公式为

$$年工资及福利成本 = \sum 各级别工资及福利 \quad (7-5)$$

（2）固定资产修理费的估算。修理费是指为保持固定资产的正常运转和使用，充分发挥其使用效能，对其进行必要修理所发生的费用，按修理范围的大小和修理时间间隔的长短可以分为大修理和中小修理。

修理费允许直接在成本中列支，如果当期发生的修理费用数额较大，可实行预提或摊销的办法。

当按"生产要素法"估算总成本费用时，固定资产修理费系指项目全部固定资产的修理费，可直接按固定资产原值（扣除所含的建设期利息）的一定百分数估算。百分数的选取应考虑行业和项目特点。在生产运营的各年中，修理费率的取值，一般采用固定值。根据项目特点也可以间断性地调整修理费率，开始取较低值，以后取较高值。

（3）无形资产和其他资产原值及摊销费的估算。无形资产原值是指项目投产时按规定由投资形成的无形资产的部分。按照有关规定，无形资产从开始使用之日起，在有效使用期限内平均摊入成本。法律和合同规定了法定有效期限或者受益年限的，摊销年限从其规定，否则摊销年限应注意符合税法的要求。无形资产的摊销一般采用平均年限法，不计残值。

其他资产的摊销也可以采用平均年限法，不计残值，摊销年限应注意符合税法的要求。

7.3.2.2 固定资产折旧费的估算

除土地以外的各类固定资产都有一定的耐用年限，它们的物质实体随着使用时间的加长都会不断丧失其使用价值，或者虽然没有到最后使用年限，但由于技术的进步导致使用成本大于收益，造成固定资产的提前报废。固定资产在使用过程中，其价值逐渐转移到产品中去，通过产品销售收入以货币资金的形式加以回收和积累，从而达到对固定资产损耗的补偿和更新的目的，这种固定资产损耗转移到产品中的价值就叫折旧。折旧的实质就是固定资产在使用期限内的资本成本的回收。

项目固定资产折旧额的估算方法一般采用平均年限法，运输公司或企业车队的客货汽车、安装企业的大型设备等可以采用工作量法。在国民经济中占有重要地位且技术进步快的电子生产企业、船舶制造、生产机械的重工业、化工生产企业和医疗设备生产企业以及其他财政部批准的特殊行业的企业，机器设备的折旧可以采用双倍余额递减法或年数总和法。

按照国家的折旧制度规定，计提折旧的固定资产包括：房屋、建筑物；在用的机器设备、仪表仪器、运输车辆、工具器具；季节性停用和在建停用的设备；以经营租赁方式租出去的固定资产；以融资租赁方式租入的固定资产。

（1）平均年限法。平均年限法又称直线折旧法，是广泛采用的一种折旧方法。采用平均年限法计算固定资产折旧额是根据固定资产的原始价值、清理费用和残余价值计算的。

原始价值是在购置或建造某项固定资产时所有的全部货币支出，清理费用是一种必要的追加费用，也应当由产品负担。残值价值是固定资产通过报废清理所得的材料或零件的价值，不应该作为固定资产使用期间的生产费用。用固定资产应当提取的折旧总额除以折旧年限或月份，即可求得年度或月份的固定资产折旧额。计算公式为

$$\text{每期固定资产折旧额} = (\text{原始价值} + \text{清理费用} - \text{残余价值}) \div \text{折旧年限} \tag{7-6}$$

在实际工作中，通常利用年折旧率来计算年固定资产折旧额，年折旧率是指年折旧额占原始价值的比率，反映固定资产的损耗程度。计算公式为

$$\text{固定资产年折旧率} = \frac{\text{原始价值} + \text{清理费用} - \text{残余价值}}{\text{原始价值} \times \text{折旧年限}} \times 100\% \tag{7-7}$$

$$\text{月折旧率} = \text{年折旧率} \div 12 \tag{7-8}$$

$$\text{月折旧额} = \text{固定资产原始价值} \times \text{月折旧率} \tag{7-9}$$

【例7.1】 某工厂购买一设备花费100万元，预计可使用10年，10年后净残值为5万元，用平均年限法计算该设备的年折旧额及折旧率。

解

$$\text{固定资产年折旧额} = \frac{100 - 5}{10} = 9.5(\text{万元})$$

$$\text{年折旧率} = \frac{9.5}{100} \times 100\% = 9.5\%$$

（2）双倍余额递减折旧法。双倍余额递减折旧法是固定资产折旧的一种方法，该法又称双倍余额折旧法，每年的折旧率相等即为年折旧率的2倍。双倍余额递减折旧法是指在不考虑固定资产预计净残值的前提下，根据每期期初固定资产原价减去累计折旧后的金额，也就是固定资产净值，以及双倍的直线法折旧率计算固定资产折旧的一种方法。

特别需要注意的是，由于固定资产使用前期每年年初固定资产净值没有扣除预计净残值，则计算和应用这种方法计提折旧时在固定资产使用年限的最后两年改用平均法，也就是将倒数第2年期初的固定资产账面净值扣除预计净残值后的余额在剩余的两年内分摊。计算公式为

$$\text{双倍余额递减法年折旧额} = 2 \times \text{固定资产原值} / \text{折旧年限} \tag{7-10}$$

$$\text{月折旧率} = \text{年折旧率} \div 12 \tag{7-11}$$

$$月折旧额 = 固定资产账面净值 \times 月折旧率 \quad (7-12)$$

$$最后两年折旧 = \frac{倒数第2年期初固定资产净值 - 预计固定资产净残值}{2} \quad (7-13)$$

【例7.2】 某设备原值10 000元,预计可使用5年,残值为1 000元,清理费用为400元,用双倍余额递减法计算其在寿命期内各年的折旧额。

解

利用双倍余额递减法计提折旧年折旧率为 $2/5 \times 100\% = 40\%$

第一年折旧额 $= 10\,000 \times 40\% = 4\,000(元)$

第二年折旧额 $= (10\,000 - 4\,000) \times 40\% = 2\,400(元)$

第三年折旧额 $= (10\,000 - 4\,000 - 2\,400) \times 40\% = 1\,440(元)$

第四、第五年的折旧额 $= \dfrac{(10\,000 - 4\,000 - 2\,400 - 1\,440 - 1\,000 + 400)}{2} = 780(元)$

(3) 年数总和法。这种方法通过折旧总额乘以递减分数确定年度折旧额。折旧总额指的是原始价值加上清理费用,再减去残余价值的余额。该法每年的折旧对象相同,但各年的折旧率不同,按等差数列不断减小,从而估算出各年的折旧值。计算公式如下:

$$固定资产年折旧率 = \frac{折旧年限 - 固定资产已使用年数}{折旧年限 \times (折旧年限 + 1) \div 2} \times 100\% \quad (7-14)$$

$$年折旧额 = (固定资产原值 - 预计净残值) \times 年折旧率 \quad (7-15)$$

【例7.3】 某台机床原价值为185 000元,残余价值为原始价值的10%,预计使用年限为5年,用年数总和法计算每年的折旧额。

解 折旧年限为5年,年数总和为

$$1+2+3+4+5 = 15(年)$$

因此,第一年至第五年的折旧率分别为 5/15, 4/15, 3/15, 2/15, 1/15。

第一年的折旧额 $= (185\,000 - 185\,000 \times 10\%) \times 5/15 = 55\,500(元)$

第二年的折旧额 $= (185\,000 - 185\,000 \times 10\%) \times 4/15 = 44\,400(元)$

第三年的折旧额 $= (185\,000 - 185\,000 \times 10\%) \times 3/15 = 33\,300(元)$

第四年的折旧额 $= (185\,000 - 185\,000 \times 10\%) \times 2/15 = 22\,200(元)$

第五年的折旧额 $= (185\,000 - 185\,000 \times 10\%) \times 1/15 = 11\,100(元)$

折旧工作的基本目的之一是回收投资以便在折旧完成后,积累到足够的资金进行项目或设备的更新。

采用不同折旧方法会影响每一经营(期)间所负担的折旧费用,从而会直接影响各期的产品成本,也会影响到产品的销售价格;还会影响到企业的税后利润,也就影响到所缴纳的所得税大小;还对企业的净资产值产生影响。

(4) 双倍余额递减法与年数总和法的异同

1) 相同点

① 都是加速折旧法。双倍余额递减法与年数总和法都是加速折旧的方法,适用于经济效益好、盈利能力强、固定资产使用效率高的企业,加速固定资产的使用效率,降低产品成本,避免设备由于技术进步和成本下跌过早被淘汰。这是使用这两种方法的前提条件。

②使用寿命越长折旧额越小。两种方法的折旧率都与使用年限密切相关,使用年限越长折旧率越低,折旧也就越慢。对于同一固定资产,使用年限长的固定资产相对比使用年限短的固定资产折旧的要慢一些。

③折旧额逐年递减。双倍余额递减法与年数总和法都是加速折旧的方法,每年的折旧额呈递减趋势,是因为账面净值逐年递减和折旧率逐年递减,双倍余额递减法的最后两年除外。学会复核计算对错的方法:如果出现下一年比上一年的折旧数额大,就说明肯定是计算出错。

2)不同点

①二者计提的基数不同。双倍余额递减法与年数总和法每年计提折旧的固定资产价值基数不同:双倍余额递减法的计提基数逐年递减,是扣除已提折旧后每年的期初余额;年数总和法的计提基数每年都是固定资产原值扣除期末预计净残值之后的余额,年年如此。

②最后两年计提的处理不同。双倍余额递减法与年数总和法最后两年的处理不同。在最后两年,双倍余额递减法是倒数第二年期初余额扣除净残值后的余额在最后两年平均分摊折旧,两年的折旧额是相同的;年数总和法是按照尚可使用年限的递减折旧率按固定基数计提。

③折旧率的内涵不同。双倍余额递减法与年数总和法的计提比率不同,双倍余额递减法是一个固定的双倍直线比率,除了最后两年不使用外,其他每年相同;年数总和法是一个等差递减数列式的递减折旧计提比率,计提出来的折旧额也是一个等差数列。

【例7.4】 某项目固定资产原价为10 000元。预计净残值400元,预计使用年限5年。分别采用双倍余额递减法和年数总和法计算各年的折旧额。

解 (1)采用双倍余额递减法计算各年的折旧额

年折旧率 = 2/5×100% = 40%

第一年折旧额 = 10 000×40% = 4 000(元)

第二年折旧额 = (10 000-4 000)×40% = 2 400(元)

第三年折旧额 = (10 000-6 400)×40% = 1 440(元)

第四年折旧额 = (10 000-7 840-400)/2 = 880(元)

第五年折旧额 = (10 000-7 840-400)/2 = 880(元)

(2)采用年数总和法计算各年的折旧额

计算折旧的基数 = 10 000-400 = 9 600(元)

年数总和 = 5+4+3+2+1 = 15(年)

第一年折旧额 = 9 600×5/15 = 3 200(元)

第二年折旧额 = 9 600×4/15 = 2 560(元)

第三年折旧额 = 9 600×3/15 = 1 920(元)

第四年折旧额 = 9 600×2/15 = 1 280(元)

第五年折旧额 = 9 600×1/15 = 640(元)

7.3.2.3 税金的估算

税金是国家为实现其职能,依法向有纳税义务的单位和个人征收的资金,是国家参与社会产品或国民收入分配的主要形式。建设项目评价应该按相关税法规定计算项目需要交纳的税金。主要估算方法有以下几种：

（1）增值税。增值税是对销售货物或者提供加工、修理修配劳务以及进口货物的单位和个人征收的税金。增值税是价外税，最终由消费者负担，因此与纳税人的经营成本和经营利润无关。计算公式为

$$应纳税额=当期销项税额-当期进项税额 \tag{7-16}$$

其中，销项税额是指按销售额和规定的税率计算并向购买方收取的增值税额，计算公式为

$$销项税额=销售额×税率 \tag{7-17}$$

进项税额是指纳税人在购进货物或接受应税劳务时向销售方支付的增值税额，计算公式为

$$进项税额=进货额×税率 \tag{7-18}$$

（2）消费税。消费税是针对特定消费品征收的税金。在经济效果评价中，对适用消费税的产品，消费税实行从价定率、从量定额，或者从价定率和从量定额复合计税（简称复合计税）的办法计算应纳税额。应纳税额计算公式如下：

1）实行从价定率办法

$$应纳消费税额=销售额×比例税率 \tag{7-19}$$

2）实行从量定额办法

$$应纳消费税额=销售数量×定额税率 \tag{7-20}$$

3）实行复合计税办法

$$应纳消费税额=销售额×比例税率+销售数量×定额税率 \tag{7-21}$$

纳税人销售的应税消费品，以人民币计算销售额；纳税人以人民币以外的货币结算销售额的，应当折合成人民币计算。销售额为纳税人销售应税消费品向购买方收取的全部价款和价外费用。

（3）营业税。营业税是对提供应税劳务、转让无形资产或者销售不动产的单位和个人征收的税金。交通运输、建筑、金融保险、邮电通信、文化体育、娱乐、服务等行业应按规定计算营业税。营业税是价内税，包含在营业收入之内。营业税按应税营业额乘以规定营业税税率计算，营业税的计算公式为

$$应纳税额=营业额×营业税税率 \tag{7-22}$$

（4）资源税。资源税是国家对开发应税资源的单位和个人在应税资源产品（以下称应税产品）的销售或自用环节征收的税种。

资源税按照税目税率表实行从价计征或者从量计征。

1）采用从价计征的方法

$$应纳资源税额=应税产品的销售额×适用税率 \tag{7-23}$$

资源税应税产品（以下简称应税产品）的销售额，按照纳税人销售应税产品向购买方收取的全部价款确定，不包括增值税税款。

2）采用从量计征的方法

$$应纳资源税额=应税产品的销售数量×适用单位税额 \tag{7-24}$$

纳税人开采或者生产不同税目应税产品的,应当分别核算不同税目应税产品的销售额或者销售数量。纳税人开采或者生产应税产品自用的,应当依照规定缴纳资源税;但是,自用于连续生产应税产品的,不缴纳资源税。

依照《中华人民共和国资源税法》的原则,国务院根据国民经济和社会发展需要,对取用地表水或者地下水的单位和个人试点征收水资源税。计算公式为

$$应纳水资源税额 = 实际取用水量 \times 适用税额 \qquad (7-25)$$

适用税额,是指取水口所在地的适用税额。

征收水资源税的,停止征收水资源费。

(5)城镇土地使用税。城镇土地使用税是为了合理利用城镇土地,调节土地级差收入,提高土地使用效益,加强土地管理,对在城市、县城、建制镇、工矿区范围内使用土地的单位和个人为城镇土地使用税(以下简称土地使用税)的纳税人征收的税种。

土地使用税以纳税人实际占用的土地面积为计税依据,依照规定的土地使用税每平方米年税额计算征收。

土地使用税按年计算,分期缴纳。缴纳期限由省、自治区、直辖市人民政府确定。

(6)附加税。附加税是随某种税收按一定比例加征的税。主要包括城市维护建设税和教育费附加、地方教育费附加。

1)城市维护建设税。城市维护建设税是一种为了加强城市的维护建设,扩大和稳定城市维护建设资金来源的附加税。城市维护建设税以纳税人依法实际缴纳的增值税、消费税税额为计税依据。计算公式为

$$应纳城市维护建设税额 = 实际缴纳的增值税、消费税税额 \times 适用税率 \qquad (7-26)$$

城市维护建设税的适用税率根据纳税人所在地不同有三个等级,即市区为7%,县城和镇为5%,市区、县城和镇以外为1%。

城市维护建设税的纳税义务发生时间与增值税、消费税的纳税义务发生时间一致,分别与增值税、消费税同时缴纳。

对进口货物或者境外单位和个人向境内销售劳务、服务、无形资产缴纳的增值税、消费税税额,不征收城市维护建设税。

2)教育费附加和地方教育费附加。教育费附加是国家为发展地方教育事业,扩大地方教育经费来源,计征用于教育的专项资金。地方教育费附加是各省、自治区、直辖市根据国家有关规定,为进一步规范和拓宽财政性教育经费筹资渠道,增加地方教育的资金投入,开征的一项地方政府性基金,主要用于各地方的教育经费的投入补充。

教育费附加和地方教育费附加都是以各单位和个人实际缴纳的增值税、消费税的税额为计征依据,教育费附加率为3%,地方教育费附加率为2%,与增值税和消费税同时缴纳。

在经济效果分析时,消费税、资源税和城市维护建设税、教育费附加、地方教育费附加、土地使用税均可包含在税金及附加中。

(7)土地增值税。土地增值税是对有偿转让房地产取得的增值额征收的税种。房地产开发项目应按规定计算土地增值税。土地增值税按四级超率累进税率计算,公式为

$$土地增值税税额 = 增值额 \times 适用税率 \qquad (7-27)$$

适用税率根据增值额是否超过扣除项目金额的比率多少确定。

（8）耕地占用税。耕地占用税是为了合理利用土地资源、加强土地管理、保护耕地，对在我国境内占用用于种植农作物的土地建设建筑物、构筑物或者从事非农业建设的单位和个人征收的税金。耕地占用税的纳税人，应当依照规定缴纳耕地占用税。

耕地占用税以纳税人实际占用的属于耕地占用税征税范围的土地（简称"应税土地"）面积为计税依据，按应税土地当地的适用税额一次性征收。计算公式为

$$应纳耕地占用税额 = 应税土地面积 \times 适用税额 \tag{7-28}$$

应税土地面积包括经批准占用面积和未经批准占用面积，以平方米为单位。未经批准占用耕地的，纳税人为实际用地人。

适用税额是指省、自治区、直辖市人民代表大会常务委员会决定的应税土地所在地县级行政区的现行适用税额。

对占用耕地建设农田水利设施的，不缴纳耕地占用税。军事设施、社会福利机构、医疗机构等免税项目和公路线路减税项目，应按照《关于耕地占用税征收管理有关事项的公告》免征、减征耕地占用税规定的项目口径执行。

（9）环境保护税。环境保护税是为了保护和改善环境，减少污染物排放，推进生态文明建设，对在我国领域和我国管辖的其他海域，直接向环境排放应税污染物的企业事业单位和其他生产经营者征收的税金。环境保护税所称应税污染物是指环境保护税税目税额表、应税污染物和当量值表规定的大气污染物、水污染物、固体废物和噪声。环境保护税应纳税额按照应税污染物分别计算。

1）应税大气污染物

$$应纳环境保护税额 = 大气污染当量数 \times 适用税额 \tag{7-29}$$

式中，大气污染当量数按照应税大气污染物排放量折合的污染当量数确定。

2）应税水污染物

$$应纳环境保护税额 = 水污染当量数 \times 适用税额 \tag{7-30}$$

式中，水污染当量数按照应税水污染物排放量折合的污染当量数确定。

3）应税固体废物

$$应纳环境保护税额 = 固体废物排放量 \times 适用税额 \tag{7-31}$$

式中，固体废物排放量按照应税固体废物的排放量确定，即应税固体废物的排放量为当期应税固体废物的产生量减去当期应税固体废物贮存量、处置量、综合利用量的余额。

4）应税噪声

$$应纳环境保护税额 = 分贝数 \times 适用税额 \tag{7-32}$$

式中，分贝数按照应税噪声超过国家规定标准的分贝数确定。

（10）关税。关税是以进出口的应税货物为纳税对象的税种。技术方案经济效果评价中涉及引进设备、技术和进口原材料时，应按有关税法和国家的税收优惠政策，正确估算进口关税。进口货物关税以从价计征、从量计征或者国家规定的其他方式征收。

1）从价计征时，应纳税额计算公式为

$$应纳关税额 = 完税价格 \times 关税税率 \tag{7-33}$$

进口货物的完税价格，由海关以该货物的成交价格为基础审查确定，并应当包括货

物运抵中华人民共和国境内输入地点起卸前的运输及其相关费用、保险费。

出口货物的完税价格由海关以该货物的成交价格为基础审查确定,并应当包括货物运至中华人民共和国境内输出地点装载前的运输及其相关费用、保险费。

2)从量计征时,应纳税额计算公式为

$$应纳关税额 = 货物数量 \times 单位税额 \quad (7-34)$$

我国仅对少数货物征收出口关税,而对大部分货物免征出口关税。若技术方案的出口产品属征税货物,应按规定估算出口关税。

(11)所得税。技术方案经济效果评价中所得税是指企业所得税,即针对企业应纳税所得额征收的税种。企业所得税按有关税法扣除所得税前项目计算应纳税所得额,并采用适宜的税率计算。计算公式为

$$应纳所得税额 = 应纳税所得额 \times 适用税率 - 减免税额 - 抵免税额 \quad (7-35)$$

上述各税费如有减征、免征和抵免的优惠,应说明政策依据以及减免、抵免的方式并按相关规定估算减免、抵免金额。

7.3.2.4 经营成本的估算

经营成本是财务分析的现金流量分析中所使用的特定概念,作为项目现金流量表中运营期现金流出的主体部分,应得到充分的重视。经营成本与融资方案无关。因此在完成建设投资和营业收入估算后,就可以估算经营成本,为项目融资前分析提供数据。其构成和估算可采用下式表达

$$经营成本 = 总成本费用 - 折旧费 - 摊销费 - 利息支出 \quad (7-36)$$

或

$$经营成本 = 外购原材料费 + 外购燃料及动力费 + 工资及福利费 + 修理费 + 其他费用 \quad (7-37)$$

式中,其他费用是指从制造费用、管理费用和营业费用中扣除了折旧费、摊销费、修理费、工资及福利费以后的其余部分。

7.3.2.5 建设期利息的估算

估算建设期利息,需要根据项目进度计划,提出建设投资分年计划,列出各年投资额,并明确其中的外汇和人民币。在建设投资分年计划的基础上可设定初步融资方案,对采用债务融资的项目应估算建设期利息。建设期利息系指筹措债务资金时在建设期内发生并按规定允许在投产后计入固定资产原值的利息,即资本化利息。建设期利息包括银行借款和其他债务资金的利息,以及其他融资费用。

估算建设期利息,应根据不同情况选择名义年利率或有效年利率,注意名义年利率和有效年利率的换算。

当建设期用自有资金按期支付利息时,可直接采用名义年利率计算建设期利息。计算建设期利息时,为了简化计算,通常假定借款均在每年的年中支用,借款当年按半年计息,其余各年份按全年计息,计算公式如下:

采用自有资金付息时,按单利计算

$$各年应计利息 = (年初借款本金累计 + 本年借款额/2) \times 名义年利率 \quad (7-38)$$

采用复利方式计息时

各年应计利息＝(年初借款本息累计+本年借款额/2)×有效年利率　　(7-39)

对有多种借款资金来源,每笔借款的年利率各不相同的项目,既可分别计每笔借款的利息,也可先计算出各笔借款加权平均的年利率,并以加权平均利率计算全部借款的利息。

7.4　财务盈利能力分析

盈利能力是指企业赚取利润的能力。一般来说,企业的盈利能力只涉及正常的营业状况。因此,在分析企业盈利能力时,应当排除以下项目:①证券买卖等非正常经营项目;②已经或将要停止的营业项目;③重大事故或法律更改等特别项目;④会计准则或财务制度变更带来的累积影响等因素。

财务盈利能力分析是财务分析的主要内容之一。按照分析的范围和对象,财务盈利能力分析可分为项目投资财务盈利能力分析、项目资本金财务盈利能力分析和投资各方财务收益分析。按照是否考虑资金时间价值,财务盈利能力分析又可分为动态分析和静态分析。按照是否考虑融资方案的影响,又可分为融资前分析和融资后分析。财务盈利能力分析应先进行融资前分析,在融资前分析结论满足要求的情况下,初步设定融资方案,再进行融资后分析。

在未设定融资方案前就进行的分析,称为融资前分析;以设定的融资方案为基础进行的分析,称为融资后分析。融资前分析只进行盈利能力分析;融资后分析包括盈利能力分析、偿债能力分析和财务生存能力分析。

财务盈利能力分析的静态分析包括项目投资收益率和投资回收期;动态分析包括财务内部收益率、财务净现值。

7.4.1　反映财务盈利能力的静态指标

静态分析是在不考虑时间因素对货币价值影响的情况下直接通过现金流量计算出来的经济评价指标。静态评价指标的最大特点是计算简便,它适于评价短期投资项目和逐年收益大致相等的项目,另外对方案进行概略评价时也常采用。

7.4.1.1　投资收益率

投资收益率是衡量技术方案获利水平的评价指标,它是技术方案建成投产达到设计生产能力后一个正常生产年份的年净收益额与技术方案投资的比率。它表明技术方案在正常生产年份中,单位投资每年所创造的年净收益额。对生产期内各年的净收益额变化幅度较大的技术方案,可计算生产期年平均净收益额与技术方案投资的比率,其计算公式为

$$R=\frac{A}{I}\times100\% \qquad (7-40)$$

式中:R——投资收益率;

A——技术方案年净收益额或年平均净收益额;

I——技术方案投资。

将计算出的技术方案投资收益率(R)与所确定的基准投资收益率(R_c)进行比较。若$R \geq R_c$,则技术方案可以考虑接受;若$R < R_c$,则技术方案是不可行的。

根据分析的目的不同,技术方案的投资收益率又具体分为总投资收益率(ROI)和资本金净利润率(ROE)。

(1)总投资收益率(ROI)。总投资收益率表示项目总投资的盈利水平,是指项目达到设计生产能力后正常年份的年息税前利润或者项目运营期内年平均息税前利润(EBIT)与项目总投资(TI)的比率。总投资收益率的计算公式为

$$\text{ROI} = \frac{\text{EBIT}}{\text{TI}} \times 100\% \tag{7-41}$$

式中:EBIT——项目正常年份的年息税前利润或运营期内年平均息税前利润;
TI——项目总投资。

$$\text{年息税前利润} = \text{年利润总额} + \text{计入年总成本费用的利息费用} \tag{7-42}$$

总投资收益率高于或等于同行业的总投资收益率参考值,表明用总投资收益率表示的盈利能力能够满足要求。

【例7.5】 某新建项目总投资为4 200万元,两年建成,投产后运行15年,年销售收入为1 800万元,年经营成本为950万元,年销售税金为销售收入的6%。试计算总投资收益率。

解 因为题目中没提到折旧摊销费,可忽略不计。

$$\text{ROI} = \frac{1\,800 - 950 - 1\,800 \times 6\%}{4\,200} \times 100\% = 17.67\%$$

(2)资本金净利润率(ROE)。项目资本金净利润率表示项目资本金的盈利水平,是指项目达到设计生产能力后正常年份的年净利润或项目运营期内的年平均净利润(NP)与项目资本金(EC)的比率。项目资本金净利润率的计算公式为

$$\text{ROE} = \frac{\text{NP}}{\text{EC}} \times 100\% \tag{7-43}$$

式中:EC——技术方案资本金;
NP——技术方案正常年份的年净利润或运营期内年平均净利润。

$$\text{净利润} = \text{利润总额} - \text{所得税}$$

公式中所需的财务数据,均可从相关的财务报表中获得。技术方案资本金净利润率高于同行业的净利润率参考值,表明用资本金净利润率表示的技术方案盈利能力满足要求。

【例7.6】 某项目期初投资2 000万元,建设期为3年,投产前两年每年的收益为200万元,以后每年的收益为400万元。若基准投资收益率为18%。问:该方案是否可行?

解 该方案正常年份的净收益为400万元。因此,投资收益率为

$$R = \frac{400}{2\,000} \times 100\% = 20\%$$

该方案的投资收益率为20%,大于基准投资收益率18%。因此,该方案可行。

【例7.7】 已知某技术方案拟投入资金和利润如表7-1所示。建设期为2年,第3

年开始投产计算该技术方案的总投资利润率和资本金利润率。

表7-1 某技术方案拟投入资金和利润表　　　　　　　　（单位：万元）

序号	项目	投资期						
		1年	2年	3年	4年	5年	6年	7~10年
1	建设投资							
1.1	自有资金部分	1 200	340					
1.2	贷款本金		2 000					
1.3	贷款利息（年利率为6%，投产后前4年等本偿还，利息照付）			60	123.6	92.7	61.8	30.9
2	流动资金							
2.1	自有资金部分			300				
2.2	贷款			100	400			
2.3	贷款利息（年利率为4%）			4	20	20	20	20
3	所得税前利润			−50	550	590	620	650
4	所得税后利润（所得税率为25%）			−50	425	442.5	465	487.5

解 （1）计算总投资收益率（ROI）

1）技术方案总投资 TI ＝建设投资＋建设期贷款利息＋全部流动资金
$$= 1\,200+340+2\,000+60+300+100+400 = 4\,400（万元）$$

2）年平均息税前利润
$$\begin{aligned}
\text{EBIT} &= [(123.6+92.7+61.8+30.9+4+20\times7)+(-50+550+590+620+650\times4)] \div 8 \\
&= (453+4\,310) \div 8 \\
&= 595.4（万元）
\end{aligned}$$

3）计算总投资收益率（ROI）
$$\text{ROI} = \frac{\text{EBIT}}{\text{TI}} \times 100\% = \frac{595.4}{4\,400} \times 100\% = 13.53\%$$

（2）计算资本金净利润率（ROE）

1）技术方案资本金 EC ＝1 200＋340＋300＝1 840（万元）

年平均净利润 NP ＝（−50＋425＋442.5＋465＋487.5×4）÷8
$$= 3232.5 \div 8 = 404.06（万元）$$

2）计算资本金净利润率（ROE）
$$\text{ROE} = \frac{\text{NP}}{\text{EC}} \times 100\% = \frac{406.06}{1\,840} \times 100\% = 21.96\%$$

总投资收益率（ROI）是用来衡量整个技术方案的获利能力，要求技术方案的总投资收益率（ROI）应大于行业的平均投资收益率；总投资收益率越高，从技术方案所获得的收益就越多。而资本金净利润率(ROE)则是用来衡量技术方案资本金的获利能力,资本金净利润率(ROE)越高,资本金所取得的利润就越多,权益投资盈利水平也就越高;反之,则情况相反。对于技术方案而言,若总投资收益率或资本金净利润率高于同期银行利率,适度举债是有利的;反之,过高的负债比率将损害企业和投资者的利益。由此可以看出,总投资收益率或资本金净利润率指标不仅可以用来衡量技术方案的获利能力,还可以作为技术方案筹资决策参考的依据。

7.4.1.2 投资回收期

项目投资回收期是指以项目的净收益回收项目投资所需要的时间,是反映技术方案投资回收能力的重要指标,一般以年为单位。项目投资回收期宜从项目建设的开始年起算,若从项目投产开始年起算,应予以特别注明。投资回收期分为静态投资回收期和动态投资回收期,通常只进行技术方案静态投资回收期计算分析。项目投资回收期的表达式为

$$\sum_{t=0}^{P_t}(CI-CO)_t = 0 \tag{7-44}$$

式中:P_t——技术方案静态投资回收期;
　　CI——技术方案现金流入量;
　　CO——技术方案现金流出量;
　　$(CI-CO)_t$——技术方案第 t 年净现金流量。

项目投资回收期可利用项目投资现金流量表计算,项目投资现金流量表中累计净现金流量由负值变为零时的时点,即为项目的投资回收期,其计算公式为

$$P_t = T - 1 + \frac{第(T-1)年的累计净现金流量的绝对值}{第 T 年的净现金流量} \tag{7-45}$$

式中:T——各年累计净现金流量首次为正值或零的年数。

项目投资回收期短,表明项目的投资回收快,抗风险能力强。项目投资回收期短于同行业项目投资回收期的参考值,表明用项目投资回收期表示的盈利能力能够满足要求。由于静态投资回收期越长,项目的盈利能力越弱,而且项目面临的风险越大。因此,投资者必然希望投资回收期越短越好。

用静态投资回收期评价投资项目时,需要与根据同类项目的历史数据和投资者意愿确定的基准投资回收期 P_c 相比较:若 $P_t \leq P_c$,则项目可以考虑接受;若 $P_t > P_c$,则项目应予以拒绝。

项目投资回收期指标的优点是计算简便,缺点是没有考虑资金的时间价值,因此,只能作为反映项目投资盈利能力的辅助指标。

【例7.8】 某投资方案净现金流量及累计净现金流量如表7-2所示,求其静态投资回收期。

表 7-2 某项目投资方案的现金流量情况 （单位:万元）

现金流量计算期	0	1	2	3	4	5	6	7	8	9
建设投资	180	240	80							
流动资金			250							
净利润				100	150	150	150	150	150	150
折旧和摊销费				100	100	100	100			
净现金流量	−180	−240	−330	200	250	250	250	150	150	150
累计净现金流量	−180	−420	−750	−550	−300	−50	200	350	500	650

解 由表 7-2 可以看出,累计净现金流量首次出现正值或 0 的年份的对应值为 6,所以 $T=6$,根据静态投资回收期计算公式

$$P_t = T - 1 + \frac{第(T-1)年的累计净现金流量的绝对值}{第 T 年的净现金流量}$$

$$= 6 - 1 + \frac{|-50|}{250} = 5.20 (年)$$

7.4.2 反映财务盈利能力的动态指标

动态分析是在分析项目或方案的经济效益时,对发生在不同时间的效益、费用计算资金的时间价值,将现金流量进行等值化处理后计算评价指标。动态评价指标能较全面地反映投资方案整个计算期的经济效果,适用于详细可行性研究、对项目整体效益评价的融资前分析,或对计算期较长以及处在终评阶段的技术方案进行评价。

7.4.2.1 财务净现值

财务净现值(FNPV)是指按设定的折现率(一般采用基准收益率 i_c)计算的项目计算期内各年净现金流量的现值之和,其计算公式为

$$\text{FNPV} = \sum_{t=0}^{n} (CI-CO)_t (CI-CO)(1+i_c)^{-t} \tag{7-46}$$

式中:FNPV——财务净现值;

$(CI-CO)_t$——技术方案第 t 年的净现金流量(应注意"+""−"号);

i_c——基准收益率;

N——技术方案计算期。

可根据需要选择计算所得税前财务净现值或所得税后财务净现值。

财务净现值是评价技术方案盈利能力的绝对指标。当 FNPV>0 时,说明该技术方案除了满足基准收益率要求的盈利之外,还能得到超额收益的现值,换句话说,技术方案现金流入的现值和大于现金流出的现值和,该技术方案有超额收益的现值,故该技术方案财务上可行;当 FNPV=0 时,说明该技术方案基本能满足基准收益率要求的盈利水平,即技术方案现金流入的现值正好抵偿技术方案现金流出的现值,该技术方案财务上还是可行的;当 FNPV<0 时,说明该技术方案不能满足基准收益率要求的盈利水平,即技术方案

收益的现值不能抵偿支出的现值,该技术方案财务上不可行。

按分析范围和对象不同,财务净现值也可分为项目投资财务净现值,项目资本金财务净现值和投资各方财务净现值。但为简化计算,在财务分析中一般只计算项目投资财务净现值。

【例7.9】 已知某技术方案有如下现金流量,设 $i_c=8\%$,试计算财务净现值(FNPV)。

表7-3 某技术方案净现金流量 (单位:万元)

年限	1年	2年	3年	4年	5年	6年	7年
净现金流量	-4 200	-4 700	2 000	2 500	2 500	2 500	2 500

解 FNPV = $-4\,200\times(1+8\%)^{-1} - 4\,700\times(1+8\%)^{-2} + 2\,000\times(1+8\%)^{-3} + 2\,500\times(1+8\%)^{-4} + 2\,500\times(1+8\%)^{-5} + 2\,500\times(1+8\%)^{-6} + 2\,500\times(1+8\%)^{-7}$

$= -4\,200\times0.925\,9 - 4\,700\times0.857\,3 + 2\,000\times0.793\,8 + 2\,500\times0.735\,0 + 2\,500\times0.680\,6 + 2\,500\times0.630\,2 + 2\,500\times0.583\,5$

$= 242.76$(万元)

由于FNPV = 242.76万元>0,所以该技术方案在经济上可行。

7.4.2.2 财务内部收益率

财务内部收益率(FIRR),是指能使项目计算期内各年净现金流量现值累计等于零时的折现率,可按下式采用试差法计算

$$\sum_{t=1}^{n}(CI-CO)_t(1+FIRR)^{-t}=0 \qquad (7-47)$$

式中:CI——现金流入量;

CO——现金流出量;

$(CI-CO)_t$——第t期的净现金流量;

n——计算期期数。

按分析范围和对象不同,财务内部收益率分为项目投资财务内部收益率、项目资本金财务内部收益率和投资各方财务内部收益率。它们都依据上述公式进行计算,只是所采用的现金流入和现金流出不同。

当财务内部收益率大于或等于财务基准收益率或最低可接受收益率时,即认为盈利能力能够满足要求,在财务上可考虑接受。

财务基准收益率(i_c)或最低可接受收益率,是财务分析最重要参数。它是判别财务内部收益率是否符合要求的基准,也可以作为计算财务净现值的折现率。将财务内部收益率的判别基准(i_c)和计算净现值的折现率采用同一数值,可使FIRR$\geq i_c$,对项目效益的判断与采用i_c计算的FNPV≥ 0对项目效益的判断结果一致。

【例7.10】 已知某建设建设项目已开始运营。如果现在运营期是已知的并且不会发生变化,那么采用不同的折现率就会影响到项目所获得的净现值。我们可以利用不同的净现值来估算项目的财务内部收益率。根据定义,项目的财务内部收益率是当项目净现值等于零时的收益率,采用线性插值法的条件是当折现率为16%时,某项目的净现值

是338元;当折现率为18%时,净现值是-22元,计算其财务内部收益率。

解　$\text{FIRR} = i_1 + (i_2 - i_1) \times \text{FNPV}_1 / (\text{FNPV}_1 - \text{FNPV}_2)$
$= 16\% + (18\% - 16\%) \times [338/(338+22)] = 17.88\%$

7.4.2.3 动态投资回收期

动态投资回收期是将投资方案各年的净现金流量按基准收益率折现后,再来推算投资回收期,这是它与静态投资回收期的根本区别。动态投资回收期就是投资方案累计现值等于零时的时间(年份)。

动态投资回收期的表达式为

$$\sum_{t=0}^{P_t'}(\text{CI}-\text{CO})_t(1+i_c)^{-t}=0 \tag{7-48}$$

式中:P_t'——动态投资回收期;

i_c——基准收益率。

在实际应用中,可根据项目现金流量表用下列近似公式计算:

$$P_t' = (累计净现金流量现值出现正值的年数 - 1) + \frac{上一年累计净现金流量现值的绝对值}{出现正值年份净现金流量的现值}$$
(7-49)

注意区别利用静态投资回收期与动态投资回收期判断项目是否可行的不同。当静态投资回收期小于等于基准投资回收期时,项目可行;只要动态投资回收期不大于项目寿命期,项目就可行。

按静态分析计算的投资回收期较短,决策者可能认为经济效果尚可以接受。但若考虑资金时间价值,用折现法计算出的动态投资回收期,要比用传统方法计算出的静态投资回收期长些,该方案未必能被接受。

7.5 财务偿债能力分析

建设项目的建设与运营均需要资金投入,除了投资者投入资本金以外,大多数项目都需要筹措债务资金。为了考察项目(企业)能否按期偿还债务资金,在项目决策阶段就要进行偿债能力分析。

进行偿债能力分析,需要编制借款还本付息计划表和资产负债表,同时要借助利润与利润分配表,通过计算利息备付率、偿债备付率和资产负债率等偿债能力指标,分析判断项目的偿债能力。

7.5.1 利息备付率和偿债备付率

依据借款还本付息计划表和利润与利润分配表有关数据,可以计算利息备付率和偿债备付率。

7.5.1.1 利息备付率

利息备付率(ICR)是指在借款偿还期内的息税前利润(EBIT)与应付利息(PI)的比值,它从付息资金来源的充裕性角度反映项目偿付债务利息的保障程度,其计算公式为

$$ICR = \frac{EBIT}{PI} \tag{7-50}$$

式中：EBIT——息税前利润；

PI——计入总成本费用的全部利息。

利息备付率应在借款偿还期内分年计算，它从付息资金来源的充裕性角度反映企业偿付债务利息的能力，表示企业使用息税前利润偿付利息的保证倍率。利息备付率高，说明利息支付的保证度大，偿债风险小。正常情况下利息备付率应当大于1，并结合债权人的要求确定。否则，表示企业的付息能力保障程度不足。尤其是当利息备付率低于1时，表示企业没有足够资金支付利息，偿债风险很大。参考国际经验和国内行业的具体情况，根据我国企业历史数据统计分析，一般情况下，利息备付率不宜低于2，而且需要将该利息备付率指标与其他同类企业进行比较，来分析决定本企业的指标水平。

【例 7.11】 某项目经营期第四年有关财务报表数据如下：利润总额 2 000 万元，全部为应纳所得税额，所得税率为 25%，当年计提折旧费 600 万元，不计摊销，当年应还本 1 200 万元，付息 300 万元，利息备付率为多少？

解 (2 000+300)/300×100% = 7.67，利息备付率为 7.67。

7.5.1.2 偿债备付率

偿债备付率（DSCR）是指在借款偿还期内，可用于还本付息的资金（$EBITDA - T_{AX}$）与应还本付息金额（PD）的比值，它表示可用于还本付息的资金偿还借款本息的保障程度，其计算公式为

$$DSCR = \frac{EBITDA - T_{AX}}{PD} \tag{7-51}$$

式中：EBITDA——企业息税前利润加折旧费和摊销费；

T_{AX}——企业所得税；

PD——应还本付息的金额，包括当期应还贷款本金额及计入总成本费用的全部利息。融资租赁费用可视同借款偿还；运营期内的短期借款本息也应纳入计算。

如果企业在运行期内有维持运营的投资，可用于还本付息的资金应扣除维持运营的投资。

偿债备付率应在借款偿还期内分年计算，它表示企业可用于还本付息的资金偿还借款本息的保证倍率。偿债备付率低，说明偿付债务本息的资金不充足，偿债风险大。正常情况偿债备付率应当大于1，并结合债权人的要求确定。当指标小于1时，表示企业当年资金来源不足以偿付当期债务，需要通过短期借款偿付已到期债务。参考国际经验和国内行业的具体情况，根据我国企业历史数据统计分析，一般情况下，偿债备付率不宜低于1.3。

【例 7.12】 条件同例题 7.10，请计算偿债备付率。

解 (2 000+300+600−2 000×25%)/(1 200+300) = 1.6，偿债备付率为 1.6。

7.5.2 借款偿还期

借款偿还期是根据国家财政规定及投资项目的具体财务条件，以项目投产后可作为

偿还贷款的收益（利润、折旧及其他收益）来偿还项目投资借款本金和利息所需要的时间。其计算公式为

$$I_d = \sum_{t=1}^{P_d}(R_P + D' + R_0 - R_r)_t \qquad (7-52)$$

式中：P_d——借款偿还期（从借款开始年计算，当从投产年算起时，应予以注明）；

I_d——建设投资借款本金和利息（不包括已用自有资金支付的部分）之和；

R_P——第 t 年可用于还款的利润；

D'——第 t 年可用于还款的折旧费和摊销费；

R_0——第 t 年可用于还款的其他收益；

R_r——第 t 年企业留利。

在实际工作中，借款偿还期可直接从财务平衡表中推算，以年表示。具体比较实用的计算公式为

$$P_d = (借款偿还后出现盈余的年份数 - 1) + \frac{当年应偿还借款}{当年可用于还款的收益额} \qquad (7-53)$$

一般只要借款偿还期满足贷款机构的要求期限时，即认为项目是有借款偿债能力的。借款偿还期适用于那些计算最大偿还能力，尽快还款的项目，不适用于那些预先给定借款偿还期的项目。对于预先给定借款偿还期的项目，应采取利息备付率和偿债备付率指标来分析项目的偿债能力。

7.5.3 资产负债率

依据资产负债表有关数据可以计算资产负债率。资产负债表（表7-4）是国际上通用的财务报表，项目财务分析中的资产负债表要求按项目计算期内各年年末数据编制，综合反映项目计算期内各年年末的资产、负债和所有者权益的增减变化情况。

$$LOAR = \frac{TL}{TA} \times 100\% \qquad (7-54)$$

式中：LOAR——资产负债率；

TL——期末负债总额；

TA——期末资产总额。

适度的资产负债率，表明项目经营安全、稳健，并具有较强的筹资能力。资产负债率的合理范围应结合国家宏观经济和行业发展状况、企业所处竞争环境等因素综合判定。一般认为，资产负债率为 0.5~0.7 是合适的。

【例 7.13】 某企业 2016 年的总资产为 5 000 万元，自有资产为 3 000 万元，固定资产为 2 500 万元，流动资产为 2 500 万元，流动负债为 800 万元，则该企业的资产负债率为多少？

解 800/5 000 = 0.16，该企业的资产负债率为 0.16。

在工程经济评价中，长期债务还清后，可不再计算资产负债率。

表 7-4　资产负债　　　　　　　　　　　　　　（货币单位：万元）

序号	项目	合计	计算期					
			1	2	3	4	…	n
1	资产							
1.1	流动资产总额							
1.1.1	货币资金							
1.1.2	应收账款							
1.1.3	预付账款							
1.1.4	存货							
1.1.5	其他							
1.2	在建工程							
1.3	固定资产净值							
1.4	无形及其他资产净值							
2	负债及所有者权益(2.4+2.5)							
2.1	流动负债总额							
2.1.1	短期借款							
2.1.2	应付账款							
2.1.3	预收账款							
2.1.4	其他							
2.2	建设投资借款							
2.3	流动资金借款							
2.4	负债小计(2.1+2.2+2.3)							
2.5	所有者权益							
2.5.1	资本金							
2.5.2	资本公积							
2.5.3	累计盈余公积和公益金							
2.5.4	累计未分配利润							
	计算指标：资产负债率(%)							

注：①货币资金包括现金和累计盈余资金；
　　②对外商投资项目，第2.5.3项改为累计储备基金和企业发展基金。

7.5.4 流动比率

流动比率是流动资产与流动负债之比,反映项目流动资产偿还流动负债的能力。其计算公式为

$$\text{流动比率} = \frac{\text{流动资产}}{\text{流动负债}} \times 100\% \tag{7-55}$$

流动比率假设全部流动资产都可用于偿还流动负债,表明每1元流动负债有多少流动资产作为偿债保障,是对短期偿债能力的粗略估计。适合用于同行业比较以及本企业不同历史时期的比较。而不同行业的流动比率通常有明显差别,过去认为生产性行业合理的最低流动比率为2比较合理。但这只是一个参考值,随着企业经营方式和金融环境的变化,流动比率有下降趋势。

如果流动比率过高,则要检查其原因,是不是由资产结构不合理造成的,或者是募集的长期资金没有尽快投入使用,或者是其他原因造成的;如果流动比率过低,企业近期可能会有财务方面的困难。偿债困难会使企业的风险加大。

【例7.14】 某企业资产总额为1 000万元,其中负债总额为400万元,流动负债为200万元,流动资产为300万元,存货为100万元,则其流动比率为多少?

解 300/200=1.50,其流动比率为1.50。

7.5.5 速动比率

速动比率是指企业的速动资产与流动负债之间的比率关系。其中,速动资产是指能够迅速变现为货币资金的各类流动资产,通常有两种计算方法:一种方法是将流动资产中扣除存货后的资产统称为速动资产,速动资产=流动资产-存货;另一种方法是将变现能力较强的货币资金、交易性金融资产、应收票据、应收账款和其他应收款等加总作为速动资产;速动资产=货币资金+交易性金融资产+应收票据+应收账款+其他应收款。在企业不存在其他流动资产项目时,这两种方法的计算结果应一致。否则,用第二种方法要比第一种方法准确,但比第一种方法复杂。第一种方法的速动比率计算公式为

$$\text{速动比率} = \frac{\text{速动资产}}{\text{流动负债}} \times 100\% = \frac{\text{流动资产} - \text{存货}}{\text{流动负债}} \tag{7-56}$$

速动比率是假设速动资产是可偿债资产,表明每1元流动负债有多少速动资产作为偿债保障,是对短期偿债能力的粗略估计。由于速动资产的变现能力较强,因此,经验认为,速动比率为1就说明企业有偿债能力,低于1则说明企业偿债能力不强,该指标越低,企业的偿债能力越差。

在企业的流动资产中,存货的流动性最小。在发生清偿事件时,存货蒙受的损失将大于其他流动资产。因此一个企业不依靠出售库存资产来清偿债务的能力是非常重要的。但是一些应收票据、应收账款较多的企业,速动比率可能要大于1,因此,影响速动比率可信性的重要因素就是应收票据及应收账款的变现能力。

【例7.15】 某企业流动资产年末合计数为520 000元,其中存货年末数为310 000元,流动负债年末数为160 000元,则该企业速动比率为多少?

解 (520 000-310 000)/160 000=1.31,该企业速动比率为1.31。

【例7.16】 某拟建工业项目,基础数据如下:

(1)建设期为2年、运营期为4年,项目建设投资为6 000万元(不含建设期利息),流动资金为700万元。

(2)建设投资资金来源为银行贷款和项目资本金。贷款总额为3 000万元,建设期各年贷款额见表7-5,在各年年内均衡发生,贷款年利率为6%,投产后采用等额还本付息方式3年内还清(年末支付)。流动资金全部由项目资本金解决。

(3)项目投产后各年的收入、成本相关数据见表7-5,按不含税价格计算。所得税税率取25%。

问题:

(1)根据已知条件,求项目的利息备付率和偿债备付率。

(2)计算项目总投资收益率和项目资本金净利润率。

(3)咨询人员依据问题(1)(2)的计算结果,作出了项目财务上是否可行的判断,这样做是否恰当?说明理由。

表7-5 建设项目的资金投入、收入、成本等数据表　　　　　　　　　(单位:万元)

序号	项目	建设期		运营期			
		1	2	3	4	5	6
1	建设投资	2 000	4 000				
1.1	项目资本金	1 000	2 000				
1.2	银行贷款	1 000	2 000				
2	流动资金			600	100		
3	销售收入			5 200	6 500	6 500	6 500
4	销售税金及附加			65	80	80	80
5	经营成本			2 800	3 500	3 500	3 500
6	折旧和摊销			1 135	1 135	1 135	1 135

解

(1)计算还款期各年的利息备付率、偿债备付率

1)计算期第三年年初的借款余额(含建设期利息)

第一年:本年借款1 000万元

应计利息=(年初借款本息累计+本年借款额/2)×年利率=1 000/2×6%=30(万元)

第二年:年初借款本息累计为1 030万元,本年新增借款为2 000(万元)

应付利息=(1 030+2 000/2)×6%=121.8(万元)

第三年:年初借款余额=3 000+30+121.8=3 151.8(万元)

2)编制借款还本付息计划表

项目采用等额还本付息方式,则每年还本付息额为
$A = 3\ 151.8 \times (A/P, 6\%, 3) = 3\ 151.8 \times 0.374\ 11 = 1\ 179.1(万元)$
第三年:付息$= 3\ 151.8 \times 6\% = 189.1(万元)$ 还本$= 1\ 179.1 - 189.1 = 990(万元)$
第四、五年的还本额和付息额见表7-6。

表7-6 项目借款还本付息计划表 （单位:万元）

项目	运营期		
	3	4	5
年初借款余额	3 151.8	2 161.8	1 112.4
当年还本付息	1 179.1	1 179.1	1 179.1
其中:还本	990	1 049.4	1 112.4
付息	189.1	129.7	67.7
年末借款余额	2 161.8	1 112.4	0

3)计算运营期各年的利息备付率和偿债备付率

第三年:息税前利润 = 销售收入 - 销售税金及附加 - 经营成本 - 折旧和摊销
$= 5\ 200 - 65 - 2\ 800 - 1\ 135 = 1\ 200(万元)$

息税折旧摊销前利润 = 息税前利润 + 折旧和摊销 = 销售收入 - 销售税金及附加 - 经营成本
$= 5\ 200 - 65 - 2\ 800 = 2\ 335(万元)$

利润总额 = 销售收入 - 销售税金及附加 - 经营成本 - 折旧和摊销 - 利息支出
$= 5\ 200 - 65 - 2\ 800 - 1\ 135 - 189.1 = 1\ 010.9(万元)$

所得税 $= 1\ 010.9 \times 25\% = 252.7(万元)$

利息备付率 $= 1\ 200/189.1 = 7.3$

偿债备付率 $= (2\ 335 - 252.7)/1\ 179.1 = 1.8$

第4~6年的利息备付率和偿债备付率计算方法同上,结果见表7-7。

表7-7 项目利息备付率和偿债备付率指标计算表

项目	运营期		
	3	4	5
息税前利润/万元	1 200	1 785	1 785
息税折旧摊销前利润/万元	2 335	2 920	2 920
所得税/万元	253	413.8	429.6
应付利息额/万元	189.1	129.7	67.7
应还本付息额/万元	1 179.1	1 179.1	1 179

续表7-7

项目	运营期		
	3	4	5
利息备付率	7.3	13.8	27.8
偿债备付率	1.8	2.1	2.1

可见,项目具有较强的偿债能力。

(2)计算项目总投资收益率和资本金净利润率,所需数据见表7-8。

表7-8 项目利润表的部分数据　　　　　　　　（单位:万元）

项目	运营期			
	3	4	5	6
销售收入	5 200	6 500	6 500	6 500
销售税金及附加	65	80	80	80
经营成本	2 800	3 500	3 500	3 500
折旧和摊销	1 135	1 135	1 135	1 135
息税前利润	1 200	1 785	1 785	1 785
利息支出	189.1	129.7	67.7	0
利润总额	1 010.9	1 655.3	1 718.3	1 785
所得税	252.7	413.8	429.6	447.3
净利润	758.2	1 241.5	1 288.7	1 338.8

采用运营期内年平均息税前利润:
总投资收益率=1 638.75/(6 000+151.8+700)×100% =23.9%
采用运营期内年平均净利润:
资本金净利润率=1 157.78/(3 000+700)×100% =31.3%

(3)咨询人员依据问题(1)(2)的计算结果就作出项目财务是否可行,这是不恰当的。理由是:项目财务评价除了分析项目的偿债能力外,还要分析项目的盈利能力和财务生存能力,然后结合静态指标和动态指标作出综合判断,不能只单凭某一方面或某些指标进行判断。

7.6　财务生存能力分析

财务生存能力分析也称资金平衡分析,是根据拟定技术方案的财务计划现金流量表,通过考察拟定技术方案计算期内各年的投资、融资和经营活动所产生的各项现金流入和流出,计算净现金流量和累计盈余资金,分析技术方案是否有足够的净现金流量维持正常运营,以实现财务可持续性。而财务可持续性应首先体现在有足够的经营净现金流量,这是财务可持续的基本条件;其次在整个运营期间,允许个别年份的净现金流量出现负值,但各年累计盈余资金不应出现负值,这是财务生存的必要条件。若出现负值,应进行短期借款,同时分析该短期借款的时间长短和数额大小,进一步判断拟定技术方案的财务生存能力。短期借款应体现在财务计划现金流量表中,其利息应计入财务费用。为维持技术方案正常运营,还应分析短期借款的可靠性。

财务生存能力主要通过考察项目计算期内的投资、融资和经营活动所产生的各项现金流入和流出,计算净现金流量和累计盈余资金,分析项目是否有足够的净现金流量维持正常运营,以实现财务状况持续良好。

$$年净现金流量 = 年经营活动净现金流量 + 年投资活动净现金流量 + 年筹资活动净现金流量 \tag{7-57}$$

$$累计盈余资金 = \sum_{i=1}^{m} 各年净现金流量 (1 \leqslant m \leqslant n) \tag{7-58}$$

表7-9 财务计划现金流量表 (货币单位:万元)

序号	项目	合计	计算期					
			1	2	3	4	…	n
1	经营活动净现金流量(1.1-1.2)							
1.1	现金流入							
1.1.1	营业收入							
1.1.2	增值税销项税额							
1.1.3	补贴收入							
1.1.4	其他收入							
1.2	现金流出							
1.2.1	经营成本							
1.2.2	增值税进项税额							
1.2.3	营业税金及附加							
1.2.4	增值税							
1.2.5	所得税							
1.2.6	其他流出							
2	投资活动净现金流量(2.1-2.2)							
2.1	现金流入							
2.2	现金流出							
2.2.1	建设投资							
2.2.2	维持运营投资							

续表 7-9

序号	项目	合计	计算期					
			1	2	3	4	…	n
2.2.3	流动资金							
2.2.4	其他流出							
3	筹资活动净现金流量(3.1-3.2)							
3.1	现金流入							
3.1.1	资本金投入							
3.1.2	建设投资借款							
3.1.3	流动资金借款							
3.1.4	债券							
3.1.5	短期借款							
3.1.6	其他流入							
3.2	现金流出							
3.2.1	各种利息支出							
3.2.2	偿还债务本金							
3.2.3	应付利润(股利分配)							
3.2.4	其他流出							
4	净现金流量(1+2+3)							
5	累计盈余资金							

注:对外商投资项目,应将职工奖励与福利基金作为经营活动现金流出。

在实际应用中,对于经营性方案,经济效果评价是从拟定技术方案的角度出发,根据国家现行财政、税收制度和现行市场价格,计算拟定技术方案的投资费用、成本与收入、税金等财务数据,通过编制财务分析报表,计算财务指标,分析拟定技术方案的盈利能力、偿债能力和财务生存能力,据此考察拟定技术方案的财务可行性和财务可接受性,明确拟定技术方案对财务主体及投资者的价值贡献,并得出经济效果评价的结论。投资者可根据拟定技术方案的经济效果评价结论、投资者自身的财务状况和投资者所承担的风险程度,决定拟定技术方案是否应该实施。对于非经营性方案,经济效果评价应主要分析拟定技术方案的财务生存能力,据此还可提出需要政府补助维持技术方案持续运营的费用。

【例7.17】 某企业拟投资建设一个市场急需产品的工业项目。该项目建设期为1年,运营期为6年。项目投产第一年可获得当地政府扶持该产品生产的补贴收入100万元,项目建设的其他基本数据如下:

(1)建设投资为1 000万元。预计全部形成固定资产(包含可抵扣固定资产进项税额80万元),固定资产使用年限为10年,按直线法折旧,期末净残值率4%,固定资产余值在项目运营期末收回。投产当年又投入运营期资本金200万元。

(2)正常年份年营业收入为678万元(其中销项税额为78万元),经营成本350万元(其中进项税额为25万元),税金附加按应纳增值税的10%计算,所得税税率为25%,行业所得税后基准收益率为10%;基准投资回收期6年。企业投资者期望的最低可接受所得税后收益率为15%。

(3)投产第一年仅达到设计生产能力的80%,预计这一年的营业收入及其所含销项税额、经营成本及其所含进项税额均为正常年份的80%。以后各年均达到设计生产能力。

(4)运营第4年,需花费50万元(无可抵扣进项税额)更新新型自动控制设备配件,维持以后的正常运营需要,该维持运营投资按当期费用计入年度总成本。

问题1:编制拟建项目投资现金流量表。
问题2:计算项目的静态投资回收期、财务净现值和财务内部收益率。
问题3:评价项目的财务可行性。

解

问题1:编制拟建项目投资现金流量表。

编制现金流量表之前需要计算以下数据,并将计算结果填入表7-10中。

(1)计算固定资产折旧费(融资前,固定资产原值不含建设期利息)。

固定资产原值=形成固定资产的费用-可抵扣固定资产进项税额=1 000-80=920(万元),年固定资产折旧费=(1 000-80)×(1-4%)÷10=88.32(万元)

(2)计算固定资产余值。

固定资产使用年限10年,运营期末只用了6年,还有4年未折旧。所以,运营期末固定资产余值为

固定资产余值=年固定资产折旧费×4+残值=88.32×4+(1 000-80)×4%=390.08(万元)

(3)计算调整所得税。

增值税应纳税额=当期销项税额-当期进项税额-可抵扣固定资产进项税额

故

第2年(投产第一年)的当期销项税额-当期进项税额 可抵扣固定资产进项税额=78×0.8-25×0.8-80=62.4-20-80=-37.6(万元)<0

故第2年应纳增值税额为0。

第3年的当期销项税额-当期进项税额-上一年未抵扣完的固定资产进项税额=78-25-37.6=15.4(万元)

第4年、第5年、第6年、第7年的应纳增值税=78-25=53(万元)

调整所得税=[营业收入-当期销项税额-(经营成本-当期进项税额)-当期固定资产折旧费-维持运营投资+补贴收入-增值税附加]×25%=利润总额×25%=[收入(不含税)+补贴-总成本-附加]×25%

故

第 2 年(投产第一年)调整所得税 = [(678-78)×80% - (350-25)×80% - 88.32 - 0 + 100 - 0]×25% = 57.92(万元)

第 3 年调整所得税 = (600-325-88.32-0+0-15.4×10%)×25% = 47.29(万元)

第 4 年调整所得税 = (600-325-88.32-0+0-53×10%)×25% = 45.35(万元)

第 5 年调整所得税 = (600-325-88.32-50+0-53×10%)×25% = 32.85(万元)

第 6、7 年调整所得税 = (600-325-88.32-0+0-53×10%)×25% = 45.35(万元)

表 7-10 项目投资现金流量表 (单位:万元)

序号	项目	建设期	运营期					
		1	2	3	4	5	6	7
1	现金流入	0.00	642.40	678.00	678.00	678.00	678.00	1 268.08
1.1	营业收入(不含销项税额)		480.00 = 600×80%	600.00	600.00	600.00	600.00	600.00
1.2	销项税额		62.40 = 78×80%	78.00	78.00	78.00	78.00	78.00
1.3	补贴收入		100.00					
1.4	回收固定资产余值							390.08
1.5	回收流动资金							200.00
2	现金流出	1 000.00	537.92	413.23	453.65	491.15	453.65	453.65
2.1	建设投资	1 000.00						
2.2	流动资金投资		200.00					
2.3	经营成本(不含进项税额)		260.00 = 325×80%	325.00	325.00	325.00	325.00	325.00
2.4	进项税额		20.00 = 25×80%	25.00	25.00	25.00	25.00	25.00
2.5	应纳增值税		0.00	15.40	53.00	53.00	53.00	53.00
2.6	增值税附加			1.54 = 15.4×10%	5.30	5.30	5.30	5.30
2.7	维持运营投资					50.00		

续表7-10

序号	项目	建设期	运营期					
		1	2	3	4	5	6	7
2.8	调整所得税		57.92	47.29	45.35	32.85	45.35	45.35
3	所得税后净现金流量	-1 000.00	104.48	264.77	224.35	187.85	224.35	814.43
4	累计税后净现金流量	-1 000.00	-895.52	-630.75	-407.40	-219.55	4.80	819.23
5	折现率10%	0.909 1	0.826 4	0.751 3	0.683 0	0.620 9	0.564 5	0.513 2
6	折现后净现金流量	-909.10	87.34	198.92	153.23	117.02	127.65	417.97
7	累计折现净现金流量	-909.10	-822.76	-623.84	-470.60	-354.39	-227.94	190.02

问题2：计算项目的静态投资回收期、财务净现值和财务内部收益率。

(1)计算项目的静态投资回收期。

静态投资回收期=(累计税后净现金流量出现正值的年份-1)+(|出现正值年份上年累计税后净现金流量|/出现正值年份当年所得税后净现金流量)

$$= (6-1)+(|-219.55|/224.35)= 5.98(年)$$

可知项目静态投资回收期为5.98年。

(2)计算项目财务净现值。项目财务净现值是把项目计算期内各年的净现金流量，按照基准收益率折算到建设期初的现值之和。也就是计算期末累计折现后净现金流量190.02万元，见表7-10。

(3)计算项目的财务内部收益率。

编制财务内部收益率试算表见表7-11。

首先设定i_1=15%，以i_1作为设定的折现率，计算出各年的折现系数。利用财务内部收益率试算表，计算出各年的折现净现金流量和累计折现净现金流量，从而得到财务净现值$FNPV_1$=7.80(万元)，见表7-11。

再设定i_2=17%，以i_2作为设定的折现率，计算出各年的折现系数。同样，利用财务内部收益率试算表，计算出各年的折现净现金流量和累计折现净现金流量，从而得到财务净现值$FNPV_2$= -49.28(万元)，见表7-11。

计算结果满足：$FNPV_1>0$，$FNPV_2<0$，且满足精度要求，可采用插值法计算出拟建项目的财务内部收益率FIRR。

表7-11　财务内部收益率试算表　　　　　　　　　　　　　　　（单位:万元）

序号	项目	建设期 1	运营期 2	3	4	5	6	7
1	现金流入	0.00	642.40	678.00	678.00	678.00	678.00	1 268.08
2	现金流出	1 000.00	537.92	413.23	453.65	491.15	453.65	453.65
3	净现金流量	-1 000.00	104.48	264.77	224.35	187.85	224.35	814.43
4	折现系数 $i=15\%$	0.869 6	0.756 1	0.657 5	0.571 8	0.497 2	0.432 3	0.375 9
5	折现后净现金流量	-869.60	79.00	174.09	128.28	92.90	97.99	307.14
6	累计折现净现金流量	-869.60	-790.60	-617.5	-488.23	-395.33	-298.34	7.80
7	折现系数 $i=17\%$	0.854 7	0.730 5	0.624 5	0.533 7	0.456 1	0.389 8	0.333 2
8	折现后净现金流量	-854.70	77.32	165.32	119.74	85.22	87.45	271.37
9	累计折现净现金流量	-854.70	-778.38	-613.06	-493.32	-408.10	-320.65	-49.28

由表7-11可知

$i_1 = 15\%$ 时,$FNPV_1 = 7.80$(万元)

$i_2 = 17\%$ 时,$FNPV_2 = -49.28$(万元)

用插值法计算拟建项目的内部收益率FIRR,即

$FIRR = i_1 + (i_2 - i_1) \times FNPV_1 / (|FNPV_1| + |FNPV_2|)$

$= 15\% + (17\% - 15\%) \times 7.80 / (7.80 + |-49.28|) = 15\% + 0.27\% = 15.27\%$

问题3:评价项目的财务可行性。

本项目的静态投资回收期为5.98年,小于基准投资回收期6年;累计财务净现值为190.02万元>0;财务内部收益率FIRR=15.27%>行业基准收益率10%,因此,从财务角度分析该项目可行。

习　题

一、单项选择题

1.某项目投产2年的息税前利润为219.9万元,当年应付利息额20.3万元,应还本金额82.1万元,折旧和摊销共172.4万元,所得税为65.9万元,则该年的利息备付率为(　　)。

　A.10.8　　　　B.13.2　　　　C.14.1　　　　D.20.4

2.某项目投产3年的息税前利润为219.9万元,当年应付利息额15.7万元,应还本金额82.1万元,折旧和摊销共172.4万元,所得税为65.9万元,则该年的偿债备付率为(　　)。

　A.2.20　　　　B.3.24　　　　C.4.00　　　　D.3.34

3.下列技术方案经济效果评价指标中,属于偿债能力分析指标的是(　　)。

A. 总投资收益率　　　　　　　　B. 投资回收期
C. 财务内部收益率　　　　　　　D. 利息备付率

4. 某技术方案现金流量如下表。设基准收益率为8%,通过计算财务净现值,可得到的结论是(　　)。

年限	0	1	2	3	4
现金流入/万元	0	100	600	300	600
现金流出/万元	370	400	200	300	200

A. 财务净现值为-37.26万元,方案不可行
B. 财务净现值为-10.83万元,方案不可行
C. 财务净现值为13.64万元,方案可行
D. 财务净现值为18.57万元,方案可行

5. 在计算偿债备付率时,去年可用于还本付息的资金是(　　)。
A. 息税前利润+折旧+摊销
B. 息税前利润+折旧+摊销+所得税
C. 息税前利润+折旧+摊销-所得税
D. 息税前利润-所得税

6. 下列评价指标中,适用于评价项目盈利能力的是(　　)。
A. 资产负债率　　　　　　　　　B. 流动比率
C. 总资产周转率　　　　　　　　D. 财务内部收益率

7. 某项固定资产折旧年限10年。预计净前两年已经折旧,采用年数总和法,则第3年的折旧率为(　　)。
A. 14.5%　　　　B. 16%　　　　C. 13%　　　　D. 12.6%

8. 下列总能得出相同结论的是(　　)。
A. 静态投资回收期和动态投资回收期
B. 资本金净利润和总投资收益率
C. 利息备付率和资产负债率
D. 净现值和净年值

9. 某投资方案计算期现金流量见下表,该投资方案的静态投资回收期为(　　)年。

年限	0	1	2	3	4	5
净现金流量/万元	-1 000	-500	600	800	800	800

A. 2.143　　　　B. 3.125　　　　C. 3.143　　　　D. 4.125

10. 某项目建设投资估算为8 900万元,其中无形资产及其他资产分别为500万元和200万元,以上数据均不含增值税。项目的建设期利息估算为800万元。若项目固定资产的净残值率取5%,折旧年限10年,按双倍余额递减法计提折旧,则运营期第2年的固

定资产折旧额应为( )万元。

A.1 316　　　　　B.1 440　　　　　C.1 472　　　　　D.1 710

11.某新建项目投产第1年的财务效益与费用数据估算为:流动资金800万元,年营业收入10 000万元(不含税),经营成本4 000万元(不含税),其中外购原、辅材料及燃料和动力费3 200万元(不含税),税金及附加为18.4万元。已知项目可抵扣的建设投资进项税额为700万元,增值税税率为13%,则项目投资现金流量表中,投产后第1年的所得税前净现金流量约为( )万元。

A.5 181.6　　　　B.5 881.6　　　　C.5 981.6　　　　D.6 681.6

12.某项目的建设投资4 500万元(含税),建设期利息200万元,流动资金300万元。投产后第2年营业收入3 500万元(不含税),税金及附加45万元,经营成本2 000万元(不含税),折旧和摊销400万元,当年应支付利息100万元,则当年的总投资收益率约为( )。

A.22.0%　　　　　B.21.1%　　　　　C.19.9%　　　　　D.19.1%

13.某项目总投资1 300万元(其中项目资本金500万元,贷款800万元),运营期第3年的总成本650万元(其中折旧80万元,摊销20万元,支付贷款利息30万元),利润总额及应纳税所得额均为170万元,偿还贷款本金150万元,所得税税率25%,则该项目运营期第3年的偿债备付率约为( )。

A.1.34　　　　　B.1.43　　　　　C.1.67　　　　　D.1.90

14.建设期借款1 500万,利率8%,等额还本付息,分四年还清。建设期内产生的利息当期支付。运营期每年有流动资产贷款利息80万的偿还。当年利润总额是60万(不考虑税的影响),则利息备付率是( )。

A.1.3　　　　　B.2.6　　　　　C.1.5　　　　　D.2.3

15.新建项目建设投资25 000万元(含可抵扣增值税进项税2 200万元),运营期第一年销售收入12 500万元,经营成本6 000万元,其中原材料、燃料动力等可变成本4 320万元,增值税13%,第一年的应纳税额为( )万元。

A.-1 137.6　　　　B.0　　　　　C.1 063.4　　　　　D.845

16.下列关于项目偿债备付率的说法,正确的是( )

A.偿债备付率等于息税前利润除以应还本付息额

B.偿债备付率是以债款还期内平均偿债备付率反映偿债能力

C.偿债备付率表示可用于还本付息的资金偿付债务本息的保证倍数

D.为减少偿债风险,偿债备付率至少应大于2

17.某投资项目寿命期7年,建设期1年,当年投入1 100万元,第2~7年为运营期,第2年净现金流为240万元,第3~7年净现金流为300万元,以上资金按年末发生计,折现率为8%,则项目的净现值为( )万元。

A.132.69　　　　B.198.31　　　　C.214.17　　　　D.231.31

18.某项目总投资1 300万元,其中项目资本金500万元,贷款800万元,运营期第3年的总成本650万元(其中折旧80万元,摊销20万元),利润总额170万元,支付贷款利息30万元,偿还本金150万元,企业所得税25%,则该项目运营期第3年的利息备付率为( )。

A. 3.67　　　　　　B. 4.67　　　　　　C. 5.67　　　　　　D. 7.67

19. 投资项目寿命期8年,建设期1年,第2年至第8年现金流量如下表,不考虑税收影响,项目建成后,静态投资回收期( )年。

年限	1	2	3	4	5	6	7	8
流入/万元	0	2.0	3.0	5.0	8.0	8.0	9.0	9.0
流出/万元	10	1.6	1.8	3.3	5.3	5.3	5.5	5.9

A. 7.48　　　　　　B. 7.37　　　　　　C. 5.48　　　　　　D. 5.37

20. 下列关于财务内部收益率的说法,正确的是( )。
   A. 其大小易受基准收益率等外部参数的影响
   B. 任一技术方案的财务内部收益率均存在唯一解
   C. 可直接用于互斥方案之间的比选
   D. 考虑了技术方案在整个计算期内的经济状况

21. 某技术方案建设投资1 000万元,流动资金100万元,全部为自有资金(资本金)。运营期正常年份的年利润总额为140万元,年所得税为35万元,则该方案的资本金净利润率是( )。
   A. 10.50%　　　　B. 12.73%　　　　C. 14.00%　　　　D. 9.55%

22. 某技术方案净现金流量和财务净现值如下表,根据表中数据,下列关于该方案评价的说法正确的是( )。

年限	1	2	3	4	5	6	7
净现金流量/万元	−420	−470	200	250	250	250	250
财务净现值(折现率8%)	24.276 万元						

   A. 累计净现金流小于零　　　　　　B. 财务内部收益率可能小于8%
   C. 静态投资回收期大于6年　　　　　D. 项目在经济上可行

23. 下列经济效果评价指标中,属于动态指标的是( )。
   A. 财务净现值　　　　　　　　　　B. 流动比率
   C. 资本金净利润率　　　　　　　　D. 投资收益率

24. 投资项目的内部收益率是项目对( )的最大承担能力。
   A. 贷款利率　　B. 资本金净利润率　　C. 利息备付率　　D. 偿债备付率

25. 某项目处于市区,城市维护建设税的税率是( )。
   A. 1%　　　　　　B. 3%　　　　　　C. 5%　　　　　　D. 7%

26. 在投资方案经济效果评价中,下列费用中,属于经营成本的是( )。
   A. 固定资产折旧费　　　　　　　　B. 利息支出

C. 无形资产摊销费 D. 职工福利

27. 国际通行的财务评价都是以( )方法为主。
A. 动态分析 B. 静态分析
C. 动态、静态分析结合 D. 现金流量分析

28. 某企业2014年资产负债相关数据见下表,则该年的速动比率为( )。
A. 161% B. 265% C. 189% D. 203%

序号	项目	2014年/万元	序号	项目	2014年/万元
1	资产	5 795	2	负债及所有者权益	5 795
1.1	流动资产总额	2 305	2.1	流动负债总额	870
	其中:存货	900	2.2	中长期借款	2 200
1.2	在建工程	0		负债小计	3 070
1.3	固定资产净值	3 300	2.3	所有者权益	2 725
1.4	无形及递延资产净值	190			

29. 下列财务分析的内容中,不属于融资后分析的是( )。
A. 计算项目投资回收期 B. 财务生存能力分析
C. 计算偿债备付率指标 D. 计算总投资收益率指标

30. 下列有关财务分析中项目效益的估算说法,正确的是( )。
A. 补贴收入是项目财务效益的主体
B. 估算营业收入的运营负荷最好采用经验设定法确定
C. 与收益相关的政府补助计入补贴收入
D. 与资产相关的政府补助主要用于补偿项目建成后的相关费用和损失

二、多项选择题

1. 下列技术方案经济效果评价指标中,属于盈利能力分析指标的有( )。
A. 速动比率 B. 财务净现值 C. 总投资收益率
D. 资产负债率 E. 静态投资回收期

2. 企业盈利能力只涉及正常营业状况,因此分析企业盈利能力时,下列情形应当排除的有( )。
A. 重大事故项目 B. 已经或将要停止项目 C. 重大的法律变更项目
D. 企业股东数量变化带来影响 E. 会计准则变更带来累积影响

3. 下列财务评价指标中,适用于评价项目偿债能力的指标有( )。
A. 流动比率 B. 资本金净利润率 C. 资产负债率
D. 财务内部收益率 E. 总投资收益率

4. 财务分析的内容包括( )。
A. 估算营业收入、总成本费用 B. 编制相关辅助报表
C. 估算涨价预备费、基本预备费 D. 计算净现值等分析指标

E. 进行财务生存能力分析

5. 下列属于生产成本的是( )。
   A. 制造费用　　　　B. 管理费用　　　　C. 财务费用
   D. 营业费用　　　　E. 直接工资或薪酬

6. 下列不属于经营成本的是( )。
   A. 摊销费　　　　　B. 折旧费　　　　　C. 工资及福利费
   D. 修理费　　　　　E. 外购原材料费

7. 项目决策分析与评价中,下列属于固定成本的是( )。
   A. 外购燃料及动力费　　　　　　　B. 利息支出
   C. 其他费用　　　　D. 修理费　　　　　E. 摊销费

8. 下列( )属于快速折旧法。
   A. 年限平均法　　　B. 双倍余额递减法　C. 年数总和法
   D. 按行驶里程计算折旧　　　　　　E. 按工作小时计算折旧

9. 项目和企业偿债能力分析指标包括( )。
   A. 利息备付率　　　B. 资产负债率　　　C. 借款偿还期
   D. 偿债备付率　　　E. 企业利润率

10. 下列说法正确的是( )。
    A. 利息备付率=息税前利润/当期应付利息
    B. 利息备付率与"已获利息倍数"含义相同
    C. 息税前利润=利润总额+当期应付利息
    D. 对于正常经营的企业,利息备付率应大于等于1
    E. 利息备付率高,表明偿债风险小;利息备付率低于1,表示无足够资金支付利息

第 8 章

建设项目节能及环境影响评价

8.1 建设项目节能评价

8.1.1 节能评价概述

节能是我国经济社会发展的一项长远战略方针,是缓解能源瓶颈制约、建设节能型社会、促进经济社会可持续发展的紧迫任务。研究项目建设方案,应重视节能措施和节能工程的分析评价。

8.1.1.1 节能评价的目的

节能评价的目的是把循环经济的要求纳入项目决策分析与评价,通过项目的选择、规划、设计和实施,促使增量资产实现最大限度的资源节约及综合利用,从而实现科学发展、转变经济增长方式,建设资源节约型和环境友好型社会。

8.1.1.2 节能评价的依据

节能评价的主要依据是国家相关部门颁布的、涉及资源节约及综合利用的法律法规、标准、规定以及强制性指标。

8.1.1.3 节能评价的原则

(1)开展循环经济的原则。在节能评价工作中必须从可持续发展的角度,统筹考虑投资项目建设中资源、能源的节约与综合利用以及生态环境承载力等因素,按照促进循环经济发展的原则开展节能评价。

(2)遵守国家规定并与国内外先进水平进行对比的原则。节能评价要遵守国家及行业的法律、标准、规范和规定。同时,为进一步提高投资项目节能水平和效果,如果有条件,还要与同类项目的国内外先进水平进行对比分析,找出差距和潜力,有针对性地提出相关改进方案及节能措施等。

(3)项目全过程、全方位节能的原则。为实现建设项目的全面系统节能,节能评价应涵盖建设期、运营期的项目周期全过程,并对项目涉及的能源生产、加工、转换、输送、储存、使用等各个环节进行全方位的评价。

(4)宏观与微观相结合、定性与定量相结合的原则。在项目节能评价中,采用宏观与微观相结合、定性与定量相结合的评价原则,既有战略性、方向性的宏观展望,又有具体的能耗指标分析等的测算;既有定性分析,又要尽可能开展定量分析。

8.1.1.4 节能评价的依据

(1)国家法律法规、标准及相关规定。开展项目节能评价工作,首要的依据是国家法律法规、标准及相关规定,如《中华人民共和国节约能源法》《节能中长期专项规划》《固定资产投资项目节能审查办法》《民用建筑节能条例》等。

(2)行业法律法规、标准、规范及相关规定。项目节能评价工作还要依据行业法律法规、标准、规范及相关规定,如《工业建筑节能设计统一标准》(GB 51245—2017)和《水泥工厂节能设计规范》(GB 50443—2016),铁路实施《中华人民共和国节约能源法》细则等。

(3)地方法律法规及相关规定。项目节能评价工作还要满足项目所在地方的法律法规及相关规定的要求。

8.1.2 节能评价的分析内容和评价指标

8.1.2.1 节能评价的分析内容

节能评价的分析内容主要包括项目节能方案及措施分析评价、项目能耗水平分析评价、项目节能效果分析评价、项目节能优化建议等。

(1)项目节能方案及措施分析评价。项目节能方案是指项目建设方案中采用的工艺技术、设备、材料等在建设期和运营期内合理利用能源、提高能源利用率的方案。在满足工艺要求和不降低环境质量、生活质量的前提下,分析项目的工艺技术流程是否合理,分析评价项目是否采取了技术上先进可行、经济上合理以及环境和社会上可以承受的节能方案及措施,从项目的能源生产、能源转化以及能源消费的各个环节,从建设到运营的项目周期全过程,降低能耗、减少损失、杜绝浪费,提高能源利用效率,实现有效、合理地利用能源。分析项目是否利用了国家鼓励的新能源和可再生能源。此外,还应对项目周期全过程的节能管理措施进行分析评价。

(2)项目能耗水平分析评价。项目能耗水平的分析评价是指对项目能源利用的合理性及能耗计算的依据、方法和过程的合理性进行分析评价,在此基础上分析评价项目的能耗水平和指标是否符合国家和行业有关规范、规定要求,若有条件还要与同类项目的国内外先进水平进行对比分析,提出项目能耗水平的评价意见。对于有强制性节能标准要求的项目(例如,有限制性要求的大型用能设备和工艺的项目,以及有明确能效标准要求的项目等),应严格按照强制性标准执行,对不符合强制性节能标准要求的项目,要明确提出项目不能建设的意见。

(3)项目节能效果分析评价。采用定性与定量相结合的方式,对项目节能效果进行分析评价。除定性分析外,尽量采用对比方法进行量化分析,如建设前后对比、与标准规范要求指标对比、不同建设方案对比、与国内外先进水平对比等,通过对比分析得出项目节能效果的定量指标。

(4)项目节能优化建议。项目节能优化建议是指针对投资项目在节能方面存在的问题和不足之处提出改进优化的意见和建议。

8.1.2.2 节能评价指标

原则上,可用单位产值能耗指标来评价投资项目的能耗和节能效果。由于各行业的能源消耗和节能具有不同的特点,相应的规定也不一致,单位产值能耗指标也难以涵盖所有的投资项目。因此,除单位产值能耗指标外,还需要分类(工业、交通运输业、建筑等)建立相应的节能指标体系。

(1)工业项目节能评价指标

1)单位产品能耗指标。对于工业项目,通用的节能评价指标是单位产品能耗,这个指标在同行业、同类项目中具有可比性,是工业项目能耗指标是否先进、节能效果是否显著的重要评价指标。

测算单位产品能耗指标应注意口径一致、横向可比,对不可比因素要注意甄别剔除或补充说明,以保证指标的一致性、可比性。除特殊情况外,单位产品能耗指标的单位为 t、kg、g 标准煤(或 GJ、kW·h 等)/单位产品。

2)其他能耗指标。对于无法或难以测算单位产品能耗指标的项目,主要有产品不是最终产品的项目、属生产过程中间环节的项目、辅助工序及辅助设施类项目、资源综合利用类项目、工业环境治理项目等,可以采用行业通用或认可的、具有一定可比性的其他能耗指标来代替单位产品能耗指标,如工序能耗指标(转炉炼钢工序能耗等)、主要耗能指标等,比较的参照系一般是行业标准、规范、规定,以及同类项目的国内外先进水平。

3)节能效果指标。如有可能,尽量对工业项目节能效果进行量化分析,分析测算项目年总能耗,并通过对比得出项目年节能的量化数据。可选择的对比方式包括:与国家、行业标准规范的指标数值对比,项目建设前后对比,不同建设方案对比,与国内外先进水平对比等。

(2)建筑节能评价指标。建筑节能评价指标是指分别对建筑节能设计前后计算单位面积消耗量,将前后计算结果相减得出可节省的单位面积消耗量,即

能源种类的数量×折算系数/建筑面积=单位面积消耗量
建筑节能设计前-建筑节能设计后=可节省的单位面积消耗量

建筑节能评价指标折算见表 8-1。

表 8-1 建筑节能评价指标折算

序号	能源种类	计量单位	数量	折算系数	折标煤/kg	单位面积能耗量/(kg/m²)
1	电力	10 kW·h/a		0.122 9		
2	天然气	10^4 m³/a		12.143 0		
3	热力	10^6 kJ/a		0.034 1		
4	原煤	t/a		0.714 3		
	合计					

8.1.2.3 工业项目的节能评价

(1)工业项目节能方案及措施分析评价

1)项目是否符合产业结构调整方向,是否符合国家产业政策及有关规定中对节能的要求,主要耗能行业项目是否符合行业节能技术政策规定。

2)项目能源开发和使用结构是否合理、优化;能源转换是否必要,是否高效合理;是否采用了国家鼓励支持利用的新能源和可再生能源(风能、太阳能、地热能、水电、沼气、生物质能等)。

3)项目是否采用节能技术,特别是采用先进节能的工艺技术装备和材料。

4)评价项目是否应用循环经济理念,实现资源能源的减量化和循环利用,是否采用了热电联产、余热余压利用、洁净煤、可燃气体回收利用等先进适用的节能技术和措施,余能回收利用是否充分等。

(2) 工业投资项目能耗水平分析评价

1) 分析评价项目的能耗水平和指标是否符合有关标准规范的要求。

2) 项目能耗水平与国内外先进水平对比。

(3) 工业投资项目节能效果分析评价。尽量采用对比方法对工业项目节能效果进行量化分析,通过对比分析得出节能效果评价结论。

(4) 工业投资项目节能优化建议。针对工业项目在能耗和节能方面存在的问题和不足之处,如用能结构不尽合理或不够优化等,提出对项目节能的优化建议。

8.1.2.4 民用建筑项目的节能评价

(1) 总体分析评价

1) 政策及规定的符合性分析

①项目满足国家和建设行政主管部门的政策、规定、标准的要求。

②项目要遵守地方政府节能法规、标准,并采用相应的规定、标准。

③根据行业要求、专业知识和国内外新的科技成果判断节能措施是否正确、全面、有效。

2) 建筑物与室内设备先进性分析。按单体建筑分类清单,评价主要建筑类设备是否先进。

3) 建筑材料及淘汰落后产品的分析。按单体建筑评价主要建筑材料是否采用了淘汰落后产品。

4) 可再生能源利用分析。评价投资项目是否利用了太阳能等可再生能源,并估算可再生能源利用比例达到总能耗的百分比。

(2) 能耗水平分析评价

1) 建筑物墙体、楼面、屋面及门窗等围护系统能耗水平分析评价标准

①公共建筑

a. 建筑总平面布置应满足冬季日照要求,并有利于夏季通风。

b. 建筑体形系数应符合国家和地方节能设计标准的规定,不满足时,必须按照相应标准进行围护结构热工性能的权衡判断。

c. 建筑物围护结构的传热系数和遮阳系数应不大于国家和地方节能设计标准的规定。

d. 建筑物各个朝向的窗墙比应不大于国家和地方节能设计标准的规定。投资项目应说明建筑各个朝向的窗墙比,同时列出国家和地方节能设计标准规定的窗墙比要求。

e. 建筑物屋顶透明部分的面积占屋顶总面积的比例应不大于国家和地方节能设计标准的规定。

f. 建筑的自然通风设计应满足国家和地方节能设计标准的要求。如有中庭应说明中庭的通风降温措施。

②住宅建筑

a. 住宅建筑总平面布置应有利于人们冬季获取阳光。

b. 建筑体形系数应符合国家和地方节能设计标准的规定,不满足时,必须进行围护结构热工性能的综合判断。

c. 住宅建筑的外门窗、阳台透光及遮阳等部分不宜过大,以节省能源。

d. 住宅建筑应有利于夏季自然通风。投资项目应说明卧室、卫生间等房间的通风口有效面积与该房间地面面积比。

e. 住宅建筑应说明是否设置外遮阳,及外遮阳的位置、形式。

f. 外窗(包括阳台门)和透明幕墙的气密性应满足国家和地方节能设计标准的要求。还应说明外窗(包括阳台门)和透明幕墙的气密性能达到几级标准。

g. 住宅建筑的围护结构若拟采用其他节能措施,应在申报文件说明,如通风屋面、浅色屋面等。

2) 暖通空调、电梯、照明、泵房等电器、设备系统能耗水平分析评价标准

① 公共建筑

a. 投资项目应说明主要功能房间的环境要求,并满足国家节能设计标准。

b. 因人体的卫生需要,保持室内空气的新鲜和品质,也要避免无依据的加大新风量标准。

c. 公共建筑的投资项目应明确暖通空调系统所使用的冷热源形式和总耗量。

d. 在电力供应紧张和具有明确分时电价政策的城市和地区,公共建筑投资项目经过经济技术分析比较认为合理时,应根据建筑物的具体情况和空调负荷的时间分布,有条件可采用水蓄冷或冰蓄冷空调冷源。

e. 公共建筑应说明冬季供暖或夏季制冷的主要系统形式。

f. 公共建筑的投资项目还应说明暖通空调系统所采用的分室或分区环境温湿度调节、控制措施以提高采暖质量和空调质量,为暖通空调系统的节能运行提供前提条件,并保证人们的安全性和舒适性要求。

g. 公共建筑的投资项目应说明所采用锅炉、制冷机等冷热源设备的性能指标和效率等主要技术参数。

h. 对于公共建筑内的高大空间,由于室内温度梯度的关系等,宜采用置换通风、分层空调等系统方式。

i. 公共建筑的投资项目应说明是否采用了热回收系统。

j. 公共建筑投资项目所在当地市政电力供应非常充足,且市政电力能源有可再生能源组成成分时,应优先选择市政提供的电力资源。

k. 大中型电气设备应选择节电型产品,减少开启次数。

l. 应根据公共建筑的性质、楼层、服务对象和功能要求,进行电梯客流分析,复核电梯、扶梯、自动人行道的运送能力,优化设备型号、台数、配置方案、运行速度、信号控制和管理方案,提高运行效率。

② 住宅建筑

a. 住宅建筑应合理选定变配电中心,设置在负荷集中处。

b. 住宅建筑应说明冬季供暖或夏季空调和主要系统形式。

c. 住宅建筑应具备采用自然通风的条件,在室外空气参数适宜的情况下,应优先采用通风的方式消除建筑的余热、余湿,减少空调系统的运行。

d. 住宅投资项目要正确选择节能的供暖锅炉、电梯等大中型设备及电气照明等小型

设备,提高额定效率,减少各种热损失,不得采用电锅炉作为集中空调和集中采暖的热源。

e. 住宅投资项目采用集中供暖、空调系统的住宅,应按照分户计量的系统设计,并设置室温调节的设施,散热器设温控阀,空调末端设温度控制面板。

3) 太阳能、地热等可再生能源利用系统能耗水平分析评价

① 对于利用太阳能技术的建筑,应尽可能利用太阳能系统。

② 对于使用地源热泵、热源井方案等,需要有初勘资料、设计方案及技术经济分析,以保障方案可行、安全。

4) 项目能耗水平或与国内外先进水平差距评价。应根据项目的规模大小和重要程度分析评价项目在国内外所处的能耗水平,以确定投资项目先进性程度或差距,便于节能的最终目标或分阶段建设目标的提出。

(3) 节能效果分析评价。按照节能方案和能耗计算,把项目的各项能耗折算成标煤和单位建筑面积标煤耗量,同时对项目的用能管理、用能系统运营所采取的节能措施进行描述。对项目的节能方案和措施应作出合格与否的结论性意见。

(4) 节能优化建议

1) 建筑物围护结构

① 选用适宜的外保温体系或夹芯保温体系,确保达到外墙和屋面传热系数要求。

② 采取措施加强屋面保温隔热性能。

③ 采取措施阻止热桥,避免结露。

④ 采取措施减少外窗热工损耗。

⑤ 采取遮阳措施。

⑥ 采取措施加强自然采光通风。

⑦ 有条件的咨询(设计)单位,采用计算机模拟技术辅助建筑节能设计。

2) 电气设备系统

① 条件许可情况下,暖通空调系统的能源宜优先选用可再生能源(直接或间接),如风能、太阳能等。邻近河流、湖泊的建筑,可考虑采用水源热泵(地表水)作为建筑的集中冷源。当公共建筑内区较大,冬季内区有稳定和足够的余热量时,宜采用水环热泵空调系统。通过定性计算或计算机模拟的手段,来优化冷、热源的容量、数量配制,并确定冷、热源的运行模式。

② 推荐运用模拟软件对建筑室内风坏境进行模拟以获得理想的自然通风效果。

③ 在室外温度适宜时,应优先利用室外空气的通风,消除公共建筑的内区过热。

④ 酒店、餐饮、医院等生活热水耗量较大的场所,在经济技术合理时,宜采用风冷冷凝器热回收型冷水机组,或其他节能方式。

⑤ 全年需要供冷和供热的变制冷剂流量多联分体空调系统,应采用热泵式机组。在建筑中同时有供冷和供热要求的,当其冷、热需求基本匹配时,宜合并为同一系统并采用热回收型机组。

⑥ 公共建筑投资项目应根据建筑物的性质、楼层、服务对象和功能要求,进行电梯客流分析,合理确定电梯的型号、台数、配置方案、运行速度、信号控制和管理方案,提高运

行效率。

⑦应选用高效照明光源、高效灯具及其节能附件,在符合标准的前提下,尽可能降低能耗。

(5)项目节能审查。项目节能审查是要根据节能法律法规、政策标准等,对项目节能情况进行审查并形成审查意见。节能审查意见是项目开工建设、竣工验收和运营管理的重要依据。

1)项目节能审查的事权与职责。国家发展改革委负责制定节能审查的相关管理办法,组织编制技术标准、规范和指南,开展业务培训,依据各地能源消耗总量和强度目标完成情况,对各地新上重大高耗能项目的节能审查工作进行督导。项目节能审查由地方节能审查机关负责。

2)项目节能报告的内容与审查

①项目节能报告的内容

a. 分析评价依据。

b. 项目建设方案的节能分析和比选,包括总平面布置、生产工艺、用能工艺、用能设备和能源计量器具等方面。

c. 选取节能效果好、技术经济可行的节能技术和管理措施。

d. 项目能源消费量、能源消费结构、能源效率等方面的分析。

e. 对所在地完成能源消耗总量和强度目标、煤炭消费减量替代目标的影响等方面的分析评价。

②项目节能报告的评审与审查。地方节能审查机关受理项目节能报告后,应委托有关机构进行评审,形成评审意见,作为节能审查的重要依据。

节能审查的内容有以下几点:

a. 项目是否符合节能有关法律法规、标准规范、政策。

b. 项目用能分析是否客观准确,方法是否科学,结论是否准确。

c. 节能措施是否合理可行。

d. 项目的能源消费量和能效水平是否满足本地区能源消耗总量和强度"双控"管理要求等。

8.2 建设项目环境影响评价

8.2.1 建设项目环境影响评价的目的和制度

8.2.1.1 建设项目环境影响评价的目的和特点

(1)建设项目环境影响评价的指导思想。项目建设是与资源环境密切关联的人类社会经济活动,对环境产生多方面的影响,包括对各种环境因素或环境介质的影响、对动植物和人类健康的影响,有时还涉及对社会、经济和文化的影响。为了反映和控制建设项目所造成的负面环境影响,需要进行环境影响评价。更具体地说,环境影响评价是对项目建设活动可能对环境产生的物理性、化学性或生物性作用及这些作用造成的环境变化（包括有利或不利变化）和对人类健康的可能影响所进行的系统分析和评价。

我国开展建设项目环境影响评价的指导思想：落实科学发展观，贯彻循环经济理念，促进经济、社会与环境协调发展，构建和谐社会；污染防治与生态保护并重；谁污染，谁治理；节约资源、能源，实行清洁生产；污染物达标排放，满足排放总量控制要求。

(2) 建设项目环境影响评价的目的。建设项目环境影响评价的目的是通过评价查清项目拟在地区的环境质量现状，针对项目的工程特性和污染特征，预测项目建成后对当地环境可能造成的不良影响及其范围和程度，从而制定避免污染、减少污染和防止生态破坏的对策，为项目选址、空间布局、方案制定和结构优化提供科学依据。其目的主要体现在以下方面：

1) 为项目选址提供依据。在项目布局及厂（场）址方案选择中，对拟建项目的环境影响后果以及环境对建设项目的制约因素给予全面考虑。

2) 优化建设方案。通过将建设项目环境影响评价的结果反馈到建设方案研究中去，作为对拟选方案进行优化调整的重要依据。

3) 作为多方案比选的基础之一。在一个建设项目存在多个建设地点和多种替代方案的情况下，环境影响评价也是进行多方案比选的基础之一。

(3) 环境影响评价的特点

1) 法律强制性。《中华人民共和国环境保护法》规定，建设污染环境的项目，必须遵循国家有关建设项目环境保护管理的规定，对建设项目产生的污染和对环境的影响做出评价。《中华人民共和国环境影响评价法》规定，在中华人民共和国领域和中华人民共和国管辖的其他海域内建设对环境有影响的项目，应依法进行环境影响评价。建设单位未依法报批建设项目环境影响评价文件擅自开工建设的，由有权审批该项目环境影响评价文件的环境保护行政主管部门责令停止建设，限期补办手续；逾期不补办手续的，处以罚款，对建设单位直接负责的主管人员和其他直接责任人员，依法给予行政处分。建设项目依法应当进行环境影响评价而未进行评价，或者环境影响评价文件未经依法批准，审批部门擅自批准该项目建设的，对直接负责的主管人员和其他直接责任人员，由上级机关或者监察机关依法给予行政处分；构成犯罪的，依法追究刑事责任。因此，开展建设项目的环境影响评价具有法律强制性。

2) 政策严肃性。政府为了履行环境保护职责，确保环境影响评价相关法律的贯彻执行，制定了一系列环境保护的具体政策。环境影响评价必须严格执行环境保护的相关政策，要结合国家和地方政府部门制定的有关政策、标准、规范要求，提出切合实际的环境保护措施和对策，使其达到必须执行的规定标准。

①对于项目的选址要根据产业政策，并结合环境保护总体规划及区域发展空间布局规划等，评价项目选址布局的合理性。

②对于项目用地要结合国家土地利用政策和生态环境条件去评价其土地占用的合理性。

③对于所选工艺和污染物排放状况要结合资源利用政策去评价其技术经济指标的先进性，尽可能在生产过程中把污染物减少到最低限度，满足清洁生产的要求。

④对于环境保护措施和装备水平要结合现行技术政策去评价其环境效益、经济效益和社会效益的统一性,力求环境保护治理方案技术可行、经济合理。

⑤对于环境质量要结合环境功能规划和质量指标去评价其可保证程度。要坚持污染物排放总量控制,达到国家或当地有关部门颁发的排放标准要求。

⑥符合发展循环经济和资源节约综合利用的相关规定,对项目产生的废水、废气、固体废弃物等,尽可能提出回收利用方案,以提高资源利用效率。

3)内容针对性。建设项目对环境可能造成的影响表现为多个层面,环境影响评价内容因项目所在区域的环境条件及工程方案自身的特点不同,而表现出很大的差异性。环境影响评价必须针对具体项目的工程特征和所在地区的环境特征进行深入分析,并抓住危害环境的主要因素,进行有针对性的分析评价,以便为项目决策提供可靠的依据。

4)方法科学性。环境影响评价是由多学科结合而形成的综合性分析评价方法,在时间上具有预测性,从现状调查、评价因子筛选到专题设置、监测布点、测试、取样、分析、数据处理、模式预测以及评价结论的提出都需要严守科学态度,认真完成各项任务。

为了增强环境影响评价工作的科学性,必须强调评价工作的区域性和系统性特征。区域性是指环境影响评价不能孤立地研究项目自身对环境的影响,应从区域整体出发去研究评价区域范围内自然环境对污染因素的承受能力,既要考虑项目自身的环境问题,又要考虑对环境质量现状的叠加影响问题。系统性是指环境影响评价要把环境视为由多种要素组成,又受多种因素影响的大系统,既要考虑拟建项目与已有项目对环境影响的有机联系和新老污染对环境容量占用的动态平衡问题,又要考虑各环境要素之间的相互制约与相互影响的关系,从而制定出符合整体要求的防治对策,以达到系统优化的目的。

5)工作公正性。环境影响评价结论既是政府审批或核准项目的重要依据,也是企业对拟建项目进行投资决策的重要依据,同时还是贯彻执行"谁污染谁治理,谁破坏谁恢复"方针政策和处理环境污染纠纷的执法依据。因此,环境影响评价工作必须做到独立、客观、公正,不能受到外部因素的影响而带有主观倾向性。

8.2.1.2 环境影响评价制度

建设项目的环境影响评价制度,是指根据有关法律法规要求,对拟建项目可能对周边环境造成的影响预先进行系统、科学的预测、分析和评估,制定防止或减轻环境损害的对策措施,编写环境影响评价文件,报经环境保护行政主管部门审核批准之后再进行工程设计和项目建设的各项规定的总称。现将我国环境影响评价制度的主要内容简述如下。

(1)环境影响评价管理程序。环境影响评价工作大体包括三个阶段:一是准备阶段,主要工作内容是研究有关文件,进行初步的工程分析和环境现状调查,筛选需要重点评价的内容,制定环境影响评价工作计划;二是正式工作阶段,主要工作内容是进一步进行工程分析和环境现状调查,并对拟建项目的环境影响进行预测、分析和评价;三是环境影响评价文件编写阶段,主要任务是汇总、分析前一阶段工作所取得的各种资料、数据和结论,完成拟建项目环境影响评价文件的编写工作。

为了确保环境影响评价各阶段工作的有序开展,结合项目管理工作的实际需要,环境保护行政主管部门对环境影响评价各阶段的工作履行管理职能。环境影响评价管理程序是指导项目周期各阶段环境影响评价工作顺利实施的重要保证,是监管部门履行监督管理职能的重要手段。建设项目决策阶段环境影响评价管理的主要内容如下。

1) 环境影响评价的确立和委托。建设单位应根据建设项目环境影响评价分类管理的要求,确定建设项目环境影响评价的类别,以委托或招标的方式确定环境影响评价单位,开展环境影响评价工作。

2) 环境影响评价文件的编制。在委托确定环境影响评价单位后,环境影响评价单位应按照国家有关部门制定的环境影响评价各种标准规范的要求,筛选需要重点评价的内容,确定各单项环境影响评价的重点,开展环境影响评价工作,完成环境影响评价文件的编写。

3) 环境影响评价文件的审批。对于不同类型的项目,向环境保护行政主管部门报批环境影响评价文件的时段有不同要求。实行审批制的建设项目,应在报送可行性研究报告前完成环境影响评价文件报批手续;实行核准制的建设项目,应在提交项目申请报告前完成环境影响评价文件报批手续;实行备案制的建设项目,应在办理备案手续后和项目开工前完成环境影响评价文件报批手续。

对于企业结合国家和地区中长期发展规划编制企业自身发展规划的,可先对该规划进行环境影响评价,但应按照一个整体的建设项目进行,评价深度要符合有关建设项目环境影响评价技术导则的要求。已经进行了环境影响评价的企业发展规划中所包含的具体建设项目,在进行环境影响评价时,评价内容可以适当简化。

除国家规定需要保密的情形之外,对环境可能造成重大影响,应当编制环境影响报告书的建设项目,建设单位应当在报批建设项目环境影响报告书前,举行论证会、听证会,或者采取其他形式,征求有关单位、专家和公众的意见。环境影响报告书应当附具对有关单位、专家和公众意见采纳或者不采纳的说明。

环境影响评价文件经批准后,建设项目的性质、规模、地点,采用的生产工艺或者防止污染、防止生态破坏的措施发生重大变动的,建设单位应当重新报批环境影响评价文件。建设项目的环境影响评价文件自批准之日起超过 5 年,方决定该项目开工建设的,其环境影响评价文件应当报原审批部门重新审核。

(2) 建设项目环境影响评价的分类管理。《中华人民共和国环境影响评价法》规定,国家根据建设项目对环境的影响程度,对建设项目的环境影响评价实行分类管理,区分不同情况分别要求编制环境影响报告书、环境影响报告表和填报环境影响登记表。

1) 可能造成重大环境影响的建设项目,应当编制环境影响报告书,对产生的环境影响进行全面的评价。这类项目主要包括:

①原料、产品或生产过程中涉及的污染物种类多、数量大或毒性大、难以在环境中降解的建设项目。

②可能造成生态系统结构重大变化、重要生态功能改变或生物多样性明显减少的建设项目。

③可能对脆弱生态系统产生较大影响或可能引发和加剧自然灾害的建设项目。

④容易引起跨行政区环境影响纠纷的建设项目。

⑤所有流域开发、开发区建设、城市新区建设和旧区改建等区域性开发活动或建设项目。

2) 可能造成轻度环境影响的建设项目,应当编制环境影响报告表,对建设项目产生的污染和对环境的影响进行分析或者专项评价。主要包括:

①污染因素单一,而且污染物种类少、产生量小或毒性较低的建设项目。

②对地形、地貌、水文、土壤、生物多样性等有一定影响,但不改变生态系统结构和功能的建设项目。

③基本不对环境敏感区造成影响的小型建设项目。

3) 对环境影响很小,不需要进行环境影响评价的建设项目,应当填报环境影响登记表。主要包括:

①基本不产生废水、废气、废渣、粉尘、恶臭、噪声、震动、热污染、放射性、电磁波等不利环境影响的建设项目。

②基本不改变地形、地貌、水文、土壤、生物多样性等,不改变生态系统结构和功能的建设项目。

③不对环境敏感区造成影响的小型建设项目。

对于没有列入建设项目环境影响评价分类管理名录的建设项目,由省级环境保护行政主管部门根据上述原则,确定其环境影响评价管理类别,并报国家环境保护总局备案。

4) 对环境敏感区的界定。建设项目环境影响评价分类管理所称的环境敏感区,是指具有下列特征的区域:

①需特殊保护地区:国家法律、法规、行政规章及规划确定或经县级以上人民政府批准的需要特殊保护的地区,如饮用水水源保护区、自然保护区、风景名胜区、生态功能保护区、基本农田保护区、水土流失重点防治区、森林公园、地质公园、世界遗产地、国家重点文物保护单位、历史文化保护地等。

②生态敏感与脆弱区:沙尘暴源区、荒漠中的绿洲、严重缺水地区、珍稀动植物栖息地或特殊生态系统、天然林、热带雨林、红树林、珊瑚礁、鱼虾产卵场、重要湿地和天然渔场等。

③社会关注区:人口密集区、文教区、党政机关集中的办公地点、疗养地、医院等,以及具有历史、文化、科学、民族意义的保护地等。

位于环境敏感区的建设项目,其环境影响特征(包括污染因子和生态因子)对该敏感区环境保护目标不造成主要环境影响的,该建设项目环境影响评价是否按敏感区要求管理,由有审批权的环境保护行政主管部门征求当地环境保护部门意见后确认。

5) 其他规定。

①以促进企业技术进步和调整产业结构为目标,用清洁生产工艺替代落后工艺,污染物排放总量明显减少,现有污染源排放符合国家和地方排放标准及总量控制要求的技术改造项目,经有审批权的环境保护行政主管部门同意后,环境影响评价工作可适当简化。

②纳入区域性开发的建设项目,如编制区域开发规划时进行了环境影响评价,其环境影响报告书已经环境保护行政主管部门批准,且建设项目的性质、规模、地点或采用的

生产工艺符合区域开发总体要求的,经有审批权的环境保护行政主管部门同意后,环境影响评价工作可适当简化。

③跨行业复合型建设项目的环境保护管理类别按其中等级最高等级确定。

④国家法律、法规及产业政策明令禁止建设或投资,如列入《淘汰落后生产能力、工艺和产品的目录》和《工商领域禁止重复建设目录》的建设项目,各级环保行政主管部门不得批准此类建设项目环境影响评价相关文件。

(3)环境影响评价文件编写内容要求

1)环境影响报告书的内容要求。环境影响报告书应包括以下内容:

①总则。结合评价项目的特点,阐述编制环境影响报告书的目的、编制依据,采用的标准,包括国家标准、地方标准或拟参照的国外有关标准,以及污染控制与保护环境的目标。

②建设项目概况及工程分析,包括建设项目的名称、地点、建设性质;建设规模(扩建项目应说明原有规模)、占地面积及厂区平面布置(附平面图);职工人数和生活区布局;主要原料、燃料及其来源、储运和物料平衡,水的用量、平衡及回用情况;主要产品方案及工艺过程(附工艺流程图);排放的废水、废气、废渣、颗粒物(粉尘)、放射性废物等的种类、排放量和排放方式,以及其中所含污染物的种类、性质、排放浓度;产生的噪声、振动的特点及数值等;废弃物的回收利用、综合利用和处理、处置方案;交通运输情况及场地的开发利用状况。

③建设项目周围环境现状,包括项目所处地理位置(附平面图);地质、地形、地貌和土壤情况,河流、湖泊(水库)、海湾的水文情况,气候与气象情况;大气、地面水、地下水和土壤的环境质量状况;矿藏、森林、草原、水产和野生动植物、农作物等情况;自然保护区、风景游览区、名胜古迹、温泉、疗养区以及重要的政治文化设施情况;社会经济情况,包括现有企业及生活居住区的分布情况、人口密度、农业概况、土地利用情况、交通运输及其他社会经济活动情况;人群健康和地方病情况。

④环境影响预测和评价,包括预测的时段、范围、内容及预测方法;预测结果及其分析和说明;建设项目环境影响的特征、范围、程度和性质;如要进行多个厂址的选择,应综合评价每个厂址并进行分析比较。

⑤建设项目环境保护措施及其技术、经济论证,并提出各项措施的投资估算(列表)。

⑥建设项目对环境影响的经济损益分析。

⑦环境监测制度及坏境管埋、坏境规划的建议。

⑧环境影响评价的结论。

不同类型项目环境影响评价报告书的内容会有所差异,有些项目需要包括环境风险分析、公众参与等章节,有些项目生态影响评价是重点。涉及水土保持的建设项目,还必须有经水行政主管部门审查同意的水土保持方案。

2)环境影响报告表(登记表)的内容要求。环境影响报告表一般包括以下内容:

①建设项目基本情况,包括工程概况、建设内容及规模、与本项目有关的原有污染情况及主要环境问题等内容。

②建设项目所在地自然环境、社会环境简况。包括自然环境简况,如地形、地貌、地

质、气候、气象、水文、植被、生物多样性等,以及社会环境简况,如社会经济结构、教育、文化、文物保护等。

③环境质量状况,包括建设项目所在地区域环境质量现状及主要环境问题(环境空气、地面水、地下水、声环境、生态环境等),主要环境保护目标(列出名单及保护级别)。

④评价适用标准,包括环境质量标准、污染物排放标准和总量控制指标。

⑤建设项目工程分析,包括工艺流程简述(图示)和主要污染工序。

⑥项目主要污染物产生及预计排放情况,包括大气污染物、水污染物、固体废弃物、噪声及其他污染物的排放源、污染物名称、处理前产生浓度及产生量、排放浓度及排放量,以及主要生态影响。

⑦环境影响分析,包括施工期环境影响简要分析和运营期环境影响分析。

⑧建设项目拟采取的防治措施及预期治理效果,包括对大气污染物、水污染物、固体废弃物、噪声及其他污染物的治理措施和预期治理效果,以及生态保护措施及预期效果。

⑨结论与建议。

环境影响登记表要求的内容相对简单,主要登记项目的基本情况、周围环境概况、项目排污情况及环境保护措施简述等信息。

(4)环境影响评价机构资质管理规定。我国对承担环境影响评价的机构实行资质管理,评价资质分为甲、乙两个等级。取得甲级评价资质的评价机构,可以在资质证书规定的评价范围之内,承担各级环境保护行政主管部门负责审批的建设项目环境影响报告书和环境影响报告表的编制工作。取得乙级评价资质的评价机构,可以在资质证书规定的评价范围之内,承担省级以下环境保护行政主管部门负责审批的环境影响报告书或环境影响报告表的编制工作。

(5)环境影响评价审批的原则

1)必须符合国家法律法规及国家环保政策的有关规定,必须依法取得相关部门的预审、审核意见,涉及自然保护区、生活饮用水水源保护区、风景名胜区、文物保护单位等时,还应征得相关部门的同意。

2)应采用能耗少,无废或少废生产工艺,符合"清洁生产"的要求。在"清洁生产"的分析中,应对生产工艺和装备水平的先进性进行分析,将单位产品的物耗、能耗、水耗、污染物产生和排放量以及水重复利用效率等指标与国内外同类产品先进水平相对比,量化评价项目的"清洁生产"水平。

3)选址、选线必须符合地区总体规划布局和环境功能区划的要求。

4)必须达到国家或地方规定的排放标准,项目带来的环境影响不造成环境质量降级。

5)改扩建项目必须通过"以新带老"等措施,实现"增产不增污"或"增产减污"。

6)必须符合污染物排放总量控制指标,包括二氧化硫、尘(烟尘及粉尘)、化学需氧量(COD)、氨氮、工业固体废物等。

(6)环境影响评价文件的分级审批。根据有关规定,由国务院投资主管部门核准或审批的建设项目,或由国务院投资主管部门核报国务院核准或审批的建设项目,其环境影响评价文件原则上由国家环境保护总局审批。

对属于国家环境保护总局审批环境影响评价的建设项目目录内的、对环境可能造成重大影响的建设项目,无论是否由国务院或其投资主管部门核准或审批,其环境影响评价文件都应由国家环境保护总局审批。对环境可能造成轻度影响,且未列入国家环境保护总局审批范围内的建设项目,其环境影响评价文件由省级环境保护行政主管部门审批。其他建设项目的环境影响评价文件的审批权限,由省级环境保护行政主管部门按照建设项目的环境影响程度,结合地方情况提出,报省级人民政府批准。其中,化工、染料、农药、印染、酿造、制浆造纸、电石、铁合金、焦炭、电镀、垃圾焚烧等污染较重或涉及环境敏感区的项目的环境影响评价文件,应由地市级以上环境保护行政主管部门审批。

对国家明令淘汰和禁止发展的能耗物耗高、环境污染严重、不符合产业政策和市场准入条件的建设项目的环境影响评价文件,各级环境保护行政主管部门一律不得受理和审批。上级环境保护行政主管部门对下级环境保护行政主管部门超越法定职权、违反法定程序做出的环境影响评价审批决定,有权予以撤销。

8.2.2 项目建设方案的环境影响分析评价

对建设项目环境影响的分析评价,必须按照规定的标准进行。因此,在对拟建项目的环境影响进行预测、分析和评价时,必须首先明确评价适用的标准,包括环境质量标准、污染物排放标准、总量控制标准及有关环境保护的各类行业标准。主要标准类别包括基础标准、方法标准、评估评价标准、排放标准、产品标准、职业安全及卫生健康标准、认证认可标准及其他标准。根据环境影响评价技术导则等标准规范要求,对项目建设方案环境影响分析评价的主要内容简述如下。

8.2.2.1 环境条件调查

(1)调查的原则和方法。环境条件现状调查应坚持下列原则:

1)根据建设项目所在地区的环境特点,结合各单项影响评价的工作等级,确定各环境要素的现状调查范围,并筛选出应调查的有关参数。

2)环境现状调查时,首先应搜集现有的资料,当这些资料不能满足要求时,再进行现场调查和测试。

3)环境现状调查中,对环境中与评价项目有密切关系的部分(如大气、地面水、地下水等)应全面、详细,对这些部分的环境质量现状应有定量的数据并做出分析或评价;对一般自然环境与社会环境的调查,应根据评价地区的实际情况进行适当增删。

环境现状调查的方法主要有收集资料法、现场调查法和遥感的方法。

收集资料法应用范围广、收效大,比较节省人力、物力和时间。环境现状调查时,应首先通过此方法获得现有的各种有关资料,但此方法只能获得第二手资料,而且往往不全面,不能完全符合要求,需要其他方法补充。

现场调查法可以针对使用者的需要,直接获得第一手的数据和资料,以弥补收集资料法的不足。这种方法工作量大,需占用较多的人力、物力和时间,有时还可能受季节、仪器设备条件的限制。

遥感的方法可从整体上了解一个区域的环境特点,可以弄清人类无法到达地区的地表环境情况,如一些大面积的森林、草原、荒漠、海洋等。此方法获得的资料准确性相对较差,不宜用于微观环境状况的调查,一般只用于辅助性调查。

(2)环境现状调查内容

1)地理位置。建设项目所处的经、纬度,行政区位置和交通位置(位于或接近的主要交通线),并附平面图。

2)地质状况。当地地层概况,地壳构造的基本形式(岩层、断层及断裂等)以及与其相应的地貌表现,物理与化学风化情况,当地已探明或已开采的矿产资源情况。若建设项目规模较小且与地质条件无关,地质现状可不叙述。评价矿山以及其他与地质条件密切相关的建设项目的环境影响时,对与建设项目有直接关系的地质构造,如断层、断裂、坍塌、地面沉陷等,要进行较为详细的叙述,一些特别有危害的地质现象,如地震,也应加以说明,必要时,应附图辅助说明,若没有现成的地质资料,应进行现场调查。

3)地形地貌。建设项目所在地区海拔高度,地形特征(即高低起伏状况),周围的地貌类型(山地、平原、沟谷、丘陵、海岸等)以及岩溶地貌、冰川地貌、风成地貌等地貌的情况。崩塌、滑坡、泥石流、冻土等有危害的地貌现象,若不直接或间接危害到建设项目,可概要说明其发展情况。若无可查资料,需进行简单的现场调查。当地形地貌与建设项目密切相关时,除应比较详细地叙述上述全部或部分内容外,还应附建设项目周围地区的地形图,特别应详细说明可能直接对建设项目有危害或将被项目建设诱发的地貌现象的现状及发展趋势,必要时还应进行一定的现场调查。

4)气候与气象。建设项目所在地区的主要气候特征、年平均风速和主导风向、年平均气温、极端气温与月平均气温(最冷月和最热月)、年平均相对湿度、平均降水量、降水天数、降水量极值、日照情况、主要的天气特征(如梅雨、寒潮和台风、飓风)等。

5)地面水环境。地面水状况,即地面水资源的分布及利用情况,地面水各部分(河、湖、库)之间及其与海湾、地下水的联系,地面水的水文特征及水质现状,以及地面水的污染来源。如果建设项目建在海边又无须进行海湾的单项影响评价时,应根据现有资料选择上述部分或全部内容概要说明海湾环境状况,包括海洋资源及利用情况,海湾的地理概况,海湾与当地地面水及地下水之间的联系,海湾的水文特征及水质现状、污染来源等。

6)地下水环境。当地地下水的开采利用情况、地下水埋深、地下水与地面的联系以及水质状况与污染来源。若需进行地下水环境影响评价,除要比较详细地叙述上述内容外,还应根据需要,选择以下内容进一步调查:水质的物理、化学特性,污染源情况,水的储量与运动状态,水质的演变过程与趋势,水源地及其保护区的划分,水文地质方面的蓄水层特性,承压水状况等。当资料不全时,应进行现场采样分析。

7)大气环境质量。建设项目周围地区大气环境中主要的污染物质及其来源,大气环境质量现状。

8)土壤与水土流失。建设项目周围地区的主要土壤类型及其分布,土壤的肥力与使用情况,土壤污染的主要来源及其质量现状,建设项目周围地区的水土流失现状及原因等。当需要进行土壤环境影响评价时,除要比较详细地叙述上述全部或部分内容外,还应根据需要选择以下内容进一步调查:土壤的物理、化学性质,土壤结构,土壤一次、二次污染状况,水土流失的原因、特点、面积、元素及流失量等,同时要附土壤图。

9)动、植物与生态。建设项目周围地区的植被情况(覆盖度、生长情况),有无国家重点保护的或稀有的、受危害的或作为资源的野生动、植物,当地的主要生态系统类型(森林、草原、沼泽、荒漠等)及现状。若建设项目规模较小,又不进行生态影响评价时,这一部分可不叙述。若需要进行生态影响评价,除应详细地叙述上面全部或部分内容外,还应根据需要选择以下内容进一步调查:本地区主要的动、植物清单,生态系统的生产力,物质循环状况,生态系统与周围环境的关系以及影响生态系统的主要污染来源。

10)噪声。如果建设项目不进行噪声环境的单项影响评价,一般可不叙述环境噪声现状;如需进行此类评价时,应根据噪声影响预测的需要决定现状调查的内容。

11)社会经济环境。主要根据现有资料,结合必要的现场调查,简要叙述下列部分或全部内容:人口,包括居民区的分布情况及分布特点,人口数量和人口密度等;工业与能源,包括建设项目周围地区现有厂矿企业的分布状况,工业结构,工业产值及能源的供给与消耗方式等;农业与土地利用,包括可耕地面积,粮食作物与经济作物构成及产量,农业总产值以及土地利用现状;若建设项目需进行土壤与生态环境影响评价,则应附土地利用图;交通运输,包括建设项目所在地区公路、铁路或水路方面的交通运输概况,以及与建设项目之间的关系。

12)文物与景观。主要调查建设项目周围有哪些重要文物与景观,相对于建设项目的位置和距离,其基本情况以及国家或当地政府的保护政策和规定。如果建设项目需进行文物或景观的影响专题评价,还应根据现有资料结合必要的现场调查,进一步叙述文物或景观对人类活动敏感部分的内容,包括它们易于受哪些物理的、化学的或生物学的影响,目前有无已损害的迹象及其原因,主要的污染或其他影响的来源,景观外貌特点,自然保护区或风景游览区中珍贵的动、植物种类,以及文物或珍贵景观的价值(包括经济的、政治的、美学的、历史的、艺术的和科学的价值等)。

13)人群健康状况。当建设项目规模较大,且拟排污染物毒性较大时,应进行一定的人群健康调查。根据环境中现有污染物及建设项目将排放的污染物的特性选定调查指标。

14)其他。根据当地环境情况及建设项目特点,决定电磁波、振动、地面下沉等情况是否需要进行调查。

8.2.2.2 建设项目环境影响预测分析

(1)预测分析方法。预测分析环境影响时应尽量选用通用、成熟、简便并能满足准确度要求的方法。一般采用数学模型法、物理模型法、类比调查法和专业判断法进行预测。数学模型法能给出定量的预测结果,但需一定的计算条件和输入必要的参数、数据。选用数学模型时要注意模型的应用条件,如实际情况不能很好满足应用条件要求而又拟采用时,应对模型进行修正并验证。物理模型法定量化程度较高,能反映比较复杂的环境特征,但需要有合适的试验条件和必要的基础数据,且制作复杂的环境模型需要较多的人力、物力和时间投入。在无法利用数学模型法预测而又要求预测结果定量精度较高时,应选用此方法。类比调查法的预测结果属于半定量性质。如由于评价工作要求时间较短等原因,无法取得足够的参数、数据,不能采用前述两种方法进行预测时,可选用此方法。专业判断法则是定性地反映建设项目的环境影响。建设项目的某些环境影响很难定量估测（如对文物与珍稀景观的环境影响），或由于评价时间过短等原因无法采用上述三种方法时，可选用此方法。

（2）预测分析的范围和内容。分析预测范围的大小、形状等取决于评价工作的等级、工程和环境的特性。一般情况下，预测范围等于或略小于现状调查的范围，其具体规定按照各单项环境影响评价技术导则的要求执行。在预测范围内应布设适当的预测点，通过预测这些点所受的环境影响，由点及面反映该范围所受的环境影响情况。预测点的数量与布置，因工程和环境的特点、当地的环保要求及评价工作的等级而不同。

对评价项目环境影响的预测，重点是对能代表评价项目的各种环境质量参数变化的预测。环境质量参数包括两类：一类是常规参数，一类是特征参数。前者反映该评价项目的一般质量状况，后者反映该评价项目与建设项目有联系的环境质量状况。各评价项目应预测的环境质量参数的类别和数目，与评价工作等级、工程和环境的特性及当地的环保要求有关。

如建设项目需通过环境影响评价优选厂址时，应预测该项目建设在不同厂址时的环境影响，并经综合比较，提出选址意见。

8.2.2.3 环境影响工程分析

（1）工程分析的对象。主要从下列方面分析建设项目与环境影响有关的情况：

1）工艺过程。通过对工艺过程各环节的分析，了解各类影响的来源，各种污染物的排放情况，各种废物的治理、回收、利用措施及其运行与污染物排放间的关系等。

2）资源、能源的储运。通过对建设项目资源、能源、废物等的装卸、搬运、储藏、预处理等环节的分析，掌握与这些环节有关的环境影响来源的各种情况。

3）交通运输。分析由于建设项目的建设和运行，使当地及附近地区交通运输量增加所带来的环境影响。

4）厂地的开发利用。通过调查拟建项目对土地的开发利用，分析土地利用现状和环境间的关系，以分析厂地开发利用带来的环境影响。

5）对建设项目生产运行阶段的开车、停车、检修、一般性事故和漏泄等情况时的污染物不正常排放进行分析，找出这类排放的来源、发生的可能性及发生的频率等。

6）其他情况。

（2）工程分析的重点。工程分析应以工艺过程为重点，并不可忽略污染物的不正常排放。资源、能源的储运、交通运输及厂地开发利用是否需要进行分析以及分析的深度，应根据工程、环境的特点及评价工作要求决定。

（3）工程分析的方法。当建设项目的规划、可行性研究等技术文件中记载的资料、数据等能够满足工程分析的需要和精度要求时，应通过复核校对后引用。对于污染物的排放量等可定量表述的内容，应通过分析尽量给出定量的结果。当这些技术文件不能满足评价要求时，应根据具体情况选用适当的方法进行工程分析。一般采用类比分析法、物料平衡计算法、资料查阅分析法等。类比分析法要求时间长，工作量大，所得结果较为准确。在评价时间允许，评价工作要求较高，又有可参考的相同或相似的现有工程时，应采用类比分析法进行分析。如果同类工程已有某种污染物的排放系数，可以直接利用此系数计算建设项目该种污染物的排放量，不必再进行实测。物料平衡计算法以理论计算为基础,比较简单,但计算中设备运行均按理想状态考虑,所以计算结果有时偏低,因此这种方法的使用具有一定的局限性。资料查阅分析法最为简便,但所得数据准确性差。当评价时间短,且评价工作要求较低时,或在无法采用以上两种方法的情况下,可采用此方法,此方法还可作为以上两种方法的补充。

8.2.2.4 环境影响效果定量分析的方法

根据建设项目环境影响评价的有关规定,应对建设项目环境影响的经济损益情况进行量化分析。建设项目的环境影响效果定量分析,一般采用直接市场法、替代市场法和意愿调查评价法进行量化分析。量化分析方法的选择应根据项目的具体情况而定。这里简要介绍直接市场法和意愿调查评价法。

(1)直接市场法。直接市场法就是直接运用货币价格(市场价格或影子价格),对项目建设可能影响的环境质量变动进行观察和度量的方法。主要包括:

1)市场价值法。建设项目对环境质量的影响,可能导致相关的商品产出水平发生变化,因而可以用产出水平的变动导致的商品销售额的变动来衡量环境价值的变动。例如,某种废弃物的排放会影响到其周围地区其他厂商的生产,因而就可以用其他厂商因减产而减少的产值来计算环境价值。如果环境质量变动影响到的商品是在市场机制的作用发挥得比较充分的条件下销售的,就可以直接利用该商品的市场价格来计量环境价值。如果环境质量变动影响到的商品是在市场机制不够完善的条件下销售的(比如存在着垄断或价格补贴,或者企业不自负盈亏,因而可以不顾市场供求状况和产品销售状况乱涨价等),应采用影子价格来计算环境影响价值。

2)人力资本法或收入损失法。环境质量变化对人类健康有着多方面的影响,这种影响不仅表现为因劳动者发病率与死亡率增加而给生产活动造成直接的损失(可采用市场价值法进行测算),而且还表现为因环境质量恶化而导致的医疗费开支的增加,以及因为人们过早得病或死亡而造成的收入损失等。人力资本法或收入损失法是专门用于评估反映在人身健康上的环境价值评价方法。从经济学的角度看,人力资本是指体现在劳动者身上的资本,它主要包括劳动者的文化技术水平和健康状况。人力投资是对劳动者健康状况和文化技术水平所进行的投资。人力投资的成本(费用)包括个人和社会用于教育及卫生保健等方面的支出,人力投资的收益(效益)包括个人受教育和接受卫生保健后所带来的个人收入增加和社会效益。为简化计算,人力资本法只计算因环境质量的变化而可能导致的医疗费开支的增加,以及因劳动者过早生病或死亡而导致的个人收入损失。前者相当于因环境质量变化而增加的病人人数与每个病人的平均治疗费(按不同病症加权计算)的乘积,后者则相当于环境质量变动后可能对劳动者预期寿命和工作年限的影响与劳动者预期收入(扣除来自非人力资本的收入)的现值的乘积。

3)防护费用法。当建设项目有可能导致环境污染时,人们可以采取相应的措施来预防或治理环境污染。利用采取这些措施所需费用来评估环境价值的方法就是防护费用法。防护费用的负担可以有不同的方式,如采取"谁污染,谁治理"的方式,由污染者购买和安装环保设备自行消除污染,或采取"谁污染,谁付费"的方式,建立专门的污染物处理企业对污染物进行集中处理,也可以采取受害者自行购买相应设备(如噪声受害者在家安装隔音设备),而由污染者给予相应补偿的方式。所需费用就可以作为建设项目环影响价值测算的一种依据。

4）恢复费用法或重置成本法。假如导致环境质量恶化的环境污染无法得到有效的治理,那么就不得不用其他方式来恢复受到损害的环境,以便使原有的环境质量得以保持。将受到损害的环境质量恢复到受损害以前状况所需要的费用就是恢复费用。恢复费用一般采用重置成本进行计算,以准确反映现实价格水平下的恢复成本。

(2)意愿调查评价法。如果找不到环境质量变动导致的可以观察和度量的结果(不论这种结果能够直接定价,还是需要间接定价),或者评估者希望了解被评估者对环境质量变动的支付意愿或接受补偿意愿,在这种情况下,可通过对受影响者的直接调查,通过分析他们对环境影响的支付意愿或受偿意愿,作为对环境价值进行量化分析的依据。

在估算环境质量的货币价值时,应该尽可能地采用市场法。如果采用市场法的条件不具备,可采用意愿调查评价法。

8.2.3 环境治理方案的优化分析

(1)制定环境污染治理方案的原则。在对环境影响进行分析评价的基础上,应按照国家有关环境保护法律、法规的要求,制定环境影响治理方案,并对其工程可行性及经济合理性进行分析论证。环境污染治理方案的制定应遵循以下原则：

1）反映废气、废水、固体废弃物、粉尘、噪声等不同污染源和排放污染物的性质特点,所采用的技术和设备应能满足先进性、适用性、可靠性等的要求。

2）符合发展循环经济的要求,对项目产生的废气、废水、固体废弃物等,提出回收处理和再利用方案,提高资源综合利用效率。

3）污染治理效果应能满足污染物达标排放和排放总量控制的要求。

4）项目环境影响的监测、控制方案能够满足环境管理的要求。

(2)污染治理措施。按照有关规定,建设项目防止污染的措施,必须与主体工程同时设计,同时施工,同时投产使用。应根据项目的污染源和排放污染物的性质,采取不同的污染治理措施：

1）废气污染治理,可采取冷凝、吸附、燃烧和催化转化等方法。

2）废水污染治理,可采用物理法(如重力分离、离心分离、过滤、蒸发结晶、高磁分离等)、化学法(如中和、化学凝聚、氧化还原等)、物理化学法(如离子交换、电渗析、反渗透、气泡悬上分离、气提吹脱、吸附萃取等)、生物法(如自然氧池、生物过滤、活性污泥、厌氧发酵)等方法。

3）固体废弃物污染治理,有毒废弃物可采用防渗漏池堆存;放射性废弃物可采用封闭固化;无毒废弃物可采用露天堆存;生活垃圾可采用卫生填埋、堆肥、生物降解或者焚烧方式处理;利用无毒害固体废弃物加工制作建筑物材料或者作为建材添加物,进行综合利用。

4）粉尘污染治理,可采用过滤除尘、湿式除尘、电除尘等方法。

5）噪声污染治理,可采取吸声、隔音、减振、隔振等措施。

6）建设和生产运营引起的环境破坏,如岩体滑坡、植被破坏、地面塌陷、土壤劣化等,应提出相应治理方案。

(3)环境保护治理方案比选。对环境保护治理的各局部方案和总体方案进行技术经济比较,并进行综合评价,进行治理方案的比选,提出推荐方案,编制环境保护治理设施和设备表。

方案比选主要评价以下内容:

1)技术水平对比:分析对比不同环境保护治理方案所采用的技术和设备的先进性、适用性和可靠性。

2)治理效果对比:分析对比不同环境保护治理方案在治理前及治理后环境指标的变化情况,以及能否满足环境保护法律法规的要求。

3)管理及监测方式对比:分析对比各治理方案所采用的管理和监测方式的优缺点。

4)环境效益对比:将环境保护治理所需投资和环保设施运行费用与所得的收益进行对比分析,并将分析结果作为方案比选的重要依据。

习 题

单项选择题

1. 关于规划环境影响评价适用情形的说法,正确的是(　　)。
   A. 编制综合性规划,应根据规划实施后可能对环境造成的影响,编制环境影响报告书
   B. 编制农业、林业、水利资源开发类的专项规划,可不进行环境影响评价
   C. 需编制专项规划的均应编制环境影响报告书
   D. 需编制环境影响报告书的专项规划,应当在规划草案报送前审批

2. (　　)是建设项目外部影响的重要方面,是政府投资管理部门需要重点关注的内容。
   A. 经济影响　　　B. 社会影响　　　C. 环境影响　　　D. 资源影响

3. 环境影响评价必须针对具体项目的工程特征和所在地区的环境特征进行深入分析,并抓住危害环境的主要因素,进行有针对性的分析评价,以便为项目决策提供可靠的依据,这体现了环境影响评价的(　　)。
   A. 法律强制性　　B. 政策严肃性　　C. 内容针对性　　D. 方法科学性

4. 工业建筑的节能评价指标不包括(　　)。
   A. 单位产品能耗指标　　　　　　B. 其他能耗指标
   C. 节能效果指标　　　　　　　　D. 单位面积消耗量

5. 民用建筑项目节能评价不包括(　　)。
   A. 总体分析评价　　　　　　　　B. 能耗水平分析评价
   C. 单位产品能耗评价　　　　　　D. 节能效果分析评价

6. 环境影响评价的目的包括(　　)。
   A. 检验环境指标　　　　　　　　B. 为项目选址提供依据
   C. 优化建设方案　　　　　　　　D. 多方案比选的基础

7. 环境影响评价结论既是政府审批或核准项目的重要依据,也是企业对拟建项目进

行投资决策的重要依据,同时还是贯彻执行"谁污染谁治理,谁破坏谁恢复"方针政策和处理环境污染纠纷的执法依据。这体现了环境影响评价的(　　)。

  A. 工作公正性   B. 方法科学性
  C. 法律强制性   D. 政策严肃性

8. 建设项目的环境影响评价文件自批准之日起超过(　　)年方决定该项目开工建设的,其环境影响评价文件应当报原审批部门重新审核。

  A. 1   B. 3   C. 5   D. 7

9. 可能造成轻度环境影响的建设项目,应当(　　),对建设项目产生的污染和对环境的影响进行分析或者专项评价。

  A. 编制环境影响报告   B. 编制环境影响报告表
  C. 编制环境影响评价报告   D. 编制环境影响评价方案

10. 对于没有列入建设项目环境影响评价分类管理名录的建设项目,由省级环境保护行政主管部门根据管理原则,确定其环境影响评价管理类别,并报(　　)备案。

  A. 国务院   B. 国家投资主管部门
  C. 国家环境保护行政管理部门   D. 国家环境保护总局

第 9 章

建设项目社会评价

9.1 社会评价的概念及特点

9.1.1 社会评价的概念

社会评价是分析拟建项目对当地社会的影响和当地社会条件对项目的适应性和可接受程度,是评价项目的社会可行性。要求应用社会学、人类学、项目评估学的理论和方法,通过系统地调查收集与项目相关的社会资料和数据,识别项目实施过程中的各种社会因素、利益相关者和可能出现的各种社会事项,分析项目可能产生的社会影响、社会问题和社会风险,提出尽可能扩大正面社会效果、减少或避免项目负面社会影响的措施,编制社会管理措施方案,并在项目实施过程中监测和评估项目社会效果的实现程度,保证项目顺利实施并使项目效果持续发挥。

9.1.2 社会评价的特点

社会评价的特点主要是评价的宏观性和长期性;评价目标的多重性和复杂性;评价标准的差异性。

9.1.2.1 评价的宏观性和长期性

项目社会评价必须从全社会的宏观角度考察项目的存在给社会带来的贡献和影响,考察投资项目建设和运营对实现社会发展目标的作用和影响及对社会发展目标的促进作用。在进行拟建项目的社会评价时,要综合考察与项目建设相关的各种可能的影响因素,不仅要考虑正面的、直接的影响,还要考虑负面的、间接的影响,因此这种评价必须是全社会性质的,具有广泛性和宏观性。另一方面,社会评价又具有长期性。一般情况下,项目的社会评价要考虑一个国家、一个地区的中期和远期发展规划和要求,评价的项目对社会的影响往往不是几十年,而是近百年,甚至关系到几代人的生活。因此,项目的社会评价又具有长期性的特点。如建设三峡工程这样的投资项目,在考察项目对生态环境、人民生活、社会发展的影响时,考察的时间跨度可能涉及几代人。

9.1.2.2 评价目标的多重性和复杂性

财务分析和经济分析的目标通常比较单一,主要衡量企业的财务盈利能力及资源配置的经济效率;而社会评价的目标则呈现多重性和复杂性。首先是层次的多重性,需要从国家、地方、社区等不同层面进行分析,分别以各自的社会政策为基础,做到宏观分析与微观分析相结合。低层次的社会目标通常是依据高层次的社会目标制定的,但各层次在就业、扶贫、妇女地位、文化、教育、卫生保健等各个领域可能存在不同要求,其重点也各不相同。社会目标层次的多重性,需要从各个层面、多个领域、不同角度综合考察社会生活与项目之间的相互关系和影响,因此通常需要采用多目标综合评价的方法,分析多种社会发展目标、多种社会政策、多种社会影响和多样的人文环境因素,综合考察项目的社会可行性。

9.1.2.3 评价标准的差异性

投资项目的环境、技术和经济分析,一般都有明确的指标和判断标准。社会评价由于涉及的社会环境多种多样,影响因素比较复杂,社会目标多元化和社会效益的多样性难以使用统一的量纲、指标和标准来计算、比较社会影响效果,导致不同行业和不同地区项目的社会评价差异较为明显;同时,社会评价的各个影响因素有的可以定量,如就业、收入分配等,但更多的社会因素难以定量,如项目对当地文化的影响,对社会稳定的影响,以及当地居民对项目的支持程度等,都难以量化,通常使用定性分析方法。社会评价的差异性,要求充分发挥评价人员的能动性和积极性。

9.2 社会评价的目的和适用范围

9.2.1 社会评价的目的

社会评价的目的是判断投资项目社会发展目标实现的可行性,评价项目建设和运营活动对社会发展目标所做出的贡献和影响。通过分析项目涉及的各种社会因素,评价项目的社会可行性,提出协调项目与当地社会关系,规避社会风险,促进项目顺利实施,保持社会稳定的方案。

(1)在宏观层面上,项目社会评价的目的主要包括:①满足人们的基本社会需求;②充分利用地方资源、人力、技术和知识,增强地方的参与程度;③实现经济和社会的稳定、持续和协调发展;④减少或避免项目建设和运行可能引发的社会问题等;⑤促进不同地区之间的公平协调发展等。

(2)在项目层面上,项目社会评价的目的主要包括:①制定一个能够切实完成项目目标的机制和组织模式;②保证项目收益在项目所在地区不同利益相关者之间的公平分配;③预测潜在风险并分析减少不良社会后果和影响的对策措施,防止或尽量减少项目对地区社会环境造成负面影响;④提出为实现各种社会目标而需要对项目设计方案进行改进的建议;⑤通过参与式方法的运用,增强项目所在地区民众在项目建设和管理中的有效参与度,以维持项目效果可持续性的途径等。

9.2.2 社会评价的适用范围

社会评价涉及的社会因素较多,评价目标具有多重性和复杂性,工作量大要求高,并且需要一定的资金和时间投入,因此并不要求所有项目都进行社会评价。一般而言,主要是针对那些社会因素复杂、社会影响久远(具有重大的负面社会影响或显著的社会效益)、社会矛盾突出、社会风险较大、社会问题较多的项目进行社会评价。这类项目包括引发大规模移民征地的项目,如交通、供水、采矿和油田项目,以及具有明显社会发展目标的项目,如扶贫项目、区域性发展项目和社会服务项目(如教育、文化和公共卫生项目等)。

9.3 社会评价的主要内容

社会评价是一项系统性分析评价工作,可以归结为社会调查、社会分析、社会管理方案制定三项主要内容。

9.3.1 社会调查

社会调查是项目社会评价的重要环节。项目社会评价过程,实质上是以收集到的社会信息为基础,对相关信息资料的调查、整理和分析的过程。

社会评价所需要的社会信息,包括人口统计资料、收入分配、社会服务、宗教信仰、利益相关者对项目的意见和态度等信息。由于项目不同阶段社会评价重点的不同,所需的社会信息资料也有所不同。

不同阶段社会评价所需社会信息,可分为如下四类:A 类,项目方案设计所需的一般统计信息;B 类,为制定项目目标及实施方案所需要的有关因果关系及动态趋势的信息;C 类,项目监督与评价所需的受项目影响人群信息;D 类,项目社会影响评价所需的基线信息。

按照世界银行项目管理要求,项目周期中不同阶段的社会评价投入及所需信息,如表 9-1 所示。

表 9-1 项目不同阶段的社会评价投入及所需信息

项目周期不同阶段	社会评价工作内容	所需主要信息
项目立项	识别项目目标群体,确定项目影响范围	A 类、B 类
项目方案制定与评估阶段	设计参与机制,进行社会可行性分析	A 类、B 类
项目实施及监测评价阶段	受益者分析,社区参与	C 类
项目后评价	社区参与社会影响评价	D 类

9.3.2 社会分析

社会分析是从社会发展的角度,研究项目的实施目标及影响,通过人口因素、社会经济因素、社会组织、社会政治背景和利益相关者需求的系统调查,分析评价社会影响和风险等,以消除或缓解不利社会影响。一般而言,社会分析的内容包括项目的社会影响分析、社会互适性分析、社会风险分析和社会可持续性分析等方面。

9.3.2.1 社会影响分析

项目社会影响分析包括经济层面的社会影响分析和社会层面的社会影响分析。经济层面的社会影响分析主要分析预测项目在收入及其分配、支出及其支付意愿就业、消费、服务替代效应等经济方面可能产生的正面影响和负面影响;社会层面的社会影响分析重点关注项目对文化、教育、卫生等社会环境、条件以及文化遗产、宗教设施、城市风貌(如街区、建筑、风景区、园林)等方面的影响分析。分析内容包括：

(1)项目对所在地居民收入及其收入分配的影响。主要分析预测由于项目实施可能造成当地居民收入增加或者减少的范围、程度及其原因；收入分配是否公平，是否扩大贫富收入差距，并提出促进收入公平分配的措施建议。对扶贫项目，应着重分析项目实施后，能在多大程度上减轻当地居民的贫困和帮助多少贫困人口脱贫。

(2)项目对所在地区居民生活水平和生活质量的影响。分析预测项目实施后居民居住水平、消费水平、消费结构、人均寿命等的变化及其原因。

(3)项目对所在地区居民就业的影响。分析预测项目的建设、运营对当地居民就业结构和就业机会的正面影响与负面影响。其中正面影响是指可能增加就业机会和就业人数；负面影响是指可能减少原有就业机会及就业人数，以及由此引发的社会矛盾。

(4)项目对所在地区不同利益相关者的影响。分析预测项目的建设和运营使哪些人受益或受损，以及对受损群体的补偿措施和途径。如兴建露天矿、水利枢纽工程、交通运输工程、城市基础设施等一般都会引起非自愿移民，应特别加强这项内容的分析。

(5)项目对所在地区弱势群体利益的影响。分析预测项目的建设和运营对当地妇女、儿童、残疾人员利益的正面或负面影响。

(6)项目对当地基础设施、社会服务容量和城市化进程等的影响。分析预测项目的建设和运营期间，是否可能增加或者占用当地的基础设施，包括道路、桥梁供电、给排水、供汽、服务网点，以及产生的影响。

(7)项目对所在地区文化、教育、卫生的影响。分析预测项目的建设和运营期间是否可能引起当地文化教育水平、卫生健康程度的变化以及对当地人文环境的影响，提出减少不利影响的措施建议。公益性项目要特别加强这项内容的分析。

(8)项目对所在地区少数民族风俗习惯和宗教的影响。分析预测项目建设和运营是否符合国家的民族和宗教政策，是否充分考虑了当地民族的风俗习惯、生活方式或者当地居民的宗教信仰，是否会引发民族矛盾、宗教纠纷，影响当地社会安定。

(9)项目对所在地区文化遗产产生的影响。调查项目所在地的文化遗产状况(包括物质和非物质文化遗产)，识别项目是否对文化遗产产生影响。如果项目对文化遗产产生影响的，应提出保护和寻求避免彻底毁坏文化遗产方面的措施。通过以上分析，编制项目社会影响分析表，对项目的社会影响做出评价，如表9-2所示。

表9-2 项目社会影响分析表

序号	社会因素	影响的范围、程度	可能出现的后果	措施建议
1	对居民收入的影响			
2	对居民生活水平与生活质量的影响			
3	对居民就业的影响			
4	对不同利益相关者的影响			
5	对弱势群体的影响			

续表 9-2

序号	社会因素	影响的范围、程度	可能出现的后果	措施建议
6	对地区文化、教育、卫生的影响			
7	对地区基础设施、社会服务容量和城市化进程的影响			
8	对少数民族风俗习惯和宗教的影响			
9	对所在地区文化遗产的影响			

9.3.2.2 社会互适性分析

社会互适性分析主要是分析预测项目能否为当地的社会环境、人文条件所接纳，以及当地政府、居民支持项目存在和发展的程度，考察项目与当地社会环境的相互适应关系。主要分析内容包括：

（1）分析预测与项目直接相关的不同利益相关者对项目建设和运营的态度及参与程度，选择可以促使项目成功的各利益相关者的参与方式，对可能阻碍项目存在与发展的因素提出防范措施。分析内容包括：项目所在地区中不同利益相关者参与项目活动的重要性，对当地人群的参与有影响的关键社会因素，在项目社区中是否有一些群体被排斥在项目设计方案之外或在项目方案中没有发表意见的机会，找出项目地区的人群参与项目设计、准备和实施的恰当的形式和方法。

（2）分析预测项目所在地区的社会组织对项目建设和运营的态度，可能在哪些方面、在多大程度上对项目予以支持和配合。首先，分析当地政府对项目的态度及协作支持的力度。尤其是大型项目，在后勤保障等一系列问题上更离不开社会支撑系统。应当认真考察需要由当地提供的交通、电力、通信、供水等基础设施条件，医疗、教育等社会福利及生活条件，当地是否能够提供保障。其次，分析当地群众对项目的态度以及群众参与的程度。一个项目，只有造福于桑梓、取信于民众，使群众以各种方式参与到项目的决策、设计、建设、运营和管理中来，才能得到群众的拥护和支持。通过分析项目的受益者及受益面的大小、受损者及其受损程度和补偿方案，寻找共赢方案。

（3）分析预测项目所在地区社会环境、文化状况能否适应项目建设和发展需要。对于主要为发展地方经济、改善当地居民生产生活条件兴建的水利项目、交通运输项目、扶贫开发项目，应分析当地居民的教育水平能否适应项目要求的社会环境条件，能否保证实现项目既定目标。

通过项目与所在地的互适性分析，编制社会对项目的适应性和可接受程度分析表，评价当地社会对项目适应性和可接受程度。如表 9-3 所示。

表 9-3　社会对项目的适应性和可接受程度分析表

序号	社会因素	适应程度	可能出现的问题	措施建议
1	不同利益相关者的态度			
2	当地社会组织的态度			
3	当地社会环境条件			

9.3.2.3　社会风险分析

项目社会风险分析是对可能影响项目的各种社会因素进行识别和排序,选择影响面大、持续时间长,并容易导致较大矛盾的社会因素进行预测,分析可能出现这种风险的社会环境和条件。如大型水利枢纽工程的建设,需要分析移民安置和受损补偿问题。如果移民群众的生活得不到有效保障或生活水平大幅降低,受损补偿又不尽合理,群众抵触情绪就会滋生,从而直接导致项目工期的推延,影响项目预期社会效益的实现。

通过分析社会风险因素,编制项目社会风险分析表,如表9-4所示。

表 9-4　社会风险分析表

序号	社会风险因素	持续时间	可能导致的后果	措施建议
1	移民安置问题			
2	民族矛盾、宗教问题			
3	弱势群体支持问题			
4	受损补偿问题			

9.3.2.4　社会可持续性分析

项目社会可持续性分析是对项目生命周期内社会效果的总体发展分析。

(1)项目社会效果可持续性分析。项目社会效果可持续性分析主要分析项目社会效果的可持续程度,以及实现项目社会效果可持续的必要条件。

项目社会效果包括减缓贫困、促进社会公平、促进社会性别公平、促进少数民族发展、促进文化遗产保护、提高弱势群体社会保障与社会福利水平等。

(2)项目受益者对项目社会可持续性的影响分析。项目社会可持续性分析应分析项目受益者支付能力的动态变化趋势及其对项目建设运营的持续性影响,特别是其可能导致的项目工期延误、成本增加、效率降低等对项目的社会可持续性产生的影响。

(3)项目受损者对项目社会可持续性的影响分析。项目社会可持续性分析应分析项目受损者受项目影响的程度,以及项目的社会可持续性所受到的影响。

9.3.3　社会管理方案制定

社会管理方案是社会评价的重要成果,是对项目实施阶段的社会行动、措施及其保障条件的总体性安排。社会管理方案的制定是在社会影响分析、社会互适性分析、社会风险分析和社会可持续性分析等的基础上,结合所研究项目的社会环境与条件编制,目的是强化项目的正面社会影响,化解项目的负面社会影响,使项目社会效果可持续,社会风险可控。社会管理方案包括利益加强计划、负面影响减缓计划、利益相关者参与计划和社会监测评估计划。

9.3.3.1 利益加强计划

对于项目产生的正面效果,应采取积极鼓励、强化的具体措施予以促进,并尽可能加以扩大和促进效果的持续发挥。

9.3.3.2 负面影响减缓计划

对于项目产生的负面影响,应尽可能首先通过工程方案优化减少项目负面影响,之后从政策、制度、机制、机构、资金、程序、人员等方面予以妥善安排,以减少、缓解负面影响,控制社会风险。

按照我国社会稳定风险分析(评估)的要求,在识别出社会风险并进行风险估计后,要针对主要风险因素,阐述采用的风险防范、化解措施策略,明确风险防范、化解的目标,提出落实措施的责任主体、协助单位、防范责任和具体工作内容,明确风险控制的节点和时间,真正把项目社会稳定风险化解在萌芽状态,最大限度减少不和谐因素。

9.3.3.3 利益相关者参与计划

参与计划应分析各利益相关者,明确不同利益相关者之间的关系。应重点关注主要利益相关者以及对主要利益相关者参与有影响的关键社会因素,提出参与项目规划、设计、准备、实施、监测、评估的适当形式和方法。参与计划包括:

(1)在项目规划、设计、建设、运营阶段,不同利益相关者参与项目活动的计划,具体包括活动主题、预期目的、主要内容、形式、负责和参与的机构及人员、时间、地点、预算等。

(2)项目信息公开计划与沟通、反馈机制。

(3)抱怨与申诉机制。包括抱怨与申诉的程序,处理抱怨与申诉的原则等。

信息公开、沟通、申诉和反馈渠道能切实维护受项目不利影响者的合法权益,及时披露项目的信息和收集项目受影响者的信息,促进政府、项目单位、实施机构与项目受影响者之间的信息交流,有利于扩大项目的正面影响,减轻负面影响。

9.3.3.4 社会监测评估计划

为了保证社会管理方案在项目实施过程中得到认真执行,以实现项目的社会经济发展目标,社会管理方案中还应包括社会监测评估计划,对社会管理方案执行情况的跟踪监测与评估做出安排。社会监测评估计划的内容包括:

(1)监测与评估程序。尤其要确保在各类负面影响减缓方案中建立监测与评价程序,从而及时提出消除项目社会目标实现障碍的措施,必要时可提出调整方案。

(2)跟踪监测与评估指标体系。监测与评估指标可以用来衡量项目实际产生的社会影响,评估项目满足目标群体需求的程度。监测与评估指标可以是居民对项目建设影响的投诉数量和内容、业务能力培训人次、年度主要环境指标等。

(3)监测方案。明确监测方法,实施监测的机构及具体职责,拟定监测内容监测时间,明确监测与评估的主要责任机构。

(4) 突发事件应急预案。为预防项目实施过程中,因项目外部或内部发生重大变化时,导致重大社会事件,应制定突发事件应急预案,以及时控制突发事件,消除隐患。

(5) 社会监测评估的报告制度。实施期间,提交社会监测评估报告的方式、时间安排等。

9.4 社会评价的方法

社会评价方法的类型主要有通用评价方法和专用评价方法两种类型。通用评价方法指除了运用于社会评价,同时也广泛用于项目决策分析与评价中的其他评价,如社会评价中采用的社会信息调查法、逻辑框架分析法、"有无对比"分析法三种。社会评价的专用方法是相对的,是相比于项目决策分析与评价的其他方面,主要在社会评价中应用,如利益相关者分析法、参与式方法等。

9.4.1 通用评价方法

9.4.1.1 社会信息调查法

(1) 个人访谈。个人访谈是收集社会信息经常采用的重要方法之一,它灵活自由,不限于事先设定的问题和问题的排列顺序。个人访谈通常分为三种类型,见表9-5。

表9-5 个人访谈的三种类型比较

类型	优点	缺点	备注
非正式的会话式访谈	涉及领域广	费时,不易突出重点,缺乏可比性;受调查者本人的态度和好恶影响较大	可以让调查人员在谈话主题选择方面享有充分的灵活性和自由,调查组通常很少记笔记
重点问题访谈	收集资料有可比性;节省时间	涉足领域仅限预设表格,范围较窄	重点问题用表格列出,对谈话内容方向进行引导
半封闭型的访谈	直接问答项目有关的问题;得到的信息具有可比性;受会谈主持人的影响比较大	收集到的信息价值的人小受问卷质量的影响比较大	需要准备具体问题的清单

(2) 小组讨论。社会信息可以通过调查者与被调查者之间的讨论和交流来获取。与个人访谈相比,小组进行集体讨论具有以下优点:①能使被调查者通过采取既迅速又经济的方式来收集信息;②可以摆脱个人访谈的窘境,使受访谈者能够畅谈其在个别场所不愿意过多涉及的问题;③比个人访谈更为精确,因为人们顾虑提供不准确信息会与其

他人所提供的信息相互矛盾。

（3）调查问卷。调查问卷是获取有关社会文化基础资料的常用工具,可分为结构式、开放式和半结构式三种基本类型。

第一种是结构式,结构式通常也称封闭式,对于这种问卷,研究者早已在问卷上列出问题答案的备选项,由受访者认真选择一个答案划圈或打钩即可。第二种是开放式,开放式也称开口式,这种问卷不设置固定的答案备选项,让受访者自由发挥。第三种是半结构式,半结构式的问卷介于结构式和开放式两者之间,问题的答案既有固定的、标准的,也有让受访者自由发挥的,这种问卷吸取了两者的长处,在实践中运用得较多。

（4）参与观察。参与观察指为了达到深入了解情况的目的,调查者直接加入到某一社会群体之中,以内部成员的角色参与该社会群体的各种活动,在共同生活中进行观察、收集与分析有关的资料。这种方法通常与个人访谈、小组讨论和调查问卷等方法结合使用。与其他方法相比,参与观察法有以下显著的优点:①参与观察者可以观察到某个现象或各个层面的真实情况;②有助于揭示行为模式、社会和经济进程,以及信息提供者也不能恰当描述的环境因素;③有助于了解社区中贫困人口和其他任意被忽略的人群的需要、行为模式和环境条件。

（5）文献调查。文献调查法也叫二手资料查阅法,即通过收集有关的各种文献资料,摘取其中对社会评价有用的信息。社会信息调查一般是从文献调查开始的。

运用文献调查法应注意的问题:无论是进行短期调查还是进行长期研究,社会评价人员都希望尽可能全面地收集已有的信息和资料,但应注意资料的有效性,不要追求面面俱到,避免过时的资料。

9.4.1.2 逻辑框架分析法

逻辑框架分析法是美国国际开发署在1970年开发并使用的一种项目设计、计划和评价工具,并逐渐在国际组织援助项目的计划管理及评价中得到推广和应用。逻辑框架分析法是概念化地论述项目的一种方法,即用一张简单的框图来分析复杂项目的内涵和各种逻辑关系,以便给人们一个整体的框架概念。投资项目社会评价运用逻辑框架分析法,可以明确项目应该达到的目标层次以及相关联的考核指标、验证方法和假设条件之间的因果关系,从而使人们在总体上明确把握投资项目的概念。逻辑框架分析法的模式一般可以用矩阵表示,逻辑框架分析法的矩阵模式要素见表9-6。

表9-6 逻辑框架分析法的矩阵模式要素

目标层次	客观验证指标	客观验证方法	重要假设及外部条件
宏观目标	宏观目标客观验证指标	评价及检测手段和方法	实现宏观目标的条件
具体目标	具体目标客观验证指标	评价及检测手段和方法	实现具体目标的条件
产出成果	产出成果衡量指标	评价及检测手段和方法	实现项目产出的条件
投入/产出	投入方式及定量指标	投入活动验证方法	落实投入的外部条件

整个逻辑框架分析的结构逻辑关系是由下到上的,即一个项目的投入在什么条件下能产出什么,有了这些产出在什么外部假设条件下可以达到项目的直接目的,而达到这个目的后又在什么客观假设的必要或者充分条件下最终达到项目的预期宏观社会经济目标。综上可知,逻辑框架分析法可以用来总结项目的投入、产出、目的和目标诸多因素,分析项目运行过程中各方面的因果关系,判断项目的发展方向,对项目进行全面的分析评价。

9.4.1.3 "有无对比"分析法

"有无对比"分析法是指"有项目"情况和"无项目"情况的对比分析。"有项目"情况就是拟建项目建设运营中可能引起各种社会经济变化后的社会经济状况;"无项目"情况就是确定评价的基准线情况。这样,"有项目"情况扣除同一时间内"无项目"情况,就得到由拟建项目引起的效益增量和各种影响。在对比分析中,应该分清这些效益和影响中拟建项目的作用和项目以外的作用。如果很难确定拟建项目本身的作用,则可以确定一个与项目所在地区条件基本相同,又没有其他项目建设的区域作为参比中的"无项目"区来进行有无对比。最后,采用表9-7的分析模式综合分析拟建项目。

表9-7 "有无对比"综合分析

项目效益	有项目	无项目	差别	分析
财务效益				
经济效益				
经济影响				
环境效益				
社会影响				
综合结果				

9.4.2 专用评价方法

9.4.2.1 利益相关者分析法

利益相关者主体应包括被项目直接或潜在影响的、能为项目提供重要知识或信息,且能够影响项目实施及对项目感兴趣的相关组织、群体或个人。

利益相关者分析贯穿社会评价全过程。体现在:通过识别项目利益相关者,确定社会调查的主要调查对象,收集利益相关者对项目的看法和诉求;通过分析和判断与项目有直接或间接利益关系的群体在项目中受到的影响、对项目的反应以及对项目的影响力来评价不同的利益群体在项目建设过程中的地位与作用,并据此判断项目与受影响利益群体之间的相互关系和适应性,利益相关者对待项目的态度是否构成项目所面临的风险,项目利益相关者对项目社会可持续性有何影响,即利益相关者是社会影响分析、社会互适性分析、社会风险分析和社会可持续分析中的主要分析对象;利益相关者参与方案是社会管理方案的重要组成部分,不同利益相关者平等参与项目是社会管理方案制定的目标之一。

利益相关者分析一般采取以下四个步骤进行。

(1)识别利益相关者。项目利益相关者一般划分为:项目受益人;项目受害人;项目受影响人;其他利益相关者,包括项目的建设单位、设计单位、咨询单位、与项目有关的政府部门与非政府组织。他们可能会对项目产生重大的影响,或者对项目能否达到预定目标起着十分重要的作用。

(2)分析利益相关者的利益构成。在对项目的利益相关者进行识别之后,还需要对他们从项目实施中可能获得的利益以及可能对项目产生的影响进行分析。应重点分析以下问题:利益相关者对项目有什么期望?项目将为他们带来什么样的益处?项目是否会对他们产生不利影响?利益相关者拥有什么资源以及他们是否愿意和能够动员这些资源来支持项目的建设?利益相关者有没有与项目预期目标相冲突的任何利害关系?

在许多情况下,一个项目对相关机构的影响程度可以通过分析二手数据来获得答案,而对于有些群体和当地的群众,则可能需要进行实地访谈调查,才能获得答案。

(3)分析利益相关者的重要性和影响力。利益相关者按其重要程度分为以下几类:主要利益相关者,是指项目的直接受益者或直接受到损害的人;次要利益相关者,是指与项目的方案规划设计、具体实施等相关的人员或机构,如银行机构、政府部门、非政府组织等。对利益相关者从以下几个方面分析其影响力及其重要程度:权利和地位的拥有程度;组织机构的级别;对战略资源的控制力;其他非正式的影响力;与其他利益相关者的权利关系;影响项目取得成功的重要程度。

(4)制订主要利益相关者参与方案。在已获得利益相关者的相关信息、明晰了不同利益群体之间的关系之后,重点关注主要利益相关者,制订主要利益相关者参与项目方案制定、实施及管理等的方案。

9.4.2.2 参与式方法

(1)参与式方法的概念。参与式方法是通过一系列的方法或措施,促使项目的相关群体积极、全面地介入项目决策、实施、管理和利益分享等过程的一种方法。通过这些措施,使当地人(农村的和城市的)和外来者(专家、政府工作人员等)一起对当地的社会、经济、文化、自然资源进行分析评价,对所面临的问题和机遇进行分析,从而做出计划、制定行动方案并使方案付诸实施,对计划和行动做出监测评价,最终使当地人从项目的实施中得到收益。

参与式方法包括参与式评价和参与式行动两个方面。

参与式评价是指受影响的利益相关者参与项目评价工作。参与式评价主要强调乡土知识对专家知识的补充和完善,侧重于应用参与式的工具来进行数据的收集、分析和评价,以弥补专家知识的不足。参与式评价包括通过参与式方法来收集主要利益相关者的信息,特别是那些受项目消极影响的人的信息,从而根据这些信息资料制定出能够为他们所接受的项目方案,以便最大程度地优化项目实施方案,扩大项目的实施效果。参与式评价应贯穿于项目全过程。

参与式行动指受影响的利益相关者参与项目设计与建设工作,促进各个利益相关者与项目之间的沟通和理解,减缓相互之间的矛盾和冲突,协调各方利益关系,进一步促进受益群体的行动和改善项目建设,使受损群体的利益损失得到更加合理的补偿。

参与式行动与参与式评价最主要的区别在于,参与式行动更偏重于让项目的利益相关者在决策和项目实施上发挥作用。

(2)制定利益相关者的参与机制。制定利益相关者的参与机制要把握三个环节。

1)信息交流。信息交流属于单向信息流动,包括向各利益相关方面披露有关项目的信息,或者收集项目受益者或受项目影响群体的数据。如果利益相关者不能充分了解一个项目的目的和预期效果,他们就不可能真正地参与该项目。因此,信息交流对利益相关者真正参与项目有十分重要的作用。

2)磋商。磋商是利益相关者之间的双向信息交流,包括政府和受益者或者受项目影响群体之间的信息交流。虽然决策者通常就是政府,但利益相关者可以对规划或决策的项目提出意见。通过磋商收集到的信息和反馈意见,必须在项目的规划和实施过程中有所体现,从而使磋商真诚有效。社会评价中的参与机制强调信息分享的重要性,如果磋商包含减轻负面影响的建议,则磋商机制就会显得非常重要。

3)参与过程。参与是一个过程。在这个过程中,利益相关者可共同设定目标、寻找出问题,并商讨问题解决方案、提出优化建议等,参与实际上是分享决策控制权的一个途径。共同参与社会评价、共同做出改善决策和建设方案,参与项目实施过程中通力合作,都是参与过程的应有之意。

(3)公众参与的主要形式。公众参与的广度和深度,往往直接影响建设项目的实施效果。正当的或适度的公众参与能推动项目的建设实施;不当的或过度的公众参与会阻碍项目的顺利实施,甚至破坏社会秩序,影响社会正常生活。公众参与项目的主要形式可分类如下:

1)自主性参与和动员性参与。自主性参与是指在项目计划和实施过程中,参与者主动地、自发地进行的参与;而动员性参与则是指在项目计划和实施过程中,参与者在其他参与者动员或胁迫下进行的参与。自主性参与一般更能反映参与者的参与意识和民主程度,但在实际中,自主性参与和动员性参与之间的界限并不明显,很多参与都是自主性参与和动员性参与的混合。如部分利益相关者不愿意参与,但经有关领导和群众的劝说动员后就有可能主动地参与,配合有关组织做好有关项目的实施工作。最初的自主性参与在某些情况下可能被操纵为动员性参与,原来的动员性参与也可能逐渐变为主动性参与,二者也会相互转化。

2)组织化参与和个体化参与。组织化参与是指利益相关者以一定的组织形式进行的参与,个体化参与是指以个人方式进行的参与。在项目的实施过程中,组织化参与比个体化参与往往更加富有成效。首先,建设项目的建设实施,尤其是重大项目,人力、财力上的消耗很大,仅靠个人无力承担,每一阶段的顺利推进都离不开强有力的政府组织;其次,个人参与往往缺乏足够分量,难以引起重视。个体化参与往往只重视眼前利益,看不到影响社区全体利益相关者的整体利益。有组织的参与由于精英人物的领导,往往能看到那些影响公众长远利益、整体利益的深层次因素。因此,有组织的参与才能更好地维护和促进社会公众的共同长远利益,效果更加明显。

3）目标性参与和手段性参与。目标性参与是指具有明确目标的参与。这类参与是为了在参与中实现相应的目标。在项目计划和实施过程中，目标性参与更多地表现为广大群众服从整体利益的需要，主动地投入项目计划和实施工作中来，通过勤奋工作，把项目计划和实施工作作为自身的追求和目标；而手段性参与则不然，参与者主要把它作为实现其政治、经济及其他目标的手段，参与本身不是目的。一般来说，目标性参与反映了参与者具有更多更强的参与意识；而对于手段性参与，如果假定的参与者能通过其他途径实现自己的目标，他就有可能不进入参与。但在项目计划和实施过程中，往往很难清楚地区分参与的目标性和手段性，很多参与既是目标性参与，又是手段性参与。

4）支持性参与和非理性参与。支持性参与是指利益相关者为了表示对项目的支持和拥护而进行的参与，至少不是持反对态度的参与；非理性参与主要是指利益相关者为了表示自己的不满而进行的参与，是一种反对态度的参与。

5）制度化参与和非制度化参与。制度化参与是指利益相关者按照制度规定的要求所进行的参与活动，制度化参与寓于合法参与之中；非制度化参与则是指参与者不按制度规定的程序或要求而进行的参与活动。制度化参与除了强调参与行为必须符合法律规定之外，同时也强调必须符合法律、制度规定的有关程序和步骤。合法参与未必完全是制度化参与。如民众越级反映情况的现象，并不违反法律，但是不符合正当程序，因此是合法参与，但同时是非制度化参与。

9.5 社会评价的组织实施和报告编写

9.5.1 社会评价的实施主体

社会评价工作通常由项目单位委托工程咨询机构或有经验的其他机构组织专家和相关人员编制。社会评价人员应由具备社会学、人类学、经济学和相关专业等多种学科专业知识的人员组成。

9.5.2 社会评价的工作程序

社会评价的工作程序一般包括工作委托、实施评价、提交评价报告、报告审查等。

（1）工作委托。项目单位通常委托有资信的工程咨询机构或有经验的其他机构开展项目社会评价，委托方与受托方应签订合同，明确评价任务、报告要求及提交形式等。

（2）实施评价。应根据项目周期各个阶段的特点开展社会评价。在项目前期工作阶段，一般作为项目可行性研究报告或项目申请报告的一个独立篇章进行社会评价；对社会影响重大的项目，应单独提交社会评价报告。

（3）提交评价报告。重大投资项目以单独报告的形式提交的，除了提交报告正文外，还应提交有价值的案例、访谈记录、会议记录等附件。

（4）报告审查。前期阶段的社会评价报告可以作为可行性研究报告、项目申请报告的一部分，一并按规定要求进行审查，也可以单独审查。

9.5.3 社会评价的实施步骤

社会评价的实施步骤一般为调查社会资料、识别社会因素、进行社会分析、制定社会管理方案、编写社会评价报告等。

9.5.3.1 调查社会资料

收集与项目有关的资料、文献，调查了解项目所在地区的社会环境等方面的资料，包括项目所在地区和受影响社区的基本社会经济情况，以及项目影响时限内可能的变化。社会调查可采用多种调查方法，如查阅历史文献、统计资料、问卷调查、现场访问与观察、开座谈会等。

9.5.3.2 识别社会因素

分析社会调查获得的资料，对项目涉及的各种社会因素分类。一般可分成三类。

(1) 影响人类生活和行为的因素。如对就业、收入分配、社区发展和城市建设居民身心健康、文化教育事业、社区福利和社会保障等的影响因素。

(2) 影响社会环境变迁的因素。如对自然和生态环境、资源综合开发利用、能源节约、耕地和水资源等的影响因素，以及由此对社会环境的影响。

(3) 影响社会稳定与发展的因素。如对人们风俗习惯、宗教信仰、民族团结的影响，对社区组织结构和地方管理机构的影响，对国家安全和地区发展的影响等。

从这些因素中，识别与选择影响项目实施和项目成功的主要社会因素，作为后续分析与评价的重点。

9.5.3.3 进行社会分析

对拟定的项目建设地点、技术方案和工程方案中涉及的主要社会影响、互适性、社会风险、社会可持续性进行定性、定量分析。对能够定量计算的指标，依据调查和预测资料进行测算，并根据评价标准判断其优劣。对不能定量计算的社会因素进行定性分析，判断各种社会因素对项目的影响程度，揭示项目可能存在的社会风险。

9.5.3.4 制定社会管理方案

在社会分析的基础上，结合项目的社会环境与条件制定社会管理方案，强化项目的正面社会影响，化解或减轻项目的负面社会影响，使项目社会效果可持续，社会风险可控。

9.5.3.5 编写社会评价报告

在对社会评价工作成果汇总分析的基础上，形成社会评价报告，社会评价报告应包括评价目标、评价方法、评价内容、评价结论、主要建议以及社会管理方案。项目实施阶段的社会评价报告还应当包括监测评估建议。

9.5.4 社会评价报告的编写

9.5.4.1 编写要求

社会评价报告是承担单位向其委托单位提交的工作成果，作为有关建设项目评价体系的一个重要内容，是政府投资主管部门进行总体审批、核准的重要依据之一。

社会评价报告总体上应做到内容全面、重点突出、实用性强,全面回答有关各方所关注的社会问题。社会评价报告的编写要求主要是:

(1)所采用的基础数据应真实可靠。基础数据是评价的基础。基础数据有错误,特别是社会经济调查的资料有错误,不管选用的分析评价指标多么正确,也难以得出正确的评价结论,因此,社会评价十分重视社会经济调查工作,尽可能全面了解项目影响区域的社会经济真实情况。项目背景及定性分析需要引用的数据资料,应确保资料引用来源可靠,要选用最能支持和说明观点的关键指标和最新、权威的数据资料,并明确指出数据的来源渠道。

(2)分析方法的选择要合理。应根据项目所在地区的实际情况,通过定性分析与定量分析相结合的方法,对未来可能的社会影响后果进行分析预测。

(3)结论观点明确,客观可信。结论中必须对建设项目可能造成的社会影响以及所采用的减轻负面社会影响措施的可行性、合理性做出明确回答,不能模棱两可。结论必须以严谨客观的分析论证为依据,不能带有感情色彩。

(4)报告格式应规范。应强调社会评价报告的客观性、科学性、逻辑性和可读性。报告写作应合理采用图表等形式,使报告的论证分析过程直观明了,版面图文并茂,简化不必要的文字叙述。语言表达要准确、简明、朴实、严谨,行文不加夸饰和渲染。凡带有综合性、结论性的图表应放到报告正文之中,对于有参考价值的图表应放到报告的附件中,以减少正文篇幅。

9.5.4.2 编写要点

目前我国的社会评价工作尚属起步阶段,还没有一个被普遍接受的社会评价报告编写标准格式,报告的章节设置、表达方式存在很大差别。本节以市政项目为例,阐述项目前期和准备阶段社会评价报告的编写要点。

(1)前言。阐述项目概况、项目社会评价的任务与目标、社会评价依据、工作范围与主要内容,对社会调查过程与调查方法、拟采用的社会评价方法、社会评价的工作步骤以及社会评价机构等进行说明。

(2)社会经济基本情况与项目背景。阐述项目区社会经济基本情况,包括经济、人口、资源、基础设施、机构组织等。对特殊群体包括妇女儿童、流动人口、贫困人口和少数民族等的基本情况进行说明。项目背景应阐述项目组成、项目受益区、影响区等,阐述城市发展规划和相关政策对项目的作用和影响。

(3)社会影响分析。分析项目产生的经济层面影响和社会层面影响。经济层面影响包括项目对区划经济、产业发展、居民收入与分配、居民就业、居民生活水平和质量、城市基础设施与社会服务等的影响;社会层面影响包括项目对社会环境与条件、文化遗产、宗教设施等的影响。分析内容从国家、地区、社区三个层面展开,包括正面影响和负面影响。

(4)利益相关者分析。识别主要的利益相关者,分析主要利益相关者的诉求,对各利益相关者所受项目影响及对项目的影响力进行分析评价。通常还应结合项目的具体情况,对贫困人群、妇女群体、少数民族群体和非自愿移民群体等特定利益相关者进行重点专题分析评价。

(5)社会互适性分析。在社会影响分析和利益相关者分析的基础上,分析项目与社会的相互适应性,包括不同利益相关者与项目的相互适应性,项目与当地组织、社会结构的相互适用性,以及项目与当地技术、文化条件等的相互适用性。

(6)社会风险分析。根据项目所处阶段,识别项目的社会风险因素。在对主要社会风险分析的基础上,提出社会风险规避的措施与方案。

(7)社会可持续性分析。分析项目社会效果的可持续性,是否可持续及可持续程度,分析项目的受益者和受损者对项目可持续性产生的影响。

(8)政府公共职能评价。对于市政供水、排水、供热、燃气、生活垃圾处理、城市轨道交通、城市道路与桥梁、城市园林绿化等市政类项目而言,政府是责任主体,在市政项目建设上具有双重地位和作用,因此还需要对政府的公共管理职能及政府公共投资职能进行评价。

(9)社会管理计划及其实施。在前述社会分析的基础上,制定社会管理措施方案,提出利益增加措施、减缓项目负面社会影响的措施、利益相关者参与计划和社会管理措施本身实施的计划。

(10)社会管理计划实施的监测评估。社会评价重视对项目的实施效果及社会风险规避措施的监测评价。项目业主应根据项目的具体情况,建立内部监测评价的框架机制。对于存在社会风险可能性较大的项目,还应委托外部机构和专家建立相应的外部监测评价制度。在项目前期论证的社会评价报告中,应对监测评价方案提出明确要求,包括监测机构、监测步骤、监测内容、监测指标和监测报告机制等。

(11)主要结论及建议。社会评价报告应给出项目社会可行性的基本建议,并提出项目优化的合理化建议。

(12)附件、附图及参考文献。社会评价报告应结合项目的具体情况,在报告正文之后提供有关的附件、附图及参考文献等。附件可能包括项目建议书、可行性研究报告、项目申请报告等项目前期论证报告及其审批、核准的文件,社会评价调查大纲、访谈记录等。可以根据项目情况,提供有关地图、反映当地社会经济特征的图表等资料。参考文献应给出作者、文献名称、出版单位、版次、出版日期等相关信息。

9.6 社会稳定风险分析

9.6.1 社会稳定风险分析的主要内容

社会稳定风险分析的主要内容包括风险调查、风险识别、风险估计、风险防范与化解措施制定、落实风险防范措施后的风险等级判断等五项。

9.6.1.1 风险调查

社会稳定风险调查应围绕拟建项目建设实施的合法性、合理性、可行性、可控性等方面展开,调查范围应覆盖所涉及地区的利益相关者,充分听取、全面收集群众和各利益相关者的意见,包括合理和不合理、现实和潜在的诉求等。

（1）合法性。主要分析拟建项目建设实施是否符合现行相关法律、法规、规范以及国家有关政策；是否符合国家与地区国民经济和社会发展规划、产业政策等；拟建项目相关审批部门是否有相应的项目审批权并在权限范围内进行审批；决策程序是否符合国家法律、法规、规章等有关规定。

（2）合理性。主要分析拟建项目的实施是否符合科学发展观要求，是否符合经济社会发展规律，是否符合社会公共利益、人民群众的现实利益和长远利益，是否兼顾了不同利益群体的诉求，是否可能引发地区、行业、群体之间的相互盲目攀比；依法应给予相关群众的补偿和其他救济是否充分、合理、公平、公正；拟采取的措施和手段是否必要、适当，是否维护了相关群众的合法权益等。

（3）可行性。主要分析拟建项目的建设时机和条件是否成熟，是否有具体、翔实的方案和完善的配套措施；拟建项目实施是否与本地区经济社会发展水平相适应，是否超越本地区财力，是否超越大多数群众的承受能力，是否能得到大多数群众的支持和认可等。

（4）可控性。主要分析拟建项目的建设实施是否存在公共安全隐患，是否会引发群众性事件、集体上访，是否会引发社会负面舆论、恶意炒作以及其他影响社会稳定的问题；对拟建项目可能引发的社会稳定风险是否可控；对可能出现的社会稳定风险是否有相应的防范、化解措施，措施是否可行、有效；宣传解释和舆论引导措施是否充分等。

9.6.1.2 风险识别

风险识别是在风险调查的基础上，针对利益相关者不理解、不认同、不满意、不支持的方面，或在日后可能引发不稳定事件的情形，全面、全程查找并分析可能引发社会稳定风险的各种风险因素。

风险因素包括工程风险因素和项目与社会互适性风险因素。其中，工程风险因素可按政策、规划和审批程序，土地房屋征收及补偿，技术经济，环境影响，项目管理，安全和治安等方面分类。项目与社会互适性风险因素指项目能否为当地的社会环境、人文条件所接纳，以及当地政府、组织、社会团体、群众支持项目的程度，项目与当地社会环境的相互适应关系方面所面临的风险因素。

在全面分析确定项目风险因素后，根据项目风险因素的类型、发生阶段等，对风险因素进行分类归纳整理，建立投资项目社会稳定风险识别体系，识别项目社会稳定风险的主要风险类型、发生阶段及其风险因素，如表9-8所示。

表9-8 主要风险因素识别

序号	风险类型	发生阶段	风险因素	备注

注：风险发生阶段可包括项目前期决策、准备、实施、运营四个阶段。备注可标注风险的特征（例如是长期影响还是短期影响，是持久性影响还是间断影响等）和其他需要说明的情况。

9.6.1.3 风险估计

根据各项风险因素的成因、影响表现、风险分布、影响程度、发生可能性,找出主要风险因素,剖析引发风险的直接原因和间接原因,采用定性与定量相结合的方法估计出主要风险因素的风险程度,预测和估计可能引发的风险事件及其发生概率对项目风险的可能性、后果和程度按大小高低分为不同的挡级。具体赋值需要根据项目性质、评估要求和风险偏好等事先研究确定。根据项目实际涉及的主要风险因素,编制拟建项目的主要风险因素程度表(见表9-9)。其中影响程度是指风险可能引发群体性事件的参加人数、行为表现、影响范围和持续时间等特性。

表9-9 主要风险因素及其风险程度表

序号	风险类型	发生阶段	风险因素	风险概率	影响程度	风险程度

9.6.1.4 风险防范与化解措施制定

为了从源头上防范、化解拟建项目实施可能引发的风险,应根据拟建项目的特点,针对主要风险因素,阐述采用的风险防范、化解措施策略;阐述提出的综合性和专项性的风险防范、化解措施,明确风险防范、化解的目标,提出落实措施的责任主体、协助单位、防范责任和具体工作内容,明确风险控制的节点和时间,真正把项目社会稳定风险化解在萌芽状态,最大限度减少不和谐因素。编制并形成风险防范和化解措施汇总表(表9-10)。

表9-10 风险防范和化解措施汇总表

序号	风险发生阶段	风险因素	主要防范、化解措施	实施时间和要求	责任主任	协助单位

9.6.1.5 落实风险防范措施后的风险等级判断

对研究提出的风险防范、化解措施的合法性、可行性、有效性和可控性进行分析,根据分析结果预测各主要风险因素可能变化的趋势和结果,结合预期可能引发的风险事件和造成负面影响的程度等,综合判断项目落实风险防范、化解措施后的风险等级。拟建项目的社会稳定风险等级可分为高、中、低等级。

根据国家规定,经风险等级分析结果,项目存在高风险或者中风险的,国家投资主管部门不予审批、核准和核报;存在低风险但有可靠防控措施的,可以审批核准或者向上级主管部门报送审批、核准。如果项目风险程度根本无望降至可接受水平,则必须明确提出终止或放弃项目建设的建议。

9.6.2 社会稳定风险分析的组织实施

9.6.2.1 实施主体

根据《国家发展改革委办公厅关于印发重大固定资产投资项目社会稳定风险分析篇章和评估报告编制大纲(试行)的通知》(发改办投资〔2013〕428号),项目单位在组织开展项目前期工作时,应当委托具有相应资信的工程咨询机构开展项目社会稳定风险分析,作为项目可行性研究报告、项目申请报告的重要内容并设独立篇章,或者单独编制项目社会稳定风险分析报告。

项目所在地人民政府或其有关部门指定社会稳定风险评估主体,评估主体一般为具有评估经验和资信的工程咨询机构。

9.6.2.2 工作程序

社会稳定风险分析程序一般包括:制定工作方案;调查研究;分析研究;编制社会稳定风险分析报告(篇章)。

9.6.3 社会稳定风险分析报告(独立篇章)的编写

9.6.3.1 编写要求

(1)社会稳定风险分析报告(独立篇章)的编制项目,应当立足国情,实事求是,从拟建项目直接关系人民群众切身利益且涉及面广、容易引发的社会稳定问题出发,在合法性、合理性、可行性和可控性等方面进行重点分析,做到客观公正、方法适用、分析全面、措施可行、结论可信,确保取得实效。

(2)社会稳定风险分析报告(独立篇章)的编制,应当遵循社会稳定风险分析程序,开展风险调查、风险因素识别、风险估计和初始风险等级判断,研究提出风险防范和化解的措施,估计落实措施后的预期风险等级,明确提出作为开展拟建项目社会稳定风险评估工作重要依据的分析结论。对于情况背景简单、外部性影响非常小、社会稳定风险非常低的项目可以从简分析,特别重大和敏感的项目,可形成单独的社会稳定风险分析报告。

(3)各地方政府或其有关部门,可根据《国家发展改革委重大固定资产投资项目社会稳定风险评估暂行办法》及相关法律法规要求,结合地方经济社会发展的状况,编制适合本地固定资产投资项目社会稳定风险分析的指标体系、评判标准等。各行业管理部门可结合行业特点,制定相应的分析篇章编制大纲。

9.6.3.2 编写要点

为切实规范和全面推进重大固定资产投资项目社会稳定风险分析和评估工作,对于需要开展社会稳定风险评估的投资项目,项目单位在组织编制项目可行性研究报告、项目申请报告中设独立篇章或者单独编制社会稳定风险分析报告。

社会稳定风险分析报告(独立篇章)一般包括以下内容：

(1)项目概况。简述项目基本情况,主要包括项目单位、拟建地点、建设必要性、建设方案、建设期、主要技术经济指标、环境影响、资源利用、征地搬迁及移民安置、社会环境概况(含当地经济发展及社会治安、群体性事件、信访等情况)、投资及资金筹措等内容。

(2)编制依据。编制依据主要包括：①相关法律、法规、规章和其他政策性文件等；②项目单位的委托合同；③项目单位提供的拟建项目基本情况和风险分析所需的必要资料,主要包括投资项目报建的有关项目选址、用地预审、环境保护等行政许可审批文件等；④国家出台的区域经济社会发展规划、国务院及有关部门批准的相关规划；⑤其他依据。

(3)风险调查。社会稳定风险调查重点围绕拟建项目建设实施的合法性、合理性、可行性和可控性等方面开展。

结合拟建项目特点,重点阐述以下部分或全部方面：调查的内容和范围、方式和方法；拟建项目的合法性；拟建项目自然和社会环境状况；利益相关者的意见和诉求、公众参与情况；基层组织态度、媒体舆论导向,以及公开报道过的同类项目风险情况。

(4)风险识别。在风险调查的基础上,全面、全程查找并分析可能引发社会稳定风险的各种风险因素。在政策规划和审批程序、土地房屋征收方案、技术和经济方案、生态环境影响、项目建设管理、当地经济社会影响、质量安全和社会治安、媒体舆论导向等方面重点分析查找各风险因素。

(5)风险估计。根据各项风险因素的成因、影响表现、风险分布、影响程度、发生可能性,找出主要风险因素,估计主要风险因素的风险程度；分析主要因素之间是否相互影响。

重点阐述按照风险可能发生的项目阶段(决策、准备、实施、运行),结合当地经济社会与拟建项目的相互适应性,从初步识别的各类风险因素中筛选、归纳出主要风险因素。对每一个主要风险因素进行分析、估计,两个或多个风险因素相互作用的影响,包括可能引发风险事件的原因、时间和形式,风险事件的发生概率、影响程度和风险程度。

(6)风险防范和化解措施。根据风险识别和风险估计的结果,研究提出风险防范和化解措施。

重点阐述针对主要风险因素研究提出各项综合和各项的风险防范、化解措施,提出落实各项措施的责任主体和协助单位、防范责任、具体工作内容、风险控制节点、实施时间和要求的建议。

(7)采取风险防范和化解措施后的风险等级。分析各项风险防范、化解措施落实的可行性和有效性。预测落实措施后每一个主要风险因素可能引发风险的变化趋势,包括发生概率、影响程度、风险程度等,综合判断拟建项目落实风险防范、化解措施后的风险等级。

重点阐述预测各主要风险因素变化趋势及结果,综合判断落实措施后风险等级。

(8)风险分析结论。阐述拟建项目社会稳定风险分析的主要结论,包括：①拟建项目主要的风险因素；②主要的风险防范、化解措施；③拟建项目风险等级；④落实风险防范、化解措施的有关建议；⑤项目稳定风险应急预案、风险管理联动机制等建议。

习 题

一、单项选择题

1. 关于社会评价,以下说法正确的是( )。
   A. 社会评价适用于项目周期的各个阶段
   B. 需要审批的项目,项目审批后必须完成社会评价
   C. 社会评价侧重于分析项目的负面影响
   D. 社会评价侧重于分析已完成工程的影响分析,并预测未来的影响

2. 下列关于项目社会评价作用的说法,错误的是( )。
   A. 社会评价促使项目收益在当地不同利益相关者之间公平分配
   B. 社会评价能够预测项目的潜在风险,减少负面的社会影响
   C. 社会评价有利于社会发展目标符合经济发展的要求
   D. 社会评价可以增强项目所在地区居民的有效参与程度

3. 下列关于项目社会评价中利益相关者的说法,正确的是( )。
   A. 利益相关者是指与项目有直接利害关系的个人、群体或组织机构
   B. 利益相关者是指项目建设、运营过程中的受害者
   C. 利益相关者不包括项目建设单位、咨询机构、政府部门
   D. 为项目提供贷款的银行一般被视为次要利益相关者

4. 下列关于项目不同阶段社会评价作用和重点的说法,正确的是( )。
   A. 项目建议书阶段的社会评价主要着眼于分析判断负面的社会因素
   B. 项目可行性研究阶段应对项目是否需要进行详细的社会评价做出判断
   C. 项目实施阶段不需要进行社会评价
   D. 项目运营阶段的社会评价主要分析负面社会影响的发展趋势

5. 下列关于社会评价作用的说法,错误的是( )。
   A. 有利于避免或减少项目的社会风险
   B. 有利于项目建设符合社会发展目标
   C. 有利于项目合理规避税收
   D. 有利于项目所在地区利益协调一致

二、多项选择题

1. 社会评价报告的编写要求中,应强调社会评价报告的( )。
   A. 客观性   B. 科学性   C. 独立性
   D. 逻辑性   E. 可读性

2. 下列关于社会评价中的社会可持续性分析的说法,正确的有( )。
   A. 社会可持续性分析是针对项目计算期内的总体发展进行的分析
   B. 社会可持续性分析包括社会效果可持续性分析和项目受益者可持续性分析
   C. 社会可持续性分析应分析社会效果的可持续程度和可持续的必要条件
   D. 社会可持续性分析应分析受益者支付能力的变化
   E. 社会可持续性分析应分析利益相关者对项目建设运营的持续性影响

3.下列关于制定社会管理方案的说法,正确的有(　　)。
A.社会管理方案是社会评价的重要成果
B.社会管理方案应分析项目与所在地的互适性
C.社会管理方案在负面影响减缓计划中应提出社会风险控制措施
D.社会管理方案在社会监测评估计划中应提出突发事件应急预案
E.社会管理方案在利益相关者参与计划中应制定抱怨与申诉机制

4.社会评价中关注的弱势群体有(　　)。
A.贫困人口　　　　B.少数民族　　　　C.非自愿移民
D.女性领导者　　　E.老弱病人

5.社会评价重点关注的内容,下列说法正确的是(　　)。
A.城市交通项目重点关注贫困和弱势群体
B.城市环境项目关注环境问题对目标人群生活质量的影响
C.能源项目关注能源结构变化对社会资源配置的影响
D.水利项目关注征地对当地居民节水的效益
E.农村发展项目关注可能造成的负面影响

第 10 章

建设项目不确定性及风险分析

由于投资项目是一个开放的系统,该系统的外部环境和内部构成要素均存在一定的不确定性,因此造成系统的运行状态和结果也具有不确定性,这种不确定性就有可能给投资项目带来风险。为分析不确定性因素变化对评价指标的影响,估计项目可能承担的风险,在项目决策分析与评价中应深入开展不确定性与风险分析,找出主要的不确定因素和风险因素,并分析其对投资项目可能产生的影响,制定有效对策,合理应对其不利影响,有助于在可行性研究的过程中,通过信息反馈,改进或优化项目研究方案,直接起到降低项目风险的作用,避免在决策中忽视风险的存在而蒙受损失。同时,充分利用风险分析的成果,建立风险管理系统,有助于为项目全过程风险管理打下基础,防范和规避项目实施和经营中的风险。

不确定性分析主要包括盈亏平衡分析和敏感性分析。风险分析应采用定性与定量相结合的方法,分析风险因素发生的可能性及给项目带来经济损失的程度。盈亏平衡分析只适用于财务评价,敏感性分析和风险分析可同时用于财务评价和经济评价。

10.1 建设项目风险分析

10.1.1 风险概述

10.1.1.1 风险的含义

"风险"一词最早应用于18世纪中叶的保险交易中。虽然不同的行业和领域,不同的学者对风险有多种定义,但一般认为风险是介于确定性和不确定性之间的状态。

风险的定义可以概括为两个方面:一是指风险的不确定性。风险由不确定性引起。正是由于人们对复杂事物认识的局限性和对事物认识描述的局限性,使得不确定性成为客观存在。由于不确定性的存在,使项目可能产生高于或低于预期的效益偏离。当这种偏离表现为不利偏离时,导致投资"有风险"。二是指风险损失的不确定性。将知道发生可能性的不确定性称为风险;将不知道发生可能性的称为不确定性。不确定性(狭义的)是不能够估量的;而风险是可以或能够估量的不确定性。

尽管在建设项目前期工作中已就项目的市场、工程、技术、经济等方面作了详尽的预测和研究,但由于人们对客观事物认识能力的局限性、事物发展的变动性、环境的可变性,以及预测本身的不确定性,项目实施过程中和项目建成后的实际情况可能偏离预测的基本方案,即对建设项目而言,风险就是导致项目发生损失的可能性。在现实中,由于决策者更关注意外事件带来的与目标相悖的潜在损失,因此投资项目决策分析与评价中主要侧重于分析、评价风险带来的不利影响。

10.1.1.2 风险的性质

(1)客观性。风险是客观存在的,无论是自然现象中地震、洪水,还是现实社会中的矛盾、冲突等,不可能根除,只能采取措施降低其对工程项目的不利影响。随着社会发展和科技进步,人们对自然界和社会的认识逐步加深,对风险的认识也逐步提高,但仍然存在大量的风险。

(2)可变性。风险可能发生,造成损失甚至重大损失,也可能不发生。风险是否发生,风险事件的后果如何都是难以确定的。但是可以通过历史数据和经验,对风险发生的可能性和后果进行一定的分析预测。

(3)阶段性。投资项目的不同阶段存在的主要风险有所不同,投资决策阶段的风险主要包括政策风险、融资风险等,项目实施阶段的主要风险可能是工程风险和建设风险等,而在项目运营阶段的主要风险可能是市场风险、管理风险等。因此,风险对策也要因时而变。

(4)多样性。依行业和项目不同具有特殊性,不同的行业和不同的项目具有不同的风险,如高新技术行业投资项目的主要风险可能是技术风险和市场风险,而基础设施行业投资项目的主要风险可能是工程风险和政策风险,必须结合行业特征和不同项目的情况来识别风险。

(5)相对性。项目的不同的风险管理主体可能会有不同的风险,而且对于同一风险因素,对不同主体的影响是不同的甚至是截然相反的;如工程风险对业主而言可能产生不利后果,而对于保险公司而言,正是由于工程风险的存在,才使得保险公司有了通过工程保险而获利的机会。

(6)层次性。风险的表现具有层次性,需要层层剖析,才能深入到最基本的风险单元,以明确风险的根本来源。如市场风险,可能表现为市场需求量的变化、价格的波动以及竞争对手的策略调整等,而价格的变化又可能包括产品或服务的价格、原材料的价格和其他投入物价格的变化等,必须挖掘最关键的风险因素,才能制定有效的风险应对措施。

10.1.1.3 风险的来源

(1)一般而言,风险的主要来源可以归纳为三个要素:

1)不可控制的因素,这是超出项目决策者或管理者的能力而根本不可能人为控制的因素,如地质环境、气候条件、国家经济和法律政策等。

2)不易控制的因素,这是需要项目决策者或管理者花费巨大代价和大量时间才能改变的因素,如产品的市场价格。

3)缺乏足够的信息或资源短缺。由于资金、时间、能力、知识或设施等条件的约束,前期工作不能深入,以致存在许多不确定的信息。

(2)对于建设项目来说,风险产生于以下方面:

1)一个项目是一项未来建设的投资计划,未来存在诸多不确定的因素。如技术升级、市场变化、人事变动、资源开发等,尤其是项目的经济、社会环境易于变化,将影响项目的建设、经营及财务、经济和社会效果。

2)许多无形成本和效益的度量是咨询人员个人的判断,这种定性判断完全是主观的。

3)由于数据的失真、时间或资金的缺乏,咨询人员掌握的信息是有限的,甚至是不适当的。粗略的估计加上咨询人员的预测推断将导致更大的不确定性。

4)项目评价中的许多参数、标准是项目业主或高层管理人员根据咨询人员分析研究的意见加以判断和决策的,都包含有主观判断,而主观判断容易带来误差。

10.1.1.4 风险的分类

按照不同的标准,对项目风险可以做不同的分类。

(1)按风险的影响范围,分为总体风险和局部风险。总体风险是指那些存在于群体行为中的,其结果产生的影响范围涉及整个群体的风险。局部风险是指那些仅与某个特定个人行为相关的,其结果产生的影响范围也仅涉及有关特定个人的风险。

(2)按风险的后果,分为纯粹风险和投机风险。纯粹风险是指不确定性中仅存在损失的可能性,没有任何收益的可能,它往往由外部的不确定因素引起,如战乱、自然灾害、连带责任等。纯粹风险只有"造成损失"和"不造成损失"两种可能的后果,它总是和不幸、损失、威胁等联系在一起。投机风险是指不确定性中既存在收益的不确定性,也存在损失的不确定性,如市场状况的变化、天气情况的变化等。投机风险有"造成损失"、"不造成损失"和"获得利益"三种可能的后果。

(3)按风险的来源,分为自然风险和人为风险。自然风险是指由于自然力的作用造成人员伤亡或财产毁损的风险,如洪水、地震、火灾等造成的损害。人为风险是指由于人们的活动所带来的风险,可以进一步细分为行为风险、经济风险、技术风险、政治风险和组织风险等。

(4)按风险的预警特性,分为无预警信息风险和有预警信息风险。无预警信息风险是指没有任何预警信息而突然爆发的风险,人们很难对这种风险进行事前预防,因为人们很难提前识别这种项目风险,只能在这种风险发生时采取急救措施来控制和减轻其产生的后果。例如,某些人力不可抗拒和人们尚未认识的风险。有预警信息风险是指风险的发生存在一定的渐进性和阶段性。风险的渐进性是指项目风险并不是突然爆发的,而是随着环境、条件变化和自身固有的规律逐渐产生、发展而形成的。

(5)按事件主体的承受能力,分为可接受风险和不可接受风险。可接受风险一般指法人或自然人在分析自身承受能力、财产状况的基础上,确认能够接受的最大损失的限度。

(6)按风险的对象,分为财产风险、人身风险和责任风险。财产风险是指财产遭受的损害、破坏或贬值的风险;人身风险是指由于疾病、伤残、死亡所引起的风险;责任风险是由于法人或自然人的行为违背了法律、合同或道义上的规定,给他人造成财产损失或人身伤害的风险。

(7)按风险对工程项目的影响,分为工期风险、费用风险和质量风险。

(8)按工程项目风险的主要来源,分为组织风险、经济和管理风险、环境风险与技术风险。

10.1.2 风险分析概述

随着社会主义市场经济体制的建立和发展,建设项目的市场环境发生巨大变化,建设项目不但要耗费大量资金、物资和人力等宝贵资源,且具有一次性和固定性的特点,一旦建成,难于更改。因此相对于建设投资项目而言,投资项目的风险尤为值得关注。加上项目投资规模不断扩大,不确定的风险因素越来越多,建设项目风险问题日益凸现。开展建设项目风险分析研究,可以提高项目决策的科学化水平,避免出现重大决策失误。

10.1.2.1 风险分析的目的

(1) 揭示项目潜在的风险因素。
(2) 针对影响项目的关键因素,制定风险对策,消除或降低风险的不利影响。
(3) 通过信息反馈,进一步改进项目前期工作。
(4) 为决策者提供全面的信息,以做出客观、科学的决策。

10.1.2.2 风险分析的意义

尽管风险是客观存在的,并且对项目产生各种影响,但是只要能在决策前正确地认识到可能存在的相关风险,并在实施过程中加以控制,大部分风险又是可以降低和防范的。因此,风险分析是建设项目决策过程中的重要环节,其目的是帮助决策者更理性地思考,从而实现科学决策。风险分析不能消除风险,而是识别风险、估计风险发生概率、评估风险可能带来的影响,并提出相应的防范风险的对策。

10.1.3 风险分析的内容

建设项目可能会面临各种各样的风险,在项目的不同阶段涉及的风险会有所不同,在建设项目投资决策的经济评价中主要是围绕项目前期研究阶段涉及的风险进行分析。

建设项目决策中的风险分析应遵循以下程序:首先,识别风险因素,然后根据需要和可能选择适当的方法估计风险发生的可能性及其影响;其次,按照一个标准评价风险程度,可以只对单个风险因素的风险程度进行估计,也可以对项目整体风险进行估计;最后,提出针对性的风险对策,将项目风险进行归纳,提出风险分析结论。可见,风险分析的程序包括风险识别、风险估计、风险评价、风险对策。风险分析所经历的四个阶段,实质上是从定性分析到定量分析,再从定量分析到定性分析的过程。

10.1.3.1 风险识别

(1) 风险识别的步骤。风险识别是风险分析的基础。风险识别主要是指明确项目可能存在的风险及其产生的原因,描述这些风险的特征,并对这些风险进行归类的过程。

1) 识别风险的首要工作是根据项目的总目标和项目风险管理计划制定识别风险工作的目标。不同的阶段,由于项目风险的侧重点不同,识别风险的目标也不同。随着项目进展,新的风险可能会出现,或已经识别的风险赖以存在的条件消失,此时需要展开新一轮风险识别工作,因此,识别风险不是一次性的活动,而是一个反复的过程,是项目全生命周期中要经常进行的工作。

2) 认识风险特征。建设项目风险有其特征,要根据这些特征来识别风险因素。在对风险特征充分认识的基础上识别项目潜在的风险和引起这些风险的具体风险因素。风险因素识别首先要认识和确定项目可能存在的风险,这些风险因素会给项目带来什么影响,具体原因又是什么? 风险因素识别要全面分析风险可能出现的要素,并应注意借鉴历史经验,特别是后评价的经验。也可运用"逆向思维"方法来审视项目,寻找可能导致项目"不可行"的因素,以充分揭示项目的风险来源。同时结合风险程度的估计,找出项目的主要风险因素。只有把项目主要的风险因素揭示出来,才能进一步通过风险评估确定损失程度和发生的可能性,进而找出关键风险因素,提出风险对策。

(2) 风险识别的方法。识别风险可以从来源来识别,比如政治、经济、环境、管理、技术等方面,然后进一步细分;也可以从过程来进行识别,比如在启动、计划、实施、收尾过程中,每个过程出现的风险不同;还可以从不确定性结果的引起因素来识别,比如从成本超支、进度延期、质量不达标等方面追溯可能的原因。

风险识别要根据行业和项目的特点,采用适当的方法进行。风险识别常用的方法主要有系统分解法、专家调查法、故障树、事件树、问卷调查和景幕分析等。

(3) 风险因素的识别

1) 建设项目风险基本特征和识别原则。建设投资项目风险基本特征和识别原则包括如下几点:①具有不确定性和可能造成损失是风险的最基本特征,要从这个基本特征入手去识别风险因素;②建设项目的风险具有阶段性,在项目的不同阶段存在的主要风险有所不同,识别风险因素要考虑其阶段性;③建设项目风险依行业不同具有特殊性,因此风险因素的识别要注意针对性,强调具体项目具体分析;④建设项目具有相对性,项目的有关各方可能会有不同的风险,或者同样的风险因素对不同方面体现出的影响大小不同。

2) 建设项目常见的风险因素。建设项目可能有各种各样的风险,按风险的来源可以分为市场风险、技术风险、组织管理风险、政策风险等。

①市场风险。市场风险是指由于市场价格的不确定性导致损失的可能性。对于大多数工程项目,市场风险是竞争性项目常遇到的重要风险,也是最直接、最主要的风险。它的损失主要表现在产品销路不畅、产品价格低迷等,以至产量和销售收入达不到预期的目标。市场方面涉及的风险因素较多,可分层次加以识别。市场风险一般来自四个方面:一是由于消费者的消费习惯、消费偏好发生变化,使得市场需求发生重大变化,导致项目的市场出现问题,市场供需总量的实际情况与预测值发生偏离;二是由于市场预测方法或数据错误,导致市场需求分析出现重大偏差;三是市场竞争格局发生重大变化,竞争者采取了进攻策略,或者出现了新的竞争对手,对项目的销售产生重大影响;四是由于市场条件的变化,项目产品和主要原材料的供应条件和价格发生较大变化,对项目的效益产生了重大影响。

②技术与工程风险。技术风险,指高新技术的应用和技术进步使建设项目目标发生损失的可能性。在项目建设和运营阶段一般都涉及各种高新技术的应用,由于种种原因,实际的应用效果可能达不到原先预期的水平,从而也就可能使项目的目标无法实现,形成高新技术应用风险。此外,建设项目以外的技术进步会使项目的相对技术水平降低,从而影响项目的竞争力和经济效果。这就构成了技术进步风险。技术方面的风险因素主要有:对技术的适用性和可靠性认识不足,运营后达不到生产能力、质量不过关或消耗指标偏高,特别是高新技术开发项目这方面的风险更大。另外,工艺技术与原材料的匹配问题也是考察的风险因素。

对于矿山、铁路、港口、水库等建设项目,工程地质情况十分重要。但限于技术水平有可能勘探不清,致使在项目的生产运营甚至施工中出现问题,造成经济损失。因此在地质情况复杂的地区,应慎重对待工程地质风险因素。

③组织管理风险。管理风险是指由于项目管理模式不合理,项目内部组织不当、管理混乱或者管理者能力不足等,导致投资大量增加、项目不能按期建成投产造成损失的

可能性。其风险因素包括项目采取的管理模式、组织与团队合作以及主要管理者的道德水平等。因此,合理设计项目的管理模式、选择适当的管理者和加强团队建设是规避管理风险的主要措施。

组织风险是指由于项目存在众多参与方,各方的动机和目的不一致导致的项目合作风险,影响项目的进展和项目目标的实现,还包括项目组织内部对项目的理解、态度和行动的不一致而产生的风险。完善项目各参与方的合同,加强合同管理,可以降低项目的组织风险。

④政策风险。政策风险主要是指国内外政治经济条件发生重大变化或者政策调整导致项目原定目标难以实现的可能性。项目是在一个国家或地区的社会经济环境中存在的,由于国家或地方各种政策的调整变化,如经济政策、产业政策、技术政策等,都会对项目带来各种影响。如产业政策的调整,国家对某些过热的行业进行限制并相应调整信贷政策,收紧银根,提高利率等,将导致企业融资的困难,可能带来项目的停工甚至破产。

⑤环境与社会风险。环境风险是由于对项目的环境生态影响分析深度不足,或者是环境保护措施不当,引起项目的环境冲突,带来重大的环境影响,从而影响项目的建设和运营。

社会风险是指由于对项目的社会影响估计不足,或者项目所处的社会环境发生变化,给项目建设和运营带来困难和损失的可能性。有的项目因选址不当,或者因对项目受损者的补偿不足,都可能导致当地的单位和居民的不满和反对,从而影响项目的建设和运营。

⑥其他风险。对于某些项目,还要考虑其特有的风险因素。例如,对于矿山、油气开采等资源开发项目,资源风险是很重要的风险因素。对于投资巨大的项目,还存在融资风险,可能由于资金供应不足或者来源中断导致建设工期拖延甚至被迫终止建设。大量消耗原材料和燃料的项目,还存在原材料供应量、价格和运输保障等方面的风险等。

10.1.3.2 风险估计

风险估计是估计风险发生的可能性及其对项目的影响。建设项目涉及的风险因素有些是可以量化的,可以通过定量分析的方法对它们进行分析;同时,客观上也存在着许多不可量化的风险因素,它们有可能给项目带来更大的风险,有必要对不可量化的风险因素进行定性描述。因此,风险估计应采取定性描述与定量分析相结合的方法,从而对项目面临的风险做出全面的估计。应该注意定性与定量不是绝对的,在深入研究和分解之后,有些定性因素可以转化为定量因素。

风险估计的方法包括风险概率估计方法和风险影响估计方法两类,前者分为主观估计和客观估计;后者有概率树分析、蒙特卡洛模拟等方法。

10.1.3.3 风险评价

风险评价是指根据风险识别和风险估计的结果,依据项目风险判断标准,找出影响项目成败的关键风险因素,通过相应的指标体系和评价标准,对风险程度进行评价,揭示影响项目成败的关键风险因素,以便针对关键风险因素采取防范对策。

项目风险大小的评价标准应根据风险因素发生的可能性及其造成的损失来确定,一般采用评价指标的概率分布或累计概率、期望值、标准差作为判别标准,也可以采用综合风险等级作为判别标准。

(1) 以评价指标作为判别标准。财务经济内部收益率大于或等于基准收益率的累计概率值越大,项目风险越小;标准差越小,风险越小。

(2) 以综合风险等级作为判别标准。根据风险因素发生的可能性及其造成损失的程度,建立综合风险等级的矩阵,将综合风险分为风险很强的 K(Kill)级、风险强的 M(Modify)级、风险较强的 T(Trigger)级、风险适度的 R(Review and reconsider)级和风险弱的 I(Ignore)级。综合风险等级见表 10-1。

表 10-1 综合风险等级

综合风险等级		风险影响程度			
		严重	较大	适度	低
风险的可能性	高	K	M	R	R
	较高	M	M	R	R
	适度	T	T	R	I
	低	T	T	R	I

注:①本表来源:中华人民共和国国家发展和改革委员会,中华人民共和国住房和城乡建设部.建设项目经济评价方法与参数(第三版).北京:中国计划出版社,2006.

②落在本表左上角的风险会产生严重的后果;落在本表右下角的风险,可忽略不计。

10.1.3.4 风险对策

建设项目的建设是一种大量耗费资源的经济活动,投资决策的失误将引起不可挽回的损失。在建设项目投资决策前的分析与评价中,不仅要了解项目可能面临的风险,且要提出针对性的风险对策,避免风险的发生或将风险损失降低到最小,才能有助于提高投资的安全性,促使项目获得成功。

(1) 风险对策研究要求。风险对策研究应贯穿于可行性研究的全过程。风险因素可能存在于项目技术、市场、工程、资金等各个方面。在正确识别出项目各方面的风险因素之后,应从项目建设方案的各个方面采取防范风险的措施,才能防患于未然。

1) 针对性。风险对策研究应有很强的针对性,应结合行业特点,针对特定项目主要的或关键的风险因素提出必要的措施,将其不利影响降低到最低程度。

2) 经济性。在风险对策研究中应将防范风险措施所付出的代价与该风险可能造成的损失进行权衡,寻求以最少的费用获取最大的效益。

3) 可行性。风险对策研究应立足于现实客观的基础之上,提出的风险对策应在财务、技术等方面是切实可行的。

(2) 风险应对措施。决策阶段风险应对的主要措施包括强调多方案比选;对潜在风险因素提出必要的研究与实验课题;对投资估算与财务(经济)分析,应留有充分的余地;对建设或生产经营期的潜在风险可建议采取回避、转移、分担和自担措施。结合综合风险因素等级的分析结果,应提出表 10-2 所示的应对方案。

表 10-2 综合风险应对方案表

综合风险等级	项目的可能性	应对方案
K	风险很强	放弃项目
M	风险强	修正拟议中的方案,通过改变或采取补偿措施等
T	风险较强	设定某些指标的临界值,指标一旦达到临界值,就要变更设计或对负面影响采取补偿措施
R	风险适度(较小)	风险弱,可忽略

在完成风险识别、风险估计和风险评估后应归纳项目的主要风险,说明其起因、程度和可能造成的后果,以全面清晰地展现项目主要风险的全貌。同时将风险对策研究结果进行汇总,编制"风险与对策汇总表",格式如表 10-3 所示。

表 10-3 风险与对策汇总表

序号	主要风险	风险起因	风险程度	后果与影响	主要对策
1					
2					
3					
…					

(3)常见的风险对策。风险应对具有风险回避、风险控制、风险转移和风险保留四种基本方法。

1)风险回避。风险回避是投资主体有意识地放弃风险行为,完全避免特定的损失风险,从而达到避免风险发生的可能。在这个意义上,风险规避也可以说是投资主体将损失机会降低到 0。其具体做法有以下三种。

①拒绝承担风险。承包商拒绝承担风险的大致情况包括:对某些存在致命风险的工程拒绝投标;利用合同保护自己,不承担应该由业主承担的风险;不接受实力差、信誉不佳的分包商和材料、设备供应商(即使有业主或者有实权的其他任何人的推荐);不委托道德水平低下或其他综合素质不高的中介组织或个人。

②承担小风险回避大风险。在项目决策时需要注意,放弃明显导致亏损的项目。对于风险超过自己的承受能力,成功把握不大的项目,不参与投标,不参与合资。有时甚至在工程进行到一半时,预测到后期风险很大,必然有更大的亏损,不得不采取中断项目的措施。

③为了避免风险而损失一定的较小利益。利益可以计算,但风险损失是较难估计的,在特定情况下,采用此种做法。如在建材市场有些材料价格波动较大,承包商与供应商提前订立购销合同并付一定数量的定金,从而避免因涨价带来的风险;采购生产要素时应选择信誉好、实力强的分包商,虽然价格略高于市场平均价,但分包商违约的风险减

小了。

规避风险虽然是一种风险响应策略,但应该承认这是一种消极的防范手段。因为规避风险固然避免损失,但同时往往也放弃了潜在的目标收益。所以风险回避一般适用于以下两种情况:某种风险可能造成相当大的损失,且发生的可能性大;防范风险的对策代价昂贵,得不偿失。

2) 风险控制。风险控制是针对可控性风险采取的防止风险发生、减少风险损失的对策,也是绝大部分项目应用的主要风险对策。显然损失控制不是放弃风险行为,而是制订计划和采取措施降低损失的可能性或者是减少实际损失。

风险控制在安全生产过程中很常用,控制的阶段包括事前、事中和事后三个阶段。事前控制的目的主要是为了降低损失的概率,事中和事后的控制主要是为了减少实际发生的损失。为了减少管理的费用,在每个阶段又应把握控制重点,如事故高发区和安全隐患集中的区域。

风险控制措施必须针对项目具体情况提出,既可以是项目内部采取的技术措施、工程措施和管理措施等,也可以采取向外分散的方式来减少项目承担的风险。例如,银行为了减少自己的风险,只贷给投资项目所需资金的一部分,让其他银行和投资者共担风险。在资本筹集中采用多方出资的方式也是风险分散的一种方法。

3) 风险转移。风险转移是指承包商在不能回避风险的情况下,将自身面临的风险转移给其他主体来承担。风险的转移并非转嫁损失,有些承包商无法控制的风险因素,其他主体都可以控制。风险转移一般指对分包商和保险机构。

①转移给分包商。工程风险中的很大一部分可以分散给若干分包商和生产要素供应商。例如,对待业主拖欠工程款的风险,可以在分包合同中规定在业主支付给总包后若干日内向分包方支付工程款。承包商在项目中投入的资源越少越好,以便一旦遇到风险,可以进退自如。可以租赁或指令分包商自带设备等措施来减少自身资金、设备沉淀。

②工程保险。购买保险是一种非常有效的转移风险的手段,将自身面临的风险很大一部分转移给保险公司来承担。

工程保险是指业主和承包商为了工程项目的顺利实施,向保险人(公司)支付保险费,保险人根据合同约定对在工程建设中可能产生的财产和人身伤害承担赔偿保险金责任。

③工程担保。工程担保是指担保人(一般为银行、担保公司、保险公司以及其他金融机构、商业团体或个人)应工程合同一方(申请人)的要求向另一方(债权人)作出的书面承诺。工程担保是工程风险转移的一项重要措施,它能有效地保障工程建设的顺利进行。许多国家政府都在法规中规定要求进行工程担保,在标准合同中也含有关于工程担保的条款。

4) 风险保留。风险保留是指承包商将风险留给自己承担,不予转移。这种手段有时是无意识的,即当初并不曾预测到,不曾有意识地采取种种有效措施,以致最后只好由自己承受;但有时也可以是主动的,即经营者有意识、有计划地将若干风险主动留给自己。

风险保留包括无计划自留、有计划自我保险。

① 无计划自留。指风险损失发生后从收入中支付,即不是在损失前做出资金安排。

当经济主体没有意识到风险并认为损失不会发生时,或将意识到的与风险有关的最大可能损失显著低估时,就会采用无计划保留方式承担风险。一般来说,无资金保留应当谨慎使用,因为如果实际总损失远远大于预计损失,将引起资金周转困难。

②有计划自我保险。指可能的损失发生前,通过做出各种资金安排以确保损失出现后能及时获得资金以补偿损失。有计划自我保险主要是通过建立风险预留基金的方式来实现。

决定风险自留必须符合的条件(满足其中一项即可)包括:自留费用低于保险公司所收取的费用;企业的期望损失低于保险人的估计;企业有较多的风险单位,且企业有能力准确地预测其损失;企业的最大潜在损失或最大期望损失较小;短期内企业有承受最大潜在损失或最大期望损失的经济能力;风险管理目标可以承受年度损失的重大差异;费用和损失支付分布于很长的时间里,因而导致损失很大的机会成本;投资机会很好;内部服务或非保险人服务优良。

如果实际情况与以上条件相反,则应放弃风险自留的决策。

以上所述的风险对策不是互斥的,实践中常常组合使用。例如,在采取措施降低风险的同时并不排斥其他的风险对策,例如向保险公司投保。在可行性研究中应结合项目的实际情况,研究并选用相应的风险对策。

10.1.4 风险分析的方法

建设项目涉及的风险因素有些是可以量化的,有些是难以量化的。因此,风险分析应采取定性分析与定量分析相结合的方法,从而对项目面临的风险做出全面的估计。应该注意到定性与定量不是绝对的,在深入研究和分解之后,有些定性因素可以转化为定量因素。

10.1.4.1 定性风险分析

定性风险分析是指通过分析和综合项目风险发生的概率、风险发生对项目目标的影响程度后,对已经识别的风险的优先级进行排序的工作。定性风险分析的工作对象是项目的单个风险,目的是强化对某一具体风险发生可能性及其影响后果的认识,关注优先度级别高的风险。定性风险分析的方法主要有风险解析法、专家调查法。

(1)风险解析法。风险解析法,也称风险结构分解法,是风险识别的主要方法之一。它是将一个复杂系统分解为若干子系统进行分析的常用方法,通过对子系统的分析把握整个系统的特征。如市场风险可以分解为市场供求、竞争力、价格偏差三类风险。对于市场供求总量的偏差,首先将其分为供方市场和需方市场,然后各自进一步分解为国内和国外。其风险可能来自区域因素、替代品的出现以及经济环境对购买力的影响等。产品市场竞争力风险因素又可细分为品种质量、生产成本以及竞争对手因素等。价格偏差因素可分解为诸多影响国内价格和国际价格的因素,随项目和产品的不同可能有很大的不同。

(2)专家调查法。专家调查法适用于风险分析的全过程,包括风险识别、风险估计、风险评价与风险对策研究。

专家调查法是以发函、开会或其他形式向专家进行调查,对项目风险因素及其风程度进行评定,将多位专家的经验集中起来形成分析结论。采用专家调查法时,所选择的专家应熟悉该行业和所评估的风险因素,并能做到客观公正。专家的人数取决于项目的特点、规模、复杂程度和风险的性质,没有绝对规定。但是为减少主观性,专家应有合理的规模,人数一般应为10~20。具体操作上,将项目可能出现的各类风险因素及其风险程度采取表格形式一一列出,请专家凭借经验独立对各类风险因素的风险程度做出定性估计,然后将各位专家的意见归集起来形成分析结论。

专家调查法有很多方法,其中头脑风暴法、德尔菲法、风险识别调查表、风险对照检查表和风险评价表是最常用的几种方法。

1)风险识别调查表主要定性描述风险的来源与类型、风险特征、对项目目标的影响等。

2)风险对照检查表是一种规范化的定性风险分析工具,具有系统、全面、简单、快捷、高效等优点,容易集中专家的智慧和意见,不容易遗漏主要风险;对风险分析人员有启发思路、开拓思路的作用。当有丰富的经验和充分的专业技能时,项目风险识别相对简单,并可以取得良好的效果。

3)风险评价表,通过专家凭借经验独立对各类风险因素的风险程度进行评价,最后将各位专家的意见归集起来。风险评价表通常重在说明。说明中应对程度判定的理由进行描述,并尽可能明确最悲观值及其发生的可能性。

10.1.4.2 定量风险分析

定量风险分析是在定性风险分析的基础上,对排序在前、具有潜在重大影响的风险进行量化分析的工作。通过定量评价风险概率和影响程度,进一步综合分析项目风险的总体水平。实施定量风险分析的工具通常包括风险因素取值评定法、概率分析、决策树法等。

(1)风险因素取值评定法。风险因素取值评定法,通过估计风险因素的最乐观值、最悲观值和最可能值,计算期望值,将期望值的平均值与可行性研究中所采用的数值(以下简称可研采用值)相比较,计算两者的偏差值和偏差程度,据以判别风险程度。偏差值和偏差程度越大,风险程度越高。计算公式为

$$期望值 = \frac{最乐观值 + 4 \times 最可能值 + 最悲观值}{6} \tag{10-1}$$

可以采用专家定量评定方法,通过专家进行调查,见表10-4。

表10-4 风险因素取值评定表

风险因素名称: 可研采用值:

专家号	最乐观值(A)	最可能值(B)	最悲观值(C)	期望值(D) $D=[(A)+4(B)+(C)]\div 6$
1				
2				
...				

续表10-4

专家号	最乐观值(A)	最可能值(B)	最悲观值(C)	期望值(D) $D=[(A)+4(B)+(C)]\div 6$
n				
期望平均值				
偏差值				
偏差程度				

注:①表中期望平均值 $=\dfrac{\sum_{i=1}^{n}(D)i}{n}$($i$代表专家号,$n$代表专家人数);

②表中偏差值=期望平均值-可研采用值;

③表中偏差程度=偏差值/可研采用值。

(2)风险概率分析。概率分析是一种定量分析方法,是在选定不确定因素的基础上,通过估计其发生变动的范围,根据已有资料或经验等情况,估计出变化值下的概率,并根据这些概率的大小,来分析、测算事件变动对项目经济效益带来的结果和所获结果的稳定性。同时,又因为事件的发生具有随机性,概率分析又称为简单风险分析。

概率分析的一般做法是,首先预测风险因素发生各种变化的概率,将风险因素作为自变量,预测其取值范围和概率分布,再将选定的经济评价指标作为因变量,测算评价指标的相应取值范围和概率分布,计算评价指标的期望值以及项目成功的概率。概率分析一般按下列步骤进行:①选定一个或几个评价指标,通常是将内部收益率、净现值等作为评价指标。②选定需要进行概率分析的风险因素,通常有产品价格、销售量、主要原材料价格、投资额以及外汇汇率等。针对项目的不同情况,通过敏感性分析,选择最为敏感的因素作为概率分析的风险因素。③预测风险因素变化的取值范围及概率分布。④根据测定的风险因素取值和概率分布,计算评价指标的相应取值和概率分布。⑤计算评价指标的期望值和项目可接受的概率。⑥分析计算结果,判断其可接受性,研究减轻和控制不利影响的措施。

1)风险概率估计。风险概率估计包括客观概率估计和主观概率估计。

①客观概率估计。客观概率是实际发生的概率,它并不取决于人的主观意志,可以根据历史统计数据或是大量的试验来推定。客观概率估计有两种方法:一是将一个事件分解为若干子事件,通过计算子事件的概率来获得主要事件的概率;二是通过足够量的试验,统计出事件的概率。由于客观概率是基于同一事件历史观测数据的,它只能用于完全可重复事件,因而并不适用于大部分现实事件。应用客观概率对项目风险进行的估计称为客观估计,它利用同一事件的历史数据,或是类似事件的数据资料,计算出客观概率。该法的最大缺点是需要足够的信息,但通常是不可得的。

当项目的某些风险因素可以找到比较多的历史数据时,就可以基于已有的数据资料进行统计分析,从而得出这些风险因素出现的概率。

如某风险因素有 $Q_1,Q_2,Q_3,\cdots,Q_m$ 等 m 个状态,对应的出现次数分别是 n_1,n_2,

$n_3, \cdots, n_m$，则第 i 种状态出现的概率为

$$P(x = Q_i) = n_m/n \quad (i = 1,2,3,\cdots,m) \tag{10-2}$$

其中：$n = n_1 + n_2 + n_3 + \cdots + n_m$。

②主观概率估计。主观概率是基于个人经验、预感或直觉而估算出来的概率，是一种个人的主观判断，反映了人们对风险现象的一种测度。当有效统计数据不足或是不可能进行试验时，主观概率是唯一选择，基于经验、知识或类似事件比较的专家推断概率便是主观估计。在实践中，许多项目风险是不可预见，并且不能精确计算的。主观概率估计的具体步骤如下。

第一步，根据需要调查问题的性质组成专家组。专家组成员由熟悉该风险因素的现状和发展趋势的专家、有经验的工作人员组成。

第二步，估计某一变量可能出现的状态数或状态范围、各种状态出现的概率或变量发生在状态范围内的概率，由每个专家独立使用书面形式反映出来。

第三步，整理专家组成员的意见，计算专家意见的期望值和意见分歧情况，反馈给专家组。

第四步，专家组讨论并分析意见分歧的原因，再由专家组成员重新背靠背地独立填写变量可能出现的状态或状态范围、各种状态出现的概率或变量发生在状态范围内的概率，如此重复进行，直至专家意见分歧程度满足要求值为止。这个过程最多经历三个循环，超过三个循环将会引起厌烦，不利于获得专家们的真实意见。

2）风险概率分布。风险因素概率分布的测定是概率分析的关键，也是概率分析的基础。例如，若将产品售价作为概率分析的风险因素，需要测定产品售价的可能区间和在可能区间内各价位发生的概率。风险因素概率分布估计方法，应根据评价的需要、资料的可得性及费用条件来选择，或者通过专家调查法确定，或者用历史统计资料和数理统计分析方法进行测定。

评价指标的概率分布可采用理论计算方法或者模拟计算方法。对于概率服从离散型分布的风险因素，可采用理论计算法，计算出评价指标的相应数值。

在项目评价中，风险概率估计中较常用的是正态分布、三角形分布、贝塔分布等概率分布形式，由项目评价人员或专家进行估计。

①离散概率分布。若变动因素的取值为离散的，并知道各取值的概率，就可以在给定的条件下计算相应的指标值，从而得出判断指标的概率分布，在此分布下指标期望值为

$$\bar{x} = \sum_{i=1}^{n} p_i x_i \tag{10-3}$$

式中：$\bar{x}$——指标的期望值；

p_i——第 i 种状态发生的概率；

x_i——第 i 种状态发生的指标值；

n——可能的状态数。

指标的方差 D 为

$$D = \sum_{i=1}^{n} p_i (x_i - \bar{x})^2 \tag{10-4}$$

②连续概率分布。当一个变量的取值范围为一个区间时,这种变量称为连续变量,其概率密度分布为连续函数。常用的连续概率分布有正态分布、三角分布、梯形分布、β分布、均匀分布。

a. 正态分布。正态分布是一种最常用的概率分布,特点是密度函数以均值为中心对称分布。概率密度如图10-1所示。这是一种最常用的概率分布。

设变量为 x , x 的正态分布概率密度函数为 $p(x)$, x 的期望值 $E(x)$、方差 $D(x)$ 计算公式为

$$E(x) = \int x p(x) \mathrm{d}x \tag{10-5}$$

$$D(x) = \int_{-\infty}^{+\infty} [x - E(x)]^2 \cdot p(x) \mathrm{d}x \tag{10-6}$$

当 $\bar{x}=0$,$\sqrt{D}=1$ 时,称这种分布为标准正态分布,用 $N(0,1)$ 表示,适用于描述一般经济变量的概率分布,如销售量、售价、产品成本等。

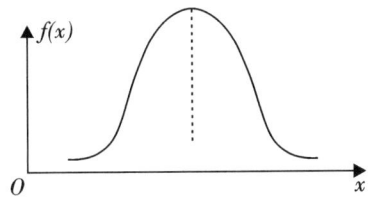

图 10-1 正态概率分布图

b. 三角分布。三角分布的特点是密度函数是由最悲观值、最可能值和最乐观值构成的对称的或不对称的三角形。它适用于描述工期、投资等不对称分布的输入变量,也可用于描述产量、成本等对称分布的输入变量,如图10-2所示。

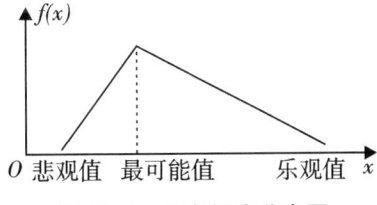

图 10-2 三角概率分布图

c. 梯形分布。梯形分布是三角分布的特例,在确定变量的最乐观值和最悲观值后,对最可能值却难以判定,只能确定一个最可能值的范围,这时可用梯形分布描述。

d. β分布。如果某变量服从 β分布,则其概率密度在均值两边呈不对称分布。β分布适用于描述工期等不对称分布的变量。通常可以对变量做出三种估计值,即最悲观值 P、最乐观值 O、最可能值 M。其期望值及方差近似等于

$$E(x) = \frac{P + 4M + O}{6} \tag{10-7}$$

$$D(x) = \left(\frac{O-P}{6}\right)^2 \tag{10-8}$$

e. 均匀分布。如果指标值服从均匀分布,其期望值和方差为

$$E(x) = \frac{(a+b)}{2} \tag{10-9}$$

$$D(x) = \frac{(b-a)^2}{12} \tag{10-10}$$

式中：a、b——分别为指标值的最小值和最大值。

(3) 决策树法。当风险因素有限,且风险变量分布是离散型的时候,可以采用决策树进行分析。决策树分析法是指利用概率和期望值的概念,根据因素之间的逻辑关系,采用形象的树状结构描述各种状态下的因素值及其相应的概率,并据此计算评价因素的期望值、标准差及可行概率,进行方案风险分析的决策方法。它比较直观、形象,层次清晰,不易遗漏、出错,特别适用于分析比较复杂的问题。

1) 决策树分析法的构成。决策树由决策节点、方案分枝、状态点和概率分枝构成。决策节点是决策树的起点,用矩形表示。从矩形方框引出的分支称为方案枝,每一个方案枝代表一种可选的方案,各方案枝末端的圆圈称为状态点,也称自然状态点、随机状态点,表示一种客观状态。在状态点引出的分枝则是概率枝。决策树基本结构如图10-3所示。

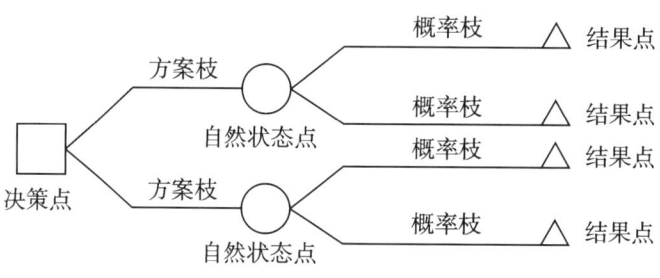

图 10-3 决策树基本结构

2) 决策树分析法的步骤。决策树分析法主要包括以下步骤：
①列出要考虑的各种风险因素,如投资、经营成本、销售价格等。
②设想各种风险因素可能发生的状态,即确定其数值发生变化的个数。
③分别确定各种状态可能出现的概率,并使可能发生的状态概率之和为1。
④绘制决策树形图,按上述要求由左向右顺序展开。
⑤分别求出各种风险因素发生变化时,方案净现金流量各种状态发生的相应状态下的净现值 NPV(f)。
⑥计算每个节点的期望值(均值)。

期望值是同时考虑项目经济效益指标的取值大小及取值概率的一种度量。其计算公式为

$$E(X) = \sum_{i=1}^{n} x_i p_i \tag{10-11}$$

式中：x_i——在 i 种状态下不确定因素 x 的取值；

p_i——在 i 种状态下不确定因素 x 的取值为 x_i 时的概率；

n——可能出现的状态数。

为了比较期望值不同的投资项目之间的风险程度的大小，需要引出"变异系数"进行衡量。变异系数为标准差与期望值的比值，通常用 V 表示。

$$V = \frac{\delta}{E(X)} \qquad (10\text{-}12)$$

式中：V——变异系数；

δ——标准差。

变异系数越大，则该投资项目的风险越大。若两个方案的期望值相等，则标准差的大小是确定风险大小的依据，即标准差越大，风险也越大。

⑦剪枝，即进行方案的优选。

$$\text{方案净效果} = \text{该方案状态点的期望值} - \text{该方案投资额} \qquad (10\text{-}13)$$

⑧对概率分析结果作出说明。一般来讲，期望值大的方案优于期望值小的方案。

【**例 10.1**】 现有两个建厂方案：建大厂、建小厂。建大厂需投资 300 万元，建小厂需投资 160 万元，大厂或小厂的经营期均为 10 年。经市场调查，可能的自然状态和年收益见表 10-5。决策建厂方案。

表 10-5 可能自然状态和年收益

自然状态	概率	年收益/万元	
		大厂	小厂
销路好	0.7	100	60
销路差	0.3	-40	-10

解 绘制的决策树如图 10-4 所示。

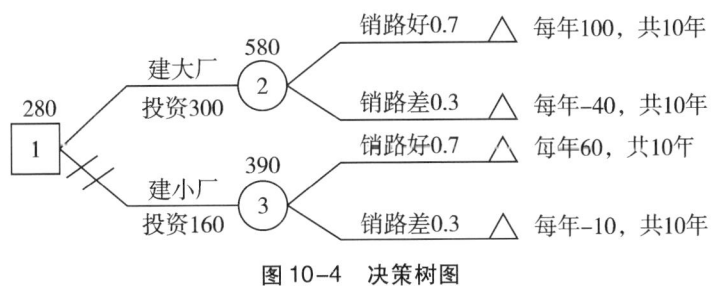

图 10-4 决策树图

用期望值准则决策：

$E_1 = [60 \times 0.7 + (-10) \times 0.3] \times 10 = 390 (万元)$

$E_2 = [100 \times 0.7 + (-40) \times 0.3] \times 10 = 580 (万元)$

$E_2 = \max\{390-160, 580-300\} = \max\{230, 280\} = 280 (万元)$

所以,建大厂 10 年利润期望值为 280 万元。

(4)Monte-Carlo 模拟。当随机变量的风险因素较多,或者当风险因素取值服从连续型分布,不能用理论计算法计算时,可采用模拟计算法,即以有限的随机抽样数据,模拟计算评价指标的概率分布,其中应用较多的是蒙特卡罗模拟法。

蒙特卡罗(Monte-Carlo)模拟法又称随机模拟法或统计试验法,是一种通过对随机变量进行统计试验和随机模拟,求解数学、物理以及工程技术等有关问题的近似的数学求解方法。这种方法的原理是用随机抽样的方法抽取一组输入变量的数值,并根据这组输入变量的数值计算项目评价指标,如内部收益率、净现值等,用这样的办法抽样计算足够多的次数可获得评价指标的概率分布及累计概率分布、期望值、方差、标准差,计算项目由可行转变为不可行的概率,从而估计项目投资所承担的风险。

1)蒙特卡罗模拟法的程序:①确定风险分析所采用的评价指标,如净现值、内部收益率等;②确定对项目评价指标有重要影响的输入变量;③经调查确定输入变量的概率分布;④为各输入变量独立抽取随机数;⑤由抽得的随机数转化为各输入变量的抽样值;⑥根据抽得的各输入随机变量的抽样值组成一组项目评价基础数据;⑦根据抽样值所组成的基础数据计算出评价指标值;⑧重复④~⑦步骤,直至预定模拟次数;⑨整理模拟结果所得评价指标的期望值、方差、标准差和期望值的概率分布,绘制累计概率图;⑩计算项目由可行转变为不可行的概率。

2)应用蒙特卡罗模拟法时应注意的问题。

①应用蒙特卡罗模拟法时,需假设输入变量之间是相互独立的。在风险分析中会遇到输入变量的分解程度问题,一般而言,变量分解得越细,输入变量个数也就越多,模拟结果的可靠性也就越高;变量分解程度低,变量个数少,模拟可靠性降低,但能较快获得模拟结果。对于一个具体项目,输入变量分解程度,往往与输入变量之间的相关性有关。变量分解过细往往造成变量之间有相关性,如产品销售收入与产品结构方案中各种产品数量和价格有关,而产品销售往往与售价存在负相关的关系,各种产品的价格之间同样存在或正或负的相关关系。如果输入变量本来是相关的,模拟中视为独立的进行抽样,就可能导致错误的结论。为避免此问题,可采用以下办法处理。

②限制输入变量的分解程度。如不同产品虽有不同价格,如果产品结构不变,可采用平均价格;又如销量与售价之间存在相关性,则可合并销量与价格作为一个变量,但是如果销量与售价之间没有明显的相关关系,还是把它们分为两个变量为好。

③限制不确定变量个数,模拟中只选取对评价指标有重大影响的关键变量,除关键变量外,其他变量认为保持在期望值上。

④进一步收集有关信息,确定变量之间的相关性,建立函数关系。

3)蒙特卡罗模拟法的模拟次数。从理论上讲,模拟次数越多,随机数的分布就越均匀,变量组合的覆盖面也越广,结果的可靠性也越高。但实际上模拟次数过多不仅费用高,而且整理结果费时费力。因此,模拟次数过多也无必要,但模拟次数过少,随机数的分布就不均匀,影响模拟结果的可靠性,一般应在 200~500 次为宜。由于计算量巨大,蒙特卡罗模拟法需要借助计算机来完成。

10.2 不确定性分析

10.2.1 不确定性分析概述

10.2.1.1 不确定性的含义

不确定性是与确定性相对的一个概念,不确定性是指事前不知道所有可能后果,或者知道后果但无法测定其发生的概率。

不确定性产生的原因是多种多样的,既有系统外部环境变化的原因,也有系统自身变化的原因,更有人的思想和行为变化的原因。对不确定性度量的方法主要是绝对离差法,即用行为结果的可能最好值与可能最差值之差的绝对值作为不确定程度的度量指标。假定 U 代表不确定程度,X 为可能最好的结果,x 为可能最差的结果,则

$$U = |X - x| \tag{10-14}$$

10.2.1.2 不确定性分析的含义

不确定性分析是对影响项目的不确定性因素进行分析,测算它们的增减变化对项目效益的影响,找出最主要的敏感因素及其临界点的过程。风险分析则是识别风险因素、估计风险概率、评价风险影响并制定风险对策的过程。

10.2.2 不确定性分析与风险分析的作用、区别和联系

10.2.2.1 不确定性分析与风险分析的作用

由于投资项目一般具有投资规模大、建设周期长、一次性的特点,一旦建成,难于更改。因此,在项目决策分析阶段应特别关注不确定性分析与风险分析。

投资决策时充分考虑不确定性分析和风险分析的结果,有助于在可行性研究的过程中,通过信息反馈,改进或优化项目研究方案,直接起到降低项目风险的作用,避免因在决策中忽视风险的存在而蒙受损失。同时,充分利用风险分析的成果,建立风险管理系统,有助于为项目全过程风险管理打下基础,防范和规避项目实施和经营中的风险。

10.2.2.2 不确定性分析与风险分析的区别

两者的目的是共同的,都是识别、分析、评价影响投资项目的主要因素,以防范不利影响,从而提高项目成功的可能性。两者的主要区别体现在以下四个方面:

(1) 可否量化。风险是可以量化的,而不确定性则是不可能量化的。

(2) 概率可获得性。不确定性,发生概率未知;而风险,发生概率是可知的,或是可以测定的,可以用概率分布来描述。

(3) 影响大小。不确定性代表不可知事件,因而有更大的影响,而如果同样事件可以量化风险,其影响则可以防范并降低。

在实践中,大量的决策是基于客观事实加上主观判断做出的,有时也依据大量的定量分析。另外,除个别不确定性以外,通过主观判断,一般不确定性可以转化为风险。

10.2.2.3 不确定性分析与风险分析的联系

不确定性分析与风险分析之间也有一定的联系。常用的不确定性分析方法有敏感性分析和盈亏平衡分析。由敏感性分析可以得知影响项目效益的敏感因素和敏感程度，但不知这种影响发生的可能性，如需知可能性，就必须借助于概率分析。而敏感性分析所找出的敏感因素又可以作为概率分析风险因素的确定依据。

10.3 敏感性分析

10.3.1 敏感性分析概述

10.3.1.1 敏感性分析的概念

敏感性分析是通过研究建设项目主要不确定因素发生变化时，项目经济效果指标发生的相应变化，找出项目的敏感因素，确定其敏感程度，并分析该因素达到临界值时项目的承受能力。

10.3.1.2 敏感性分析的目的

（1）把握不确定性因素在什么范围内变化方案的经济效果最好，在什么范围内变化效果最差，以便对不确定性因素实施控制。

（2）区分敏感性大的方案和敏感性小的方案，以便选出敏感性小的，即风险小的方案。

（3）找出敏感性强的因素，向决策者提出是否需要进一步搜集资料，进行研究，以提高经济分析的可靠性。

10.3.1.3 敏感性分析的作用与内容

敏感性分析用以考察项目涉及的各种不确定因素对项目基本方案经济评价指标的影响，找出敏感因素，估计项目效益对它们的敏感程度，粗略预测项目可能承担的风险，为进一步的风险分析打下基础。

敏感性分析包括单因素敏感性分析和多因素敏感性分析。单因素敏感性分析是指每次只改变一个因素的数值来进行分析，估算单个因素的变化对项目效益产生的影响；多因素分析则是同时改变两个或两个以上因素进行分析，估算多因素同时发生变化的影响。为了找出关键的敏感因素，通常多进行单因素敏感性分析。必要时，可以同时进行单因素敏感性分析和多因素敏感性分析。

敏感性分析方法对项目财务分析和经济分析同样适用。

10.3.2 敏感性分析的步骤

10.3.2.1 选取分析指标

建设项目经济评价有一整套指标体系，敏感性分析可选定其中一个或几个主要指标进行。通常财务评价分析的敏感性分析中必选的分析指标是项目投资财务内部收益率，经济评价中必选的分析指标是经济净现值或经济内部收益率。根据项目的实际情况也可选择投资回收期等其他评价指标。必要时可同时针对两个或两个以上的指标进行敏感性分析。

10.3.2.2 选取不确定因素

进行敏感性分析要选定不确定因素并确定其偏离基本情况的程度。敏感性分析不可能也不需要对项目涉及的全部因素都进行分析,而只是对那些可能对项目影响较大的重要的不确定因素进行分析。不确定因素通常根据行业和项目的特点,参考类似项目的经验特别是项目后评价的经验进行选择和确定。

经验表明,通常应予进行敏感性分析的因素包括建设投资、产出物价格、主要投入物价格或可变成本、运营负荷、建设期以及外汇汇率等,根据项目的具体情况也可选择其他因素。

10.3.2.3 确定不确定因素变化程度

敏感性分析通常是同时针对不确定因素的不利变化和有利变化进行的,以便观察各种变化对分析指标的影响,并编制敏感性分析表或绘制敏感性分析图。

一般是选择不确定因素变化的百分率,为了作图的需要可分别选取±5%、±10%、±15%、±20%等。对于那些不便用百分数表示的因素,例如建设期,可采用延长一段时间表示,例如延长一年。

百分数的取值其实并不重要,因为敏感性分析的目的并不在于考察项目分析指标在某个具体的百分数变化下发生变化的具体数值,而只是借助它进一步计算敏感性分析指标,即敏感度系数和临界点。

10.3.2.4 计算敏感性分析指标

(1)敏感度系数。敏感度系数是项目分析指标变化的百分率与不确定因素变化的百分率之比。敏感度系数高,表示项目分析指标对该不确定因素敏感程度高,提示应重视该不确定因素对项目分析指标的影响。敏感度系数计算公式为

$$E = \frac{\Delta A/A}{\Delta F/F} \tag{10-15}$$

式中:E——分析指标 A 对于不确定因素 F 的敏感度系数;

$\Delta A/A$——不确定因素 F 发生 $\Delta F/F$ 变化时,分析指标 A 的相应变化率,%;

$\Delta F/F$——不确定因素 F 的变化率,%。

$E>0$,表示分析评价指标与不确定因素同方向变化;$E<0$,表示分析指标与不确定因素反方向变化。E 的绝对值越大,对应的不确定因素的敏感度越高。

敏感度系数的计算结果可能受到不确定因素变化率取值不同的影响,敏感度系数的数值会有所变化。但其数值大小并不是计算该项指标的目的,重要的是各不确定因素敏感度系数的相对值,借此了解各不确定因素的相对影响程度,以选出敏感度较大的不确定因素。因此虽然敏感度系数有以上缺陷,但在判断各不确定因素对项目分析指标的相对影响程度上仍然具有一定的作用。

(2)临界点。临界点是指不确定因素的极限变化,即不确定因素的变化使项目由可行变为不可行的临界数值。例如,当产品价格下降到某一值时,财务内部收益率将刚好等于基准收益率,此点称为产品价格下降的临界点。临界点可用临界点百分比或者临界

值分别表示某一变量的变化达到一定的百分比或者一定数值时,项目的经济效果指标将从可行转变为不可行。

临界点可用专用软件的财务函数计算,也可由敏感性分析图直接求得近似值。采用图解法时,每条直线与判断基准线的相交点所对应的横坐标上不确定因素变化率即为该因素的临界点。利用临界点判别敏感因素的方法是一种绝对测定法,项目能否接受的判据是各经济效果评价指标能否达到临界值。如果某因素可能出现的变动幅度超过最大允许变动幅度,则表明该因素是项目的敏感因素。把临界点与未来实际可能发生的变化幅度相比较,就可大致分析该技术方案的风险情况。

在其他条件一定的情况下,临界点的高低与设定的基准收益率有关,对于同一个投资项目,随着设定基准收益率的提高,临界点就会变低(即临界点表示的不确定因素的极限变化变小);而在一定的基准收益率下,临界点越低,说明该因素对项目效益指标影响越大,项目对该因素就越敏感。

可以通过敏感性分析图求得临界点的近似值,但由于项目分析指标的变化与不确定因素变化之间不完全是直线关系,有时误差较大,因此最好采用试算法或函数求解。

10.3.2.5 敏感性分析结果表述

(1)编制敏感性分析表。将敏感性分析的结果汇总于敏感性分析表,在敏感性分析表中应同时给出基本方案的指标数值、所考虑的不确定因素及其变化、在这些不确定因素变化的情况下项目分析指标的计算数值,并据此编制各不确定因素的敏感度系数与临界点分析表,也可将其与敏感性分析表合并成一张表,如表10-6所示。

表10-6 敏感性因素分析表

序号	不确定因素	不确定因素变化率	财务内部收益率	敏感度系数	临界点
	基本方案		15.3%		
1	建设投资变化	10%	12.6%	−1.76	12.3%
		−10%	18.4%	−2.03	
2	销售价格变化	10%	19.6%	2.81	−7.1%
		−10%	10.6%	3.07	
3	原材料价格变化	10%	13.8%	−0.98	22.4%
		−10%	16.7%	−0.92	
4	汇率变化	10%	14.2%	−0.72	32.2%
		−10%	16.4%	−0.72	
5	负荷变化	10%	17.9%	1.70	−11.2%
		−10%	12.4%	1.90	

说明:① 表中的基本方案是指项目财务分析中按所选定投入和产出的相关数值计算的指标。

② 求临界点的基准收益率为12%。表中临界点采用函数计算的结果。临界点为正,表示允许该不确定因素升高的比率;临界点为负,表示允许该不确定因素降低的比率。

③ 表中敏感度系数为负,说明分析指标变化方向与不确定因素变化方向相反;敏感度系数为正,说明分析指标变化方向与不确定因素变化方向相同。表中仅列出不确定因素变化率为±10%的情况。为了绘制敏感性分析图,还测算了变化率为±20%和±30%的情况。

以建设投资增加 10% 和销售价格降低 10% 为例,说明表 10-6 中敏感度系数的计算。建设投资增加 10% 时

$$\Delta A/A = (0.126 - 0.153)/0.153 = -0.176 \tag{10-16}$$

$$E_{建} = -0.176/0.1 = -1.76 \tag{10-17}$$

式中:$E_{建}$——分析指标对建设投资的敏感度系数。

敏感度系数为负,说明建设投资增加导致内部收益率降低。销售价格降低 10% 时

$$\Delta A/A = (0.106 - 0.153)/0.153 = -0.307 \tag{10-18}$$

$$E_{销} = -0.307/(-0.1) = 3.07 \tag{10-19}$$

式中:$E_{销}$——分析指标对销售价格的敏感度系数。

敏感度系数为正,说明销售价格降低导致内部收益率降低。

比较上边两个敏感度系数的绝对值,可以看出 $E_{销}$ 大于 $E_{建}$,说明销售价格比建设投资对项目分析指标的影响程度相对较大,即项目分析指标对销售价格敏感程度高于对建设投资的敏感程度。

(2)绘制敏感性分析图。根据敏感性分析表中的数值可以绘制敏感性分析图,横轴为不确定因素变化率,纵轴为项目分析指标。图中曲线可以明确表明项目分析指标变化受不确定因素变化的影响趋势,并由此求出临界点。图 10-5 是典型的单因素敏感性分析图。

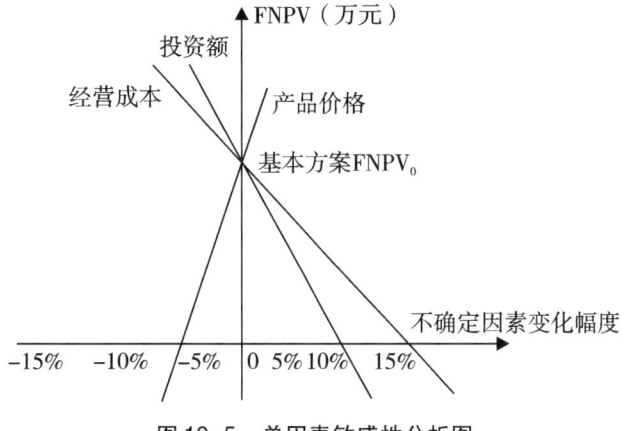

图 10-5 单因素敏感性分析图

10.3.2.6 对敏感性分析结果进行分析

应对敏感性分析表和敏感性分析图显示的结果进行文字说明,将不确定因素变化后计算的经济评价指标与基本方案评价指标进行对比分析,分析中应注重以下三个方面:

(1)结合敏感度系数及临界点的计算结果,按不确定因素的敏感程度进行排序,找出哪些因素是较为敏感的不确定因素,可通过直观检测得知或观其敏感度系数和临界点,敏感度系数较高者或临界点较低者为较为敏感的因素。

(2)定性分析临界点所表示的不确定因素变化发生的可能性。以可行性研究报告前几章的分析研究为基础,结合经验进行判断,说明所考察的某种不确定因素有无可能发

生临界点所表示的变化,并做出风险的粗略估计。

(3)归纳敏感性分析的结论,指出最敏感的一个或几个关键因素,粗略预测项目可能的风险。对于不进行系统风险分析的项目,应根据敏感性分析结果提出相应的减轻不确定因素影响的措施,提请项目业主、投资者和有关各方在决策和实施中注意,以尽可能降低风险,实现预期效益。

【例10.2】 某投资方案设计年生产能力为10万台,计划项目投产时总投资为1 200万元,其中建设投资为1 150万元,流动资金为50万元;预计产品价格为39元/台;销售税金及附加为销售收入的10%;年经营成本为140万元;方案寿命期为10年;到期时预计固定资产余值为30万元,基准折现率为10%,试就投资额、单位产品价格、经营成本这三个影响因素对该投资方案进行敏感性分析。

解 (1)绘制的现金流量图如图10-6所示。

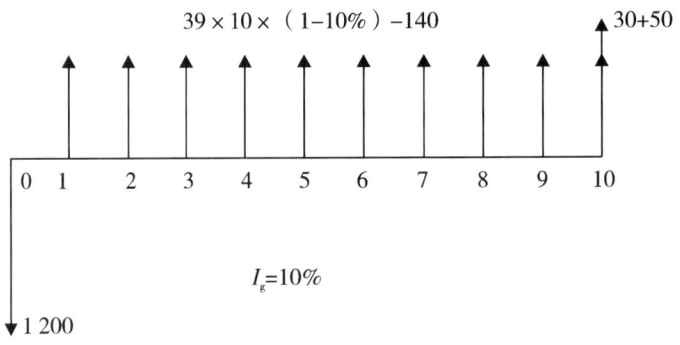

图10-6 现金流量图

(2)选择净现值为敏感性分析的对象,根据净现值的计算公式,可计算出项目在初始条件下的净现值。

$$NPV_0 = -1\,200 + [39 \times 10 \times (1-10\%) - 140] \times (P/A, 10\%, 10) + 80 \times (P/F, 10\%, 10)$$
$$= 127.35(万元)$$

由于$NPV_0 > 0$,该项目是可行的。

(3)对项目进行敏感性分析。取定三个因素:投资额、产品价格和经营成本,然后令其逐一在初始值的基础上按±10%、±20%的变化幅度变动。分别计算对应的净现值的变化情况,得出结果如表10-7及图10-7所示。

表10-7 单因素敏感性分析表 (单位:万元)

变化幅度	−20%	−10%	0	+10%	+20%	平均+1%	平均−1%
投资额	367.475	247.475	127.35	7.475	−112.525	−9.414%	+9.414%
产品价格	−303.904	−88.215	127.35	343.165	558.854	+16.92%	−16.92%
经营成本	299.535	213.505	127.35	41.445	−44.585	−6.749%	+6.749%

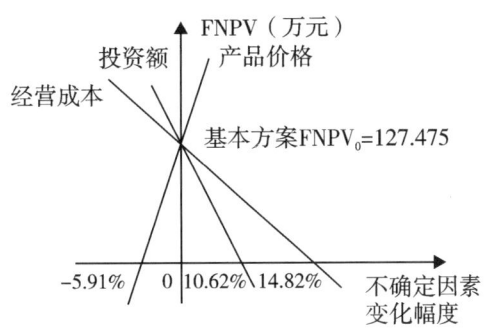

图 10-7　单因素敏感性分析图

由表 10-7 及图 10-7 可以看出，在各个变量因素变化率相同的情况下，产品价格每下降 1%，净现值下降 16.92%，且产品价格下降幅度超过 5.91% 时，净现值将由正变负，也即项目由可行变为不可行；投资额每增加 1%，净现值将下降 9.414%，当投资额增加的幅度超过 10.62% 时，净现值由正变负，项目变为不可行；经营成本每上升 1%，净现值下降 6.749%，当经营成本上升幅度超过 14.82% 时，净现值由正变负，项目变为不可行。由此可见，按净现值对各个因素的敏感程度来排序，依次是产品价格、投资额、经营成本，最敏感的因素是产品价格。因此，从方案决策的角度来讲，应该对产品价格进行进一步更准确地测算。因为从项目风险的角度来讲，如果未来产品价格发生变化的可能性较大，则意味着这一投资项目的风险性亦较大。

10.3.3　敏感性分析的局限性

综上所述，敏感性分析是工程项目经济评价时经常用到的一种方法，在一定程度上定量描述了不确定因素的变动对项目投资效果的影响，有助于搞清项目对不确定因素的不利变动所能容许的风险程度，有助于鉴别敏感因素，从而能够及早排除那些无足轻重的变动因素，将进一步深入调查研究的重点集中在那些敏感因素上，或者针对敏感因素制定出管理和应变对策，以达到尽量减少风险、增加决策可靠性的目的。

敏感性分析能够指明因素变动对项目经济效益的影响，从而有助于搞清项目对因素的不利变动所能容许的风险程度，有助于鉴别哪些是敏感性因素，从而能够及早放松对无足轻重的变动因素的注意力，把进一步深入调查研究的重点集中放在敏感性因素上，或者针对敏感性因素制定管理和应变对策，以达到尽量减少风险、增加决策可靠性的目的。

但是敏感性分析每次都是针对单一因素进行的，这里隐含着两个基本假设：一是计算某一特定因素变动的影响时，假定其他因素固定不变；二是假设各个不确定因素变动的概率都相同。实际上，许多因素的变动都存在着相关性，一个因素变动往往导致其他因素随之变动。例如，项目产品的售价和数量会相互影响，售价高很可能导致销售数量降低；项目的投资额也会影响项目产品的数量；汇率的变化受国际金融市场的影响；销售价格受市场供求关系的影响；投资额既与市场供求关系有关，又与投资者个人决策有关。

因此,各种不确定因素变动的概率是不相同的。在一定的不利变动幅度内,若两个具有同样敏感度的因素,一个发生的概率很大,一个发生的概率很小,那么前一个因素带给项目的风险很大,后一个因素带给项目的风险很小,甚至可以忽略不计。这都说明敏感性分析的这两个假设并不符合实际情况,不能很好地测度项目的风险。为了克服敏感性分析的这一不足,可以在研究分析的基础上设定各个因素将来各自可能的变动范围,分析多因素联动的关系,根据历史数据,考虑各个因素变动的概率,多方面联合,共同判断项目的风险程度。

10.4 盈亏平衡分析

10.4.1 盈亏平衡分析概述

10.4.1.1 盈亏平衡分析的概念

盈亏平衡分析是在一定市场和经营管理条件下,根据达到设计生产能力时的成本费用与收入数据,通过求取盈亏平衡点,研究分析成本费用与收入平衡关系的一种方法。随着相关因素的变化,企业的盈利与亏损会有个转折点,称为盈亏平衡点(break-even point,BEP)。在这一点上,销售收入(扣除税金及附加)等于总成本费用,刚好盈亏平衡。

盈亏平衡分析可以分为线性盈亏平衡分析和非线性盈亏平衡分析,投资项目决策分析与评价中一般仅进行线性盈亏平衡分析。

盈亏平衡点的表达形式有多种,可以用产量、产品售价、单位可变成本和年总固定成本等绝对量表示,也可以用某些相对值表示。投资项目决策分析与评价中最常用的是以产量和生产能力利用率表示的盈亏平衡点,也有采用产品售价表示的盈亏平衡点。

10.4.1.2 盈亏平衡分析的作用

通过盈亏平衡分析可以找出盈亏平衡点,考察企业(或项目)对市场导致的产出(销售)量变化的适应能力和抗风险能力。用产量和生产能力利用率表示的盈亏平衡点越低,表明企业适应市场需求变化的能力越大,抗风险能力越强。用产品售价表示的盈亏平衡点越低,表明企业适应市场价格下降的能力越大,抗风险能力越强。盈亏平衡分析只适宜在财务分析中应用。

10.4.2 盈亏平衡点的计算方法

盈亏平衡分析系指通过计算项目达产(达到设计生产能力)年的盈亏平衡点,分析项目成本与收入的平衡关系,判断项目对产出品数量、销售价格、成本等变化的适应能力和抗风险能力,为投资决策提供科学依据。

10.4.2.1 基本的损益方程式

根据成本总额对产出品数量的依存关系,全部成本可分解成固定成本和变动成本两部分。在一定期间将成本分解成固定成本和变动成本两部分后,再同时考虑收入和利润,成本、产量和利润的关系就可统一于一个数学模型(也称为量本利模型)。其表达形

式为

$$利润 = 销售收入 - 总成本 - 税金 \tag{10-20}$$

假设产量等于销售量,并且项目的销售收入与总成本均是产量的线性函数,则在上述公式中

$$销售收入 = 单位售价 \times 销量 \tag{10-21}$$
$$总成本 = 变动成本 + 固定成本 = 单位变动成本 \times 产量 + 固定成本 \tag{10-22}$$
$$销售税金 = 单位产品销售税金及附加 \times 销售量 \tag{10-23}$$

则利润的表达式为

$$B = P \cdot Q - C_v \cdot Q - C_F - t \cdot Q \tag{10-24}$$

式中:B——利润;

P——单位产品售价;

Q——销售量或生产量;

t——单位产品销售税金及附加(当投入产出均按不含税价格计算时,t 不含增值税);

C_v——单位产品变动成本;

C_F——固定成本。

上述公式明确表达了产销量、成本、利润之间的数量关系,是基本的损益方程式。它含有相互联系的6个变量,给定其中5个,便可求出另一个变量的值。

由于单位产品的销售税金及附加是随产品的销售单价变化而变化的,为了便于分析,将销售收入与销售税金及附加合并考虑,即可将产销量、成本、利润的关系反映在直角坐标系中,成为基本的量本利图,如图10-8所示。

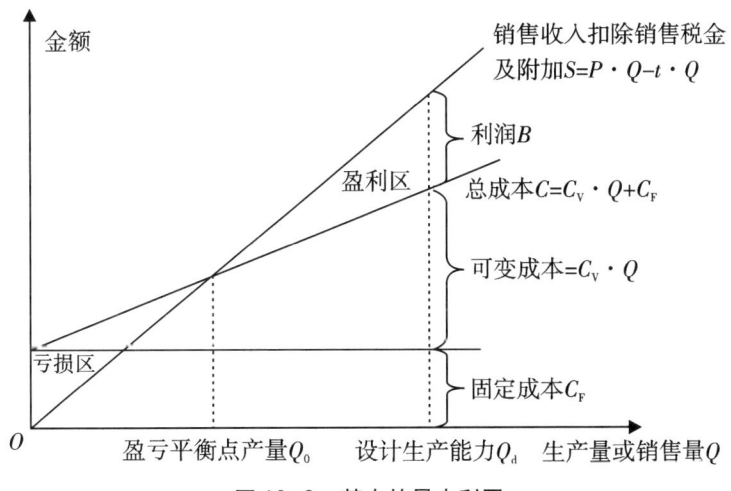

图 10-8 基本的量本利图

10.4.2.2 盈亏平衡分析方法

由图10-8可知,销售收入线与总成本线的交点是盈亏平衡点,表明项目在此产销量下,总收入扣除销售税金及附加后与总成本相等,既没有利润,也不发生亏损。在此基础

上,增加销售量,销售收入超过总成本,收入线与成本线之间的距离为利润值,形成盈利区;反之,形成亏损区。

由于图10-8能清晰地显示项目不盈利也不亏损时应达到的产销量,故又称为盈亏平衡图。用图示表达量、本、利之间的相互关系,不仅形象直观,一目了然,而且容易理解。

根据生产成本及销售收入与产销量之间是否呈线性关系,盈亏平衡分析又可进一步分为线性盈亏平衡分析和非线性盈亏平衡分析。通常只要求线性盈亏平衡分析。

(1)线性盈亏平衡分析的前提条件:①生产量等于销售量;②生产量变化,单位可变成本不变,从而使总生产成本成为生产量的线性函数;③生产量变化,销售单价不变,从而使销售收入成为销售量的线性函数;④只生产单一产品,或者生产多种产品但可以换算为单一产品计算。

(2)盈亏平衡点的表达形式。项目盈亏平衡点(BEP)的表达形式有多种,可以用实物产销量、年销售额、单位产品售价、单位产品的可变成本以及年固定总成本的绝对量表示,也可以用某些相对值表示,例如生产能力利用率。其中,以产量和生产能力利用率表示的盈亏平衡点应用最为广泛。

1)用产量表示的盈亏平衡点 BEP(Q)。由公式(10-24)可知,令基本损益方程式中的利润 $B=0$,此时的产量 Q_0 即为盈亏临界点产销量,即

$$\mathrm{BEP}(Q) = \frac{\text{年固定总成本}}{\text{单位产品销售价格}-\text{单位产品可变成本}-\text{单位产品销售税金及附加}}$$

(10-25)

2)用生产能力利用率表示的盈亏平衡点 BEP(%)。生产能力利用率表示的盈亏平衡点,是指盈亏平衡点产销量占项目正常产量的比重。所谓正常产量,是指达到设计生产能力的产销数量,也可以用销售金额来表示。生产能力利用率的计算式为

$$\mathrm{BEP}(\%) = \frac{\text{盈亏平衡点销售量}}{\text{正常产销量}} \times 100\%$$

(10-26)

进行项目评价时,生产能力利用率表示的盈亏平衡点常常根据正常年份的产品产销量、变动成本、固定成本、产品价格和销售税金及附加等数据来计算,即

$$\mathrm{BEP}(\%) = \frac{\text{年固定总成本}}{\text{年销售收入}-\text{年可变成本}-\text{年销售税金及附加}} \times 100\%$$

(10-27)

$$\mathrm{BEP}(Q) = \mathrm{BEP}(\%) \times \text{设计生产能力}$$

(10-28)

盈亏平衡点应按项目的正常年份计算,不能按计算期内的平均值计算。

3)用年销售额(S)表示的盈亏平衡点 BEP(S)。生产单一产品的项目在现代经济中只占少数,大部分项目会产销多种产品。多品种项目可使用年销售额来表示盈亏临界点。

$$\mathrm{BEP}(S) = \frac{\text{单位产品销售价格} \times \text{年固定总成本}}{\text{单位产品销售价格}-\text{单位产品可变成本}-\text{单位产品销售税金及附加}}$$

(10-29)

4)用销售单价表示的盈亏平衡点 BEP(P)。如果按设计生产能力进行生产和销售,BEP 还可由盈亏平衡点价格 BEP(P)来表达,即

$$\mathrm{BEP}(P) = \frac{\text{年固定总成本}}{\text{设计生产能力}} + \text{单位产品可变成本} + \text{单位产品销售税金及附加}$$

(10-30)

10.4.2.3 盈亏平衡分析注意要点

(1)盈亏平衡点应按项目达产年份的数据计算,不能按计算期内的平均值计算。由于盈亏平衡点表示的是相对于设计生产能力下,达到多少产量或负荷率多少才能盈亏平衡,或为保持盈亏平衡最低价格是多少,故必须按项目达产年份的销售收入和成本费用数据计算,如按计算期内的平均数据计算,就失去了意义。

(2)当计算期内各年数值不同时,最好按还款期间和还完借款以后的年份分别计算。即便在达产后的年份,由于固定成本中的利息各年不同,折旧费和摊销费也不是每年都相同,所以成本费用数值可能因年而异,具体按哪一年的数值计算盈亏平衡点,可以根据项目情况进行选择。一般而言,最好选择还款期间的第一个达产年和还完借款以后的年份分别计算,以便分别给出最高的盈亏平衡点和最低的盈亏平衡点。

【例 10.3】 某项目设计生产能力为年产 50 万件产品,根据资料分析,估计单位产品价格为 100 元,单位产品可变成本为 80 元,固定成本为 300 万元,试用产量、生产能力利用率、销售额、销售单价分别表示项目的盈亏平衡点。已知该产品销售税金及附加的合并税率为 5%。

解 (1)计算 $\mathrm{BEP}(Q)$,由公式(10-25)计算得

$$\mathrm{BEP}(Q) = \frac{300 \times 10\,000}{100 - 80 - 100 \times 5\%} = 200\,000(\text{件})$$

(2)计算 $\mathrm{BEP}(\%)$,由公式(10-27)计算得

$$\mathrm{BEP}(\%) = \frac{300}{(100 - 80 - 100 \times 5\%) \times 50} \times 100\% = 40\%$$

(3)计算 $\mathrm{BEP}(\%)$,由公式(10-29)计算得

$$\mathrm{BEP}(S) = \frac{100 \times 300}{100 - 80 - 100 \times 5\%} = 2\,000(\text{万元})$$

(4)计算 $\mathrm{BEP}(\%)$,由公式(10-30)计算得

$$\mathrm{BEP}(P) = \frac{300}{50} + 80 + \mathrm{BEP}(P) \times 5\% = 86 + \mathrm{BEP}(P) \times 5\%$$

$$\mathrm{BEP}(P) = \frac{86}{1 - 5\%} = 90.53(\text{元})$$

10.4.3 盈亏平衡分析的局限性

盈亏平衡点反映了项目对市场变化的适应能力和抗风险能力。从图 10-8 可以看出,盈亏平衡点越低,达到此点的盈亏平衡产量和收益或成本也就越少,项目投产后盈利的可能性越大,适应市场变化的能力越强,抗风险能力也越强。

线性盈亏平衡分析方法简单明了,但在应用中有一定的局限性,主要表现在实际的生产经营过程中,收益和支出与产品产销量之间的关系往往呈现出一种非线性的关系,而非所假设的线性关系。例如,当项目的产销量在市场中占有较大份额时,其产销量的

高低可能会明显影响市场的供求关系,从而使市场价格发生变化。再如,根据报酬递减规律,变动成本随着生产规模的扩大而可能与产量呈非线性的关系,在生产中还有一些辅助性的生产费用(通常称为半变动成本)随着产量的变化而呈曲线分布,这时就需要用到非线性盈亏平衡分析方法。

盈亏平衡分析虽然能够度量项目风险的大小,但并不能揭示产生项目风险的根源。通过降低盈亏平衡点就可以降低项目的风险,提高项目的安全;通过降低成本可以降低盈亏平衡点,但如何降低成本,应该采取哪些可行的方法或通过哪些有效的途径来达到该目的,盈亏平衡分析并没有给出答案,还需采用其他一些方法来帮助实现该目的。因此,在应用盈亏平衡分析时,应注意使用的场合及欲达到的目的,以便能够正确地运用这种方法。

习 题

一、单项选择题

1. 进行敏感性分析的目的是(　　)。
   A. 考察项目效益在某个具体百分数变化下发生变化的具体数值
   B. 进一步计算临界点
   C. 借助它可进一步计算敏感性分析指标
   D. 进一步计算敏感度系数

2. 投资项目经济评价有一整套指标体系,敏感性分析可选定其中一个或几个主要指标进行,其中最基本的分析指标是(　　)。
   A. 内部收益率　　　　　　　B. 建设期以及人民币汇率
   C. 经济内部收益率　　　　　D. 敏感度系数

3. 敏感度系数高,表示项目效益对该(　　)。
   A. 不确定因素敏感程度高　　B. 不确定因素敏感程度低
   C. 不确定因素敏感程度与之无联系　D. 不确定因素不会有影响

4. 对敏感性分析的结果应进行分析,其中(　　)是较为敏感的因素。
   A. 敏感度系数较高者　　　　B. 敏感度系数较低者
   C. 临界点较高者　　　　　　D. 不易分析得出

5. 采用图解法求盈亏平衡点时,(　　)即为盈亏平衡点。
   A. 销售收入线与总成本费用线交点
   B. 固定成本线与销售收入线的交点
   C. 总成本费用线与固定成本线交点
   D. 亏损区与盈利区的分界点

6. 已知某项目达产第一年的销售收入为31389万元,销售税金与附加为392万元,固定成本为10542万元,可变成本为9450万元,销售收入与成本费用均采用不含税价表示,该项目设计生产能力为100 t,则盈亏平衡点(　　)。
   A. BEP(生产能力利用率)为48.9%,BEP(产量)为48.9 t

B. BEP(生产能力利用率)为51%,BEP(产量)为52 t

C. BEP(生产能力利用率)为53%,BEP(产量)为61 t

D. BEP(生产能力利用率)为53%,BEP(产量)为60 t

7. 投资项目可能有各种各样的风险,在项目的不同阶段涉及的风险也会有所不同,项目决策分析与评价中的风险分析主要围绕( )。

A. 项目前期研究阶段涉及的风险进行的

B. 项目投资全过程阶段涉及的风险进行的

C. 项目施行阶段涉及的风险进行的

D. 项目整体涉及的风险进行的

8. 在风险因素的识别中,风险的最基本特征为( )。

A. 具有不确定性和可能造成损失

B. 投资项目风险具有阶段性

C. 投资项目风险依行业和项目不同具有特殊性

D. 风险具有的相对性

9. 以下有关不确定性分析与风险分析的说法,正确的为( )。

A. 不确定性分析与风险分析既有联系,又有区别

B. 不确定性分析是风险分析的前提条件

C. 不确定性分析与风险分析的主要区别在于两者的分析结果不同

D. 通过敏感性分析所找出的敏感因素不可以作为概率分析风险因素的确定依据

10. 对于重大投资项目或估计风险很大的项目,应进行投资项目整体风险分析,一般应采用的方法为( )。

A. 概率分析的方法　　　　　B. 简单估计法

C. 专家评估法　　　　　　　D. 风险因素取值评定法

二、多项选择题

1. 不确定分析的其中一项内容就是敏感性分析,其作用有( )。

A. 用以考察项目涉及的各种不确定因素对项目效益的影响

B. 找出敏感因素,估计项目效益对它们的敏感程度

C. 粗略预测项目可能承担的风险

D. 敏感性分析对不确定性分析起决定作用

E. 只要解决了敏感性分析就可以从根本上解决不确定分析

2. 敏感性分析的计算指标包括( )。

A. 敏感度系数　　　B. 内部收益率　　　C. 基准收益率

D. 临界点　　　　　E. 净现值

3. 风险应对计划的编制必须与风险的( )等相适应,得到所有项目参与方的认同并且由专人负责。

A. 严重性　　　　　B. 应对成本　　　　C. 发生概率

D. 项目环境下的现实性　　　　　　　　E. 形成原因

4. 下面有关不确定性与风险关系的表述,正确的是( )。

A. 不确定性是由于经济活动有风险才引起的

B. 不确定性与风险相伴而生

C. 不确定性与风险具有一致性

D. 投资项目具有的不确定性与风险密切相关

E. 风险与不确定性有紧密的联系,但无区别

5. 盈亏平衡点的表达形式有( )。

A. 用产量表示

B. 用产品售价表示

C. 用单位可变成本和年总固定资本等绝对量表示

D. 用盈亏平衡分析结果表示

E. 利用生产能力利用率表示

6. 盈亏平衡分析的要素为( )。

A. 盈亏平衡点应按项目达产年份的数据计算,不能按计算期内的平均值计算

B. 当各年数值不同时,最好按还款期间和还完借款以后的年份分别计算

C. 盈亏平衡点表示的是在相对于设计能力大,达到多少产量或负荷率才能达到盈亏平衡

D. 成本费用数值可能因年而异,具体按哪一年的数值计算盈亏平衡点,可以根据项目情况进行选择

E. 必须按项目达产年份的销售收入和成本费用数据计算,如按计算期内的平均数据计算,则就会失去意义

7. 外部环境的风险因素一般包括( )。

A. 经济环境　　　　B. 自然环境　　　　C. 社会环境

D. 政策环境　　　　E. 法律环境

8. 对风险因素进行概率分析,需计算的数据包括( )。

A. 期望值　　　　B. 方差　　　　C. 标准差

D. 离散系数　　　　E. 控制系数

9. 风险自担适用于( )情况。

A. 已知有风险但由于可能获利而需要冒险时,必须保留和承担这种风险

B. 已知有风险,但若采取某种风险措施,其费用支出会大于自担风险的损失时,常常主动自担风险

C. 在正确识别出投资项目各方面的风险因素后,常常主动自担风险

D. 适用于风险损失小、发生频率高的风险

E. 适用于将风险损失全部或部分转移给技术时的情况

10. 风险分析在项目决策中的作用是( )。

A. 可以避免在决策中忽视风险的存在而蒙受损失

B. 可以为项目全过程风险管理打下基础

C. 提请项目各方增强风险意识,在投资决策中充分重视风险分析的结果;在降低投资项目风险方面起到事半功倍的效果

D. 风险分析贯穿于投资项目决策分析与评价的全过程

E. 可以完全避免风险

三、计算题

1. 某工程分两期进行施工，第一期工程完工后，由于某种原因，第二期工程要半年后才能开始，这样工地上的施工机械设备就面临着是否要搬迁的问题。如搬迁，半年后再搬回来，共需搬迁费 8 000 元；如不搬迁，对工地上的设备必须采取保养性措施：当遇到天气好(概率为 0.6)，可采取一般性保养措施，需费用 3 000 元，当遇到天气经常下雨(概率为 0.4)，仍采取一般性保养措施，需费用 3 000 元，且肯定会造成 10 万元经济损失，若采取特殊保养措施，需费用 10 000 元，则有 0.8 的可能性造成 1 000 元损失，0.2 的可能性造成 4 000 元损失。试用决策树选择方案。

2. 某项目年设计生产能力为生产某种产品 3 万件，单位产品售价为 3 000 元，总成本费用为 7 800 万元，其中固定成本为 3 000 万元，总变动成本与产品产量呈正比关系，求以产量、生产能力利用率、销售额和销售单价表示的盈亏平衡点。已知该产品销售税金及附加的合并税率为 5%。

3. 某项目的销售税金及附加为销售额的 10%，有关参数见下表所示，试分别就投资、产品售价、经营成本进行敏感性分析，设基准收益率为 10%。

主要参数	期初投资/万元	产品售价/(元/台)	年经营成本/万元	使用年限/年	设计能力/万台	周转资金/万元	期末残值/万元
估算	1 200	39	140	10	10	50	80

附 录

复利系数表

附表1　复利终值系数表 $[F=P\times(F/P,i,n)]$

年限	1%	2%	3%	4%	5%	6%	7%	8%
1	1.010 0	1.020 0	1.030 0	1.040 0	1.050 0	1.060 0	1.070 0	1.080 0
2	1.020 1	1.040 4	1.060 9	1.081 6	1.102 5	1.123 6	1.144 9	1.166 4
3	1.030 3	1.061 2	1.092 7	1.124 9	1.157 6	1.191 0	1.225 0	1.259 7
4	1.040 6	1.082 4	1.125 5	1.169 9	1.215 5	1.262 5	1.310 8	1.360 5
5	1.051 0	1.104 1	1.159 3	1.216 7	1.276 3	1.338 2	1.402 6	1.469 3
6	1.061 5	1.126 2	1.194 3	1.265 3	1.340 1	1.418 5	1.500 7	1.586 9
7	1.072 1	1.148 7	1.229 9	1.315 9	1.407 1	1.503 6	1.605 8	1.713 8
8	1.082 9	1.171 7	1.266 8	1.368 6	1.477 5	1.593 8	1.718 2	1.850 9
9	1.093 7	1.195 1	1.304 8	1.423 3	1.551 3	1.689 5	1.838 5	1.999 0
10	1.104 6	1.219 0	1.343 9	1.480 2	1.628 9	1.790 8	1.967 2	2.158 9
11	1.115 7	1.243 4	1.384 2	1.539 5	1.710 3	1.898 3	2.104 9	2.331 6
12	1.126 8	1.268 2	1.425 8	1.601 0	1.795 9	2.012 2	2.252 2	2.518 2
13	1.138 1	1.293 6	1.468 5	1.665 1	1.885 6	2.132 9	2.409 8	2.719 6
14	1.149 5	1.319 5	1.512 6	1.731 7	1.979 9	2.260 9	2.578 5	2.937 2
15	1.161 0	1.345 9	1.558 0	1.800 9	2.078 9	2.396 6	2.759 0	3.172 2
16	1.172 6	1.372 8	1.604 7	1.873 0	2.182 9	2.540 4	2.952 2	3.425 9
17	1.184 3	1.400 2	1.652 8	1.947 9	2.292 0	2.692 8	3.158 8	3.700 0
18	1.196 1	1.428 2	1.702 4	2.025 8	2.406 6	2.854 3	3.379 9	3.996 0
19	1.208 1	1.456 8	1.753 5	2.106 8	2.527 0	3.025 6	3.616 5	4.315 7
20	1.220 2	1.485 9	1.806 1	2.191 1	2.653 3	3.207 1	3.869 7	4.661 0
21	1.232 4	1.515 7	1.860 3	2.278 8	2.786 0	3.399 6	4.140 6	5.033 8
22	1.244 7	1.546 0	1.916 1	2.369 9	2.925 3	3.603 5	4.430 4	5.436 5
23	1.257 2	1.576 9	1.973 6	2.464 7	3.071 5	3.819 7	4.740 5	5.871 5
24	1.269 7	1.608 4	2.032 8	2.563 3	3.225 1	4.048 9	5.072 4	6.341 2
25	1.282 4	1.640 6	2.093 8	2.665 8	3.386 4	4.291 9	5.427 4	6.848 5
26	1.295 3	1.673 4	2.156 6	2.772 5	3.555 7	4.549 4	5.807 4	7.396 4
27	1.308 2	1.706 9	2.221 3	2.883 4	3.733 5	4.822 3	6.213 9	7.988 1
28	1.321 3	1.741 0	2.287 9	2.998 7	3.920 1	5.111 7	6.648 8	8.627 1
29	1.334 5	1.775 8	2.356 6	3.118 7	4.116 1	5.418 4	7.114 3	9.317 3
30	1.347 8	1.811 4	2.427 3	3.243 4	4.321 9	5.743 5	7.612 3	10.062 7

续附表1

年限	9%	10%	11%	12%	13%	14%	15%	16%
1	1.0900	1.1000	1.1100	1.1200	1.1300	1.1400	1.1500	1.1600
2	1.1881	1.2100	1.2321	1.2544	1.2769	1.2996	1.3225	1.3456
3	1.2950	1.3310	1.3676	1.4049	1.4429	1.4815	1.5209	1.5609
4	1.4116	1.4641	1.5181	1.5735	1.6305	1.6890	1.7490	1.8106
5	1.5386	1.6105	1.6851	1.7623	1.8424	1.9254	2.0114	2.1003
6	1.6771	1.7716	1.8704	1.9738	2.0820	2.1950	2.3131	2.4364
7	1.8280	1.9487	2.0762	2.2107	2.3526	2.5023	2.6600	2.8262
8	1.9926	2.1436	2.3045	2.4760	2.6584	2.8526	3.0590	3.2784
9	2.1719	2.3579	2.5580	2.7731	3.0040	3.2519	3.5179	3.8030
10	2.3674	2.5937	2.8394	3.1058	3.3946	3.7072	4.0456	4.4114
11	2.5804	2.8531	3.1518	3.4785	3.8359	4.2262	4.6524	5.1173
12	2.8127	3.1384	3.4985	3.8960	4.3345	4.8179	5.3503	5.9360
13	3.0658	3.4523	3.8833	4.3635	4.8980	5.4924	6.1528	6.8858
14	3.3417	3.7975	4.3104	4.8871	5.5348	6.2613	7.0757	7.9875
15	3.6425	4.1772	4.7846	5.4736	6.2543	7.1379	8.1371	9.2655
16	3.9703	4.5950	5.3109	6.1304	7.0673	8.1372	9.3576	10.7480
17	4.3276	5.0545	5.8951	6.8660	7.9861	9.2765	10.7613	12.4677
18	4.7171	5.5599	6.5436	7.6900	9.0243	10.5752	12.3755	14.4625
19	5.1417	6.1159	7.2633	8.6128	10.1974	12.0557	14.2318	16.7765
20	5.6044	6.7275	8.0623	9.6463	11.5231	13.7435	16.3665	19.4608
21	6.1088	7.4002	8.9492	10.8038	13.0211	15.6676	18.8215	22.5745
22	6.6586	8.1403	9.9336	12.1003	14.7138	17.8610	21.6447	26.1864
23	7.2579	8.9543	11.0263	13.5523	16.6266	20.3616	24.8915	30.3762
24	7.9111	9.8497	12.2392	15.1786	18.7881	23.2122	28.6252	35.2364
25	8.6231	10.8347	13.5855	17.0001	21.2305	26.4619	32.9190	40.8742
26	9.3992	11.9182	15.0799	19.0401	23.9905	30.1666	37.8568	47.4141
27	10.2451	13.1100	16.7386	21.3249	27.1093	34.3899	43.5353	55.0004
28	11.1671	14.4210	18.5799	23.8839	30.6335	39.2045	50.0656	63.8004
29	12.1722	15.8631	20.6237	26.7499	34.6158	44.6931	57.5755	74.0085
30	13.2677	17.4494	22.8923	29.9599	39.1159	50.9502	66.2118	85.8499

续附表1

年限	17%	18%	19%	20%	21%	22%	23%	24%	25%
1	1.170 0	1.180 0	1.190 0	1.200 0	1.210 0	1.220 0	1.230 0	1.240 0	1.250 0
2	1.368 9	1.392 4	1.416 1	1.440 0	1.464 1	1.488 4	1.512 9	1.537 6	1.562 5
3	1.601 6	1.643 0	1.685 2	1.728 0	1.771 6	1.815 8	1.860 9	1.906 6	1.953 1
4	1.873 9	1.938 8	2.005 3	2.073 6	2.143 6	2.215 3	2.288 9	2.364 2	2.441 4
5	2.192 4	2.287 8	2.386 4	2.488 3	2.593 7	2.702 7	2.815 3	2.931 6	3.051 8
6	2.565 2	2.699 6	2.839 8	2.986 0	3.138 4	3.297 3	3.462 8	3.635 2	3.814 7
7	3.001 2	3.185 5	3.379 3	3.583 2	3.797 5	4.022 7	4.259 3	4.507 7	4.768 4
8	3.511 5	3.758 9	4.021 4	4.299 8	4.595 0	4.907 7	5.238 9	5.589 5	5.960 5
9	4.108 4	4.435 5	4.785 4	5.159 8	5.559 9	5.987 4	6.443 9	6.931 0	7.450 6
10	4.806 8	5.233 8	5.694 7	6.191 7	6.727 5	7.304 6	7.925 9	8.594 4	9.313 2
11	5.624 0	6.175 9	6.776 7	7.430 1	8.140 3	8.911 7	9.748 9	10.657 1	11.641 5
12	6.580 1	7.287 6	8.064 2	8.916 1	9.849 7	10.872 2	11.991 2	13.214 8	14.551 9
13	7.698 7	8.599 4	9.596 4	10.699 3	11.918 2	13.264 1	14.749 1	16.386 3	18.189 9
14	9.007 5	10.147 2	11.419 8	12.839 2	14.421 0	16.182 2	18.141 4	20.319 1	22.737 4
15	10.538 7	11.973 7	13.589 5	15.407 0	17.449 4	19.742 3	22.314 0	25.195 6	28.421 7
16	12.330 3	14.129 0	16.171 5	18.488 4	21.113 8	24.085 6	27.446 2	31.242 6	35.527 1
17	14.426 5	16.672 2	19.244 1	22.186 1	25.547 7	29.384 4	33.758 8	38.740 8	44.408 9
18	16.879 0	19.673 0	22.900 5	26.623 3	30.912 7	35.849 0	41.523 3	48.038 6	55.511 2
19	19.748 4	23.214 0	27.251 6	31.948 0	37.404 3	43.735 8	51.073 7	59.567 9	69.388 9
20	23.105 6	27.393 0	32.429 4	38.337 6	45.259 3	53.357 6	62.820 6	73.864 1	86.736 2
21	27.033 6	32.323 0	38.591 0	46.005 1	54.763 7	65.096 3	77.269 4	91.591 5	108.420 2
22	31.629 3	38.142 0	45.923 3	55.206 1	66.264 1	79.417 5	95.041 3	113.573 0	135.525 3
23	37.006 2	45.007 0	54.648 7	66.247 4	80.179 5	96.889 4	116.900 0	140.831 0	169.406 6
24	43.297 3	53.109 0	65.032 0	79.496 8	97.017 2	118.205 0	143.788 0	174.630 0	211.758 2
25	50.657 8	62.668 0	77.388 1	95.396 2	117.390 9	144.210 0	176.859 0	216.542 0	264.697 8
26	59.269 7	73.949 0	92.091 8	114.476 0	142.042 9	175.936 0	217.536 0	268.512 0	330.872 2
27	69.345 5	87.259 0	109.589 0	137.371 0	171.871 9	214.642 0	267.570 0	332.955 0	413.590 3
28	81.134 2	102.960 0	130.411 0	164.845 0	207.965 1	261.864 0	329.111 0	412.864 0	516.987 9
29	94.927 1	121.500 0	155.189 3	197.814 0	251.637 7	319.474 0	404.807 0	511.951 0	646.234 9
30	111.065 0	143.370 0	184.675 0	237.376 0	304.481 6	389.758 0	497.912 0	634.819 0	807.793 6

附表2 复利现值系数表 $[P=F\times(P/F,i,n)]$

年限	1%	2%	3%	4%	5%	6%	7%	8%
1	0.990 1	0.980 4	0.970 9	0.961 5	0.952 4	0.943 4	0.934 6	0.925 9
2	0.980 3	0.961 2	0.942 6	0.924 6	0.907 0	0.890 0	0.873 4	0.857 3
3	0.970 6	0.942 3	0.915 1	0.889 0	0.863 8	0.839 6	0.816 3	0.793 8
4	0.961 0	0.923 8	0.888 5	0.854 8	0.822 7	0.792 1	0.762 9	0.735 0
5	0.951 5	0.905 7	0.862 6	0.821 9	0.783 5	0.747 3	0.713 0	0.680 6
6	0.942 0	0.888 0	0.837 5	0.790 3	0.746 2	0.705 0	0.666 3	0.630 2
7	0.932 7	0.870 6	0.813 1	0.759 9	0.710 7	0.665 1	0.622 7	0.583 5
8	0.923 5	0.853 5	0.789 4	0.730 7	0.676 8	0.627 4	0.582 0	0.540 3
9	0.914 3	0.836 8	0.766 4	0.702 6	0.644 6	0.591 9	0.543 9	0.500 2
10	0.905 3	0.820 3	0.744 1	0.675 6	0.613 9	0.558 4	0.508 3	0.463 2
11	0.896 3	0.804 3	0.722 4	0.649 6	0.584 7	0.526 8	0.475 1	0.428 9
12	0.887 4	0.788 5	0.701 4	0.624 6	0.556 8	0.497 0	0.444 0	0.397 1
13	0.878 7	0.773 0	0.681 0	0.600 6	0.530 3	0.468 8	0.415 0	0.367 7
14	0.870 0	0.757 9	0.661 1	0.577 5	0.505 1	0.442 3	0.387 8	0.340 5
15	0.861 3	0.743 0	0.641 9	0.555 3	0.481 0	0.417 3	0.362 4	0.315 2
16	0.852 8	0.728 4	0.623 2	0.533 9	0.458 1	0.393 6	0.338 7	0.291 9
17	0.844 4	0.714 2	0.605 0	0.513 4	0.436 3	0.371 4	0.316 6	0.270 3
18	0.836 0	0.700 2	0.587 4	0.493 6	0.415 5	0.350 3	0.295 9	0.250 2
19	0.827 7	0.686 4	0.570 3	0.474 6	0.395 7	0.330 5	0.276 5	0.231 7
20	0.819 5	0.673 0	0.553 7	0.456 4	0.376 9	0.311 8	0.258 4	0.214 5
21	0.811 4	0.659 8	0.537 5	0.438 8	0.358 9	0.294 2	0.241 5	0.198 7
22	0.803 4	0.646 8	0.521 9	0.422 0	0.341 8	0.277 5	0.225 7	0.183 9
23	0.795 4	0.634 2	0.506 7	0.405 7	0.325 6	0.261 8	0.210 9	0.170 3
24	0.787 6	0.621 7	0.491 9	0.390 1	0.310 1	0.247 0	0.197 1	0.157 7
25	0.779 8	0.609 5	0.477 6	0.375 1	0.295 3	0.233 0	0.184 2	0.146 0
26	0.772 0	0.597 6	0.463 7	0.360 7	0.281 2	0.219 8	0.172 2	0.135 2
27	0.764 4	0.585 9	0.450 2	0.346 8	0.267 8	0.207 4	0.160 9	0.125 2
28	0.756 8	0.574 4	0.437 1	0.333 5	0.255 1	0.195 6	0.150 4	0.115 9
29	0.749 3	0.563 1	0.424 3	0.320 7	0.242 9	0.184 6	0.140 6	0.107 3
30	0.741 9	0.552 1	0.412 0	0.308 3	0.231 4	0.174 1	0.131 4	0.099 4

续附表2

年限	9%	10%	11%	12%	13%	14%	15%	16%
1	0.917 4	0.909 1	0.900 9	0.892 9	0.885 0	0.877 2	0.869 6	0.862 1
2	0.841 7	0.826 4	0.811 6	0.797 2	0.783 1	0.769 5	0.756 1	0.743 2
3	0.772 2	0.751 3	0.731 2	0.711 8	0.693 1	0.675 0	0.657 5	0.640 7
4	0.708 4	0.683 0	0.658 7	0.635 5	0.613 3	0.592 1	0.571 8	0.552 3
5	0.649 9	0.620 9	0.593 5	0.567 4	0.542 8	0.519 4	0.497 2	0.476 1
6	0.596 3	0.564 5	0.534 6	0.506 6	0.480 3	0.455 6	0.432 3	0.410 4
7	0.547 0	0.513 2	0.481 7	0.452 3	0.425 1	0.399 6	0.375 9	0.353 8
8	0.501 9	0.466 5	0.433 9	0.403 9	0.376 2	0.350 6	0.326 9	0.305 0
9	0.460 4	0.424 1	0.390 9	0.360 6	0.332 9	0.307 5	0.284 3	0.263 0
10	0.422 4	0.385 5	0.352 2	0.322 0	0.294 6	0.269 7	0.247 2	0.226 7
11	0.387 5	0.350 5	0.317 3	0.287 5	0.260 7	0.236 6	0.214 9	0.195 4
12	0.355 5	0.318 6	0.285 8	0.256 7	0.230 7	0.207 6	0.186 9	0.168 5
13	0.326 2	0.289 7	0.257 5	0.229 2	0.204 2	0.182 1	0.162 5	0.145 2
14	0.299 2	0.263 3	0.232 0	0.204 6	0.180 7	0.159 7	0.141 3	0.125 2
15	0.274 5	0.239 4	0.209 0	0.182 7	0.159 9	0.140 1	0.122 9	0.107 9
16	0.251 9	0.217 6	0.188 3	0.163 1	0.141 5	0.122 9	0.106 9	0.093 0
17	0.231 1	0.197 8	0.169 6	0.145 6	0.125 2	0.107 8	0.092 9	0.080 2
18	0.212 0	0.179 9	0.152 8	0.130 0	0.110 8	0.094 6	0.080 8	0.069 1
19	0.194 5	0.163 5	0.137 7	0.116 1	0.098 1	0.082 9	0.070 3	0.059 6
20	0.178 4	0.148 6	0.124 0	0.103 7	0.086 8	0.072 8	0.061 1	0.051 4
21	0.163 7	0.135 1	0.111 7	0.092 6	0.076 8	0.063 8	0.053 1	0.044 3
22	0.150 2	0.122 8	0.100 7	0.082 6	0.068 0	0.056 0	0.046 2	0.038 2
23	0.137 8	0.111 7	0.090 7	0.073 8	0.060 1	0.049 1	0.040 2	0.032 9
24	0.126 4	0.101 5	0.081 7	0.065 9	0.053 2	0.043 1	0.034 9	0.028 4
25	0.116 0	0.092 3	0.073 6	0.058 8	0.047 1	0.037 8	0.030 4	0.024 5
26	0.106 4	0.083 9	0.066 3	0.052 5	0.041 7	0.033 1	0.026 4	0.021 1
27	0.097 6	0.076 3	0.059 7	0.046 9	0.036 9	0.029 1	0.023 0	0.018 2
28	0.089 5	0.069 3	0.053 8	0.041 9	0.032 6	0.025 5	0.020 0	0.015 7
29	0.082 2	0.063 0	0.048 5	0.037 4	0.028 9	0.022 4	0.017 4	0.013 5
30	0.075 4	0.057 3	0.043 7	0.033 4	0.025 6	0.019 6	0.015 1	0.011 6

续附表2

年限	17%	18%	19%	20%	21%	22%	23%	24%	25%
1	0.854 7	0.847 5	0.840 3	0.833 3	0.826 4	0.819 7	0.813 0	0.806 5	0.800 0
2	0.730 5	0.718 2	0.706 2	0.694 4	0.683 0	0.671 9	0.661 0	0.650 4	0.640 0
3	0.624 4	0.608 6	0.593 4	0.578 7	0.564 5	0.550 7	0.537 4	0.524 5	0.512 0
4	0.533 7	0.515 8	0.498 7	0.482 3	0.466 5	0.451 4	0.436 9	0.423 0	0.409 6
5	0.456 1	0.437 1	0.419 0	0.401 9	0.385 5	0.370 0	0.355 2	0.341 1	0.327 7
6	0.389 8	0.370 4	0.352 1	0.334 9	0.318 6	0.303 3	0.288 8	0.275 1	0.262 1
7	0.333 2	0.313 9	0.295 9	0.279 1	0.263 3	0.248 6	0.234 8	0.221 8	0.209 7
8	0.284 8	0.266 0	0.248 7	0.232 6	0.217 6	0.203 8	0.190 9	0.178 9	0.167 8
9	0.243 4	0.225 5	0.209 0	0.193 8	0.179 9	0.167 0	0.155 2	0.144 3	0.134 2
10	0.208 0	0.191 1	0.175 6	0.161 5	0.148 6	0.136 9	0.126 2	0.116 4	0.107 4
11	0.177 8	0.161 9	0.147 6	0.134 6	0.122 8	0.112 2	0.102 6	0.093 8	0.085 9
12	0.152 0	0.137 2	0.124 0	0.112 2	0.101 5	0.092 0	0.083 4	0.075 7	0.068 7
13	0.129 9	0.116 3	0.104 2	0.093 5	0.083 9	0.075 4	0.067 8	0.061 0	0.055 0
14	0.111 0	0.098 5	0.087 6	0.077 9	0.069 3	0.061 8	0.055 1	0.049 2	0.044 0
15	0.094 9	0.083 5	0.073 6	0.064 9	0.057 3	0.050 7	0.044 8	0.039 7	0.035 2
16	0.081 1	0.070 8	0.061 8	0.054 1	0.047 4	0.041 5	0.036 4	0.032 0	0.028 1
17	0.069 3	0.060 0	0.052 0	0.045 1	0.039 1	0.034 0	0.029 6	0.025 8	0.022 5
18	0.059 2	0.050 8	0.043 7	0.037 6	0.032 3	0.027 9	0.024 1	0.020 8	0.018 0
19	0.050 6	0.043 1	0.036 7	0.031 3	0.026 7	0.022 9	0.019 6	0.016 8	0.014 4
20	0.043 3	0.036 5	0.030 8	0.026 1	0.022 1	0.018 7	0.015 9	0.013 5	0.011 5
21	0.037 0	0.030 9	0.025 9	0.021 7	0.018 3	0.015 4	0.012 9	0.010 9	0.009 2
22	0.031 6	0.026 2	0.021 8	0.018 1	0.015 1	0.012 6	0.010 5	0.008 8	0.007 4
23	0.027 0	0.022 2	0.018 3	0.015 1	0.012 5	0.010 3	0.008 6	0.007 1	0.005 9
24	0.023 1	0.018 8	0.015 4	0.012 6	0.010 3	0.008 5	0.007 0	0.005 7	0.004 7
25	0.019 7	0.016 0	0.012 9	0.010 5	0.008 5	0.006 9	0.005 7	0.004 6	0.003 8
26	0.016 9	0.013 5	0.010 9	0.008 7	0.007 0	0.005 7	0.004 6	0.003 7	0.003 0
27	0.014 4	0.011 5	0.009 1	0.007 3	0.005 8	0.004 7	0.003 7	0.003 0	0.002 4
28	0.012 3	0.009 7	0.007 7	0.006 1	0.004 8	0.003 8	0.003 0	0.002 4	0.001 9
29	0.010 5	0.008 2	0.006 4	0.005 1	0.004 0	0.003 1	0.002 5	0.002 0	0.001 5
30	0.009 0	0.007 0	0.005 4	0.004 2	0.003 3	0.002 6	0.002 0	0.001 6	0.001 2

附表3 年金终值系数表 $[F=A\times(F/A,i,n)]$

年限	1%	2%	3%	4%	5%	6%	7%	8%
1	1.000 0	1.000 0	1.000 0	1.000 0	1.000 0	1.000 0	1.000 0	1.000 0
2	2.010 0	2.020 0	2.030 0	2.040 0	2.050 0	2.060 0	2.070 0	2.080 0
3	3.030 1	3.060 4	3.090 9	3.121 6	3.152 5	3.183 6	3.214 9	3.246 4
4	4.060 4	4.121 6	4.183 6	4.246 5	4.310 1	4.374 6	4.439 9	4.506 1
5	5.101 0	5.204 0	5.309 1	5.416 3	5.525 6	5.637 1	5.750 7	5.866 6
6	6.152 0	6.308 1	6.468 4	6.633 0	6.801 9	6.975 3	7.153 3	7.335 9
7	7.213 5	7.434 3	7.662 5	7.898 3	8.142 0	8.393 8	8.654 0	8.922 8
8	8.285 7	8.583 0	8.892 3	9.214 2	9.549 1	9.897 5	10.259 8	10.636 6
9	9.368 5	9.754 6	10.159 1	10.582 8	11.026 6	11.491 3	11.978 0	12.487 6
10	10.462 2	10.949 7	11.463 9	12.006 1	12.577 9	13.180 8	13.816 4	14.486 6
11	11.566 8	12.168 7	12.807 8	13.486 4	14.206 8	14.971 6	15.783 6	16.645 5
12	12.682 5	13.412 1	14.192 0	15.025 8	15.917 1	16.869 9	17.888 5	18.977 1
13	13.809 3	14.680 3	15.617 8	16.626 8	17.713 0	18.882 1	20.140 6	21.495 3
14	14.947 4	15.973 9	17.086 3	18.291 9	19.598 6	21.015 1	22.550 5	24.214 9
15	16.096 9	17.293 4	18.598 9	20.023 6	21.578 6	23.276 0	25.129 0	27.152 1
16	17.257 9	18.639 3	20.156 9	21.824 5	23.657 5	25.672 5	27.888 1	30.324 3
17	18.430 4	20.012 1	21.761 6	23.697 5	25.840 4	28.212 9	30.840 2	33.750 2
18	19.614 7	21.412 3	23.414 4	25.645 4	28.132 4	30.905 7	33.999 0	37.450 2
19	20.810 9	22.840 6	25.116 9	27.671 2	30.539 0	33.760 0	37.379 0	41.446 3
20	22.019 0	24.297 4	26.870 4	29.778 1	33.066 0	36.785 6	40.995 5	45.762 0
21	23.239 2	25.783 3	28.676 5	31.969 2	35.719 3	39.992 7	44.865 2	50.422 9
22	24.471 6	27.299 0	30.536 8	34.248 0	38.505 2	43.392 3	49.005 7	55.456 8
23	25.716 3	28.845 0	32.452 9	36.617 9	41.430 5	46.995 8	53.436 1	60.893 3
24	26.973 5	30.421 9	34.426 5	39.082 6	44.502 0	50.815 6	58.176 7	66.764 8
25	28.243 2	32.030 3	36.459 3	41.645 9	47.727 1	54.864 5	63.249 0	73.105 9
26	29.525 6	33.670 9	38.553 0	44.311 7	51.113 5	59.156 4	68.676 5	79.954 4
27	30.820 9	35.344 3	40.709 6	47.084 2	54.669 1	63.705 8	74.483 8	87.350 8
28	32.129 1	37.051 2	42.930 9	49.967 6	58.402 6	68.528 1	80.697 7	95.338 8
29	33.450 4	38.792 2	45.218 9	52.966 3	62.322 7	73.639 8	87.346 5	103.965 9
30	34.784 9	40.568 1	47.575 4	56.084 9	66.438 8	79.058 2	94.460 8	113.283 2

续附表 3

年限	9%	10%	11%	12%	13%	14%	15%	16%
1	1.000 0	1.000 0	1.000 0	1.000 0	1.000 0	1.000 0	1.000 0	1.000 0
2	2.090 0	2.100 0	2.110 0	2.120 0	2.130 0	2.140 0	2.150 0	2.160 0
3	3.278 1	3.310 0	3.342 1	3.374 4	3.406 9	3.439 6	3.472 5	3.505 6
4	4.573 1	4.641 0	4.709 7	4.779 3	4.849 8	4.921 1	4.993 4	5.066 5
5	5.984 7	6.105 1	6.227 8	6.352 8	6.480 3	6.610 1	6.742 4	6.877 1
6	7.523 3	7.715 6	7.912 9	8.115 2	8.322 7	8.535 5	8.753 7	8.977 5
7	9.200 4	9.487 2	9.783 3	10.089 0	10.404 7	10.730 5	11.066 8	11.413 9
8	11.028 5	11.435 9	11.859 4	12.299 7	12.757 3	13.232 8	13.726 8	14.240 1
9	13.021 0	13.579 5	14.164 0	14.775 7	15.415 7	16.085 3	16.785 8	17.518 5
10	15.192 9	15.937 4	16.722 0	17.548 7	18.419 7	19.337 3	20.303 7	21.321 5
11	17.560 3	18.531 2	19.561 4	20.654 6	21.814 3	23.044 5	24.349 3	25.732 9
12	20.140 7	21.384 3	22.713 2	24.133 1	25.650 2	27.270 7	29.001 7	30.850 2
13	22.953 4	24.522 7	26.211 6	28.029 1	29.984 7	32.088 7	34.351 9	36.786 2
14	26.019 2	27.975 0	30.094 9	32.392 6	34.882 7	37.581 1	40.504 7	43.672 0
15	29.360 9	31.772 5	34.405 4	37.279 7	40.417 5	43.842 4	47.580 4	51.659 5
16	33.003 4	35.949 7	39.189 9	42.753 3	46.671 7	50.980 4	55.717 5	60.925 0
17	36.973 7	40.544 7	44.500 8	48.883 7	53.739 1	59.117 6	65.075 1	71.673 0
18	41.301 3	45.599 2	50.395 9	55.749 7	61.725 1	68.394 1	75.836 4	84.140 7
19	46.018 5	51.159 1	56.939 5	63.439 7	70.749 4	78.969 2	88.211 8	98.603 2
20	51.160 1	57.275 0	64.202 8	72.052 4	80.946 8	91.024 9	102.443 6	115.379 7
21	56.764 5	64.002 5	72.265 1	81.698 7	92.469 9	104.768 4	118.810 1	134.840 5
22	62.873 3	71.402 7	81.214 3	92.502 6	105.491 0	120.436 0	137.631 6	157.415 0
23	69.531 9	79.543 0	91.147 9	104.602 9	120.204 8	138.297 0	159.276 4	183.601 4
24	76.789 8	88.497 3	102.174 2	118.155 2	136.831 5	158.658 6	184.167 8	213.977 6
25	84.700 9	98.347 1	114.413 3	133.333 9	155.619 6	181.870 8	212.793 0	249.214 0
26	93.324 0	109.181 8	127.998 8	150.333 9	176.850 1	208.332 7	245.712 0	290.088 3
27	102.723 1	121.099 9	143.078 6	169.374 0	200.840 6	238.499 3	283.568 8	337.502 4
28	112.968 2	134.209 9	159.817 3	190.698 9	227.949 9	272.889 2	327.104 1	392.502 8
29	124.135 4	148.630 9	178.397 2	214.582 8	258.583 4	312.093 7	377.169 7	456.303 2
30	136.307 5	164.494 0	199.020 9	241.332 7	293.199 2	356.786 8	434.745 1	530.311 7

续附表3

年限	17%	18%	19%	20%	21%	22%	23%	24%	25%
1	1.000 0	1.000 0	1.000 0	1.000 0	1.000 0	1.000 0	1.000 0	1.000 0	1.000 0
2	2.170 0	2.180 0	2.190 0	2.200 0	2.210 0	2.220 0	2.230 0	2.240 0	2.250 0
3	3.538 9	3.572 4	3.606 1	3.640 0	3.674 1	3.708 4	3.742 9	3.777 6	3.812 5
4	5.140 5	5.215 4	5.291 3	5.368 0	5.445 7	5.524 2	5.603 8	5.684 2	5.765 6
5	7.014 4	7.154 2	7.296 6	7.441 6	7.589 2	7.739 6	7.892 6	8.048 4	8.207 0
6	9.206 8	9.442 0	9.683 0	9.929 9	10.183 0	10.442 3	10.707 9	10.980 1	11.258 8
7	11.772 0	12.141 5	12.522 7	12.915 9	13.321 4	13.739 6	14.170 8	14.615 3	15.073 5
8	14.773 3	15.327 0	15.902 0	16.499 1	17.118 9	17.762 3	18.430 0	19.122 9	19.841 9
9	18.284 7	19.085 9	19.923 4	20.798 9	21.713 9	22.670 0	23.669 0	24.712 5	25.802 3
10	22.393 1	23.521 3	24.708 9	25.958 7	27.273 8	28.657 4	30.112 8	31.643 4	33.252 9
11	27.199 9	28.755 1	30.403 5	32.150 4	34.001 3	35.962 0	38.038 8	40.237 9	42.566 1
12	32.823 9	34.931 1	37.180 2	39.580 5	42.141 6	44.873 7	47.787 7	50.895 0	54.207 7
13	39.404 0	42.218 7	45.244 5	48.496 6	51.991 3	55.745 9	59.778 8	64.109 7	68.759 6
14	47.102 7	50.818 0	54.840 9	59.195 9	63.909 5	69.010 0	74.528 0	80.496 1	86.949 5
15	56.110 1	60.965 3	66.260 7	72.035 1	78.330 5	85.192 2	92.669 4	100.815 1	109.687 0
16	66.648 8	72.939 0	79.850 2	87.442 1	95.779 9	104.934 5	114.983 4	126.010 8	138.109 0
17	78.979 2	87.068 0	96.021 8	105.931 0	116.893 7	129.020 1	142.429 5	157.253 4	173.636 0
18	93.405 6	103.740 0	115.266 0	128.117 0	142.441 3	158.404 5	176.188 3	195.994 2	218.045 0
19	110.285 0	123.414 0	138.166 0	154.740 0	173.354 0	194.253 5	217.711 6	244.032 8	273.556 0
20	130.033 0	146.628 0	165.418 0	186.688 0	210.758 4	237.989 3	268.785 3	303.600 6	342.945 0
21	153.139 0	174.021 0	197.847 0	225.026 0	256.017 6	291.346 9	331.605 9	377.464 8	429.681 0
22	180.172 0	206.345 0	236.439 0	271.031 0	310.781 3	356.443 2	408.875 3	469.056 3	538.101 0
23	211.801 0	244.487 0	282.362 0	326.237 0	377.045 4	435.860 7	503.916 6	582.629 8	673.626 0
24	248.808 0	289.495 0	337.011 0	392.484 0	457.224 9	532.750 1	620.817 4	723.461 0	843.033 0
25	292.105 0	342.604 0	402.043 0	471.981 0	554.242 2	650.955 1	764.605 4	898.091 6	1 054.790 0
26	342.763 0	405.272 0	479.431 0	567.377 0	671.633 0	795.165 3	941.464 7	1 114.634 0	1 319.490 0
27	402.032 0	479.221 0	571.522 0	681.853 0	813.675 9	971.101 6	1 159.002 0	1 383.146 0	1 650.360 0
28	471.378 0	566.481 0	681.112 0	819.223 0	985.547 9	1 185.744 0	1 426.572 0	1 716.101 0	2 063.950 0
29	552.512 0	669.448 0	811.523 0	984.068 0	1 193.513 0	1 447.608 0	1 755.684 0	2 128.965 0	2 580.940 0
30	647.439 0	790.948 0	966.712 0	1 181.880 0	1 445.151 0	1 767.081 0	2 160.491 0	2 640.916 0	3 227.170 0

附表4 年金现值系数表 [$P = A \times (P/A, i, n)$]

年限	1%	2%	3%	4%	5%	6%	7%	8%
1	0.990 1	0.980 4	0.970 9	0.961 5	0.952 4	0.943 4	0.934 6	0.925 9
2	1.970 4	1.941 6	1.913 5	1.886 1	1.859 4	1.833 4	1.808 0	1.783 3
3	2.941 0	2.883 9	2.828 6	2.775 1	2.723 2	2.673 0	2.624 3	2.577 1
4	3.902 0	3.807 7	3.717 1	3.629 9	3.546 0	3.465 1	3.387 2	3.312 1
5	4.853 4	4.713 5	4.579 7	4.451 8	4.329 5	4.212 4	4.100 2	3.992 7
6	5.795 5	5.601 4	5.417 2	5.242 1	5.075 7	4.917 3	4.766 5	4.622 9
7	6.728 2	6.472 0	6.230 3	6.002 1	5.786 4	5.582 4	5.389 3	5.206 4
8	7.651 7	7.325 5	7.019 7	6.732 7	6.463 2	6.209 8	5.971 3	5.746 6
9	8.566 0	8.162 2	7.786 1	7.435 3	7.107 8	6.801 7	6.515 2	6.246 9
10	9.471 3	8.982 6	8.530 2	8.110 9	7.721 7	7.360 1	7.023 6	6.710 1
11	10.367 6	9.786 8	9.252 6	8.760 5	8.306 4	7.886 9	7.498 7	7.139 0
12	11.255 1	10.575 3	9.954 0	9.385 1	8.863 3	8.383 8	7.942 7	7.536 1
13	12.133 7	11.348 4	10.635 0	9.985 6	9.393 6	8.852 7	8.357 7	7.903 8
14	13.003 7	12.106 2	11.296 1	10.563 1	9.898 6	9.295 0	8.745 5	8.244 2
15	13.865 1	12.849 3	11.937 9	11.118 4	10.379 7	9.712 2	9.107 9	8.559 5
16	14.717 9	13.577 7	12.561 1	11.652 3	10.837 8	10.105 9	9.446 6	8.851 4
17	15.562 3	14.291 9	13.166 1	12.165 7	11.274 1	10.477 3	9.763 2	9.121 6
18	16.398 3	14.992 0	13.753 5	12.659 3	11.689 6	10.827 6	10.059 1	9.371 9
19	17.226 0	15.678 5	14.323 8	13.133 9	12.085 3	11.158 1	10.335 6	9.603 6
20	18.045 6	16.351 4	14.877 5	13.590 3	12.462 2	11.469 9	10.594 0	9.818 1
21	18.857 0	17.011 2	15.415 0	14.029 2	12.821 2	11.764 1	10.835 5	10.016 8
22	19.660 4	17.658 0	15.936 9	14.451 1	13.163 0	12.041 6	11.061 2	10.200 7
23	20.455 8	18.292 2	16.443 6	14.856 8	13.488 6	12.303 4	11.272 2	10.371 1
24	21.243 4	18.913 9	16.935 5	15.247 0	13.798 6	12.550 4	11.469 3	10.528 8
25	22.023 2	19.523 5	17.413 1	15.622 1	14.093 9	12.783 4	11.653 6	10.674 8
26	22.795 2	20.121 0	17.876 8	15.982 8	14.375 2	13.003 2	11.825 8	10.810 0
27	23.559 6	20.706 9	18.327 0	16.329 6	14.643 0	13.210 5	11.986 7	10.935 2
28	24.316 4	21.281 3	18.764 1	16.663 1	14.898 1	13.406 2	12.137 1	11.051 1
29	25.065 8	21.844 4	19.188 5	16.983 7	15.141 1	13.590 7	12.277 7	11.158 4
30	25.807 7	22.396 5	19.600 4	17.292 0	15.372 5	13.764 8	12.409 0	11.257 8

续附表4

年限	9%	10%	11%	12%	13%	14%	15%	16%
1	0.917 4	0.909 1	0.900 9	0.892 9	0.885 0	0.877 2	0.869 6	0.862 1
2	1.759 1	1.735 5	1.712 5	1.690 1	1.668 1	1.646 7	1.625 7	1.605 2
3	2.531 3	2.486 9	2.443 7	2.401 8	2.361 2	2.321 6	2.283 2	2.245 9
4	3.239 7	3.169 9	3.102 4	3.037 3	2.974 5	2.913 7	2.855 0	2.798 2
5	3.889 7	3.790 8	3.695 9	3.604 8	3.517 2	3.433 1	3.352 2	3.274 3
6	4.485 9	4.355 3	4.230 5	4.111 4	3.997 5	3.888 7	3.784 5	3.684 7
7	5.033 0	4.868 4	4.712 2	4.563 8	4.422 6	4.288 3	4.160 4	4.038 6
8	5.534 8	5.334 9	5.146 1	4.967 6	4.798 8	4.638 9	4.487 3	4.343 6
9	5.995 2	5.759 0	5.537 0	5.328 2	5.131 7	4.946 4	4.771 6	4.606 5
10	6.417 7	6.144 6	5.889 2	5.650 2	5.426 2	5.216 1	5.018 8	4.833 2
11	6.805 2	6.495 1	6.206 5	5.937 7	5.686 9	5.452 7	5.233 7	5.028 6
12	7.160 7	6.813 7	6.492 4	6.194 4	5.917 6	5.660 3	5.420 6	5.197 1
13	7.486 9	7.103 4	6.749 9	6.423 5	6.121 8	5.842 4	5.583 1	5.342 3
14	7.786 2	7.366 7	6.981 9	6.628 2	6.302 5	6.002 1	5.724 5	5.467 5
15	8.060 7	7.606 1	7.190 9	6.810 9	6.462 4	6.142 2	5.847 4	5.575 5
16	8.312 6	7.823 7	7.379 2	6.974 0	6.603 9	6.265 1	5.954 2	5.668 5
17	8.543 6	8.021 6	7.548 8	7.119 6	6.729 1	6.372 9	6.047 2	5.748 7
18	8.755 6	8.201 4	7.701 6	7.249 7	6.839 9	6.467 4	6.128 0	5.817 8
19	8.950 1	8.364 9	7.839 3	7.365 8	6.938 0	6.550 4	6.198 2	5.877 5
20	9.128 5	8.513 6	7.963 3	7.469 4	7.024 8	6.623 1	6.259 3	5.928 8
21	9.292 2	8.648 7	8.075 1	7.562 0	7.101 6	6.687 0	6.312 5	5.973 1
22	9.442 4	8.771 5	8.175 7	7.644 6	7.169 5	6.742 9	6.358 7	6.011 3
23	9.580 2	8.883 2	8.266 4	7.718 4	7.229 7	6.792 1	6.398 8	6.044 2
24	9.706 6	8.984 7	8.348 1	7.784 3	7.282 9	6.835 1	6.433 8	6.072 6
25	9.822 6	9.077 0	8.421 7	7.843 1	7.330 0	6.872 9	6.464 1	6.097 1
26	9.929 0	9.160 9	8.488 1	7.895 7	7.371 7	6.906 1	6.490 6	6.118 2
27	10.026 6	9.237 2	8.547 8	7.942 6	7.408 6	6.935 2	6.513 5	6.136 4
28	10.116 1	9.306 6	8.601 6	7.984 4	7.441 2	6.960 7	6.533 5	6.152 0
29	10.198 3	9.369 6	8.650 1	8.021 8	7.470 1	6.983 0	6.550 9	6.165 6
30	10.273 7	9.426 9	8.693 8	8.055 2	7.495 7	7.002 7	6.566 0	6.177 2

续附表4

年限	17%	18%	19%	20%	21%	22%	23%	24%	25%
1	0.8547	0.8475	0.8403	0.8333	0.8264	0.8197	0.8130	0.8065	0.8000
2	1.5852	1.5656	1.5465	1.5278	1.5095	1.4915	1.4740	1.4568	1.4400
3	2.2096	2.1743	2.1399	2.1065	2.0739	2.0422	2.0114	1.9813	1.9520
4	2.7432	2.6901	2.6386	2.5887	2.5404	2.4936	2.4483	2.4043	2.3616
5	3.1993	3.1272	3.0576	2.9906	2.9260	2.8636	2.8035	2.7454	2.6893
6	3.5892	3.4976	3.4098	3.3255	3.2446	3.1669	3.0923	3.0205	2.9514
7	3.9224	3.8115	3.7057	3.6046	3.5079	3.4155	3.3270	3.2423	3.1611
8	4.2072	4.0776	3.9544	3.8372	3.7256	3.6193	3.5179	3.4212	3.3289
9	4.4506	4.3030	4.1633	4.0310	3.9054	3.7863	3.6731	3.5655	3.4631
10	4.6586	4.4941	4.3389	4.1925	4.0541	3.9232	3.7993	3.6819	3.5705
11	4.8364	4.6560	4.4865	4.3271	4.1769	4.0354	3.9018	3.7757	3.6564
12	4.9884	4.7932	4.6105	4.4392	4.2784	4.1274	3.9852	3.8514	3.7251
13	5.1183	4.9095	4.7147	4.5327	4.3624	4.2028	4.0530	3.9124	3.7801
14	5.2293	5.0081	4.8023	4.6106	4.4317	4.2646	4.1082	3.9616	3.8241
15	5.3242	5.0916	4.8759	4.6755	4.4890	4.3152	4.1530	4.0013	3.8593
16	5.4053	5.1624	4.9377	4.7296	4.5364	4.3567	4.1894	4.0333	3.8874
17	5.4746	5.2223	4.9897	4.7746	4.5755	4.3908	4.2190	4.0591	3.9099
18	5.5339	5.2732	5.0333	4.8122	4.6079	4.4187	4.2431	4.0799	3.9279
19	5.5845	5.3162	5.0700	4.8435	4.6346	4.4415	4.2627	4.0967	3.9424
20	5.6278	5.3527	5.1009	4.8696	4.6567	4.4603	4.2786	4.1103	3.9539
21	5.6648	5.3837	5.1268	4.8913	4.6750	4.4756	4.2916	4.1212	3.9631
22	5.6964	5.4099	5.1486	4.9094	4.6900	4.4882	4.3021	4.1300	3.9705
23	5.7234	5.4321	5.1668	4.9245	4.7025	4.4985	4.3106	4.1371	3.9764
24	5.7465	5.4509	5.1822	4.9371	4.7128	4.5070	4.3176	4.1428	3.9811
25	5.7662	5.4669	5.1951	4.9476	4.7213	4.5139	4.3232	4.1474	3.9849
26	5.7831	5.4804	5.2060	4.9563	4.7284	4.5196	4.3278	4.1511	3.9879
27	5.7975	5.4919	5.2151	4.9636	4.7342	4.5243	4.3316	4.1542	3.9903
28	5.8099	5.5016	5.2228	4.9697	4.7390	4.5281	4.3346	4.1566	3.9923
29	5.8204	5.5098	5.2292	4.9747	4.7430	4.5312	4.3371	4.1585	3.9938
30	5.8294	5.5168	5.2347	4.9789	4.7463	4.5338	4.3391	4.1601	3.9950

参考文献

[1] 冯彬. 工程 项目投资决策[M]. 北京:中国电力出版社,2014.
[2] 刘树樾. 建设项目投资决策[M]. 2版. 西安:西安电子科技大学出版社,2021.
[3] 王红平. 工程造价管理[M]. 4版. 郑州:郑州大学出版社,2022.
[4] 全国一级建造师执业资格考试用书编写委员会. 建设工程经济[M]. 北京:中国建筑工业出版社,2022.
[5] 全国一级建造师执业资格考试用书编写委员会. 建设工程项目管理[M]. 北京:中国建筑工业出版社,2022.
[6] 全国一级造价工程师执业资格考试用书编写委员会. 建设工程计价[M]. 北京:中国计划出版社,2021.
[7] 全国一级造价工程师执业资格考试用书编写委员会. 建设工程造价管理[M]. 北京:中国计划出版社,2021.
[8] 全国一级造价工程师执业资格考试用书编写委员会. 建设工程造价案例分析[M]. 北京:中国计划出版社,2021.
[9] 全国投资建设项目管理师考试教材编写委员会. 投资建设项目决策[M]. 北京:中国计划出版社,2005.
[10] 邓建刚. 投资建设项目决策[M]. 北京:中国电力出版社,2006.
[11] 刘晓君. 建设项目投资决策理论与方法[M]. 北京:中国建筑工业出版社,2009.
[12] 冯宁. 工程项目管理[M]. 郑州:郑州大学出版社,2020.
[13] 丁士昭. 工程项目管理[M]. 北京:中国建筑工业出版社,2014.
[14] 刘钦. 建筑工程计量与计价[M]. 北京:机械工业出版社,2022.
[15] 何元斌,杜永林等. 工程经济学[M]. 2版. 成都:西南交通大学出版社,2021.
[16] 王振坡,王丽艳等,建设工程经济学[M]. 重庆:重庆大学出版社,2018.
[17] 陈宪. 注册咨询工程师(投资)执业资格考试教习全书——项目决策分析与评价[M]. 北京:机械工业出版社,2016.
[18] 广能,王大州. 建设项目环境影响评价[M]. 成都:西南交通大学出版社,2019.
[19] 刘晓君,张炜,李玲燕. 工程经济学[M]. 4版. 北京:中国建筑工业出版社,2020.
[20] 高华. 项目可行性研究与评估[M]. 2版. 北京:机械工业出版社,2019.
[21] 全国咨询工程师(投资)职业资格考试参考教材编写委员会. 项目决策分析与评价[M]. 北京:中国统计出版社,2021.

[22] 《投资项目可行性研究指南》编写组. 投资项目可行性研究指南[M]. 北京:中国电力出版社,2002.

[23] 吴泽斌,吴伟程. 工程项目投融资管理[M]. 北京:中国建筑工业出版社,2019.

[24] 周颖,孙秀峰. 项目投融资决策[M]. 北京:中清华大学出版社,2010.

[25] 汤伟纲,李丽红. 工程项目投资与融资[M]. 2版. 人民交通出版社,2015.

[26] 项勇,卢立宇,徐姣姣. 建设项目投资与融资[M]. 北京:机械工业出版社,2020.

[27] 中华人民共和国国家发展和改革委员会,中华人民共和国住房和城乡建设部. 建设项目经济评价方法与参数[M]. 3版. 北京:中国计划出版社,2006.